法律学の森

新会社法

青竹正一 著

はしがき

　本書は，平成17年6月29日に成立した新しい「会社法」とそれに関連する特別法の改正および平成18年2月7日に公布された法務省令を取り入れて執筆した新会社法の体系書である。

　私は，平成13年と平成14年の改正を契機に，会社法の講義用に信山社より『会社法〈法律学の森〉』を刊行している。しかし，新会社法は，形式的にも内容的にも大改正であったため，第2版とせずに別の体系書として公にすることにした。

　新しい「会社法」は，商法総則の規定のうちで会社に適用されるものは会社法総則に規定している。そこで，本書は，会社法総則も取り入れている。また，前書で取り扱わなかった特別清算も加えている。

　本書を執筆するに当たり心掛けたのは，第1に，頁数をあまり多くしないことである。それでも，新会社法の改正点およびこれまで研究の対象としてきた問題についてはある程度詳しく述べている。

　第2は，関連する判例をできるだけ取り上げることである。新会社法を理解するうえで判例の立場を知ることはますます重要となっているためと，判例を重視することで法科大学院における教材としても利用できるようにするためである。学説については，私見との関係で紹介するにとどめている。

　新会社法には予測していなかった改正点がいくつかあるが，私なりに理解したところを述べている。本書が新会社法の全体を理解しようとする方がたの参考になれば幸いである。

　本書の刊行については，信山社の渡辺左近氏にお世話になった。厚くお礼を申し上げる。

　　平成18年2月

　　　　　　　　　　　　　　　　　　　　　　　　青 竹 正 一

目　次

第1編　総　論 …………………………………………………… 1

第1章　会社の法源と種類 ……………………………………… 3
第1節　会社の法源 ………………………………………… 3
第2節　会社の種類 ………………………………………… 3
Ⅰ　4種類の会社 ………………………………………… 3
Ⅱ　会社の分類 …………………………………………… 4
(1) 株式会社 (4)　(2) 合名会社 (5)　(3) 合資会社 (5)
(4) 合同会社 (6)

第2章　会社の概念と権利能力 ………………………………… 7
第1節　会社の概念 ………………………………………… 7
Ⅰ　商事性 ………………………………………………… 7
Ⅱ　営利性 ………………………………………………… 7
Ⅲ　法人性 ………………………………………………… 8
Ⅳ　法人格否認の法理 …………………………………… 9
(1) 法人格否認の法理の意義 (9)　(2) 法人格の濫用 (10)
(3) 法人格の形骸化 (12)　(4) 法人格否認の効果 (13)

第2節　会社の権利能力 …………………………………… 14
Ⅰ　性質および法令による制限 ………………………… 14
Ⅱ　会社の目的・営利性による制限 …………………… 14
(1) 定款所定の目的による制限 (14)　(2) 会社の寄附・政治献金 (16)

第3章　会社法総則 ……………………………………………… 19
第1節　総　説 ……………………………………………… 19
第2節　会社の商号 ………………………………………… 19

Ⅰ　商号の意義と選定 …………………………………… 19
　　Ⅱ　商号の保護 …………………………………………… 20
　　Ⅲ　商号の使用を他人に許諾した会社の責任 ………… 21
　第3節　会社の使用人 ……………………………………… 23
　　Ⅰ　使用人・支配人の意義と支配人の選任・終任 …… 23
　　Ⅱ　支配人の代理権 ……………………………………… 23
　　Ⅲ　支配人の義務 ………………………………………… 24
　　Ⅳ　表見支配人 …………………………………………… 25
　　Ⅴ　支配人以外の使用人 ………………………………… 27
　第4節　会社の代理商 ……………………………………… 28
　　Ⅰ　代理商の意義 ………………………………………… 28
　　Ⅱ　代理商と会社との関係 ……………………………… 29
　　Ⅲ　代理商と第三者との関係 …………………………… 30
　　Ⅳ　代理商関係の終了 …………………………………… 31
　第5節　事業譲渡会社の競業禁止等 ……………………… 32
　　Ⅰ　譲渡会社の義務 ……………………………………… 32
　　Ⅱ　譲渡会社の債権者・債務者の保護 ………………… 32
　　　(1)　債権者の保護 (32)　(2)　債務者の保護 (34)
　第6節　会社の登記 ………………………………………… 35
　　Ⅰ　登記の意義と登記の手続 …………………………… 35
　　Ⅱ　登記の効力 …………………………………………… 36
　　　(1)　登記前の効力 (36)　(2)　登記後の効力 (37)
　　Ⅲ　不実登記の効力 ……………………………………… 39

第2編　株式会社 …………………………………………… 41

第1章　総説 ………………………………………………… 43
　第1節　株式会社の特質 …………………………………… 43

第2節　株式会社の規整目的と強行法規性 …… 43
Ⅰ　法規整の目的 …… 43
Ⅱ　企業の社会的責任 …… 44
Ⅲ　強行法規性 …… 45

第3節　株式会社の分類と公開性・規模等による規整 …… 46
Ⅰ　株式会社の分類 …… 46
(1) 公開会社と非公開会社(46)　(2) 大会社(46)　(3) 取締役会設置会社(47)　(4) 会計参与設置会社(47)　(5) 監査役設置会社(47)　(6) 監査役会設置会社(47)　(7) 会計監査人設置会社(47)　(8) 委員会設置会社(48)　(9) 親会社と子会社(48)　(10) 内国会社と外国会社(48)

Ⅱ　公開性・規模等に応じた規整 …… 49
(1) 公開性・非公開性に応じた規整(49)　(2) 規模に応じた規整(49)　(3) 企業結合に関する規整(50)

第4節　株式会社の法規整の変遷と特別法・法務省令 …… 50
Ⅰ　法規整の変遷 …… 50
Ⅱ　特別法・法務省令 …… 52

第2章　設　立 …… 54

第1節　設立の方法 …… 54
Ⅰ　準則主義 …… 54
Ⅱ　発起設立と募集設立 …… 54

第2節　発起人・発起人組合・設立中の会社 …… 55
Ⅰ　発起人 …… 55
Ⅱ　発起人組合 …… 55
Ⅲ　設立中の会社 …… 56

第3節　設立の手続 …… 56
Ⅰ　定款の作成 …… 56
(1) 定款の意義と作成方式(56)　(2) 絶対的記載事項(57)

　　　　(3)　相対的記載事項（58）　　(4)　任意的記載事項（61）

　Ⅱ　株式の引受けと出資の履行 …………………………………………63

　　　　(1)　株式の引受け（63）　　(2)　出資の履行（64）

　Ⅲ　会社機関の具備と設立経過の調査 …………………………………67

　　　　(1)　機関の具備（67）　　(2)　設立経過の調査（68）

　Ⅳ　設立の登記 ……………………………………………………………69

　　　　(1)　登記手続・登記事項（69）　　(2)　登記の効果（70）

第4節　設立関与者の責任 …………………………………………………70

　Ⅰ　財産価額てん補責任 …………………………………………………70

　Ⅱ　損害賠償責任 …………………………………………………………71

　　　　(1)　会社に対する責任（71）　　(2)　第三者に対する責任（71）

　Ⅲ　会社不成立の場合の責任 ……………………………………………72

　Ⅳ　擬似発起人の責任 ……………………………………………………73

第5節　設立の無効 …………………………………………………………73

　Ⅰ　無効原因 ………………………………………………………………73

　Ⅱ　設立無効の訴え ………………………………………………………74

　Ⅲ　判決の効果 ……………………………………………………………74

第3章　株　式 ………………………………………………………………76

第1節　株式の意義と単位 …………………………………………………76

　Ⅰ　株式の意義 ……………………………………………………………76

　Ⅱ　株式の単位 ……………………………………………………………76

　　　　(1)　割合的単位（76）　　(2)　株式の大きさ（78）

第2節　株主の権利・義務 …………………………………………………78

　Ⅰ　株主の権利 ……………………………………………………………78

　　　　(1)　株主的権利・債権者的権利（78）　　(2)　自益権・共益権（79）　　(3)　単独株主権・少数株主権（80）

　Ⅱ　株主の義務 ……………………………………………………………81

第3節　株式の内容と種類株式 ……………………………………………82

Ⅰ　株式の内容 ……………………………………………………82
　　　(1)　全部譲渡制限株式 (82)　(2)　全部取得請求権付株式 (83)
　　　(3)　全部取得条項付株式 (84)
　　Ⅱ　種類株式 ………………………………………………………84
　　　(1)　種類株式の意義 (84)　(2)　種類株式の内容 (85)
　　　(3)　種類株主間の利害調整と種類株主総会 (92)
　　Ⅲ　株主平等の原則 ………………………………………………94
　　　(1)　平等原則の意義と内容 (94)　(2)　株主ごとの異なる取扱い
　　　(95)

第4節　株主名簿と株式の譲渡・質入れ ……………………………96
　　Ⅰ　株主名簿 ………………………………………………………96
　　　(1)　株主名簿の意義と備置き (96)　(2)　株主名簿と株主に対す
　　　る通知・催告 (98)
　　Ⅱ　株式の譲渡 ……………………………………………………99
　　　(1)　株式の譲渡性 (99)　(2)　株式の譲渡方法と善意取得 (100)
　　　(3)　株券発行前の譲渡 (101)　(4)　株主名簿の名義書換え
　　　(102)　(5)　名書換えの効力 (103)　(6)　基準日と権利の行使
　　　(105)　(7)　株式の共有と権利の行使 (107)　(8)　株式の振替
　　　制度 (109)
　　Ⅲ　株式の譲渡制限 ……………………………………………113
　　　(1)　譲渡制限の態様 (113)　(2)　譲渡制限株式の譲渡・取得の
　　　承認手続 (115)　(3)　承認のない譲渡・取得の効力 (119)
　　　(4)　契約による制限 (121)　(5)　相続等の制限 (123)
　　Ⅳ　株式の質入れ ………………………………………………124
　　　(1)　質入れの方法 (124)　(2)　質権者の権利 (124)

第5節　自己株式の取得と親会社株式の取得 ………………………126
　　Ⅰ　自己株式の取得 ……………………………………………126
　　　(1)　自己株式の取得事由 (126)　(2)　取得の手続・財源 (127)
　　　(3)　違法な自己株式取得の効果 (134)　(4)　自己株式の法的地
　　　位 (136)　(5)　自己株式の処分・消却 (136)

Ⅱ　子会社による親会社株式の取得 ……………………………138
　　　　(1) 取得の禁止と例外（138）　(2) 子会社が有する親会社株式の保有・処分（138）

　第6節　株式の併合・分割・無償割当てと単元株式 …………139
　　Ⅰ　株式の併合 ……………………………………………………139
　　Ⅱ　株式の分割 ……………………………………………………140
　　Ⅲ　株式の無償割当て ……………………………………………143
　　Ⅳ　単元株式 ………………………………………………………144

　第7節　株　券 ………………………………………………………146
　　Ⅰ　株券の意義・性質 ……………………………………………146
　　Ⅱ　株券の発行と提出 ……………………………………………146
　　　　(1) 株券の発行（146）　(2) 株券の提出と公告・通知（148）
　　Ⅲ　株券不所持制度と喪失登録制度 ……………………………149
　　　　(1) 株券不所持制度（149）　(2) 株券喪失登録制度（149）

第4章　機　関 …………………………………………………………152

　第1節　総　説 ………………………………………………………152
　　Ⅰ　機関の意義 ……………………………………………………152
　　Ⅱ　株式会社の機関構成 …………………………………………152
　　　　(1) 株主総会と取締役（152）　(2) 取締役会・会計参与・監査役・監査役会・会計監査人（153）　(3) 委員会設置会社（155）

　第2節　株主総会 ……………………………………………………156
　　Ⅰ　権　限 …………………………………………………………156
　　　　(1) 会社法の定める決議事項（156）　(2) 定款による決議事項の拡大（157）
　　Ⅱ　招　集 …………………………………………………………157
　　　　(1) 招集権者と決定事項（157）　(2)招集の時期・場所（159）
　　　　(3) 招集方法（159）　(4) 株主の提案権（163）　(5) 総会検査役（164）

Ⅲ　議決権とその行使 …………………………………………165
　　　(1)　1株1議決権の原則（165）　(2)　議決権の代理行使（166）
　　　(3)　書面・電磁的方法による議決権の行使（168）　(4)　議決権
　　　の不統一行使（169）　(5)　議決権行使に関する契約（169）
　　　(6)　株主の権利行使に関する利益供与の禁止（171）
　Ⅳ　総会の議事 ……………………………………………………172
　　　(1)　議長（172）　(2)　取締役等の説明義務（173）　(3)　延
　　　期・続行の決議（174）　(4)　議事録（174）
　Ⅴ　総会の決議 ……………………………………………………175
　　　(1)　決議要件（175）　(2)　採決方法（176）　(3)　決議等の省
　　　略（177）
　Ⅵ　種類株主総会 …………………………………………………177
　Ⅶ　決議の瑕疵 ……………………………………………………178
　　　(1)　決議取消しの訴えと取消原因（178）　(2)　訴えの制限と手
　　　続（179）　(3)　訴えの利益と訴えの裁量棄却（181）　(4)　取
　　　消判決の効果（184）　(5)　決議の無効（185）　(6)　決議の不
　　　存在（185）
第3節　取締役・取締役会と代表取締役 ── 委員会設置会社以外の
　　　　会社 ………………………………………………………………186
　Ⅰ　取締役の選任・終任 …………………………………………186
　　　(1)　資格と員数（186）　(2)　選任（188）　(3)　終任（190）
　　　(4)　欠員の場合の措置（192）　(5)　取締役の職務執行停止と職
　　　務代行者（193）
　Ⅱ　取締役会非設置会社の取締役 ………………………………194
　　　(1)　業務執行（194）　(2)　代表（195）
　Ⅲ　取締役会 ………………………………………………………195
　　　(1)　権限（195）　(2)　招集（199）　(3)　議事（200）
　　　(4)　決議（201）　(5)　決議の瑕疵（206）
　Ⅳ　代表取締役 ……………………………………………………207
　　　(1)　代表取締役の選定・解職（207）　(2)　権限（207）
　　　(3)　表見代表取締役（211）

　　　　V　取締役の義務と報酬 ……………………………………213
　　　　　　(1) 取締役の善管注意義務と忠実義務 (213)　　(2) 取締役の競
　　　　　　業避止義務 (214)　　(3) 取締役の利益相反取引 (220)
　　　　　　(4) 取締役の報酬 (225)

　第 4 節　会計参与 ……………………………………………………232
　　　　I　会計参与の選任・終任 ………………………………………232
　　　　　　(1) 資　格 (233)　　(2) 選　任 (233)　　(3) 終　任 (233)
　　　　II　会計参与の権限・職務と義務・報酬 ……………………234
　　　　　　(1) 権限・職務 (234)　　(2) 義務と報酬 (236)

　第 5 節　監査役・監査役会──委員会設置会社以外の会社 ………236
　　　　I　監査役の選任・終任 …………………………………………236
　　　　　　(1) 資格と員数 (236)　　(2) 選　任 (238)　　(3) 終　任 (238)
　　　　II　監査役の権限・職務と義務・報酬 ………………………239
　　　　　　(1) 権限・職務 (239)　　(2) 義務と報酬 (243)
　　　　III　監査役会 …………………………………………………243
　　　　　　(1) 権　限 (243)　　(2) 運　営 (244)

　第 6 節　会計監査人 …………………………………………………245
　　　　I　会計監査人の選任・終任 …………………………………245
　　　　　　(1) 資　格 (245)　　(2) 選　任 (245)　　(3) 終　任 (246)
　　　　II　会計監査人の権限・職務と義務・報酬 …………………247
　　　　　　(1) 権限・職務 (247)　　(2) 義務と報酬 (248)

　第 7 節　委員会設置会社の取締役・取締役会・委員会・執行役
　　　　　 …………………………………………………………………248
　　　　I　取締役の選任・終任 …………………………………………248
　　　　II　取締役会 …………………………………………………249
　　　　　　(1) 権　限 (249)　　(2) 運　営 (251)
　　　　III　指名委員会・監査委員会・報酬委員会 …………………251
　　　　　　(1) 各委員会の構成 (251)　　(2) 各委員会の権限・職務 (252)
　　　　　　(3) 各委員会の運営 (254)

Ⅳ　執行役 ………………………………………………………255
　　　(1) 執行役の選任・終任 (255)　(2) 権　限 (255)
　　Ⅴ　代表執行役 …………………………………………………256
　　Ⅵ　取締役・執行役の義務 ……………………………………256
　第8節　役員等の損害賠償責任 …………………………………257
　　Ⅰ　役員等の会社に対する損害賠償責任 ……………………257
　　　(1) 任務懈怠責任 (257)　(2) 利益相反取引の責任 (263)
　　　(3) 責任の免除と一部免除・責任限定契約 (264)
　　Ⅱ　役員等の第三者に対する損害賠償責任 …………………268
　　　(1) 責任の一般的要件 (268)　(2) 間接損害・直接損害と任務懈怠 (269)　(3) 悪意・重過失と相当因果関係 (270)　(4) 第三者と株主 (271)　(5) 名目的取締役の責任 (272)　(6) 登記簿上の取締役の責任 (273)　(7) 計算書類の虚偽記載等の責任 (275)　(8) 民法諸規定の適用 (276)
　第9節　株主代表訴訟と違法行為差止請求・検査役の選任 ……277
　　Ⅰ　株主代表訴訟 ………………………………………………277
　　　(1) 株主代表訴訟の意義 (277)　(2) 株主代表訴訟の対象と追及できる責任の範囲 (278)　(3) 訴えの手続 (278)　(4) 濫用的訴訟の防止 (281)　(5) 訴訟参加・補助参加 (283)
　　　(6) 和　解 (285)　(7) 判決の効果と再審の訴え (286)
　　Ⅱ　株主の違法行為差止請求 …………………………………287
　　　(1) 株主の違法行為差止請求の意義 (287)　(2) 請求の方法と差止事由 (287)
　　Ⅲ　検査役の選任 ………………………………………………289

第5章　募集株式の発行と新株予約権 ……………………………291
　第1節　募集株式の発行 …………………………………………291
　　Ⅰ　募集株式発行の意義 ………………………………………291
　　Ⅱ　募集株式発行の形態 ………………………………………292
　　　(1) 株主割当て (292)　(2) 第三者割当て (293)

(3) 公　募(293)
　Ⅲ　募集株式発行の手続 ……………………………………293
　　　(1) 募集事項の決定機関(293)　(2) 有利発行(296)
　　　(3) 決定事項(298)　(4) 募集株式の割当て(300)　(5) 現
　　　物出資の調査(301)　(6) 出資の履行(302)　(7) 株主とな
　　　る時期(304)
　Ⅳ　違法・不公正な募集株式発行の是正と責任 ……………304
　　　(1) 募集株式発行の差止め(304)　(2) 募集株式発行の無効と
　　　不存在(308)　(3) 引受人・取締役等の責任(314)

第2節　新株予約権 …………………………………………319
　Ⅰ　新株予約権の意義 …………………………………………319
　Ⅱ　新株予約権発行の形態と新株予約権の内容 ……………320
　　　(1) 発行形態(320)　(2) 新株予約権の内容(321)
　Ⅲ　募集新株予約権発行の手続 ………………………………322
　　　(1) 募集事項の決定機関(322)　(2) 有利発行(323)
　　　(3) 決定事項(324)　(4) 募集新株予約権の割当て(325)
　　　(5) 募集新株予約権の払込み(325)
　Ⅳ　新株予約権原簿と新株予約権の譲渡・質入れ …………326
　　　(1) 新株予約権原簿(326)　(2) 新株予約権の譲渡(327)
　　　(3) 新株予約権の譲渡制限(328)　(4) 新株予約権の質入れ
　　　(329)
　Ⅴ　自己新株予約権 ……………………………………………329
　　　(1) 自己新株予約権の取得・処分(329)　(2) 取得条項付新株
　　　予約権(330)　(3) 自己新株予約権の消却(331)
　Ⅵ　新株予約権の無償割当て …………………………………331
　Ⅶ　新株予約権の行使と消滅 …………………………………331
　　　(1) 新株予約権の行使(331)　(2) 新株予約権の消滅(333)
　Ⅷ　違法・不公正な新株予約権発行の是正と責任 …………333
　　　(1) 募集新株予約権発行の差止め(333)　(2) 新株予約権発行
　　　の無効と不存在(335)　(3) 引受人・取締役等の責任(336)

第6章　社債と新株予約権付社債 ……………………………337

第1節　社　債 ………………………………………………337

Ⅰ　社債の意義 ………………………………………337

Ⅱ　社債発行の形態 …………………………………338

Ⅲ　社債発行の手続 …………………………………338

(1) 募集事項の決定機関 (338)　(2) 決定事項 (339)
(3) 募集社債の割当て (340)

Ⅳ　社債原簿と社債の譲渡 …………………………341

(1) 社債原簿 (341)　(2) 社債の譲渡 (342)　(3) 振替社債 (343)

Ⅴ　社債の利払と償還 ………………………………344

(1) 利息の支払 (344)　(2) 社債の償還 (344)

Ⅵ　社債管理者 ………………………………………345

(1) 社債管理者の設置 (345)　(2) 権　限 (346)　(3) 義務と責任 (347)

Ⅶ　社債権者集会 ……………………………………349

(1) 社債権者集会の意義 (349)　(2) 権　限 (349)　(3) 招集・議決権・決議 (349)　(4) 決議の効力・執行 (350)

Ⅷ　担保付社債 ………………………………………351

第2節　新株予約権付社債 …………………………………352

Ⅰ　新株予約権付社債の意義 ………………………352

Ⅱ　新株予約権付社債の発行手続 …………………352

(1) 募集事項の決定 (352)　(2) 引受人の募集・割当て (353)

Ⅲ　新株予約権付社債の譲渡 ………………………353

Ⅳ　新株予約権付社債の無償割当て ………………354

Ⅴ　新株予約権の行使 ………………………………354

Ⅵ　違法・不公正な新株予約権付社債の発行の是正と責任 ………355

第7章　計　算 ……………………………………………356

第1節　計算規定の目的と会計慣行・証券取引法会計 ………356

Ⅰ　計算規定の目的 …………………………………………………356
　　Ⅱ　会計慣行 ………………………………………………………356
　　Ⅲ　証券取引法会計 …………………………………………………357
第2節　会計帳簿 ………………………………………………………359
　　Ⅰ　会計帳簿の作成 …………………………………………………359
　　Ⅱ　会計帳簿の保存・提出義務 ……………………………………359
　　Ⅲ　株主の会計帳簿閲覧権 …………………………………………360
　　　(1) 株主の会計帳簿閲覧権の意義 (360)　(2) 閲覧の対象となる会計帳簿・資料 (361)　(3) 権利の行使と拒否事由 (361)
第3節　計算書類等の作成と内容 ……………………………………363
　　Ⅰ　計算書類等の作成 ………………………………………………363
　　Ⅱ　計算書類等の様式 ………………………………………………364
　　　(1) 貸借対照表 (364)　(2) 損益計算書 (364)　(3) 株主資本等変動計算書 (366)　(4) 個別注記表 (367)　(5) 事業報告 (367)
　　Ⅲ　資産・負債と評価 ………………………………………………368
　　　(1) 資　産 (368)　(2) 資産の評価 (369)　(3) 負　債 (370)　(4) 負債の評価 (371)
第4節　計算書類等の監査・提供・承認・公開 ……………………371
　　Ⅰ　監　査 ……………………………………………………………371
　　　(1) 監査の対象 (371)　(2) 会計監査人設置会社以外の会社の監査 (372)　(3) 会計監査人設置会社の監査 (373)
　　Ⅱ　計算書類等の提供・備置き ……………………………………375
　　　(1) 提　供 (375)　(2) 備置き (375)
　　Ⅲ　計算書類の承認 …………………………………………………376
　　Ⅳ　計算書類の公開 …………………………………………………376
第5節　臨時計算書類と連結計算書類 ………………………………378
　　Ⅰ　臨時計算書類 ……………………………………………………378

Ⅱ　連結計算書類 ……………………………………………………379

第6節　資本金と準備金 ……………………………………………………380

　　Ⅰ　株主資本の部の構成 ……………………………………………380
　　Ⅱ　資本金・準備金・剰余金の算定 ………………………………380
　　　　(1)　資本金（380）　(2)　準備金（381）　(3)　剰余金（382）
　　Ⅲ　資本金・準備金の減少と増加 …………………………………383
　　　　(1)　資本金・準備金の減少（383）　(2)　資本金・準備金の増加
　　　　（388）　(3)　剰余金についてのその他の処分（388）

第7節　剰余金の配当 ………………………………………………………389

　　Ⅰ　剰余金の配当手続 ………………………………………………389
　　　　(1)　一般的手続（389）　(2)　現物配当（390）　(3)　決定機関
　　　　の特則（391）　(4)　配当財産の交付の方法（393）
　　Ⅱ　剰余金配当の制限 ………………………………………………393
　　　　(1)　純資産額からの制限（393）　(2)　分配可能額からの制限
　　　　（393）
　　Ⅲ　違法な剰余金配当の責任と欠損てん補責任 …………………394
　　　　(1)　違法な剰余金配当の責任（394）　(2)　欠損てん補責任
　　　　（396）

第8章　定款の変更 …………………………………………………………397

　第1節　定款変更の意味 …………………………………………………397

　第2節　定款変更の手続 …………………………………………………397

第9章　組織再編 ……………………………………………………………399

　第1節　総　説 ……………………………………………………………399

　第2節　組織変更 …………………………………………………………400

　　Ⅰ　組織変更の意義 …………………………………………………400
　　Ⅱ　組織変更の手続 …………………………………………………400
　　　　(1)　組織変更計画（400）　(2)　開示と株主の同意（401）
　　　　(3)　債権者保護手続（401）　(4)　組織変更の効力発生（402）

Ⅲ　組織変更の無効 …………………………………………402

第3節　事業譲渡等 ……………………………………………403
　　Ⅰ　事業譲渡の意義 …………………………………………403
　　Ⅱ　事業の譲渡・譲受けの手続 ……………………………404
　　　(1) 承認手続（404）　(2) 株主総会決議を要する事業譲渡の意味（406）　(3) 反対株主の株式買取請求（407）　(4) 手続違反の効果（408）
　　Ⅲ　事業の賃貸等 ……………………………………………409
　　Ⅳ　事後設立 …………………………………………………409

第4節　合　併 …………………………………………………409
　　Ⅰ　合併の意義 ………………………………………………409
　　Ⅱ　合併の手続 ………………………………………………411
　　　(1) 合併契約（411）　(2) 事前の開示（415）　(3) 承認手続（416）　(4) 略式手続・簡易手続（417）　(5) 反対株主の株式買取請求（418）　(6) 債権者保護手続（420）　(7) 合併の効力発生（421）　(8) 事後の開示（422）
　　Ⅲ　合併の無効 ………………………………………………423

第5節　会社分割 ………………………………………………425
　　Ⅰ　会社分割の意義 …………………………………………425
　　Ⅱ　会社分割の手続 …………………………………………426
　　　(1) 分割契約・分割計画（426）　(2) 事前の開示（429）　(3) 承認手続（429）　(4) 債権者保護手続（430）　(5) 会社分割の効力発生（431）　(6) 事後の開示（432）
　　Ⅲ　会社分割の無効 …………………………………………432

第6節　株式交換・株式移転 …………………………………433
　　Ⅰ　株式交換・株式移転の意義 ……………………………433
　　Ⅱ　株式交換・株式移転の手続 ……………………………434
　　　(1) 株式交換契約・株式移転計画（434）　(2) 事前の開示（436）　(3) 承認手続（437）　(4) 株式交換・株式移転の効力

　　　　発生（437）　（5）事後の開示（438）
　　Ⅲ　株式交換・株式移転の無効 ………………………………… 439

第10章　解散と清算 …………………………………………………… 440

第1節　解　散 …………………………………………………………… 440
　　Ⅰ　解散の意義 …………………………………………………… 440
　　Ⅱ　解散事由 ……………………………………………………… 440
　　Ⅲ　解散の効果 …………………………………………………… 442

第2節　清　算 …………………………………………………………… 443
　　Ⅰ　清算の意義 …………………………………………………… 443
　　Ⅱ　清算会社の権利能力 ………………………………………… 443
　　Ⅲ　清算会社の機関 ……………………………………………… 444
　　Ⅳ　清算事務 ……………………………………………………… 446
　　Ⅴ　清算の終了 …………………………………………………… 448
　　Ⅵ　特別清算 ……………………………………………………… 449

第3編　持分会社 ………………………………………………………… 452

第1章　合名会社 ………………………………………………………… 455

第1節　総　説 …………………………………………………………… 455
第2節　設　立 …………………………………………………………… 455
第3節　社員の地位と変動 ……………………………………………… 457
　　Ⅰ　社員の地位の特色 …………………………………………… 457
　　Ⅱ　社員の義務と責任 …………………………………………… 457
　　Ⅲ　持分の譲渡 …………………………………………………… 458
　　Ⅳ　社員の加入と退社 …………………………………………… 459
第4節　業務執行と会社代表 …………………………………………… 461
第5節　計　算 …………………………………………………………… 463
第6節　定款変更・組織変更 …………………………………………… 464

第 7 節　解散と清算 ……………………………465
　　　Ⅰ　解　散 ……………………………………465
　　　Ⅱ　清　算 ……………………………………466

第 2 章　合資会社 …………………………………468

　第 1 節　総　説 ……………………………………468

　第 2 節　合資会社による特有な法規整 ……………468
　　　Ⅰ　設　立 ……………………………………468
　　　Ⅱ　社員の責任と変動 …………………………469
　　　Ⅲ　業務の執行と会社代表 ……………………469
　　　Ⅳ　定款変更・組織変更 ………………………470

第 3 章　合同会社 …………………………………471

　第 1 節　総　説 ……………………………………471

　第 2 節　合同会社に特有な法規整 …………………471
　　　Ⅰ　設　立 ……………………………………471
　　　Ⅱ　社員の責任と変動 …………………………472
　　　Ⅲ　業務執行と会社代表 ………………………472
　　　Ⅳ　計　算 ……………………………………472
　　　Ⅴ　組織再編と清算 …………………………474

第 4 編　外国会社 …………………………………475

第 1 章　外国会社の意義と認許 ……………………477

第 2 章　外国会社に対する法規整 …………………478

　第 1 節　代表者の選任と登記 ………………………478

　第 2 節　貸借対照表の公告 …………………………479

　第 3 節　全代表者の退任と債権者保護手続 ………479

第 4 節　取引継続の停止・営業所閉鎖命令 …………………479
第 5 節　擬似外国会社 …………………………………………480

事項索引 ……………………………………………………………481
判例索引 ……………………………………………………………490

〈凡　例〉

I　法令名略語（50音順）
＊会社法については，条数のみで引用する。
＊平成17年改正前の商法は，「旧商」で引用する。

委任状	上場株式の議決権の代理行使の勧誘に関する内閣府令
会計士	公認会計士法
会社計算規	会社計算規則
会社更生	会社更生法
会社則	会社法施行規則
会社法整備法	会社法の施行に伴う関係法律の整備等に関する法律
企業開示	企業内容等の開示に関する内閣府令
企業担保	企業担保法
銀行	銀行法
刑	刑法
社債株式振替	社債，株式等の振替に関する法律
商	商法
商登	商業登記法
商特(旧)	株式会社の監査に関する商法の特例に関する法律
証取	証券取引法
証取令	証券取引法施行令
信金	信用金庫法
信託	信託法
信託業	信託業法
政資	政治資金規正法
担信	担保付社債信託法
中協	中小企業等協同組合法
登税	登録免許税法
手	手形法
電気	電気事業法
電子公告規	電子公告規則
独禁	私的独占の禁止及び公正取引の確保に関する法律
破	破産法
分割労働承継	会社分割に伴う労働契約の承継等に関する法律
法税	法人税法

保険	保険業法
民	民法
民再	民事再生法
民訴	民事訴訟法
民訴規	民事訴訟規則
民訴費	民事訴訟費用等に関する法律
民調	民事調停法
民保	民事保全法
有(旧)	有限会社法
有限組合	有限責任事業組合契約に関する法律

II 判例略語

判例については，つぎの例により，略称によって引用する。

最判昭和45・6・24民集24巻6号625頁＝最高裁判所昭和45年6月24日判決・最高裁判所民事判例集24巻6号625頁

最大判昭和44・11・26＝最高裁判所昭和44年11月26日大法廷判決

東京地決平成元・7・25判時1317号26頁＝東京地方裁判所平成元年7月25日決定・判例時報1317号26頁

民事	大審院民事判例集，最高裁判所民事判例集
民録	大審院民事判決録
新聞	法律新聞
判決全集	大審院判決全集
刑集	最高裁判所刑事判例集
裁判集民	最高裁判所裁判集民事
高民	高等裁判所民事判例集
下民	下級裁判所民事裁判例集
判時	判例時報
判タ	判例タイムズ
金判	金融・商事判例
金法	金融法務事情
交民	交通事故民事裁判例集
労民	労働関係民事裁判例集
資料版商事	資料版商事法務

III 文献略語

石井・上	石井照久・会社法上巻（勁草書房，第2版，1972）
石井・下	石井照久・会社法下巻（勁草書房，1967）

凡　例

石井=鴻	石井照久=鴻常夫・会社法第1巻（勁草書房，1977）
江頭	江頭憲治郎・株式会社・有限会社法（有斐閣，第4版，2005）
大隅=今井・上	大隅健一郎=今井宏・会社法論上巻（有斐閣，第3版，1991）
大隅=今井・中	大隅健一郎=今井宏・会社法論中巻（有斐閣，第3版，1992）
大隅=今井・下II	大隅健一郎=今井宏・会社法下II巻（有斐閣，1991）
河本	河本一郎・現代会社法（商事法務，新訂第9版，2004）
神田	神田秀樹・会社法（弘文堂，第7版，2005）
北沢	北沢正啓・会社法（青林書林，第6版，2001）
近藤	近藤光男・最新株式会社法（中央経済社，第2版，2004）
関	関俊彦・会社法概論（商事法務，新訂版，2004）
鈴木=竹内	鈴木竹雄=竹内昭夫・会社法（有斐閣，第3版，1994）
龍田	龍田節・会社法（有斐閣，第10版，2005）
田中誠・上	田中誠二・3全訂会社法詳論上巻（勁草書房，1993）
田中誠・下	田中誠二・3全訂会社法詳論下巻（勁草書房，1994）
前田	前田庸・会社法入門（有斐閣，第10版，2005）
森本	森本滋・会社法（有信堂高文社，第2版，1995）
弥永	弥永真生・リーガルマインド会社法（有斐閣，第9版，2005）
新注会	上柳克郎=鴻常夫=竹内昭夫編・新版注釈会社法（有斐閣，1985〜）
会社百選	別冊ジュリスト・会社判例百選（有斐閣，第6版，1998）
争点I	ジュリスト増刊・商法の争点I（有斐閣，1993）
青竹・法規整	青竹正一・小規模閉鎖会社の法規整（文眞堂，1979）
青竹・続法規整	青竹正一・続小規模閉鎖会社の法規整（文眞堂，1988）
青竹・課題と展開	青竹正一・現代会社法の課題と展開（中央経済社，1995）
青竹・新展開	青竹正一・閉鎖会社紛争の新展開（信山社，2001）
青竹・特別講義	青竹正一・特別講義商法総則・商行為法総則（成文堂，2005）

　その他の文献の引用は，法律編集者懇話会・法律文献等の出典の表示方法による。
　なお，新会社法に関する参考文献として，以下のものを挙げておく。

相澤哲編著・一問一答　新・会社法（商事法務，2005）
相澤哲ほか「新会社法の解説(1)〜（17・完）」商事法務1737号〜1755号
江頭憲治郎「『会社法制の現代化に関する要綱案』の解説(1)〜（8・完）」商事法務
　1721号〜1726号，1728号，1729号
「特集・新会社法の制定」ジュリスト1295号

第1編

総　論

第1章　会社の法源と種類

第1節　会社の法源

　会社の設立，組織，運営および管理については，他の法律に特別の定めがある場合を除くほか，会社法の定めるところによる（1条）。

　平成17年6月29日に「会社法」が成立し，同年7月26日に公布された（平成17年法86号）。新しく制定された会社法は，従来の商法第2編の会社，有限会社法，株式会社の監査等に関する商法の特例に関する法律（商法特例法）などの規定を1つの法典として再編成したものである。会社法は，会社に関する法的紛争に際して適用される主たる法源である。

　1つの法典として会社法があるが，それでも，他の法律に特別の定めがある場合，すなわち，特別法に定めがある場合は多い。会社に関する法律関係は，定款の規定に効力が認められるかぎり，自治法規である定款の規定が優先して適用される。ついで，会社法の規定が適用される。しかし，会社法の規定について一般的な特別法があれば，それが優先的に適用され，また，特定の事業を行う会社について特別法があれば，それがさらに優先して適用される。以上に規定がなければ，商慣習，ついで民法の規定が適用される（商1条2項）。

第2節　会社の種類

I　4種類の会社

　会社は，株式会社，合名会社，合資会社または合同会社をいう（2条1号）。したがって，会社は，これら4種類の会社しか認められない。合名会社，合資会社または合同会社を総称して持分会社という（575条1項かっこ書）。4種類の会社のうち，どの種類の会社を選択するかは，株式会

社でなければならないとしている特定の事業を目的とする場合（銀行4条の2，証取28条の4など）を除き，自由である。

4種類の会社は，主として，出資者である社員が会社の債務についてどのような態様の責任を負うか，社員の地位がどのような形をとるかによって分類される。

Ⅱ 会社の分類

（1） 株式会社

株式会社は，社員の地位が株式という割合的単位の形をとり，すべての社員すなわち株主は会社に対し株式の引受価額を限度とする出資義務を負うだけで，会社債権者に対し直接に責任を負うことはない（104条）。株主は間接有限責任しか負わないから，株主の個性はあまり重要ではない。そこで，株式は譲渡することができる（127条）。そのため，株主は投下資本を回収でき，株式は証券市場における取引の対象となる。他方，会社債権者の責任財産となるのは会社財産だけであるから，会社債権者保護の制度が設けられている。会社の意思決定や行為をするために，会社には機関が置かれる。株主は株主総会において基本的事項などの決定にかかわるが，会社の業務執行と代表は取締役などに委ねられる。社員と会社との関係が密接ではない会社は物的会社といわれるが，株式会社は物的会社ということができる。

株式会社は，企業規模の拡大，企業経営における危険の分散・軽減，企業の維持が図り易く，大企業に適した会社形態である。大企業のほとんどは株式会社である。しかし，実際には，中小企業も株式会社形態を利用している。したがって，株式会社の数は100万を超えている。定款で株式の譲渡制限を定めている会社（旧商204条1項ただし書参照）も相当数ある。

昭和13年制定の有限会社法にもとづく有限会社は，出資額を会社に出資する義務を負うにとどまり，会社債権者に対し直接責任を負うことのない社員だけで構成され，かつ，中小企業に適するように非公開性が図られていた。したがって，有限会社の数は多かった。それでも，中小企業も株式会社形態を利用している。株式会社にした方が社会的信用が厚く，取引上有利であるということが大きな理由となっている（青竹・続法規整13

頁)。

　平成17年制定の会社法は，株式会社と有限会社を統合して，株式会社に1本化している。有限会社は廃止されたが，会社法と同時に成立した「会社法の施行に伴う関係法律の整備等に関する法律」は，会社法の施行時にすでに設立されている有限会社は，会社法上の株式会社として存続するものとしている（会社法整備法2条1項）。ただし，有限会社法と会社法とでは異なるところがあるので，有限会社法に特有の規定については会社法の特則として会社法整備法に規定が置かれ（会社法整備法2条～44条），旧有限会社については，有限会社法と同様の規定の適用を受け，商号についても有限会社の文字を用いるべきことにしている（会社法整備法3条1項）。そして，会社法の特則が適用される旧有限会社を「特例有限会社」と呼んでいる（会社法整備法3条2項）。特例有限会社が通常の株式会社に移行するには，定款を変更してその商号を株式会社という文字を用いた商号に変更して（会社法整備法45条1項），当該有限会社についての解散の登記，商号変更後の株式会社についての設立の登記をしなければならない（会社法整備法45条2項・46条）。

　（2）　合名会社

　合名会社は，会社債権者に対し直接に連帯して無限の責任を負う社員だけで構成される会社である（576条2項）。社員の出資の種類は財産出資に限られず，労務出資や信用出資も認められる（576条1項6号）。社員の地位を持分といい，持分を譲渡するには他の社員全員の承諾を必要とし（585条1項），相続人は当然には社員とならない（607条1項3号参照）。持分の払戻しによる退社の制度が認められている（606条・607条）。会社の内部関係については定款自治が広く認められている（590条2項・591条6項・593条5項・622条・666条など）。社員は，原則として会社の業務を執行する権利義務および会社を代表する権限を有する（590条1項・599条1項）。重要事項の決定には社員の全員一致が要求される（637条）。社員と会社との関係が密接な会社は人的会社といわれるが，合名会社は人的会社の典型である。合名会社は，人的信頼関係のある少人数の出資者による企業に適した会社形態である。

　（3）　合資会社

合資会社は，無限責任社員と有限責任社員とで構成される会社である（576条3項）。無限責任社員の地位は合名会社の社員と同じである。有限責任社員は会社債権者に直接に責任を負うが，その責任は出資額を限度とする（580条2項）。有限責任社員に関する合資会社に特有な事項以外については，合名会社と同じである。合資会社も，合名会社と同じく，人的信頼関係のある少人数の出資者による企業に適した会社形態である。

（4） 合同会社

合同会社は，アメリカのLLC（Limited Liability Company）をモデルに，平成17年制定の会社法において新たに認められた会社形態である。合同会社では，出資者のすべてが出資の価額を限度として会社債権者に間接に責任を負う有限責任社員である（576条4項・578条・580条2項）。この点で，株式会社と類似するため，合同会社では，会社に適切に財産を維持させる制度（576条1項6号・578条・628条・632条），会社の財産状況を適切に開示させるための制度（618条・625条）を設けている。他方，合同会社の内部関係については，民法上の組合と同じく，広く定款自治が認められている（585条4項・594条1項・604条2項・607条1項1号など）。持分の譲渡は業務を執行しない社員については業務執行社員全員の承諾があれば認められる（585条2項）。

合同会社と「有限責任事業組合契約に関する法律」によって導入されている有限責任事業組合（LLP）とは，社員または組合員のすべてが有限責任とされ（576条4項・580条2項，有限組合15条），会社または組合の内部関係について民法上の組合と同様の規整がされる点において共通している。しかし，合同会社は法人格を有する（3条）のに対し，有限責任事業組合はその本質が組合契約であり，法人格を有しない。合同会社は社員が1人となっても存続できる（641条）のに対し，有限責任事業組合は組合員が1人では存続することができない（有限組合37条2号）。

第2章　会社の概念と権利能力

第1節　会社の概念

I　商事性

　会社法は，会社がその事業としてする行為およびその事業のためにする行為は，商行為とすると定めている（5条）。会社法は，商行為をすることを目的とする商事会社（旧商52条1項）と，商行為をしなくても会社とみなされる民事会社（旧商52条2項）との区別を廃止したため，会社は，すべて商事性を有することになる。会社には，商法第2編に規定されている商行為に関する規定は当然に適用される（商1条1項）。

II　営利性

　商事会社は商行為を業とすることを目的とする会社，民事会社は商行為を業とするわけではないが，営利を目的とする会社と定義されていた（旧商52条1項2項）。そして，「業とする」とは，営利の目的をもって同種の行為を反復的に行うことであると解されている。会社法は，この定義規定を引き継いでいない。

　会社の概念における営利性とは，対外的活動によって利益を得て，その利益を出資者である構成員（株主・社員）に分配することをいうと理解されている。営利性は利益を構成員に分配することをいうのは，構成員は，会社が利益を上げることを通じて利益の分配にあずかることを目的として出資する者であるからである。

　会社法は，株式会社について，株主に剰余金の配当を受ける権利および残余財産の分配を受ける権利の全部を与えない旨の定款の定めは効力を有しないとしている（105条2項）。そこで，いずれか一方の権利を与えない旨の定款の定めは有効と解される。株主に利益を分配するという意味でも，

営利性は株式会社の本質的なものでなくなっている。しかし，剰余金配当請求権と残余財産分配請求権の双方を否定できないという意味で，営利性は株式会社の本質的概念といえる。

　持分会社については，利益配当，出資の払戻しおよび残余財産の分配に関する事項についても，定款自治が認められている（621条2項・624条2項・666条）。しかし，社員に経済的な分配を受ける権利を全く否定することは認められないと解される。

　会社法は，「業とする」という定義規定を引き継いでいない。また，従来の「営業」という文言を「事業」に置き換えている（5条・467条1号〜4号）。事業という文言は営業と異なり，必ずしも利益獲得目的を含まない意味に用いられることがある（民68条1項2号，中間法人法104条参照）。

　営利を目的としない公益法人，相互保険会社，中小企業協同組合その他の共同組合，信用金庫などの中間法人は，本来の公益事業，構成員の共通利益のための事業に付随して収益事業を営むことは許されている（私立学校法26条1項，社会福祉法26条1項，中協9条の10・9条の11参照）。会社も，営利目的・経済活動目的のほかに，慈善的な目的や株主・社員の共通利益のための事業を目的とすることも認められるのではないかと解される。

III　法人性

　会社は，すべて法人である（3条）。法人とは，自然人以外で権利義務の帰属主体たる地位を有するものである。会社に法人格を認めているのは，会社に構成員と別個・独立の財産上の主体たる地位を認めると，権利義務の帰属および会社の管理が簡明になり，団体としての統一的活動が容易になることにある。

　法人であることの特質として，具体的には，①法人自体の名において権利を有し義務を負うこと，②法人自体の名において訴訟当事者となること，③法人自体を名宛人とする債務名義によってのみ，法人財産に対し強制執行できること，④法人の構成員個人の債権者は法人財産に対して追及できないこと，⑤法人の債権者は法人財産のみが責任財産となり，法人の構成員個人の財産は責任財産とならないこと，が挙げられる。株式会社は，①

〜⑤の特質をすべて備えている。合名会社・合資会社・合同会社では，社員の債権者が社員の持分を差し押えて社員を退社させることができる（609条）から，④の特質は完全ではない。また，合名会社・合資会社の社員は会社債権者に対し直接に責任を負う（580条・578条）から，⑤の特質を持たない。

　会社は社団であると定義されていた（旧商52条）。会社法は，共同の目的を有する複数人が結合する団体であるという社団性を示す規定を置いていない。合名会社・合資会社では，社員が1人となったことは会社の解散原因であった（旧商94条4号・147条）。会社法は，持分会社が社員1人の一人会社になったことを解散事由としていない（641条）。持分会社にも一人会社を認めたことが，会社に社団性が要求されていない理由であろう。会社法の下でも株式あるいは持分の譲渡によって容易に社員が複数となることは可能であるという，いわゆる潜在的社団で説明する見解があるが（弥永・8頁），設立当初からの一人会社の社団性は潜在的社団では説明できない。しかし，持分会社の社員が欠けたことは解散事由であるから（641条4号），会社は財団と異なる。

Ⅳ　法人格否認の法理

（1）　法人格否認の法理の意義

　法人格否認の法理とは，法人たる会社の独立性を貫くと正義・衡平に反する結果となる場合に，特定の事案に限って会社の独立性・異別性を否定し，会社とその背後の株主（社員）とを同一視して衡平な解決を図る法理である。会社の解散命令（824条）や設立無効（828条1項1号），設立取消し（832条）の場合のように，会社そのものを消滅させるものではない。

　最高裁は，個人企業に等しい株式会社の代表取締役が自己の名で締結した建物明渡しに関する和解契約が会社に及ぶかが問題となった事案で，法人格の付与は社会的に存在する団体についてその価値を評価してされる立法政策によるものであり，「法人格が全くの形骸にすぎない場合」または「それが法律の適用を回避するために濫用される如き場合」においては，法人格を否認すべきことが要請されるとし，株式会社がいわばたんなるワラ人形にすぎず，会社即個人，個人即会社であって，その実質が全くの個

人企業と認められる場合には，相手方を保護するために，会社名義でされた取引であってもその背後にある個人の行為と認めることができ，また，個人名義でされた行為であってもその行為を会社の行為と認めることができると判示して，会社も明渡義務を免れないとした（最判昭和44・2・27民集23巻2号511頁）。

この最高裁判決以来，法人格否認の法理は，法人格が濫用される場合，または法人格が形骸化している場合に適用され，判例法理として定着している。そして，この法理は，小規模な株式会社や子会社の債権者を保護するための1つの解決方法となっていた。平成17年制定の会社法は最低資本制度を廃止している。法人格否認法理の適用の必要性は増大している。

（2）　法人格の濫用

法人格否認の法理が適用される法人格の濫用がある場合として，最高裁は，「株式会社が商法の規定に準拠して比較的容易に設立されうることに乗じ，取引の相手方からの債務履行請求手続を誤らせ時間と費用とを浪費させる手段として，旧会社の営業用財産をそのまま流用し，商号，代表取締役，営業目的，従業員などが旧会社のそれと同一の新会社を設立したような場合には，形式的には新会社の設立登記がなされていても，新旧両会社の実質は前後同一であり，新会社の設立は旧会社の債務の免脱を目的としてなされた会社制度の濫用であって，このような場合，会社は右取引の相手方に対し，信義則上，新旧両会社が別人格であることを主張できず，相手方は新旧両会社のいずれに対しても右債務についてその責任を追求することができる」として，旧会社債権者に新会社に対する金銭債務の支払請求を認めている（最判昭和48・10・26民集27巻9号1240頁）。

また，最高裁は，強制執行の不許を求める第三者異議の訴え（民執38条1項）について，会社の法人格を執行債務者に対する強制執行を回避するために濫用している場合には，会社は執行債務者と別個の法人格であることを主張して強制執行の不許を求めることは許されないとしている（最判平成17・7・15金判1229号42頁）。

下級審判例にも，倒産の危機に瀕した会社または債務の履行を求められている会社が，債務または強制執行を免れるために新会社を設立してあるいは姉妹会社に財産を移転して，同一の事業を継続する場合に，法人格の

濫用を認めるものは多い（東京地判平成 7・9・7 判タ 918 号 233 頁，京都地判平成 11・4・15 金判 1068 号 3 頁，福岡地判平成 16・3・25 金判 1192 号 25 頁など）。

そのほかでは，競業避止義務を負う者がその義務を免れるために自己が支配する会社に競業をさせる場合に，会社の法人格の異別性を否定して会社に競業避止義務を認めるもの（大村簡判昭和 47・9・25 判時 694 号 109 頁），親会社が不当労働行為の意思で子会社を解散して従業員を解雇する場合に，子会社の法人格を否認して子会社従業員と親会社との間に雇用関係の存在を認めるもの（徳島地判昭和 50・7・23 労民 26 巻 4 号 580 頁，神戸地判昭和 54・9・21 判時 955 号 118 頁など）がある。

学説でも，法人格の濫用を法人格否認の要件と認めることにあまり異論はない。民法 1 条 3 項の権利濫用の禁止に実定法上の根拠を求めることができるからである。法人格の濫用があるといえるためには，法人格がその背後にあって支配している者により意のままに支配されているという両者の実質的同一性・支配の要件のほか，法人格を利用する者に違法または不当な目的がなければならない，とするのが多数説である（奥山恒郎「いわゆる法人格否認の法理と実際」実務民事訴訟講座 5（日本評論社，1969）170 頁，大隅＝今井・上 54 頁，龍田・53 頁など）。親会社設立の目的に触れる前述の最高裁判決も，この主観的濫用説をとっているといえる。これに対し，法人格の利用が社会的通念上，許容できないということだけでよいとする，客観的濫用説の立場がある（田中誠・上 104 頁）。

民法 1 条 3 項の権利濫用の成否につき，権利者の主観的要素が考慮される場合があることに変わりはなく，客観的利益衡量を重視しすぎると，多数の利益が常に勝つことになりかねない。特定の事案に限りとはいえ，法人格の独立性が否定されるという否認の効果の重大性を考慮すると，法人格の濫用というためには目的の要件も必要と解すべきである（青竹・新展開 302 頁）。ただし，違法または不当な目的を有していたかどうかは，客観的事実より判断せざるをえない。下級審判例には，子会社はそれぞれ新規事業参入に伴う危険の分散の必要性，グループ会社ごとに蓄積された技術やノウハウを統合化し商品化を企図する合理的な経営戦略の下で設立されたものと認定して，親会社に損害賠償責任回避のための法人格の濫用の

意図は認められないとするものがある（チッソ水俣病京都訴訟・京都地判平成5・11・26判時1476号3頁）。

（3） 法人格の形骸化

法人格否認の法理を最高裁として初めて認めた前述（10頁）の判決は，法人格が形骸化している場合に法人格の否認を認めたものである。形骸化の要件としては，会社即個人，個人即会社であって，その実質が全くの個人企業と認められる場合というだけである。その後の最高裁判決も同様である（最判昭和47・3・9判時663号88頁）。

これに対し，下級審判例は，会社が実質的に株主（社員）の個人企業にすぎず，株主（社員）が会社を支配しているだけでは足りないとしている。そして，①会社の営業所として株主の営業所が使用されている，子会社の営業所・工場として親会社の営業所・工場が使用されているなど，会社と株主（親会社）の財産が混同している，あるいは，会社は本店に看板を掲げていない，子会社の従業員は親会社の従業員と同じ制服を使用し，外部の通信には親会社の事務用紙・封筒を使用して，相手方が会社（子会社）の存在を認識できない状況にあるなど，会社と株主（親会社）の業務活動が混同していることを挙げて，形骸化を認めるもの（名古屋地判昭和54・5・14判時940号82頁，大阪高判昭和56・2・27判時1015号121頁など），②株主総会・取締役会の不開催，株券の不発行などを挙げて，形骸化を認めるものがある（東京高判昭和53・3・3判時890号112頁など）。

判例が挙げる法人形式無視の事実のうちでは，①が重要となろう。②は法人格否認の法理により保護すべき会社債権者・相手方の利益とあまり関連はない。現に，株主総会・取締役会の手続無視が存在しても，法人格は形骸化しているとはいえないとする判例がある（大阪地判昭和47・3・8判時666号87頁など）。しかし，親子会社の場合につき，両会社の財産的な混同がなくても，親会社が子会社の業務・財産を株主権を行使して支配できるに足る株式を所有し，親会社が子会社を現実的・統一的に管理支配していることで，法人格否認の法理を適用できるとして，親会社に子会社の受働的債権者である従業員に対する責任を認めるものがある（仙台地判昭和45・3・26判時588号38頁）。これは，子会社は個人企業に類する会社に比べて法人形式無視が少ないことにあると考えられる。

学説では，形骸化の場合に法人格を否認する法的根拠を欠くこと，法人格が形骸であるとの理由で否認を認めると，画一的に会社の法人としての存在を否定することになること，形骸化の要件が不明確であることなどを理由に，形骸化を法人格の否認要件とすべきではないとする見解がある（田中誠・上102〜103頁）。また，法人格否認の法理は小規模会社・親子会社を規整する会社法または取引法がまだ発展していない段階で生ずる不衡平を調整するための一般条項にすぎないから，事業リスクに比し過少な資本の出資である，契約相手方に対し契約当事者を誤認させる，契約相手方に対し会社債務につき株主が責任を負うとの信頼を惹起させるなど，会社債権者・相手方を保護すべき実質的理由を明確に示す要件の下で，法理の適用がされるべきとする見解がある（江頭・39頁）。

　会社債権者・相手方を保護すべき実質的理由を明確に示す要件の下で法理を適用すべきとする後者の見解は，正当である。前者の形骸化の場合に法人格を否認する法的根拠を欠くという点は，会社は法人とする規定（3条）の解釈により，形骸化の場合に例外的に法人格の否認が認められると解すればよい。

　なお，法人格否認の法理については準拠法も問題となっているが，契約上の債務を負担する主体の誤認の場合のように，法人格の否認が個別具体的な取引上の利益保護を理由とする類型では，取引・契約に適用される法が準拠法になる（青竹正一「判批」ジュリ1265号134頁）。

（4）　法人格否認の効果

　法人格否認の法理の適用により法人格の独立性が否定されると，①会社の債権者が株主（社員）に対して会社債務の弁済を請求できる，すなわち株主（社員）の有限責任が否定される，②旧会社の債権者が新会社に対して，あるいは姉妹会社の一方の債権者が他方に対して金銭債務の弁済を請求できる，③会社と株主（社員）の一方が負担する契約上の義務，競業避止義務などが他方に及ぶ，などの効果を生ずる。

　②の類型で，金銭債務の弁済額を姉妹会社に譲渡した財産の譲渡価額を基準に制限した判例がある（前掲京都地判平成11・4・15）。しかし，弁済額は，財産を譲渡した姉妹会社が負担している債務額，姉妹会社に対する請求額となるのが，債権者保護のための法人格否認の効果であって，譲渡

価額を基準とすべきではない（控訴審の大阪高判平成 12・7・28 金判 1113 号 35 頁は，債務額中の請求額全額の弁済を認めている）。

②の類型で，最高裁は，手続の明確，安定を重んずる訴訟手続ないし強制執行手続においては，実体法上は損害賠償を新会社に請求できても，旧会社に対する判決の既判力および執行力の範囲を新会社にまで拡張することは許されないとしている（最判昭和 53・9・14 判時 906 号 88 頁，最判平成 17・7・15 金判 1229 号 42 頁）。

第 2 節　会社の権利能力

I　性質および法令による制限

　会社は法人であり，権利能力を有することは自然人と異ならないが，会社はその性質上，自然人であることを前提とする生命，身体に関する権利や，親権，扶養義務などの身分上の権利義務を有しないことは当然である。ただし，会社も社会的実体を有する以上，名誉権のような権利は認められる（財団法人の名誉権侵害につき損害の発生を認めた，最判昭和 39・1・28 民集 18 巻 1 号 136 頁参照）。

　会社の法人格は法によって付与されたものであるから，会社の権利能力は法令によって制限される（民 43 条）。会社は他の会社の無限責任社員となることはできないとする規定（旧商 55 条）は，削除されている。外国会社の権利能力は法令・条約で制限される（民 36 条 2 項ただし書）。

II　会社の目的・営利性による制限

（1）　定款所定の目的による制限

　会社は，その目的を定款に記載し登記しなければならない（27 条 1 号・576 条 1 項 1 号・911 条 3 項 1 号・912 条 1 号・913 条 1 号・914 条 1 号）。そして，民法 43 条は，法人は定款所定の目的の範囲内において権利を有し義務を負うと定めている。

　判例は，民法 43 条は法人の本質にもとづく規定として会社にも類推適用されるとしている。この立場によると，会社の権利能力は定款所定の目

的によって制限され，目的の範囲外の権利取得・義務負担は当然に無効となる。そして，判例は，目的の範囲内であるかどうかを判断するに当たり，定款の目的条項を厳格に解釈していた。その後，会社の経済活動の現実に即して，定款の目的条項を広く解釈し，銀行が手形債務の保証をするなどの定款所定の目的達成に必要な行為，および，鉄道会社が石炭の採掘販売をするなどの定款の記載事項から演えきできる行為も，定款所定の目的に含まれるとした（大判大正元・12・25民録18輯1078頁，大判昭和6・12・17新聞3364号17頁など）。また，判例は，ある行為が目的達成に必要かどうかは，各場合により具体的に決定すべきであるとしていたため，取引の相手方としては事前に目的の範囲内かどうかを判断するのは容易ではなかった。後にこれを改め，取引の安全を図るため，目的達成に必要かどうかはもっぱら行為の客観的・抽象的性質から決定すべきであるとするに至っている（大判昭和13・2・7民集17巻50頁，最判昭和27・2・15民集6巻2号77頁）。

　学説も，このような判例の方向を支持しているが，近時は，特定目的のために出資した社員の利益よりも取引の安全を重視すべきことなどを理由に，会社の権利能力の定款所定の目的による制限を否定する見解が有力となっている。定款所定の目的は会社の権利能力の制限にならないが，会社機関の代表権の制限になるとする見解（大隅＝今井・上31頁，龍田49頁など），定款所定の目的は代表権の制限にもならず，機関の職務執行についての会社に対する義務を定めるにすぎず，社員の利益保護は取締役の会社に対する責任などによるべきとする見解（上柳克郎・会社法・手形法論集（有斐閣，1980）40頁，田中誠・上83頁，森本滋「法人と定款所定の目的」民商93巻臨時増刊号(2)（1986）67頁以下など）である。

　判例は，定款所定の目的の範囲を広く解している。また，現在の実務では，定款の目的条項を広く記載している。したがって，ある行為が会社の権利能力外とされる余地はあまりない。しかし，会社の権利能力が定款所定の目的により制限されるとすると，目的の範囲外の行為は相手方が善意・無過失でも有効とする余地はない。そこで，法人の取引活動は代表機関によりされるから，民法43条は法人の行為能力を制限するもの，すなわち，定款所定の目的制限は代表取締役（代表執行役）の代表権の制限の

問題とすることは考えられてよい。そのように解すると，代表権の制限は善意の第三者に対抗できない（349条5項）。しかし，会社の目的は登記事項であるから，登記をすれば善意の第三者にも対抗できることになる（908条1項）。それでは，いちいち登記を閲覧したうえで取引をすることのない相手方の保護に欠けることになる。定款所定の目的の範囲外の行為をすることは，受任者としての取締役の義務（330条，民644条）ないし取締役の定款の定めを遵守する義務（355条）に違反し，会社に対する損害賠償責任理由（423条1項）になり，また，取締役の行為の差止請求事由（360条1項），取締役の解任請求事由（854条1項）などになるにすぎないと解すべきである。

（2） 会社の寄附・政治献金

判例のように定款所定の目的の範囲を広く解しても，会社に共通な営利性による制限は受けるといえる。しかし，非営利行為であっても，学術・文化振興への寄附，地域社会への財産上の奉仕，災害時の資金・物資の援助などは，目的の範囲外の行為とはいえない。平成17年制定の会社法により営利性の概念が変わっていることのほか，そのような無償の出捐は会社・社員に直接に利益をもたらすものではないが，社会貢献が会社の円滑な発展を図るために相当の価値・効果を持つからである。最高裁も，そのことを認めている（最大判昭和45・6・24民集24巻6号625頁）。ただし，会社の政党に対する政治献金については，問題がある。

最高裁は，①自民党への350万円の政治献金が権利能力外の行為か否か，②憲法や民法90条に違反するか，③取締役の忠実義務違反になるか，が問題となった取締役の損害賠償責任を追及する株主代表訴訟（847条，旧商267条）において，①について，会社は社会的実在として社会的作用を負担するものであるから，社会通念上期待ないし要請されるものであるかぎり，これにこたえることができ，政治献金も，会社に対し期待ないし要請されるものであるかぎり，会社にその能力がないとはいえず，客観的・抽象的に観察して会社の社会的役割りを果たすためにされたと認められるかぎり，定款所定の目的の範囲内の行為であるとしている。②については，会社は納税者としてまた基本的人権の享有者として自然人たる国民と同様に政治的行為をする自由を有し，金権政治の弊に対処する方途は立法政策

に待つべきもので，政治献金は憲法や民法90条に違反しないとしている。③については，取締役の忠実義務（355条，旧商254条ノ3）は善管注意義務（330条，旧商254条3項，民644条）と別個の義務ではないことを前提にしたうえ，取締役が会社を代表して政治献金をするに当たっては，会社の規模，経営実績その他社会経済的地位，寄附の相手方など諸般の事情を考慮して合理的な範囲内において金額を決すべきで，合理的な範囲を超えて不相当な寄附をすれば取締役の忠実義務違反になるが，本件の寄附は合理的範囲を超えていないとしている。そして，株主の請求を認めなかった（八幡製鉄政治献金事件・前掲最大判昭和45・6・24）。

最高裁は，①について会社に対する社会の期待ないし要請を強調しているが，社会の期待ないし要請は，政治献金と学術・文化振興への寄附などと同一視することはできない。また，政治献金は取引の安全を考慮する必要はないから，行為の客観的・抽象的性質から判断すべき事柄ではない。目的の範囲内であるかどうかは，せいぜい，会社の円滑な発展を図るために必要なものかによって判断すべきものである。②の民法90条違反かは行為の効力に直接かかわるが，現行法は会社の政治献金を一般に許容する前提に立っているから（政資21条以下），民法90条違反とすることは難しくなっている。しかし，最高裁が，会社と国民を同一視して会社が政治的行為をする自由を認めている点は，疑問となる。③について政治献金が目的の範囲内の行為であっても，諸般の事情を考慮して金額が合理的範囲を超えるときは忠実義務違反になるとしている点は，正当である。会社の円滑な発展を図るために必要であるとしても，合理的範囲を超える献金は会社・社員の利益を犠牲にすることになるからである。合理的範囲であるかどうかについては，現在では，政治資金規正法の上限内（政資21条の3）であるかも基準となる。

最高裁は，その後，税理士会が政治団体に寄附することは税理士会の目的の範囲外の行為であるとしている（最判平成8・3・19民集50巻3号615頁）。他方，相互会社形態をとっている生命保険会社の政治献金については，相互会社の行う経済活動は株式会社組織の保険会社と異ならないとして，前述の最高裁判決を引用して，政治献金は定款所定の目的の範囲内の行為である，とする下級審判例が出ている（大阪地判平成13・7・18金判

1145号36頁およびその控訴審判決の大阪高判平成14・4・11判タ1120号115頁）。

　取締役の責任との関係では，政治資金規正法によって政治献金が禁止される3年連続の欠損会社（政資22条の4第1項）でなくても，会社に欠損が生じて以後の政治献金に関しては，会社においてその可否・範囲・金額・時期などにつき厳格な審査を行い，欠損の解消にどの程度の影響があるか，株主への配当に優先して寄附を行う必要性があるかを慎重に判断することが求められ，会社の具体的な経営状況を踏まえて寄附を実施すべきか否かについて検討した形跡はなく，寄附の額や時期についても要請があった額や時期をそのまま応諾して拠出を決定したことは，善管注意義務に違反するとして，責任を認めた下級審判例が出ている（熊谷組政治献金事件・福井地判平成15・2・12判時1814号151頁）。しかし，控訴審では，寄附額は政治資金規正法の限度額と比較して低額であることなどを理由に，責任が否定されている（名古屋高金沢支判平成18・1・11資料版商事262号295頁）。

第3章　会社法総則

第1節　総　　説

　商人とは，自己の名をもって商行為を業とする者であり，会社も商人であるが（商4条1項），商法総則が規定する商号，営業譲渡人の競業禁止，商業帳簿，商業使用人，代理商に関する商人の定義から，会社は除外されている（商11条1項かっこ書）。会社法は，商法総則の規定のうちで会社に適用されるものは，会社法総則に規定している。会社の商号，会社の使用人，会社の代理商，事業譲渡会社の競業禁止等についてである。商法総則に規定する商業登記については，会社の登記として会社法に別に規定している（907条以下）。また，商業帳簿については，会社の計算として会社法に別に規定している（431条以下・614条以下）。会社の登記については本章で述べる。

第2節　会社の商号

I　商号の意義と選定

　商号は，商人がその事業・営業上の活動において自己を表示する名称である。商号は名称であるから，文字をもって表示する必要がある。図形，模様，記号などは商標になりえても，商号にはならない。
　商号は，権利の主体である商人を表示するものであり，事業・営業を表示するものではない。個人商人は，営業上自己を表示するために氏名その他の名称を使用することができるが（商11条1項），会社は，商号以外に名称はない（6条1項）。会社は数個の事業を営む場合でも，単一の商号しか認められない。会社の商号は，自然人の氏名と同様，その会社の法人格を全面的に表す名称であるからである。

会社は，その種類に従い，その商号中に株式会社，合名会社，合資会社または合同会社という文字を用いなければならない（6条2項）。会社であるか，社員の責任がどのような会社であるかについて，取引の相手方は重大な利害を有するからである。会社は，その商号中に，他の種類の会社であると誤認されるおそれのある文字を用いてはならない（6条3項）。会社でない者は，その名称または商号中に，会社であると誤認させるおそれのある文字を用いてはならない（7条）。銀行，保険，証券業などの事業を営む会社は，商号中にそれらの事業目的を示す文字を入れなければならない（銀行6条，保険7条，証取31条など）。

会社は設立登記に際して商号を含めて登記しなければならないから（911条3項2号・912条2号・913条2号・914条2号），会社の商号は常に登記される。

II 商号の保護

何人も，不正の目的をもって，他の会社であると誤認されるおそれのある名称または商号を使用してはならない（8条1項）。これに違反する名称または商号の使用によって営業上の利益を侵害され，または侵害されるおそれがある会社は，その営業上の利益を侵害する者または侵害するおそれがある者に対し，その侵害の停止または予防を請求できる（同条2項）。

不正の目的とは，ある名称を自己の名称・商号として使用することにより，自己の営業をその名称によって表示される会社の営業であるかのように，一般人を誤認させようとする意図をいう。

従来の他人が登記した商号は同一市町村内において同一の営業のために登記することはできないとする規定（旧商19条）は，同一営業のための商号であるかを確認・審査するために時間がかかることなどから，廃止されている。ただし，同一商号・同一住所の会社の登記はできない（商登27条）。

商号の登記をした者は，不正競争の目的をもって同一または類似の商号を使用する者に対し，その使用の差止めを請求できるとする規定（旧商20条）も，廃止されている。しかし，不正競争防止法は，他人の商号として需要者に広く認識されているものと同一もしくは類似の商号を使用し，他

人の営業と混同を生じさせる行為を「不正競争」の1つとしている（同法2条1項1号）。そして，登記の有無に関係なく，不正競争により営業上の利益を侵害されまたは侵害されるおそれのある者は，侵害する者または侵害するおそれのある者に対し，その侵害の停止または予防を請求することを認めている（同法3条）。そこで，営業上の活動における不正競争に対しては，不正競争防止法によって保護される。

Ⅲ　商号の使用を他人に許諾した会社の責任

　会社法9条は，自己の商号を使用して事業または営業を行うことを他人に許諾した会社は，その会社が事業を行うものと誤認してその他人と取引をした者に対し，その他人と連帯して，当該取引によって生じた債務を弁済する責任を負うとしている。

　この責任は，商人一般に適用されていた旧商法23条の名板貸人の責任と同趣旨のものであり，事業・営業主体を誤認混同させる商号の使用から生じた外観を信頼した相手方を，商号使用を許諾した会社の弁済責任によって保護するものである。

　会社の責任が発生するためには，会社が他人に自己の商号を使用して事業・営業を行うことを許諾し，他人がその商号を使用して事業・営業を行い，取引の相手方が会社が事業を行うものと誤認して取引をしたことが必要となる。

　会社の許諾する商号と他人の使用する商号は，全く同一である必要はない。自己の商号に支店，出張所などの自己の事業の一部であることを示す名称を付加して許諾する場合にも，会社法9条は適用される（最判昭和33・2・21民集12巻2号282頁参照）。

　商号使用の許諾は，明示的である必要はなく，黙示であってもよい。最高裁は，会社の事務所の一部を使用して営業することを許諾した者が，会社の商号を付した名刺および手付金受領書を用いて取引をしているのを知りながら放置していた場合も，商号使用の黙示の許諾を推認している（最判昭和30・9・9民集9巻10号1247頁）。

　誤認の前提として，商号使用許諾者と商号借用者の事業・営業は同種でなければならないかについて，最高裁は，特段の事情がないかぎり，同種

の営業であることを要すとし，営業主を誤認する状況の存在から，特段の事情を認めている（最判昭和 43・6・13 民集 22 巻 6 号 1171 頁）。

　会社法 9 条（旧商 23 条）は，同種の事業・営業を行っているというような限定をしていない。事業・営業の同種性は，相手方の誤認を判断する際の 1 つの要素になるにすぎないと解するべきである。

　最高裁は，商号使用の許諾も商号の使用もないスーパーマーケットのテナントからペットを購入した者が，ペットの病気で子が死亡したことによる損害賠償責任をスーパーマーケットに追及できるかが問題となった事案で，一般の買物客がテナントの経営するペットショップの営業主体はスーパーマーケットであると誤認するのもやむを得ないような外観が存在していたというべきで，スーパーマーケットは外観を作出し，またはこの作出に関与していたのであるから，旧商法 23 条の類推適用により，責任を負うとしている（最判平成 7・11・30 民集 49 巻 9 号 2972 頁）。

　借用者が商号を事業・営業外のために使用する場合は，会社法 9 条の適用はない。最高裁は，手形行為をすることに限定して名義使用を許諾した場合は，単に手形行為をすることは事業を営むことにならないとして，旧商法 23 条の適用を否定している（最判昭和 42・6・6 判時 487 号 56 頁）。

　相手方が借用者が事業主であることを知っていた場合は，会社は責任を負わない。誤認が過失による場合も責任を負うかについて，最高裁は過失による場合も相手方は保護されるが，重過失は悪意と同様に取り扱うべきであるから，重過失があるときは許諾者は責任を負わないとしている（最判昭和 41・1・27 民集 20 巻 1 号 111 頁）。

　事業主体の誤認につき重過失がある場合は，相手方の信頼は保護に値いするとはいえない。重過失の有無は，事業主体の誤認を生ぜしめる外観の諸事情，相手方が商人かなどとの関連で判断すべきである。

　会社の責任が発生する場合，会社は借用者と連帯して責任を負う。会社が責任を負担するのは，借用者の「取引によって生じた債務」である。この債務には，取引によって直接生じた債務だけでなく，それと実質上同一視すべき，債務不履行による損害賠償債務や契約解除による原状回復義務も含まれる（前掲最判昭和 30・9・9 参照）。

　交通事故のような事実的不法行為にもとづく損害賠償債務については，

会社は責任を負わない。最高裁は、交通事故に起因する損害賠償債務およびその債務についての示談契約にもとづく債務につき、取引によって生じた債務に当たらないとしている（最判昭和52・12・23民集31巻7号1570頁）。しかし、借用者がタイヤの取込詐欺を行った事案で、取引行為の外形を持つ不法行為により負担することになった損害賠償債務は責任を負う債務に含まれるとしている（最判昭和58・1・25判時1072号144頁）。

第3節　会社の使用人

I　使用人・支配人の意義と支配人の選任・終任

　使用人とは、会社に従属して、会社の事業活動を補助する者である。会社に従属するとは、会社の指揮命令に服すること、すなわち会社と雇用関係があることをいう。代表取締役など会社の機関として代表権を有する者などは、会社と委任関係に立って（330条）、独立の地位・権限が与えられており、会社と指揮命令関係にある使用人ではない。

　使用人のうち、支配人は、会社の本店または支店の主任者として選任された者をいう。会社は、支配人を選任し、その本店または支店において、その事業を行わせることができる（10条）。株式会社においては、支配人は、取締役会を設置していない会社では取締役または取締役の過半数の決定で選任し（348条1項2号・3項1号）、取締役会設置会社では取締役会の決定で選任する（362条4項3号）。会社と支配人との法律関係は代理権の授与に伴う雇用関係であるから、支配人は、代理権の消滅または雇用関係の終了によって終任する（民111条1項2号・2項・626条〜628条・651条・653条）。会社が支配人を選任し、またはその代理権が消滅したときは、本店の所在地においてその登記をしなければならない（918条）。会社の支店に置かれた支配人は支店の登記事項ではない。

II　支配人の代理権

　支配人は、会社に代わってその事業に関する一切の裁判上または裁判外の行為をする権限を有する（11条1項）。また、支配人は、他の使用人を

選任・解任する権限を有する（同条2項）。支配人の代理権に加えた制限は，善意の第三者に対抗することができない（同条3項）。

支配人の代理権は，代表取締役の代表権（349条4項）と異なり，本店・支店の事業によりその範囲が画される。ある行為が本店・支店の事業・営業に関する行為に当たるかどうかについて，最高裁は，その行為の性質，種類などを勘案し，客観的・抽象的に観察して決するべきとしている（最判昭和32・3・5民集11巻3号395頁，最判昭和54・5・1判時931号112頁）。そして，銀行の支店長による靴下5000ダースの売買契約は事業・営業に関する行為に当たらないとし（前掲最判昭和32・3・5），手形の振出などの手形行為についてはこれに当たるとしている（最判昭和59・3・29判時1135号125頁）。また，顧客から資金の預入れがあった場合のみ自己宛小切手を振り出す権限が与えられていた信用金庫支店長が，個人的な負債の返済資金を捻出するため，資金の預入れがないのにかかわらず，しかも先日付で自己宛小切手を振り出した事案で，自己宛小切手の振出は信用金庫法に定める信用金庫の付随業務に当たるから，客観的・抽象的に観察するときは，信用金庫の営業に関する行為であって，その支店長が有するとみなされる権限に属するとしている（前掲最判昭和54・5・1）。

支配人の代理権を制限しても善意の第三者に対抗できないが，代理権の制限を知らなかったことにつき重過失ある第三者は保護されない（最判平成2・2・22裁判集民159号169頁参照）。なお，共同支配人の制度（旧商39条1項）は廃止されている。

Ⅲ 支配人の義務

支配人は，会社の許可を受けなければ，つぎの行為をすることができない。①自ら営業を行うこと，②自己または第三者のために会社の事業の部類に属する取引をすること，③他の会社または商人の使用人となること，④他の会社の取締役・執行役または業務執行社員となること，である（12条1項）。

①③④は株式会社の取締役・執行役にも課されていない特別の義務である。この一般的な営業禁止と広範な地位就任の禁止は，支配人は雇用関係にもとづき会社の分身としてその精力を分散させず会社の事業のために全

力を尽くすべきことから課されているものである。

②は取締役・執行役の競業避止義務（356条1項1号・365条1項・419条2項）と同趣旨の義務である。事業の部類に属する取引とは、会社が実際に行っている事業と取引先が競合し、会社と支配人との間に利益衝突を生ずるおそれがある取引である。

支配人が会社の許可を受けずに競業取引を行っても、その取引は無効とならない。競業取引は支配人と第三者との間でされるから、取引を無効としても直接には会社の救済とならず、他方、取引の安全も図らなければならないからである。しかし、義務違反として会社に対し損害賠償責任を負う。

支配人が会社の許可を受けずに競業取引をしたときは、その取引によって支配人または第三者が得た利益の額は、会社に生じた損害の額と推定される（12条2項）。競業取引により会社が被った損害額を立証することは難しいので、立証責任を軽減し、会社の救済を容易にするためである。なお、支配人が許可を受けずに自己のために競業取引をしたときは営業主はこれを営業主のためにしたものとみなすことができるとする、介入権の制度（旧商41条2項）は廃止されている。

Ⅳ 表見支配人

ある者が支配人であるかどうかは、会社の本店または支店の主任者として選任された者かどうかによる。特定の使用人に支配人であるかのような名称を付しても、支配人として選任されていないかぎり、その者の行為につき会社は責任を負わないのが原則である。しかし、取引の相手方としては、その名称から行為者を支配人と信じて取引をしてしまうことがある。そこで、会社法13条は、会社の本店または支店の事業の主任者であることを示す名称を付した使用人は、その本店または支店の事業に関し、一切の裁判外の行為をする権限を有するとみなすとしている（13条本文）。ただし、相手方が悪意であったときは、会社は責任を負わない（同条ただし書）。

会社法13条は、民法の表見代理による保護（民109条）とは別に、外観を信頼した相手方の保護を図ったものである。旧商法42条を引き継い

だ表見支配人の制度であり，表見代表取締役の制度（354条）と同趣旨のものである。

　支配人の氏名は登記事項であるから，登記をすれば，登記事項を善意の第三者にも対抗できることになる（908条1項）。しかし，取引の相手方がいちいち登記を閲覧したうえで取引することは少ない。そこで，会社法13条は，取引の相手方が名称から行為者を支配人と信じて，登記を閲覧せずに取引した場合でも，その信頼を保護する規定と解される。

　会社法13条が適用されるためには，①会社の本店または支店の事業の主任者であることを示す名称が付されていること，②会社がその名称を付したこと，③相手方が悪意でないこと，が必要となる。これらの要件を満たすと，表見支配人はその本店・支店の事業に関し一切の裁判外の行為をする権限を有するものとみなされる。

　①の名称には，支店長，支社長，営業本部長，店長がある。支店長代理や所長代理は，他に上席者がいることを示す名称であるから，主任者であることを示す名称ではない（銀行の支店長代理につき最判昭和29・6・22民集8巻6号1170頁，所長代理につき最判昭和59・3・29判時1135号125頁参照）。

　「本店または支店」は，実質的に事業所・営業所の実質を置えたものでなければならないかについて，最高裁は，本店または支店は営業所としての実質を備えているもののみを指称し，営業所としての実質を欠き，ただ単に名称・設備などの点から営業所らしい外観を呈するにすぎない場所の使用人に対し支配人類似の名称を付したからといって，旧商法42条の適用があるものと解することはできないとして，生命保険会社の支社長につき，支店は会社の主たる事務所と離れて一定の範囲において対外的に独自の事業活動をすべき組織を有する従たる実質を備えていないから，支店の営業の主任者に準ずるものではないとしている（最判昭和37・5・1民集16巻5号1031頁）。他方，支店である営業所であるかどうかは，名称ではなくその実体によって決めるべきで，出張所であっても，本店と離れて独自の営業活動を決定し，対外的に取引ができる地位にあれば支店に当たり，出張所も表見支配人になりうるとしている（最判昭和39・3・10民集18巻3号458頁）。

支店が事業所・営業所としての実質を備えているかどうかは従業員の数、帳簿が本店と別かなど内部事項にかかわることが多く、取引の相手方は事業所・営業所の実質を備えているかどうかを調査または判断することは容易ではない。支店の外観ないし表示を信頼した相手方を保護すべきである（青竹・特別講義103頁）。

②が要件となるのは、表見支配人の制度は、代理権授与表示による表見代理（民109条）と類似のものであり、表見代理は本人に外観作出につき帰責性があることに本人に責任を負わせる根拠となっているからである。したがって、使用人が勝手に名称を使用している場合は、会社は責任を負わない。

③の悪意とは、その者が支配人でないことを知っていることである。悪意の有無は、取引の時を基準として判断される（最判昭和33・5・20民集12巻7号1042頁参照）。無過失は要件とされていないが、重過失は悪意と同様に取り扱うべきである（表見代表取締役に関する最判昭和52・10・14民集31巻6号825頁参照）。

表見支配人の行為につき善意者として保護される相手方について、最高裁は、当該取引の直接の相手方に限られるとしたうえ、手形行為の場合、直接の相手方は手形の記載によって形式的に判断されるべきものではなく、実質的な取引の相手方をいうとしている（最判昭和59・3・29判時1135号125頁）。

V　支配人以外の使用人

会社の事業に関するある種類または特定の事項の委任を受けた使用人は、その事項に関する一切の裁判外の行為をする権限を有し、その使用人の代理権に加えた制限は、善意の第三者に対抗することができない（14条1項2項）。

ある種類または特定の事項の委任を受けた使用人であるかは、特定の部門の部長、課長などの地位に就任することで明らかになることが多いが、契約の勧誘や条件の交渉などの事実行為の委任を受けただけでは、ある種類または特定の事項について包括的権限を有するとはいえない。最高裁は、代理権限を主張する者は、当該使用人が会社からその営業に関するある種

類または特定の事項の処理を委任された者であること，および当該行為が客観的に見て特定事項の範囲内に属することを主張・立証しなければならないが，特定事項につき代理権を授与されたことまで主張・立証することを要しないとする（最判平成2・2・22裁判集民159号169頁）。しかし，この判例は，事実行為の委任の証明があれば，代理権の立証責任を転換したものと解される。

物品の販売，賃貸その他これらに類する行為を目的とする店舗の使用人は，その店舗にある物品の販売などをする権限を有するものとみなされるが，相手方が悪意であったときは代理権の擬制は働かない（15条）。この規定は，店舗内に販売などのために置かれている物品については，その店舗の使用人に販売代理権などがあると信じるのが普通であるから，代理権の存在を擬制したものである。

第4節　会社の代理商

I　代理商の意義

会社の代理商は，会社のためにその平常の事業の部類に属する取引の代理または媒介をする者で，その会社の使用人でないものをいう（16条かっこ書）。

代理商は，会社の事業活動を補助する者であり，使用人と同様の機能を営む。しかし，代理商は，会社に従属して業務を行うのではなく，会社が行う取引の代理または媒介をすることを業とする独立の商人である（商502条11号12号・4条1項）。損害保険代理店が代理商の典型である。

実際には会社の補助者が代理商か使用人であるかは明確でない場合があるが，判例は，代理店という名称が付されているだけでは代理商ということはできず，実際に媒介行為があったか否か，それがあったとしたら手数料を請求できるかが重要であるとしている（大判昭和15・3・12新聞4556号7頁）。

会社の代理商は，特定の会社のためにその事業を補助する者であるから，不特定多数人のために補助する問屋（商551条），仲立人（商543条）とは

異なる。平常の事業取引の代理・媒介をするとは，代理商と会社との間に継続的な法律関係がなければならないことを意味し，その点で代理商は単なる代理人や受任者と異なる。

代理商のうち，代理権が与えられて会社の代理人として相手方と取引する者を締約代理商といい，会社と相手方との間で取引が成立するよう仲介・斡旋・勧誘などの事実行為をする者を媒介代理商という。

Ⅱ　代理商と会社との関係

代理商と会社との間の法律関係は，代理商契約の定めるところによる。締約代理商の場合は，会社のために法律行為の代理の委任を受けるのであるから，代理商契約の性質は委任（民643条）である。媒介代理商の場合は，会社のために法律行為ではなく事実行為の委任を受けるのであるから，代理商契約の性質は準委任（民656条）である。したがって，代理商と会社との間の法律関係は，代理商契約に別段の定めがないかぎり，委任に関する民法および商法の一般規定（民643条以下，商504条〜506条など）が適用される。

代理商は，会社に対して善管注意義務を負う（民644条）。他方，代理商は，本人に対して報酬請求権（商512条），費用前払請求権（民649条），費用償還請求権（民650条）を有する。さらに，会社法は，以下の特別規定を置いている。

①　通知義務　　代理商は，取引の代理または媒介をしたときは，遅滞なく，会社に対して，その旨を通知しなければならない（16条）。民法上，受任者は委任者の請求があるときに委任事務処理の状況を報告する義務を負うが（民645条），代理商については，会社の請求を待たずに，取引の代理または媒介がされるたびに個々的に通知する義務を課したものである。

②　競業避止義務　　代理商は，会社の許可を受けなければ，自己または第三者のために会社の事業の部類に属する取引をすること，会社の事業と同種の事業を行う他の会社の取締役・執行役または業務執行社員となることができない（17条1項）。代理商は，支配人と異なり，競業行為または競業会社の取締役などになることが禁じられているにすぎない。代理商は，雇用関係にもとづいて会社に従属する者ではないからである。すでに

特定の会社の代理商になっている者が事業の部類を同じくする他の会社の代理商となるときは，会社の許可を受けなければならない。

　代理商が会社の許可を受けずに競業取引を行っても，その取引は無効とならないが，会社に対し損害賠償責任を負う。その取引によって代理商または第三者が得た利益の額は，会社に生じた損害の額と推定される（17条2項）。

　③　留置権　　代理商は，当事者が別段の意思表示をしないかぎり，取引の代理または媒介をしたことによって生じた債権の弁済期が到来しているときは，その弁済を受けるまでは，会社のためにその代理商が占有する物または有価証券を留置することができる（20条）。これを，代理商の留置権という。会社と継続的な関係に立つ代理商に特別の留置権を認めたものである。

　留置権により担保される債権は，報酬請求権などの取引の代理または媒介により生じたものであることは要求されるが，留置する目的物に関し生じたこと，すなわち債権と目的物の個別的関連性は要求されない。この点で，民事留置権（民295条）よりもその範囲は広い。ただし，商人間の留置権（商521条）と異なり，商行為一般から生じた債権全部が含まれるわけではない。留置の目的物は，代理商が会社のために占有する物または有価証券であれば足りる。目的物が債務者の所有に属することを要しないし，債務者との商行為によって代理商の占有に帰したものであることも要しない。この点で，留置の目的物が債務者の所有に属すること，および債務者との商行為により債権者の占有に帰したことを要求する商人間の留置権（商521条）よりもその範囲は広い。

Ⅲ　代理商と第三者との関係

　代理商がどの範囲まで会社のために代理または媒介する権限を有するかは，代理商契約により決まる。物品の販売またはその媒介の委託を受けた代理商は，売買の目的物の瑕疵または数量の不足その他売買の履行に関する通知を受ける権限を有する（18条）。これは，商人間の売買において買主に目的物の検査・瑕疵通知義務が課せられていること（商526条）から，売主の代理商に通知の受領権限を与えることにより，買主の便宜を図った

ものである。しかし，代理商であることからは，売買の無効・取消しなど売買の履行に関しない通知を受ける権限を有さず，また，会社の授権がないかぎり，会社のために支払の猶予・代金の減額などをする権限はない。

Ⅳ　代理商関係の終了

　代理商と会社との間の法律関係は，代理商契約に別段の定めがないかぎり，委任に関する民法および商法の規定が適用されるから，民商法の委任終了事由によって代理商関係は終了する。したがって，会社および代理商が破産したとき，代理商が後見開始の審判を受けたときは代理商関係は終了する（民 653 条）。

　当事者は委任契約をいつでも解約できるとする民法 651 条は，継続的性質を有する代理商契約にそのまま適用することは妥当でないため，会社法は特則を定めている。すなわち，代理商契約の当事者が契約期間を定めなかったときは，各当事者は 2 か月前に予告をしてその契約を解約できる（19 条 1 項）。一方的解除に予告を要求するものである。無期限という定めは期間を定めていないことをいい，その場合，やむを得ない事由は要件として必要ではない（東京地判平成 10・10・30 判時 1690 号 153 頁参照）。予告によって解除するときは，民法 651 条 2 項本文の適用は排除され，不利な時期の解除により相手方に損害が生じても解除者は賠償責任を負わないと解される。

　やむを得ない事由があるときは，契約期間の有無を問わず，各当事者はいつでも代理商契約を解除できる（19 条 2 項）。やむを得ない事由とは，会社の事業上の重大な失敗や代理商に対する重要な債務の不履行，代理商の不誠実や重病など，信頼関係が破綻し，代理商契約を継続することが社会通念上著しく不当と認められる事由をいう。当事者の一方に過失があるときは，予告による解除の場合と異なり，相手方は損害賠償を請求できる（民 652 条・620 条ただし書）。

第5節　事業譲渡会社の競業禁止等

Ⅰ　譲渡会社の義務

　事業譲渡は，会社が取引行為として事業を他に譲渡する行為である。事業譲渡の手続については，会社法に別に規定している（467条～470条）。
　譲渡会社は，譲渡契約にもとづき，譲受会社に対して，事業を構成する各種の財産を移転する義務を負う。そのほかに，譲渡会社は，競業避止義務を負う。
　譲渡会社は，当事者の別段の意思表示がないかぎり，同一の市町村の区域内およびこれに隣接する市町村の区域内においては，その事業を譲渡した日から20年間は，同一の事業を行うことが禁止される（21条1項）。東京都と指定都市では区が市町村に当たる（同項かっこ書）。譲渡会社が同一の事業を行わない旨の特約をした場合には，その特約は，その事業を譲渡した日から30年の期間内に限り，その効力を有する（同条2項）。譲渡会社の営業の自由を過度に制約することがないようにするためである。
　以上の制限とは別に，譲渡会社は，不正の競争の目的をもって同一の事業を行うことが禁止される（21条3項）。

Ⅱ　譲渡会社の債権者・債務者の保護

（**1**）　債権者の保護
　（a）　商号続用の場合　　事業譲渡によって事業上の債務も当事者間では譲受会社に移転する場合であっても，債権者に対する関係では，債務引受けなどの行為がされなければ，譲受会社は当然には債務者とはならない。また，事業上の債務が特約で事業譲渡の対象から除外されている場合にも，債務者は依然として譲渡会社である。しかし，会社法22条1項は，債権者保護のために，譲受会社が譲渡会社の商号を引き続き使用する場合には，その譲受会社も，譲渡会社の事業によって生じた債務を弁済する責任を負うものとしている。この規定は，旧商法26条1項を引き継いだものである。会社が会社以外の商人の営業を譲り受けた場合も，この規定が適用さ

れる（24条2項）。会社が会社以外の商人に対して事業を譲渡した場合は，商法総則中の同様の規定（商17条1項）が規定される（24条1項）。

　会社法22条1項（旧商26条1項）の趣旨につき，判例は，商号が続用される場合は，債務も譲受会社が引き受けたものと信頼するのが通常の事態であることに求めている（最判昭和47・3・2民集26巻2号183頁）。

　商号の続用には，全く同一の商号をそのまま使用する場合だけでなく，商号の基本的部分を共通にしている場合も含む。最高裁は，「鉄玉組」と「株式会社鉄玉組」は商号の同一性を失わないものとしている（前掲最判昭和47・3・2）。他方，「有限会社米安商店」と「合資会社新米安商店」について，「新」の字句は取引の社会通念上，継続的字句ではなく，かえって新会社が債務を継承しないことを示すための字句と解されること，および会社の種類が異なることから，商号の続用に当たらないとしている（最判昭和38・3・1民集17巻2号280頁）。

　事業の現物出資は，事業譲渡ではない。しかし，最高裁は，事業の現物出資を受けて設立された会社が，現物出資した者の商号を続用する場合に，現物出資した者の債権者から見た場合は，出資の目的である事業に含まれる出資者の自己に対する債務も会社が引き受けたものと信頼するのが通常であるとして，会社の責任を認めている（前掲最判昭和47・3・2）。

　さらに，最高裁は，預託金会員制のゴルフクラブの名称がゴルフ場の事業主体を表示するものとして用いられている場合において，ゴルフ場の事業の譲渡がされ，譲渡会社が用いていたゴルフクラブの名称を譲受会社が継続して使用しているときに，譲受会社は，特段の事情がないかぎり，旧商法26条1項の類推適用により，会員が譲渡会社に交付した預託金の返還義務を負うものとしている（最判平成16・2・20民集58巻2号367頁）。

　譲受会社が弁済責任を負う譲渡会社の「事業によって生じた債務」は，事業上の活動に関連して発生したすべての債務であって，債務不履行による損害賠償債務や不法行為による損害賠償債務も含まれる（最判昭和41・3・18金判1号17頁，前掲最判昭和47・3・2参照）。

　譲受会社の会社法22条1項の責任は，事業を譲り受けた後，遅滞なく，譲受会社がその本店の所在地において譲渡会社の債務を弁済する責任を負わない旨を登記した場合には，免れることができる（22条2項前段）。事

業を譲り受けた後，遅滞なく，譲受会社および譲渡会社から第三者に対しその旨の通知をした場合には，その通知を受けた第三者についても同様である（同項後段）。

譲受会社が会社法22条1項により譲渡会社の債務を弁済する責任を負う場合，譲渡会社の責任は，事業を譲渡した日後2年以内に請求または請求の予告をしない債権者に対しては，2年経過時に消滅する（22条3項）。

(b) 商号の続用がない場合　商号を続用しない譲受会社は，譲渡会社の債務について当然には弁済の責任を負わないが，会社法23条1項は，譲受会社が譲渡会社の商号を引き続き使用しない場合であっても，譲渡会社の事業によって生じた債務を引き受ける旨の広告をしたときは，譲渡会社の債権者は，その譲受会社に対して弁済の請求をすることができるものとしている。

広告をしただけで譲受人の責任が生ずるから，債権者が実際に広告を見たかを問わない。新聞広告などのほか，大多数の債権者に対し書状の送付などにより個別的に通知する場合も広告に当たる（東京地判昭和34・4・27下民10巻4号836頁参照）。「債務を引き受ける旨」の広告とは，必ずしも債務を引き受けますという文字で表示される必要はなく，取引の社会通念上，債務を引き受ける趣旨であると解される内容が含まれていればよい。最高裁は，「事業の譲受け」という文字から債務引受けの広告と認めている（最判昭和29・10・7民集8巻10号1795頁）。しかし，その後，最高裁は，「業務承継」の文字が入った挨拶状につき，その文字のみでは債務引受けの趣旨とは解せられないとした原審の判断を是認している（最判昭和36・10・13民集15巻9号2320頁）。業務承継という表示がされているにすぎない挨拶状・広告は，事業譲渡という事実の広告にすぎない。業務承継に加えて，債権者に直接弁済の責任を負うことを表示する何らかの文字が必要である。

譲受会社が会社法23条1項により譲渡会社の債務を弁済する責任を負う場合，譲渡会社の責任は広告があった日後2年以内に請求または請求の予告をしない債権者に対しては，2年経過時に消滅する（23条2項）。

（2）債務者の保護

事業譲渡により譲渡会社の事業上の債権は譲受会社に移転するが，特約

により一部の債権を事業譲渡の対象から除外できる。その場合は，譲渡会社の債務者の譲受会社に対する弁済は，弁済としての効力を有しない。しかし，譲受会社が譲渡会社の商号を続用する場合は，譲渡会社の事業によって生じた債権について，譲受会社にした弁済は，弁済者が善意でかつ重過失がないときは，有効となる（22条4項）。債務者の外観に対する信頼を保護し，二重弁済の危険を免れるようにしたものである。

第6節　会社の登記

I　登記の意義と登記の手続

　登記は，会社の事業活動が大量的・反復的に行われ，これに利害を持つ第三者も不特定多数に及ぶことから，会社に関する重要な事項の公示によって，会社と第三者の利害の調整を図る制度である。

　会社法の規定により会社が登記すべき事項は，当事者の申請または裁判所書記官の嘱託により，商業登記法の定めに従い，商業登記簿に登記する（907条）。

　会社法の規定により登記した事項に変更が生じ，またはその事項が消滅したときは，当事者は，遅滞なく，変更の登記または消滅の登記をしなければならない（909条）。

　会社が登記すべき事項は，原則として本店の所在地で登記するが（911条〜929条），支店の所在地でも，会社の商号，本店の所在場所，登記をする支店の所在場所を登記しなければならない（930条2項）。会社法は，支店における登記事項を大幅に削減している（旧商10条参照）。商業登記のコンピュータ化が図られ，支店の所在地から本店所在地の登記にアクセスすることが容易になっているためである。

　登記事項には，設定的登記事項と免責的登記事項がある。前者は，法律関係の創設に関する登記事項であり，支配人の選任（918条），代表取締役の選定（911条3項14号）などがこれに当たる。後者は，当事者が責任を免れることになる登記事項であり，支配人の辞任・解任（918条），代表取締役の辞任・解職（911条3項14号・915条1項）などがこれに当たる。

II　登記の効力

（1）　登記前の効力

　会社法908条1項は会社の登記の一般的効力を定め，会社法の規定により会社が登記すべき事項は，登記の後でなければ，これをもって善意の第三者に対抗することができないとしている（同項前段）。また，登記の後であっても，第三者が正当な事由によってその登記があることを知らなかったときは，同様とするとしている（同項後段）。そこで，登記前においては，登記すべき事項は，それが実体法上存在しても，それを善意の第三者に対抗できないことになる。このような効力を登記の消極的公示力という。

　登記の消極的公示力は，当事者すなわち登記事項である事実・法律関係の当事者と第三者との間で問題となるのであって，登記当事者間では登記による対抗の問題は生じない。社員や株主もその会社の登記については第三者と認められない。第三者相互間においても，一般の事実・法律関係の場合と同様，登記されていない事実・法律関係を主張することができる（最判昭和29・10・15民集8巻10号1898頁参照）。また，第三者の側からも登記されていない事実・法律関係の存在を登記当事者に主張できるとするのが，判例である（大判明治41・10・12民録14輯999頁）。

　会社法908条1項でいう対抗は，権利変更の対抗要件という機能を有する不動産登記と異なり，登記当事者が善意の第三者に未登記の事実・法律関係を主張できないことを意味する。たとえば，会社が支配人を解任しても解任の登記をしなければ，会社は取引の際にその者を支配人と誤解した第三者に対しては，支配人が解任されているとの事実を主張することができず，当該取引による効果が会社に帰属する結果になってしまうことを意味する。ただし，会社の登記が対抗問題ではなく，新たな法律関係の創設などの特殊な効力に結び付くことがある（49条・814条1項参照）。

　登記の消極的公示力は，免責的登記事項について，登記すべき者が登記をしないで責任逃れを主張する場合にとくに機能する。支配人の選任，代表取締役の選定などの設定的登記事項については，登記当事者が登記されていない事実の存在を主張するということは自ら責任を負うことを主張す

ることであるから，会社法908条1項の適用は通常は問題とならない。

　第三者が保護されるための善意とは，登記事項である事実・法律関係を知らないことであって，取引行為時を基準として判断される。登記前においては第三者の善意が推定され，登記当事者に悪意の立証責任がある。第三者が知らなかったことがその者の過失によるかどうかは問題にならない。また，登記のなかったことが第三者の意思決定に影響があったかどうかは問題にならない，すなわち，実際に登記簿を閲覧して確認しなかったけれども，従来の支配人が依然として支配人であると信じた場合のような善意も含まれる。会社と取引する者にとって取引をするごとに登記簿を閲覧することを強いるのは酷となるからである。

　登記は，会社に関する重要な事項を公示して，その会社の取引相手ないし一般公衆が不測の損害を受けないようにすることを意図した制度であるから，会社法908条1項は，原則として取引関係についてのみ適用される。したがって，不法行為や不当利得にもとづく請求のように，第三者が会社の一定の事実の知不知によってその行動をする可能性のない関係から生じた問題については，会社法908条1項は適用されない。また，最高裁は，実体法上の取引行為ではない民事訴訟において，誰が当事者である会社を代表する権限を有する者であるかを定めるに当たっては，商業登記の一般的効力を定めた旧商法12条は適用されないとしている（最判昭和43・11・1民集22巻12号2402頁）。

（2）　登記後の効力

　会社法908条1項前段の反対解釈により，登記後においては，登記当事者は，登記事項を善意の第三者にも対抗できる。すなわち，登記事項である事実・法律関係を知らない第三者に対しても当該事実・法律関係を主張することができる。このような効力を登記の積極的公示力という。

　登記にこのような積極的公示力が認められることについて，最高裁は，商人の取引活動が，一般私人の場合に比べ，大量・反復的に行われ，これに利害関係を持つ第三者も不特定多数の広い範囲に及ぶことから，商人と第三者の利害の調整を図るために，登記事項を定め，一般私法である民法と別に，とくに登記に積極的公示力を付与することを必要とするからであると判示している（最判昭和49・3・22民集28巻2号368頁）。

会社法908条1項後段は，登記後であっても，登記事項である事実・法律関係を知らないことに正当の事由のある第三者には対抗できないとしている。積極的公示力の例外と認めたものである。正当事由があることの立証責任は第三者側にある。

　登記の積極的公示力の例外となる正当事由は，外観への信頼を問題としているのではないから，原則として登記を知ろうとしても知ることができない客観的事由に限定すべきである。判例には，交通の途絶，登記簿の滅失汚損のほか，毎日のように手形取引を繰り返していたような場合で，突然代表者の交代の変更登記がされ，相手方に改めて登記の調査を要求することが無理な場合を挙げているものがある（大阪高判昭和52・3・30下民28巻1～4号327頁）。突然代表者の交代の変更登記がされたような場合も正当事由に含めてよいであろう。取引成立の直前に登記を確認することを毎回強いることは，無理な要求であるからである。

　会社法908条1項と表見支配人に関する会社法13条あるいは表見代表取締役に関する354条との関係では，前述のように（26頁），会社法13条および354条は，会社法908条1項に優先して適用されると解すべきである。

　最高裁は，表見代理に関する民法112条との関係では，代表取締役の退任の登記後は，正当の事由がないかぎり，善意の第三者にも対抗でき，別に民法112条の適用ないし類推適用の余地はないとしている（前掲最判昭和49・3・22）。

　民法112条との関係については，登記に積極的公示力を認めていることの趣旨から，民法112条は適用されないと解すべきである。民法112条の適用が排除されないとするならば，民法112条による表見代理の成立を阻止するために，会社は取引の相手方に代理権・代表権の消滅を通知するなどの個別的措置をとらなければならにことになる。しかし，包括的代理権を有し（11条1項・349条4項参照），不特定多数の者と大量的・反復的に取引を行う支配人や代表取締役の退任に際し，個別的措置をとることは相当の負担となり，他方，登記制度の効用が失われてしまう。そこで，そのような措置をとることを不要とするために，会社は支配人や代表取締役の退任を登記事項とし，登記に積極的公示力を認めていると見るべきである

からである。支配人や代表取締役の退任登記がされると，民法112条の適用は排除される（青竹・特別講義43頁）。

III　不実登記の効力

会社法908条2項は，故意または過失によって不実の事項を登記した者は，その事項が不実であることをもって善意の第三者に対抗できないとしている。

登記の申請があった場合に，登記官には真実を調査する権限はないので，不実の事項を登記することを完全に防止することはできない。真実でない事項を登記してもそれが真実でないことに変わりはない。したがって，ある事実が真実存在しなければ，登記がされても，原則としてなんらの効力も生じない。たとえば，ある者について選任決議が有効に存在していないのに代表取締役選任の登記がされたとしても，その者のした行為は会社の行為とならない。しかし，登記簿を閲覧した者は，登記されたことが真実であると信じてしまう。それなのに，常に真実の実体関係に従って法律関係が処理されることになると，会社と取引する者は必ずしも登記に信頼を置くことができず，重要な事項について，いちいち真実を調べなければ安心できないことになる。それでは，登記制度の効用が失われてしまう。そこで，登記した事項が真実の実体関係に合致しない場合であっても，その登記を信頼した者を保護するために設けられているのが，旧商法14条を引き継いでいる会社法908条2項である。

登記が不実であることを主張できない者は，故意・過失により不実の事項を登記した当事者，すなわち当該登記の申請権者（登記義務者）を指すのが原則である。たとえば，株式会社の代表取締役の就任・辞任の登記は当該会社が申請権者であり，申請時の代表取締役が会社のために申請することになる。判例も，不実の事項を登記した者とは，当該登記を申請した商人（登記申請者）を指すものと解すべきとしている（最判昭和47・6・15民集26巻5号984頁）。

判例は，登記申請権者の会社の責任が問題となった事案で，登記申請者が自ら登記申請をしないまでも，なんらかの形で当該登記の実現に加功し，または当該不実登記の存在が判明しているのに是正措置をとることなく放

置するなど，申請権者の申請にもとづく登記と同視できる特段の事情がある場合にも，旧商法14条が適用されることを認めている（最判昭和55・9・11民集34巻5号717頁）。

　登記申請権者の責任が問題となっている場合は，申請権者が不実登記の出現に協力し加功しているときも，不実の登記をした者として会社法908条2項の適用を認めてよい。また，不実登記の存在を知りながら放置しているときも，不実登記の更生および抹消の申請義務（商登132条・134条）を怠ったことに帰責事由が認められるから，908条2項の適用を認めてよい。

　会社法908条2項（旧商14条）は，選任決議を欠く登記簿上の取締役および辞任登記未了の取締役も第三者に対して損害賠償責任を負うかとの関係で問題とされることが多い。後述（274頁）のように，否定的に解すべきである。

　会社法908条2項により保護されるための第三者の善意は，不実の登記を見てそれを真実であると信頼したことが必要と解される。後に不実の登記を発見した第三者のように，ただ登記と事実の相違につき善意であるだけでは，登記の外観に対する信頼は欠けているからである（青竹・特別講義50頁）。

第2編

株式会社

第1章 総　説

第1節　株式会社の特質

　株式会社は，社員の地位が株式という細分化された均一の割合的単位の形をとり，すべての社員すなわち株主は会社に対し株式の引受価額を限度とする出資義務を負うだけで，会社債権者に対し直接に責任を負わない会社である。この株式と株主の有限責任が，株式会社の基本的特質である。

　出資者である地位を細分化し単位化したのは，株主と会社との法律関係を数量的に簡便に処理できるようにするためである。

　株主の割合的地位は株式の数により定まるが，株主の投下資本の回収を保障するため，株式の譲渡性を認めている（127条）。

　株主は，会社に対し株式の引受価額を限度とする出資義務を負うだけである（104条）。株主の有限責任は株式会社の基本的特質であるから，定款の定めまたは株主総会の決議をもってしても，株主に追加出資義務を課すことはできない。

　出資者に会社経営の失敗につき責任を負わせない株主の有限責任は，多数の者の出資を促すことになる。株主の有限責任は，株式の譲渡性と相まって，大衆資本の集中を可能とする。もっとも，小規模な非公開会社（閉鎖会社）では，金融機関から借入れをする際などに，株主・取締役は個人保証や担保提供を求められることがあり，有限責任の意義は必ずしも大きくない。

第2節　株式会社の規整目的と強行法規性

I　法規整の目的

　株式会社には，出資者である株主のほか，会社の経営・業務執行に当た

る者がいる。また，株式会社には，金銭を貸し付けたり，原材料を売ったりする債権者がいる。株式会社に関する会社法の規定と特別法は，株式会社をめぐる利害関係者の私的利益を公正に調整すること，とくに，株主と会社債権者の利益を保護することと，他方で株式会社の健全で効率的な企業活動を可能とすることが，その法規整の目的といえる。

　株式会社では株主は出資義務を負うだけであるから，会社債権者の責任財産となり，担保となるのは，会社財産だけである。そこで，会社債権者を保護するために，資本金という会社財産を確保する基本となる一定の金額を定め（445条1項），資本金に相当する財産が出資者から確実に拠出されることが要求されている。また，株主に対する剰余金の配当などを制限して（446条・461条），資本金に相当する財産が会社に維持されなければならないものとしている。前者を資本充実の原則，後者を資本維持の原則という。

　また，会社は事業上の損失により純資産が資本金を下回ることがあるし，債務超過となることもある。したがって，会社債権者は会社の実際の財務状態を知る必要がある。そこで，株式会社では，貸借対照表，損益計算書などの計算書類またはその電磁的記録を本店などに備え置いて会社債権者の閲覧に供し（442条），かつ，貸借対照表またはその要旨を公告するか電磁的方法によって提供しなければならないとしている（440条1項〜3項）。ただし，特例有限会社には決算公告義務は課されない（会社法整備法28条）。

II　企業の社会的責任

　会社には，株主だけでなく，いろいろな関係者がいる。とくに大規模公開会社の活動は，従業員，消費者，地域住民などの利益にもかかわっている。そこで，会社および経営者は，株主の利益だけでなく，従業員などの利益も考慮すべきであるとか，利益を追求するために公共または社会の利益に反する行為をしてはならないとか，株主の利益の最大化という目的を犠牲にしても社会の要請に応える行為をしなければならない，という企業の社会的責任が論じられている。そして，株式会社法中に会社の社会的責任に関する一般規定を置くべきとする見解（松田二郎・会社の社会的責任

(商事法務研究会, 1988) 3 頁以下), あるいは, 取締役は従業員, 消費者, 地域住民の利益も考慮することを要する旨を定めるべきとする見解 (末永敏和「企業の社会的責任」森本滋ほか編・企業の健全性確保と取締役の責任 (有斐閣, 1997) 162 頁) がある。会社も社会的存在である以上, 無視できない見解である。しかし, 広範な利益を考慮すべきとすると, 会社の経済的効率を害することになりかねない。会社の経済的効率性は, 国民経済の利益にも結び付く。また, 広範な利益を考慮すべきとすると, 経営者の裁量権を拡大することになりかねない。それは, 経営者の責任をあいまいにしてしまう。従業員の利益保護は労働法に委ねられる領域である。消費者, 地域住民の利益保護は消費者法, 環境法などに委ねられる領域である。

III 強行法規性

　合名会社・合資会社・合同会社では, 会社の内部関係に関する規定は原則として任意法規である。これに対し, 株式会社では, 会社の内部関係に関する規定も一般に強行法規と解されている。強行法規ということは, 明文で定款自治を許していない事項についての定款の定めは無効となることを意味する。そして, 強行法規と解する理由として, 株式会社では多数決原則がとられているので, 大株主や経営者の専横から一般株主を保護する必要があることが挙げられている。

　会社法は, 株式会社の定款には, 会社法の規定により定款の定めがなければその効力を生じない事項またはその他の事項で会社法の規定に違反しないものを記載・記録することができると規定している (29 条)。

　会社法の規定により定款の定めがなければその効力を生じない事項は, いわゆる定款の相対的記載事項であって, 法律により定款自治が認められる事項である。その他の事項で会社法の規定に違反しないものとは, 会社法に定めがない事項について, 会社法と無関係に定めるものである。いわゆる定款の任意的記載事項であり, 記載・記録しなければその事項の効力が生じないということはない。会社法の下では, 定款で会社法の規定に違反する別段の定めをすることはできず, すべての規定は強行規定と解するべきことになる。もっとも, 会社法は, 法律により定款自治が認められる事項を大幅に増やしている。

会社の内部関係に関する株主の契約は，定款で定めることができるものと同じ内容のものだけが許さると解する必要はない。株主の契約の主たる効力は当事者間の債権的なものであるが，株主の権利・利益をとくに奪うものでも，公序良俗に反するものでもなければ，株主の契約は有効である（青竹・新展開97頁以下）。

第3節　株式会社の分類と公開性・規模等による規整

I　株式会社の分類

（1）　公開会社と非公開会社

その発行する全部または一部の株式の内容として譲渡による株式の取得について，当該株式会社の承認を要する旨の定めを設けていない株式会社である（2条5号）。

会社法は，会社は，定款でその発行する全部の株式の内容をして譲渡による株式の取得について当該会社の承認を要することを定めることができるとしている（107条1項1号・2項1号）。また，会社は，定款で譲渡による当該種類の株式の取得について会社の承認を要する譲渡制限種類株式を発行することを定めることができるとしている（108条1項4号・2項4号）。発行する一部の種類の株式について譲渡を制限している会社も，公開会社である。公開会社は，会社の株式が証券取引所において取引されている上場会社を意味しない。

公開会社ではない会社（非公開会社）は，すべての株式，すべての種類の株式の譲渡が制限されている会社である。会社法では用いられていないが，閉鎖会社といわれることがある。

なお，税法上の分類として，同族会社がある。同族会社は，株主・社員の3人以下と，それらと特殊な関係にある者が有する株式の総数または出資額の合計額が，その会社の発行済株式総数または出資額の100分の50以上に相当する会社をいう（法税2条10号）。

（2）　大　会　社

最終事業年度にかかる貸借対照表に資本金として計上した額が5億円以

上または貸借対照表の負債の部に計上した額の合計額が200億円以上の株式会社である（2条6号）。

最終事業年度（2条24号）を基準とするから，事業年度中に資本金が増加してもすぐに大会社になることはない。従来のみなし大会社（旧商特2条2項）は廃止されている。また，小会社の定義（旧商特1条の2第2項）も廃止されている。

（3） 取締役会設置会社

取締役会を置く株式会社または会社法により取締役会を置かなければならない株式会社である（2条7号）。

株式会社は，会社の規模などにかかわらず定款の定めにより取締役会を任意に設置できる（326条2項）。公開会社，監査役会設置会社および委員会設置会社は，取締役会の設置が義務づけられる（327条1項）。

（4） 会計参与設置会社

会計参与を置く株式会社である（2条8号）。会計参与は，平成17年制定の会社法で新しく認められた機関である。

会計参与は，主として会計監査人が置かれない中小企業の計算の適正を図るために認められた機関で，株式会社は会社の規模などにかかわらず任意に設置できる（326条2項）。会計参与は，公認会計士または税理士の資格を有する者が，取締役などと共同して会社の計算書類を作成する機関である（374条1項）。

（5） 監査役設置会社

その範囲が会計監査に限定されない監査役を置く株式会社または会社法により監査役を置かなければならない株式会社である（2条9号）。

監査役会設置会社および会計監査人設置会社以外の非公開会社では，会計監査権限のみを有する監査役の設置が認められる（389条）。会計監査権限のみを有する監査役を置く会社は監査役設置会社に含まれない（2条9号かっこ書）。

（6） 監査役会設置会社

監査役会を置く株式会社または会社法により監査役会を置かなければならない株式会社である（2条10号）。

（7） 会計監査人設置会社

会計監査人を置く株式会社または会社法により会計監査人を置かなければならない株式会社である（2条11号）。

株式会社は，会社の規模などにかかわらず会計監査人を任意に設置できる（326条2項）。大会社は，会計監査人を置かなければならない（328条）。

（**8**）　委員会設置会社

指名委員会，監査委員会および報酬委員会を置く株式会社である（2条12号）。従来の委員会等設置会社に当たる。

委員会設置会社は，監査役を置くことはできない（327条4項）。委員会設置会社となるためには，会計監査人を置かなければならない（327条5項）。

（**9**）　親会社と子会社

会社が他の会社の経営を支配しているか否かを基準とした分類であり，経営を支配している会社を親会社（2条4号），支配されている会社を子会社という（2条3号）。

支配の対象となる会社は株式会社であることが多いが，株式会社に限定されない（会社則3条1項）。支配の具体的基準は，他の会社の財務および事業の方針の決定を支配しているかによっており（同条2項），他の会社の議決権の総数に対する自己の計算において所有している議決権の数の割合が100分の50を超えている場合のほか，100分の40以上であっても，自己の意思と同一の内容の議決権を行使すると認められる者が所有している議決権などと合計して100分の50を超えるとき，他の会社の取締役会の構成員の総数に対する自己の役員などの数が100分の50を超えるときも，財務・事業の方針の決定を支配している場合に当たる（同条3項）。

（**10**）　内国会社と外国会社

日本の会社法に準拠して設立された会社を内国会社といい，株式会社に限定されない。外国会社は，外国の法律に準拠して設立された法人その他の外国の団体であって，会社と同種のものまたは会社に類似するものである（2条2号）。

外国会社については，法人格が認められているかどうかは問われない。とくに明文が置かれていないかぎり（5条参照），会社法上の会社には，外国会社は含まれない。

Ⅱ　公開性・規模等に応じた規整

（1）　公開性・非公開性に応じた規整

　わが国では，資本金も株主数も少なく，すべての株式の譲渡が制限されている非公開会社が多い。会社法は，有限会社を株式会社に統合したこともあって，公開会社ではない会社を基本に置いて規整している。従来の有限会社に認められている制度が導入されている場合も少なくない。

　すべての株式の譲渡が制限されている非公開会社については，公開会社ほど厳格で複雑な手続や機関は必要ではない。複雑になると，争いが裁判に持ち込まれる場合，相手方攻撃の手段として会社法の適用が主張されることもある。また，経営に関与していない少数株主は剰余金の配当を受けられず，株主としての利益を受けられないおそれがある。株式の売却により投下資本の回収を望んでも，相手方を見出すのは容易ではない。少数株主保護の必要性は大きい。さらに，非公開会社は財産的基盤が弱いことが多く，会社債権者の保護の必要性もある。

　非公開会社については，改正すべき立法課題は多かった（従来の非公開会社・閉鎖会社の立法課題につき，青竹・続法規整39頁以下）。平成17年制定の会社法は，株券の不発行を原則としたり（214条），取締役会を任意機関化する（326条2項）など，非公開会社について抜本的な改正をしている。

　会社法は，公開会社については，非公開会社に関する規定の特則の形で規整していることが多い。会社が発行する株式の市場価格が形成されている上場会社は，3000社程度である。会社法の適用上，株式に市場価格がある会社であるかどうかが意味を持つ場合がある（167条3項・201条2項・234条2項など）。

（2）　規模に応じた規整

　昭和49年に制定された商法特例法は，会社の監査などについて会社の規模によって異なった規整をしていた。商法特例法を統合した会社法は，これを基本的に引き継いでいる。

　大会社では，どのようにして経営者の行動を監視するかが重要な課題となっている。大会社では，会計監査人の設置が義務づけられているが，公

開会社である大会社は，監査役会の設置も義務づけられる（328条1項）。監査役会設置会社では，複数・常勤・社外監査役を置くことが義務づけられる（335条3項・390条3項）。委員会設置会社では，社外取締役を置くことが義務づけられる（400条3項）。また，すべての大会社および委員会設置会社について，取締役・執行役の職務の執行が法令や定款に適合することなど，会社の業務の適正を確保するための内部統制システムの構築の基本方針を決定することを義務づけている（348条4項・362条5項・416条2項）。

会社法は，従来の小会社の区分を設けていない。会社法は，監査役は原則として会計監査権限のほか，業務監査権限を有することにしているからである（381条）。

（3） 企業結合に関する規整

会社には，資本参加，役員派遣などにより他の1社または数社を支配している会社は多い。企業統合に関しても，従属会社の利益保護などの点から規整する必要がある。

会社法は，支配会社・従属会社について親会社・子会社の定義を用いて，子会社による親会社株式取得の制限（135条1項），監査役の子会社の取締役・使用人との兼任禁止（335条2項），親会社株主（社員）の子会社の書類等閲覧・謄写の許容（31条3項・125条4項・371条5項・433条3項・442条4項）などの規定を設けている。また，親子会社に限らず，実質的に支配関係にある会社が相互保有する株式の議決権を制限している（308条1項かっこ書）。

第4節　株式会社の法規整の変遷と特別法

I　法規整の変遷

わが国では，明治23年に初めて商法典が制定され，株式会社の一般規定が設けられた。ついで，明治32年に新商法典が制定され，第2編に株式会社についての規定を設けていたが，ほとんどはドイツ法にならったものである。その後，明治44年と昭和13年に大きな改正があった。

第2次世界大戦後の昭和25年には，アメリカ法の影響を受けた大きな改正（授権資本制度・取締役会制度の導入，株主の地位の強化など）がされた。その後，昭和41年改正（株式の譲渡制限の許容など），昭和49年改正（監査役の権限強化，商法特例法の制定など），昭和56年改正（株主総会の活性化・利益供与の禁止，取締役の義務の明確化，監査役制度の改善など），平成2年改正（設立手続の簡略化，最低資本金制度の導入，非公開会社における株主の新株引受権の法定，優先株式発行の容易化など），平成5年改正（株主代表訴訟の容易化，監査役制度の改善，社債管理会社の設置強制など），平成9年改正（合併制度の整備など），平成11年改正（株式交換・株式移転制度の創設など），平成12年改正（会社分割制度の創設）など，重要な改正が相次いでされた。このように改正が多いのは，株式会社はその時々の経済情勢などに深くかかわっているからである。

　さらに，平成13年と14年には，大きな改正がされた。平成13年6月改正（議員立法）（法79号）では，①自己株式取得・保有の緩和，②株式の単位の強制廃止，単元株式制度の創設，額面株式の廃止，③法定準備金の減少の許容，などの改正がされた。平成13年11月改正（法128号）では，①種類株式の多様化と拡大，②新株発行の容易化，③新株予約権制度の創設，④会社関係書類等の電子化の許容，などの改正がされた。平成13年12月改正（議員立法）（法147号）では，①監査役制度の改善，②取締役・監査役の会社に対する責任の軽減制度の導入，③株主代表訴訟制度の見直し，などの改正がされた。

　平成14年5月改正（法44号）では，①現物出資等の弁護士などによる証明制度の創設，②種類株主による取締役・監査役の選解任制度の創設，③株券喪失登録制度の創設，④所在不明株主の株式売却制度の創設，⑤株主提案権の行使期間の繰上げ，株主総会の特別決議の定足数の緩和，招集手続の簡略化，書面などによる総会決議の許容，⑥重要財産委員会の創設，⑦委員会等設置会社の創設，⑧計算関係規定の省令委任，⑨連結計算書類の導入，⑩資本減少手続の明確化，などの改正がされた。

　平成15年改正（法132号）では，定款の授権にもとづく取締役会決議による自己株式の取得の許容などの改正がされた。平成16年改正（法87号・88号）では，電子公告制度の創設，定款の定めによる株券不発行制度

の導入，株式について保管振替制度に代わる株券を発行しない振替制度の創設などの改正がされた。

　平成17年6月29日に成立し，同年7月26日に公布された「会社法」は，会社法制の現代化を図るため，従来の商法第2編の会社，有限会社法，商法特例法などの各規定について，片仮名文言体で表記されていたものを平仮名口語体化を行い，1つの法典として再編成するとともに，会社法制に関する様々な制度につき見直しを行ったものである。

　現代化を図る大改正が行われた背景は，従来の商法，有限会社法は片仮名の文言体で表記され，また，会社法制に関する重要な規定が各法律に散在していたため，わかりやすいものにする必要があったこと，および，近時，議員立法によるものを含め，短期間に数回にわたる改正が積み重ねられたため，その全体的な整合性を図る必要と，最近の社会経済情勢に対応したものに改善する必要があったことにある。

　形式的な改正として，用語・表記の修正，法典の整理統合，編立ての整理，規定の明確化などが行われた。

　実質的な改正として，前述の①有限会社の廃止，非公開会社の規整の抜本改正，②会計参与制度の創設のほか，③最低資本金制度の廃止，④種類株式の多様化，⑤新株予約権と株式との整合，⑥委員会設置会社とそれ以外の会社の取締役の責任の調整，⑦株主代表制度の合理化，⑧剰余金配当手続等の自由化，⑨合併等の組織再編行為における交付対価の柔軟化，などが行われた。なお，⑨の交付対価の柔軟化の施行は，会社法の施行日の1年後である（附則4項）。

II　特別法・法務省令

　平成17年制定の会社法は特別法に規定されていたものを取り入れたため，会社法整備法は，有限会社法，商法特例法のほか，商法中署名すべき場合に関する法律，商法中改正法律施行法，会社の配当する利益又は利息の支払に関する法律，商法の一部を改正する法律施行法などを廃止している。それでも，株式会社に適用される特別法は多い。

　重要な特別法として，担保付社債信託法（明治38年法52号），証券取引法（昭和23年法25号），企業担保法（昭和33年法106号），商業登記法（昭

和38年法125号），会社更生法（平成14年法154号），社債，株式等の振替に関する法律（平成16年法88号）などがある。また，特定の種類の事業を目的とする会社のための特別法として，銀行法（昭和56年法59号），保険業法（平成7年法105号）などがある。

　平成14年3月に，複数の法務省令を統合した商法施行規則が制定された。平成17年制定の会社法は，従来よりも法務省令に委任する事項を増やしている。そして，平成18年2月7日に，①会社法施行規則，②会社計算規則，③電子公告規則，が公布されている。

第2章 設　立

第1節　設立の方法

I　準則主義

　設立とは，株式会社という1個の法人を成立させることである。株式会社の設立については，準則主義が採用されている。準則主義は，会社法が定めた会社の成立に必要な手続を守るかぎり，行政官庁の認可や許可を要せず会社の成立を認める制度である。ただし，公共性の強い事業については特別法によって営業の免許・許可が要求されている（銀行4条1項，保険3条1項，電気3条1項など）。

　株式会社を成立させるためには，①会社の根本規則である定款を作成し，②会社の構成員として出資する株主を確定して出資を履行させ，③会社が活動するための機関を具備しなければならない。これらの要件を満たして会社の実体が形成されると，設立の登記によって会社は成立する（49条）。

　株式会社の設立手続は複雑かつ厳格になっている。株式会社では債権者に対する責任財産は会社財産に限定されるため，設立の段階から会社の財産的基礎を確立させる必要があるからである。

II　発起設立と募集設立

　株式会社の設立の方法には，①設立に際し発行される株式の全部を発起人が引き受けて設立する発起設立（25条1項1号）と，②設立に際し発行される株式の一部だけを発起人が引き受け，残りの株式について引受人を募集して設立する募集設立（25条1項2号）の2種類がある。②の募集設立の方法をとる場合は，株主の募集や創立総会の開催を要するなど，設立手続はより複雑になる。

　株式会社の設立の大部分は，個人企業を株式会社にしたり，2・3の会

社が共同出資して合弁会社を設立するために行われる。また，平成2年の改正で，①の発起設立の方法をとる場合でも，募集設立の場合と同じく，株式の払込みは発起人が定めた銀行または信託会社においてすべきものとされ（旧商170条2項），払込みの有無について裁判所の選任した検査役の調査を要しないことになっていた。これにより，設立手続の遅延と裁判所の干渉を避けるためにあえて募集設立の方法をとる必要はなくなった。現在では，株式会社の設立の多くは①の発起設立の方法がとられている。

第2節　発起人・発起人組合・設立中の会社

I　発起人

　株式会社の設立の手続は，発起人によって進められる。発起人とは，設立の企画者として定款に署名・記名押印した者または署名に代わる措置として電子署名した者である（26条1項・2項後段，会社則225条）。発起人の資格や員数について別に制限はない。法人も発起人になることができると解されている。判例も，会社が発起人になることを認めている（大判大正2・2・5民録19輯27頁）。

II　発起人組合

　発起人が複数存在する場合，発起人は，会社の設立手続に入る前に，会社の設立を目的とする契約を締結するのが通常である。発起人組合とは，この契約にもとづく組合関係をいい，その法的性質は民法上の組合である。発起人組合が存在する場合，発起人による定款の作成，株式の引受け，設立事務の執行などは，設立行為であるとともに，組合契約の履行行為の側面を持つ。

　営業行為を発起人組合として行うことがあるが，その行為につき発起人全員が責任を負うには，それをした発起人が組合を代理する権限を有していなければならない。民法は，組合の対外的関係すなわち組合代理について直接規定していない。最高裁は，組合契約その他により業務執行組合員が定められていない場合は，組合員の過半数において組合を代理する権限

を有するとしている（最判昭和35・12・9民集14巻13号2994頁）。しかし，組合員の決定なしに直ちに多数代理が認められるといえない。組合においては，総代のごとき業務執行組合員を定めていない場合は，組合契約において各組合員が相互に代理する権限を授与し合っていると見る方が妥当である（青竹正一・会社百選13頁）。

III 設立中の会社

株式会社は，設立の登記の時に突如として出現するものではなく，定款作成から設立登記までの間に次第に成長・発展して行くものである。こうした設立登記前の設立過程にある実体，やがて成立すべき会社の前身を設立中の会社という。設立中の会社と成立後の会社とは実質的に同一のものであり，発起人は，設立中の会社の構成員であると同時に，設立中の会社の執行機関と位置づけられる。判例も，設立中の会社の存在を認めている（最判昭和42・9・26民集21巻7号1870頁など）。

設立中の会社の存在を認めることにより，設立段階における法律関係がなぜ成立後の会社に帰属するかを説明できることになる。すなわち，会社の成立とともに，株式引受人は株主となり，設立中に選任された取締役・監査役は会社の機関となり，発起人が設立中の会社の機関としてその権限の範囲内でした行為は，実質的に設立中の会社に帰属し，成立後は当然に会社に帰属して，特別に移転行為を要しないことになる。

第3節 設立の手続

I 定款の作成

(1) 定款の意義と作成方式

株式会社の設立手続は，発起人による定款の作成に始まる。定款は，実質的には会社の組織・活動の根本規則を意味し，形式的にはその規則を記載または記録した書面または電磁的記録を意味する。設立の際には，双方の作成が要求される（26条）。

電磁的記録による作成は，平成13年改正で認められたもので，電子的

方式，磁気的方式その他，人の知覚によって認識することができない方式で作られる記録であって，磁気ディスクその他これに準ずる方式により一定の情報を確実に記録しておくことができる物をもって調整するファイルに情報を記録したものをいう（26条2項前段，会社則224条）。

設立当初に作成された定款を，変更を受けた定款に対して，原始定款という。定款は，会社の自治法規として会社法の法源に含まれ，現在および将来の株主ならびに会社の機関を拘束する。

定款は一定の事項を記載して，発起人全員が署名または記名押印し（26条1項），定款が電磁的記録で作成された場合は電子署名しなければならない（26条2項後段，会社則225条）。また，原始定款は，公証人の認証を受けなければ効力を生じない（30条1項）。公証人の認証が要求されているのは，定款の作成と内容を明確にして紛争および不正行為を防止するためである。公証人の認証を受けた定款は，会社の成立前は，原則として変更することができない（30条2項）。

定款は，発起人が定めた場所，会社の成立後は会社の本店・支店に備え置かれ，発起人・設立時募集株式の引受人，会社の成立後は株主・債権者は閲覧・謄写などを請求することができる（31条・102条1項）。

（2）絶対的記載事項

定款の記載・記録事項には，絶対的記載事項，相対的記載事項および任意的記載事項がある。

絶対的記載事項は，定款に必ず記載・記録しなければならず，その記載・記録を欠くときは定款自体が無効となる事項である。会社法27条は，つぎの事項を挙げている。

①目的，②商号，③本店の所在地，④設立に際して出資される財産の価額またはその最低額，⑤発起人の氏名・名称および住所である。

①の目的は，利害関係人が確知できる程度に明確・具体的に定めることが要求されるが，複数の事業目的を掲げたり，それらに付帯する事業を営む旨を記載・記録することは差し支えない。

③の本店の所在地は，会社の住所となる（4条）。本店の所在地は，会社の組織に関する訴えや役員等の責任追及の訴えの専属管轄地となる（835条1項・848条）。

④は設立時における会社の資産規模である。従来，株式会社は1000万円という最低資本金を満たさなければ設立することはできなかった（旧商168条ノ4）。会社法は，最低資本金は創業の足かせになることのほか，会社債権者の保護は中小会社の計算の適正化，計算書類の開示の義務づけ，および法人格否認の法理，役員等の第三者に対する責任によって図られることから，法定の下限額を設けないことにしている。ただし，会社の純資産額が300万円を下回る場合は剰余金の配当をすることができない（458条）。

設立に際して発行する株式について発起人が割当てを受ける株式の数・払込金額および設立後の会社の資本金・資本準備金の額に関する事項は，定款で定めてもよいが，発起人全員の同意で定款外で定めることができる（32条1項）。

会社が将来にわたって発行を予定する株式の総数（発行可能株式総数）は，定款の絶対的記載事項であるが，原始定款ではなく，発起設立の場合は会社成立時までに発起人全員の同意により，募集設立の場合は創立総会決議により定めることができる（37条1項・98条）。設立時の発行株式総数は発行可能株式総数の4分の1を下ることができない（37条3項本文）。ただし，設立しようとする会社が公開会社でない場合は，発行最低限の制約を受けない（37条3項ただし書）。公開会社でない場合は，設立時に十分な資産を確保することを強制する必要がないためである。

（3）相対的記載事項

相対的記載事項は，定款に記載・記録しなくても定款の効力自体には影響がないが，定款に記載・記録しないかぎり，その事項の効力が認められないものである。そのような事項は，会社法の随所に規定されているが，会社法28条は，設立に際して4つの事項を挙げている。これらの事項は変態設立事項と呼ばれ，定款に記載・記録するほか，原則として裁判所の選任する検査役の調査または弁護士などの証明が要求されている（33条）。これらの手続が必要なのは，変態設立事項は，会社の設立において有用ないし必要なこともあるが，発起人が自己または第三者の利益を図り，株主および会社債権者を害するおそれがあるからである。

① 現物出資（1号）　金銭以外の財産による出資である。目的物が

過大評価されることにより他の株主および会社債権者を害するおそれがあるので，定款で，現物出資者の氏名・名称，出資の目的である財産とその価額，およびこれに対して与える株式の数を特定しなければならない。しかも，設立の場合は，現物出資をすることができる者は発起人に限られる（34条1項本文参照）。

② 財産引受け（2号）　発起人が会社のため会社の成立を条件として，特定の財産を譲り受けることを約する契約であり，成立後の会社の事業開始のためにする開業準備行為の一種である。財産引受けも，目的物が過大評価されると会社の財産的基礎を危くし，また，現物出資に関する手続を潜脱する方法として用いられるおそれがあるため，定款で，財産引受けの対象となる財産，その価額および譲渡人の氏名・名称を特定する必要がある。

定款に記載のない財産引受けは絶対的に無効であり，成立後の会社は追認することはできず，譲渡人の側からその無効を主張することも可能とするのが，最高裁の判例である（最判昭和28・12・3民集7巻12号1299頁，最判昭和61・9・11判時1215号125頁）。しかし，財産引受けを変態設立事項としているのは，株主・債権者を含めて会社の利益を保護するためであるから，無効と解しても，財産の譲渡を約した相手方に定款に記載がないことを理由に契約の無効を認める必要はない（ただし，前掲最判昭和61・9・11は，信義則違反を理由の譲受会社が無効を主張することは許されないとしている）。また，開業準備行為は成立後の会社の財産的基礎を危くするおそれが大きく，本来は発起人の権限に属さないというべきであるが，財産引受けについては，会社成立後すみやかに事業活動を開始できるようにするという要請から，定款への記載などを要件に認めたものと解される。したがって，法定の要件を満たさない財産引受けは一種の無権代理行為ということができる。成立後の会社が自己に有利と判断したときに追認することは可能である（民113条）。追認は，成立後の会社が新たに同じ内容の契約をする場合に要求される手続を踏まなければならず，事後設立に該当する高額の財産を譲り受ける契約を締結していた場合は，株主総会の特別決議などが必要となる（467条1項5号参照）。追認されるかどうか不安定な立場に置かれる相手方には，催告権（民114条）を認めるべきである。

財産引受け以外の開業準備行為および営業行為は成立後の会社に帰属しないが，最高裁は，民法117条を類推適用して発起人に無権代理人の責任を認めている（最判昭和33・10・24民集12巻14号3228頁）。

③　発起人の報酬・特別利益（3号）　報酬は，会社の成立により発起人が設立事務の執行の対価として一時に金銭で支払われるものである。特別利益は，設立企画者としての功労に報いるために与えられる剰余金の配当に関する優先権，会社の設備利用権などである。定款で，報酬額・利益の内容およびそれを受ける発起人の氏名・名称を特定しなければならない。

④　会社の負担する設立費用（4号）　会社の設立に必要な行為によって生ずる費用である。定款の印刷費，設立事務所の賃料，設立事務員の給与，株式引受人の募集費用などである。設立費用でも，定款の認証の手数料，払込取扱金融機関に支払うべき手数料・報酬，裁判所が定めた検査役の報酬，設立登記の登録免許税および創立総会の決議により会社が負担するとされた設立費用は，会社に損害を与えるおそれがないものとして，定款に記載・記録しなくても当然に会社の負担となる（28条4号かっこ書，会社則5条）。

設立費用を発起人が設立中に第三者に支払済みである場合は，発起人は法定の要件を満たす設立費用の範囲内で成立後の会社に求償できることになる。それでは，会社成立時に支払済みでない場合はどうなるか。判例は，設立費用に関する会社法の規定を第三者に対する関係でも意味あるものと認めて，相手方は定款所定の設立費用の範囲内で成立後の会社に支払を請求できるとしている（大判昭和2・7・4民集6巻428頁）。この立場によると，多数の債務がありその総額が定款所定の範囲を超える場合に，どの債務がどの範囲で成立後の会社に帰属することになるかについて困難が生じてしまう。そこで，会社の形成・設立自体を目的とする定款の作成，株式の引受け・払込みに関する費用以外は発起人に帰属し，発起人が債務を弁済したときは，発起人は法定の要件を満たす設立費用の範囲内で会社に求償できるにすぎないとする説がある（石井＝鴻・103頁，森本滋「会社設立中に会社のためになされる行為の法的取扱い」論叢92巻4・5・6号（1973）271頁，江頭・68頁など）。この説による方が，成立時における会社の財産

的基礎の確保が図られる。しかし，この説によると，発起人の資力いかんで，取引の相手方は債務を弁済されない可能性がある。また，発起人は設立中の会社の機関として，法律要件的行為と関連する行為および会社の設立のために事実上・経済上必要となる取引行為も行なわざるをえない。設立事務所の賃料などの会社の設立に必要な取引行為にもとづく債務もすべて成立後の会社に帰属し，会社が債務を弁済したときは，会社は法定の要件を満たす設立費用を超える部分につき発起人に求償できると解するべきである（青竹正一・争点Ⅰ35頁）。

(4) 任意的記載事項

任意的記載事項は，単に定款に記載・記録できる事項で，定款に記載・記録しなくてもその事項の効力が生じないということはない。定款に定められた以上，その事項を変更するには定款変更の手続（466条・309条2項11号）によらなければならない。

株式会社は一定の事項を公告することを要求されることが多いが，会社の公告方法は従来は定款の絶対的記載事項であった。会社法では，会社の公告方法は任意的記載事項となっている（939条1項）。公告は，官報もしくは時事に関する事項を掲載する日刊新聞紙または電子公告の方法のいずれかであることが要求されるが，定款に定めがなければ，官報が公告方法となる（939条1項・4項）。

電子公告は，平成16年改正で認められていたもので，電磁的方法により不特定多数の者が公告すべき内容である情報の提供を受けることができる状態に置く措置であって法務省令で定めるものをとる方法をいう（2条34号）。電磁的方法とは，電子情報処理組織を使用する方法その他の情報通信の技術を利用する方法であって，電子通信回線を通じて受信者の電子計算機上のファイルに情報を記録する方法（電子メール，ウェブサイトからのダウンロードなど）と，情報が記録されたファイル（フロッピー・ディスクなど）を直接交付する方法をいう（2条34号，会社則222条）。法務省令で定める方法は，インターネットのホームページへの掲載の方法である（会社則223条）。電子官報は電子公告に当たらない。

電子公告の方法を採用する場合，定款には，電子公告を公告方法とする旨を定めれば足り（939条3項前段），ホームページのアドレスまで記載・

記録する必要はない。電子公告に公告を行えない事故その他やむを得ない事由に備え、定款に予備的公告方法として官報または日刊新聞紙による公告を定めることができる（939条3項後段）。公告内容の情報提供を受けるために必要なホームページのアドレスおよび予備的公告方法の定めは、登記しなければならない（911条3項29号、会社則220条1項）。ただし、計算書類の公告ホームページのアドレスは別に登記できる（会社則220条2項）。

公告ホームページに掲げる期間は、①特定の日の一定の期間前に公告しなければならない場合の公告については、当該特定の日まで、②計算書類の公告については、定時株主総会の終結の日後5年を経過する日まで、③公告に定める期間内に異議を述べることができる旨の公告については、当該期間を経過する日まで、④その他の公告については、公告開始後1か月を経過する日まで、である（940条1項）。

公告期間中に中断が生じた場合でも、中断が生ずることにつき会社が善意・無重過失であるか正当な事由があるとき、中断が生じた時間の合計が公告期間の10分の1を超えないとき、会社が公告の中断を知った後すみやかにその旨、中断が生じた時間および中断の内容を当該公告に付して公告したとき、のいずれにも該当するときは、公告の中断は公告の効力に影響を及ぼさない（940条3項）。

公告を電子公告でしようとする会社は、計算書類の公告を除き、公告期間中、公告の内容である情報が不特定多数の者が提供を受けることができる状態に置かれているかどうかについて、公告アドレス、公告期間、公告しようとする内容と法令の条項などを示して、法務大臣の登録を受けた調査機関に対し、調査を行うことを求めなければならない（941条、電子公告規3条）。電子公告は、紙による公告と異なり、公告内容が改ざんされるまたは消滅してしまうことがあるから、事後的な紛争を予防するためである。計算書類の公告が除かれているのは、計算書類の公告は情報開示そのものが目的であって、公告によって法的な効力が発生したりしないからである。

調査機関は、公正に、かつ、法務省令で定める方法により電子公告調査を行わなければならず（946条2項、電子公告規5条）、調査機関は、調査

の後遅滞なく，調査委託者に対し調査結果を通知しなければならない（946条4項）。

II 株式の引受けと出資の履行

(1) 株式の引受け

　発起設立の場合は，設立に際して発行する株式の全部を発起人が引き受ける。

　募集設立の場合は，設立に際して発行する株式総数の一部を発起人が引き受け，残りの株式について引受人を募集する。発起人は，株式を引き受ける者を募集しようとするときは，設立時募集株式の数，1株の払込全額，払込期日または払込期間，一定の日までに設立の登記がされない場合に株式の引受けの取消しをすることができることとするときは，その旨および一定の日を，発起人全員の同意を得て定めなければならない（58条1項2項）。募集の態様には制限はなく，公募でも縁故募集でもよい。

　発起人は，募集に応じて株式の引受けの申込みをしようとする者に対し，定款の認証の年月日および認証をした公証人の氏名，定款の絶対的記載事項，変態設立事項，発起人全員の同意で定めた株式発行事項・募集株式事項，発起人が出資した財産の価額，払込取扱銀行・信託会社などを通知しなければならない（59条1項）。株式申込人に会社組織の大綱および申込条件を知らせるためである。

　募集に応じて株式の引受けの申込みをする者は，自己の氏名・名称および住所，引き受けようとする株式の数を記載した書面を発起人に交付しなければならない（59条3項）。申込みをする者は，書面の交付に代えて，発起人の承認を得て，書面に記載すべき事項を電磁的方法により提供することができる（同条4項）。

　株式の申込みがあると，発起人は株式の割当てをする（60条1項）。どの株式申込人に対し何株を割り当てるかは発起人の自由であり，これを割当自由の原則という。割当てにより，株式申込人は株式引受人となる（62条1号）。

　株式の申込みに際しての発起人の通知，発起人に対する書面の交付，株式の割当てについては，設立時募集株式を引き受けようとする者がその総

数の引受けを行う契約を締結する場合には，適用されない（61条）。
　心裡留保による株式の引受けは引受人が悪意の場合でも有効とされ，虚偽表示による株式の引受けも有効とされる（51条1項）。また，発起人は，会社の成立後は，錯誤を理由に株式の引受けの無効を主張し，または詐欺もしくは強迫を理由に株式の引受けの取消しをすることはできない（51条2項）。設立時募集株式の引受人は，会社の成立後または創立総会において議決権を行使した後は，錯誤を理由に株式の引受けの無効を主張し，または詐欺または強迫を理由に株式の引受けの取消しをすることはできない（102条4項）。いずれも，引受けの効力を確保するためである。

（2）　出資の履行

　発起設立においても，募集設立においても，設立に際して発行する株式総数の引受けがあったときは，発起人および設立時募集株式の引受人は，遅滞なく各株式の払込金額の全額を払い込まなければならない（34条1項・63条1項）。

　払込みは，発起人が定めた払込取扱銀行・信託会社その他これに準ずる払込取扱金融機関でしなければならない（34条2項・63条1項，会社則7条）。発起設立の場合，払込取扱金融機関への払込みがあったことの証明は，払込金保管証明に限定されず，払込みを証する書面でよい（64条1項，商登47条2項5号参照）。しかし，払込金以上の預金残高があることを証する残高証明では足りず，代表者が記載した書面に払込金が振り込まれた預金通帳の写しや銀行の取引明細書を合綴するなどの方法が必要となろう。

　募集設立の場合，払込取扱金融機関は，発起人の請求により，払込金の保管証明をしなければならず，証明した金融機関は，証明書の記載が事実と異なることまたは払い込まれた金銭の返還に関する制限があることをもって成立後の会社に対抗することができない（64条，商登47条2項5号）。発起人以外の株式引受人を保護するためである。払込取扱金融機関は，証明した払込金を会社成立の時まで保管して会社に引渡すべきもので，会社成立前に発起人または取締役に払込金を返還しても，成立した会社に対し払込金返還をもって対抗できないとするのが，判例である（最判昭和37・3・2民集16巻3号423頁）。

　現物出資者は，株式の引受後遅滞なく，出資の目的である財産の全部を

第 2 章 設　立

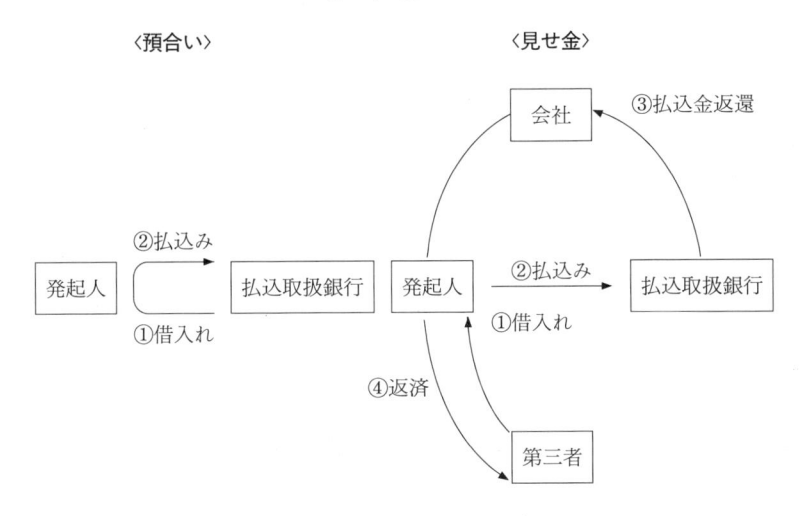

〈預合い〉　　　　　　　　　　〈見せ金〉

給付しなければならない（34条1項本文）。ただし，登記・登録などは会社成立後でも差し支えない（同項ただし書）。

　株式の払込みは現実にされなければならないことは，資本充実の原則から当然となる。しかし，裁判所の干渉を避けるためにあえて募集設立の方法をとる必要がなくなった現在でも，払込みが仮装されることがある。

　払込みの仮装の典型例は，預合いと見せ金である。預合いは，一般に，発起人が払込取扱金融機関から借入れをし，これを払込金として会社の預金に振り替え，発起人が借入金を返済するまではその預金を引き出さないことを約する行為である。預合いによる払込みは，会社資金の確保を図るものとはいえないから，払込みとしての効力を有しない。そのうえ，会社法は，預合いの関係者に刑罰を科している（965条）。

　見せ金は，預合いに代わる払込みの仮装手段として考え出されたものであり，一般に，発起人が払込取扱金融機関以外の第三者から借入れをして株式の払込みに当て，会社の成立後これを払込取扱金融機関から引き出して借入先に返済する行為である。見せ金の場合は，一応金銭の移動があるところが預合いと異なる。最高裁は，払込取扱金融機関から借入れをした預合いと見せ金の中間形態の事案について，「当初から真実の株式の払込として会社資金を確保するの意図なく，一時的の借入金を以て単に払込の外形を整え，株式会社成立の手続後直ちに右払込金を払い戻してこれを借

入先に返済する場合の如きは，右会社の営業資金はなんら確保されたことにはならないのであって，かかる払込は，単に外見上株式払込の形式こそ備えているが，実質的には到底払込があったものとは解し得ず，払込としての効力を有しないものといわなければならない」としている（最判昭和38・12・6民集17巻12号1633頁）。その後，最高裁は，募集株式（新株）発行に際し見せ金が行われた事案について，仮装払込みの態様および払込みの結果として会社が取得した債権の資産性を具体的に判断して，払込みの効力を否定している（アイデン事件・最決平成3・2・28刑集45巻2号77頁）。

これに対し，発起人の内心的事情により会社の設立という集団的手続の一環をなす株式払込みの効力を左右するのは適当ではないとして，払込みを有効とする説がある（鴻常夫・会社法の諸問題Ⅰ（有斐閣，1988）115頁）。株式の払込みは引受人の自己資金でしなければならないものではないが，払込金を会社資金として運用することを意図していない見せ金による払込みは無効と解すべきである。会社資金として運用することを意図していなかったかどうかは，借入先に返済するまでの期間の長短などによって判断すべきである（青竹・新展開339頁以下）。払込みとして無効な見せ金による設立登記の完了は，公正証書原本不実記載罪（刑157条）を成立させる（前掲最決平成3・2・28のほか，末野興産事件・大阪地判平成11・10・27判タ1041号79頁）。

出資の履行をすることにより設立時発行株式の株主となる権利の譲渡は，成立後の会社に対抗することはできない（35条・50条2項・63条2項）。設立手続が煩雑になることを防止するためである。

会社成立後の募集株式（新株）発行の際には打切り発行が認められる（208条5項・209条，旧商280条ノ9第1項2項）のと異なり，設立時には発行全株式の引受け，出資の履行が要求されていた。会社法は，発起人は出資の履行をしないときは，設立時発行株式の株主となる権利を失い（36条3項），また，設立時募集株式の引受人が払込期日または払込期間内に払込みをしないときは，設立時募集株式の株主となる権利を失うものとし（63条3項），再募集についてとくに規定していない。したがって，定款で定めた出資額以上の出資がされているときは，打切り発行が認められる。

定款で定めた出資額以上の出資がされているときは，打切り発行を認めてもさほどの弊害が生じないこと，設立と募集株式（新株）発行の場合とで異なる扱いをする必要性は乏しいことからである。

III　会社機関の具備と設立経過の調査

（1）　機関の具備

　発起設立の場合，定款で設立に際して取締役となる設立時取締役を定めることができ，その場合，出資の履行が完了した時に選任されたとみなされ，設立時監査役等を定めた場合も同様である（38条3項）。定款で定めていないときは，発起人は，出資の履行を完了した後，遅滞なく，設立時取締役等を選任しなければならない（38条1項2項）。設立しようとする会社が取締役会設置会社である場合は，設立時取締役は3人以上でなければならない（39条1項）。各発起人は原則として出資の履行した株式1株につき1個の議決権を有し，その議決権の過半数で選任する（40条1項2項）。発起人は，会社の成立の時までの間，選任した取締役等を解任することができる（42条）。

　設立しようとする会社が取締役会設置会社である場合は，設立時取締役は，その過半数をもって，設立時取締役の中から代表取締役となる者を選定しなければならない（47条1項3項）。委員会設置会社である場合は，設立時取締役は，その過半数をもって，設立時委員，設立時執行役・代表執行役を選定・選任しなければならない（48項1項3項）。設立時取締役は，会社の成立の時までの間，代表取締役等を解職・解任することができる（47条2項・48条2項）。

　募集設立の場合，設立時取締役，設立時監査役等は創立総会の決議で選任する（88条）。発起人は，払込期日または払込期間の末日のうち最も遅い日以後，遅滞なく出資の履行をした設立時株主による創立総会を招集しなければならない（65条1項）。創立総会は，成立後の会社の株主総会に相当する。したがって，招集の手続，議決権の行使，議事，決議の瑕疵につき株主総会の場合と同様の規定が置かれている（67条〜71条・74条〜82条・830条・831条）。設立時株主は原則としてその引き受けた株式1株につき1個の議決権を有し，設立時取締役，設立時監査役等の選任は議決権

を行使できる設立時株主の議決権の過半数であって，出席した設立時株主の議決権の3分の2以上の多数をもって行う（72条1項・73条1項）。

設立時取締役の員数，設立時代表取締役等の選定および解職・解任は，発起設立の場合と同じである（39条1項・47条・48条）。

（2） 設立経過の調査

発起人は，定款で変態設立事項を定めたときは，公証人の認証の後遅滞なく，その事項を調査させるため裁判所に検査役の選任の申立てをしなければならない（33条1項）。

現物出資・財産引受けを利用し易くするため，現物出資・財産引受けについて検査役の調査を要しない場合を認めている。①現物出資・財産引受けの目的である財産の定款に定めた価額の総額が500万円を超えない場合，および，②現物出資・財産引受けの目的である財産が市場価格のある有価証券であって，定款に定めた額が当該有価証券の市場価格として法務省令で定める方法により算定されるものを超えない場合である（33条10項1号2号）。

②の市場価格として法務省令で定める方法は，定款認証の日における当該有価証券を取引する市場における最終の価格，定款認証の日において当該有価証券が公開買付けなどの対象であるときの公開買付けなどにかかる契約における当該有価証券の価格，のうちかいずれか高い額をもって価格とする方法である（会社則6条）。設立登記の申請の際に，市場価格を証する書面を添付しなければならない（商登47条2項3号ロ）。

①の財産価額の総額に②の価額は算入されない。②の免除は，評価方法が確立し，客観的な価値を示すものであることから認められているためである。

検査役の選任・調査に時間を要することなどを考慮し，さらに，③現物出資・財産引受けに関する事項が相当であることにつき，弁護士，弁護士法人，公認会計士，監査法人，税理士または税理士法人の証明を受けた場合，目的物が不動産であるときは不動産鑑定士の鑑定評価を受けた場合は，検査役の調査を要しないものとしている（33条10項3号）。証明などの公正を確保するため，弁護士などおよび不動産鑑定士には欠格事由がある（33条11項）。

裁判所が検査役の報告により変態設立事項を不当と認めたときは，定款を変更する決定をしなければならない（33条7項）。変更された場合，発起人は設立時発行株式の引受けの申込みにかかる意思表示を取り消すことができる（同条8項）。また，変更された場合，発起人全員の同意により，変更された事項についての定めを廃止する定款の変更をすることができる（同条9項）。

　発起人によって選任された設立時取締役（監査役設置会社である場合は設立時取締役および監査役）は，設立経過の調査機関として，選任後遅滞なく，①現物出資，財産引受けについて少額免除・有価証券免除の場合の定款に定めた価額が相当であるかどうか，②弁護士などの証明が相当であるかどうか，③出資の履行が完了しているかどうか，④設立の手続が法令・定款に違反していないかどうか，を調査しなければならない（46条1項）。設立時取締役等は，調査の結果，法令・定款の違反または不当な事項があると認めるときは，発起人にその旨を通知しなければならない（同条2項）。

　募集設立の場合，発起人は，会社の設立に関する事項を創立総会に報告しなければならない（87条1項）。また，創立総会で選任された設立時取締役等は，発起設立の場合と同様の事項について調査し，調査の結果を創立総会に報告しなければならない（93条1項2項）。創立総会は，その決議により定款を変更することができる（96条）。また，創立総会は，設立廃止の決議をすることができる（66条）。しかし，変態設立事項の変更権は，発起人の権限濫用を防止するため不当な事項を縮小・削減のため行使されるべきで，追加・拡張は許されないとするのが，判例である（最判昭和41・12・23民集20巻10号2227頁）。

Ⅳ　設立の登記

（1）　登記手続・登記事項

　設立登記は，発起設立，募集設立のそれぞれに定められた日から2週間以内に，本店の所在地でしなければならない（911条1項2項）。設立登記は，会社を代表すべき者が申請する（商登47条1項）。設立登記の申請には，登記申請書のほか，添付書類が必要である（商登47条2項）。登記官

は，添付書類により株式会社の設立の準則が守られているかを知ることができるからである。

登記事項は，会社法911条3項に列挙されているが，定款の記載・記録事項と同じではない。定款は会社内部の根本規則であるのに対し，登記は公示のための制度であるからである。

(2) 登記の効果

設立の登記は，法人としての株式会社を成立させる創設的効力を有する (49条)。会社の成立とともに，株式引受人は株主となり (50条1項・102条2項)，設立中に選任された取締役・監査役等は会社の機関となり，発起人が設立中の執行機関としてその権限の範囲内でした行為は当然に成立後の会社に帰属する。

第4節 設立関与者の責任

I 財産価額てん補責任

現物出資・財産引受けの目的である財産の会社成立時における価額が定款に定めた価額に著しく不足するときは，発起人および設立時取締役は，会社に対し連帯して不足額を支払う義務を負う (52条1項)。この義務は総株主の同意がなければ免除することはできない (55条)。ただし，検査役の調査を受けた場合は，現物出資者または財産の譲渡人を除いた発起人および設立時取締役は，この責任を負わない (52条2項1号)。また，発起設立の場合は，現物出資者または財産の譲渡人を除いた発起人および設立時取締役は，その職務を行うについて注意を怠らなかったことを証明すれば免責される (52条2項2号・103条1項)。

財産価額てん補責任は，現物出資・財産引受けに関する事項が相当であることを証明または鑑定評価した弁護士や不動産鑑定士も負う (52条3項本文)。ただし，証明者が証明をするについて注意を怠らなかったことを証明すれば免責される (同項ただし書)。

なお，平成17年制定の会社法により，発起人および設立時取締役が引受・払込担保責任 (旧商192条1項2項) を負うことはなくなっている。

株式の数と資本金の額との間に関連性がなくなっていること，および，設立の際も打切り発行を認めたことによる。

II 損害賠償責任

(1) 会社に対する責任

発起人，設立時取締役または設立時監査役は，会社の設立についてその任務を怠ったときは，会社に対し，これによって生じた損害を賠償する責任を負う（53条1項）。そして，他の発起人等も損害賠償責任を負うときは，連帯責任となる（54条）。発起人等の会社に対する責任に関する規定は，民法の債務不履行の一般原則（民415条）と異なり，発起人等の責任が連帯責任であることを明らかにしている点に意義がある。

任務を怠るとは，故意または過失により法令に違反する行為をすることをいう。故意・過失については明文の定めはないが，損害賠償責任の一般原則から，発起人等に故意・過失があることを要する。会社法は，発起人の任務として定款の作成（26条1項），検査役の選任の申立（33条1項），創立総会の招集（65条1項）などを定めているが，発起人の任務は明文で定められたものに限らない。判例は，設立事務の一切を他に委せ切り，その者の不正行為を看過した場合にも，任務懈怠を認めている（大判昭和16・6・7判決全集8輯21号9頁）。

取締役・監査役の任務は，設立経過の調査機関としての任務（46条1項・93条1項）である。

発起人等の会社に対する損害賠償責任は総株主の同意がなければ免除することはできず，責任の追及について株主代表訴訟が認められている（55条・847条）。

(2) 第三者に対する責任

発起人等は，第三者に対しては，一般の不法行為責任（民709条）以外は責任を負わないはずである。しかし，会社法は，発起人，設立時取締役または設立時監査役がその職務を行うについて悪意または過失があったときは，当該発起人，設立時取締役または設立時監査役は，これによって第三者に生じた損害を賠償する責任を負うとしている（53条2項）。他の発起人等も損害賠償責任を負うときは，連帯責任となる（54条）。発起人等

の第三者に対する責任は，会社成立後の役員等の第三者に対する責任（429条1項）に対応するもので，会社法がとくに第三者保護のために認めたもので，不法行為責任とは別個の特別の責任である。

責任の客観的要件は，発起人等が任務を怠ったことをもって足り，第三者に対する関係で違法な行為があることは必要ではない。したがって，悪意・重過失も，任務懈怠について存在すれば足りる。判例は設立事務を一任・放置して払込欠缺を看過したことを任務懈怠につき悪意・重過失ありとして責任を認めている（大判大正15・3・25民集5巻206頁，大判昭和15・3・30民集19巻639頁など）。第三者の損害は，発起人等の行為により第三者が直接受けた損害と，会社が損害を受けた結果，第三者が間接的に受けた損害を含む。発起人等の任務懈怠行為と第三者の損害発生の間に相当因果関係が必要なことは，規定から明らかである。

発起人等の第三者に対する責任は，株式引受人ないし株主により，会社の設立が無効となった後に追及されることが多い。判例は，第三者に株主，すなわち株式引受人および会社成立後に株式を取得した者を含むとして，責任を認めている（前掲大判大正15・3・25，大判昭和2・2・10民集6巻20頁など）。株価の下落とか株式の無価値化による損害は，発起人等が会社に損害を賠償しても回復されるとは限らないから，株主は第三者として責任を追及できると解するべきである（青竹正一・新注会(2)374頁）。

Ⅲ　会社不成立の場合の責任

会社の設立手続に着手したが，手続が中途で挫折し，設立の登記に至らなかった場合，発起人は，会社の設立に関してした行為について連帯して責任を負い，定款の認証手数料などの設立に関して支出した費用は，発起人が負担しなければならない（56条）。したがって，会社不成立の場合は，発起人が全責任を負い，株式引受人に負担させることはできない。設立に関してした行為には，設立事務所の賃借，事務員の雇用，株式募集公告の委託などの取引行為も含まれるが，設立費用にあてるための金銭借入行為は入らないとするのが，判例である（大判昭和14・4・19民集18巻472頁）。しかし，借入行為だけを発起人の個人責任とする理由はない。

Ⅳ 擬似発起人の責任

発起人は，設立の企画者として定款に署名または署名に代わる措置として電子署名した者である。しかし，発起人でなくても，株式引受人の募集の広告その他募集に関する書面・電磁的記録に自己の氏名・名称および設立を賛助する旨を記載・記録することを承諾した者は，発起人と同一の責任を負う（103条2項）。これを擬似発起人の責任という。設立賛助者の発起人らしい外観を信頼した者を保護するためのものであり，責任の基礎は禁反言の法理ないし外観法理にある。

擬似発起人は財産価額てん補責任および会社不成立の場合の責任を負う。任務懈怠を要件とする会社および第三者に対する損害賠償責任については，擬似発起人は発起人としての職務権限がないから発生しないとする見解が多い（大隅＝今井・上285頁，鈴木＝竹内・88頁，北沢・124頁など）。しかし，設立賛助者の発起人らしい外観を信頼した者を保護するという趣旨からすると，第三者との関係では，発起人と同一に扱われても不合理とはいえず，擬似発起人は発起人としての職務権限がないことを第三者に主張できないと解すべきである（青竹・新注会⑵399頁）。

第5節 設立の無効

Ⅰ 無効原因

株式会社の設立の登記によって成立しても，設立手続に瑕疵があれば，会社の設立を無効としなければならない場合がある。会社法は，設立無効の訴えの制度を設けているが（828条1項1号），無効原因についてはとくに規定していない。そこで，会社法が定める設立の準則の趣旨と，会社の成立による法律関係によって判断するほかない。定款の絶対的記載事項が欠けているか違法である，公証人による定款の認証がない，出資された財産の価額が定款に定めた出資額を満たさない，創立総会が開催されていない，設立登記が無効であるなど重大な瑕疵がある場合は，無効原因となる。これに対し，株式会社では株主の個性が重視されないため，個々の株主の

株式引受けが意思無能力，行為無能力などによって無効となり，あるいは取り消されても，無効原因とならない。

II 設立無効の訴え

無効原因がある場合も，一般原則によると，無効の主張に制限はなく，その主張は，誰でも，いつでも，どのような方法によってもできるはずである。しかし，それでは，会社が設立の登記によって外観上有効に成立して，社会的に活動している一応の状態をくつがえさせることが多くなり，妥当ではない。そこで，会社法は，会社の組織に関する訴えの1つとして，設立無効の訴えの制度を設け，設立の無効を主張できる者，期間，方法を制限して，いたずらに無効の主張がされることを防止し，法律関係の早期安定を図っている。

設立の無効は会社成立の日から2年以内に訴えの方法によってのみ主張できる（828条1項柱書・1号）。無効の主張は訴えの方法に限定されるから，抗弁の方法によることは許されない。訴えを提起できる者は，株主，取締役，清算人のほか，監査役設置会社では監査役，委員会設置会社では執行役に限られる（828条2項1号）。訴えの被告は会社である（834条1号）。

ただし，設立の登記を経たが，全く設立手続を欠いている場合は，会社は不存在であり，誰でも，いつでも，どのような方法によってもその不存在を主張できる。

設立無効の訴えは，会社の本店所在地の地方裁判所の管轄に専属する（835条1項）。

取締役等ではない株主が訴えを提起した場合に，会社が訴えの提起が悪意によるものであることを疎明したときは，裁判所は相当の担保を立てるべきことを命ずることができる（836条1項3項）。

数個の訴えが同時に係属するときは，弁論および裁判は併合される（837条）。

III 判決の効果

設立無効の訴えで原告が勝訴し，設立を無効とする判決が確定した場合，

その判決は，訴訟当事者以外の第三者に対しても効力を生じ，何人もこれを争うことができなくなる（838条）。いわゆる判決の対世的効力である。会社と多数の株主その他の利害関係人との法律関係を画一的に確定する必要にもとづき認めたものである。設立を無効とする判決が確定すると，裁判所書記官が本店の所在地を管轄する登記所にその登記を嘱託する（937条1項1号）。

　設立を無効とする判決があっても，その判決は，設立した会社，その株主および第三者の間に生じた権利義務に影響を及ぼさず，会社の存在は将来に向かって否定される（839条）。設立の登記によって外観上有効に成立し，有効性を前提として多くの法律関係が進展している事実を尊重するためである。会社は第三者に対して契約上の権利義務を有するほか，不法行為や不当利得にもとづく義務も負担する。判決が確定した以上は，将来に向かって会社の存在は否定されるが，会社は一挙に消滅するのではなく，解散の場合に準じて清算が行われる（475条2号）。

　設立無効の訴えが棄却され，原告が敗訴した場合は，判決の効力は，一般原則により，訴訟当事者に生ずるにすぎない（民訴115条）。したがって，他の提訴権者がさらに設立無効の訴えを提起できる。原告敗訴の場合に，その者に悪意または重過失があったときは，会社に対し損害賠償の責任を負う（846条）。

第3章 株　　式

第1節　株式の意義と単位

I　株式の意義

　株式とは，株式会社における株主としての地位を意味する。株式会社以外の会社における社員の地位を持分といっているが（585条など），株式会社における持分を株式という。

　株式会社の構成員である株主は，会社が法人とされているため，会社に対する法律上の地位にもとづいて会社に対し種々の権利を有する。株式の実体をなすものは，株主のこのような法律上の地位である。

II　株式の単位

（1）　割合的単位

　株式の実体をなす株主の地位は，細分化された割合的単位の形をとっている。株主の地位を細分化し単位化したのは，会社に対する支配力と会社の利益にあずかる権利を単位ごとに決めることにすれば，多数の者の出資を促し，また，株主と会社との法律関係を数量的に簡便に処理できるからである。

　株式は，均一の単位である。これを持分均一主義という。株主は，株式を複数有する場合には，その株式数だけの地位を有する。株式会社では，持分複数主義がとられている。

　株式は株主の地位の単位なので，単位としての株式をさらに細分化することはできない。したがって，株主が1個の株式を2分して半分を他に譲渡し会社に対し株主の権利を半分ずつ行使することはできない。会社は株式を分割することが認められているが（183条1項），これは，株式を単位未満に細分化するのではなく，従来の2株を3株とするように，発行済株

式を細分化し，株式数を増加させることである。

これに対し，単位である株式を数人で共有することは認められる。株式の共有は，多くの場合，株式の共同相続により生ずる。最高裁は，株式は遺産分割がされるまでは分割帰属せず共同相続人に共有関係が生ずるものとしている（最判平成2・12・4民集44巻9号1165頁，最判平成3・2・19判時1389号140頁など）。株式は，後述（79頁）の議決権などの会社の管理運営・支配権に直接に関係する共益権を含む，会社に対する株主の地位を表章するものであるため，可分給付を目的とする債権につき可分債権関係を原則としている民法427条は適用されず，分割帰属は否定される。したがって，共同相続財産中の株式は，共同相続人間で相続分に応じて共有（正確には準共有。民264条）されることになる（青竹・新展開4頁以下）。

株主の割合的地位は，単に株式の数によって定まる。したがって株券が発行される場合でも，その表章する株式数のみが記載される（216条2号）

平成13年改正までは，会社は，額面株式と無額面株式のいずれを発行してよいものとされていた（改正前旧商199条）。しかし，額面株式も券面額の均一性が要求されていたので（改正前旧商202条1項），株主の割合的地位を表すための額面の意義は失われていた。また，株式の価値はその時々の会社の状況，株式市場の状況などで定まり，額面額は株価とは関係がない。他方，額面株式の場合には，券面額未満の発行は許されず（改正前旧商202条2項），資本金の額は株金総額（券面額×発行済株式総数）以上でなければならないとされていたため（改正前旧商284条ノ2第2項ただし書），株価が額面を割っているときは募集株式（新株）発行により資金を調達することができない，などの制約があった。さらに，額面株式について券面額に対する割合で剰余金配当が決められる傾向があり，株主の投下資本に対する利回りを適正にするためにも，無額面株式が望ましいといわれていた。平成13年改正は，出資単位を法律により一律に強制することを廃止する改正の一環として，会社の資金調達の円滑化を図るために，額面制度を廃止した。

株式と資本金の額との関係については，設立または株式の発行に際して株主となる者が払込み・給付をした財産の額を資本金の額とするのを原則とする（445条1項）。しかし，払込み・給付にかかる額の2分の1を超え

ない額を資本金として計上しないことができ，その額は資本準備金となる（445条2項3項）。

（2）　株式の大きさ

　株式の大きさ（出資単位）があまりに小さいときは，各株主の出資額に比べて株主総会の招集通知などの株主の管理コストが過大となる。そこで，昭和56年改正は，1株当たり5万円という金額を出資単位の最低基準とし，会社設立時に発行する額面株式の券面額および設立時に発行する無額面株式の発行価額は5万円を下ることはできないとしていた（平成13年改正前旧商166条2項・168条ノ3）。平成13年改正は，1株の時価の平均が高くなり，取引の最低価額が高額になるため，個人投資家が株式を購入することが困難になっていること，および，株式の流動性を高めるために株式分割をしようとしても，純資産基準による制限（平成13年改正前旧商218条2項後段）が障害となっていることから，出資単位を法律により一律に強制することを廃止した。会社法の下でも，設立時の株式の払込金額（32条1項2号・58条1項2号）には制約はない。

　設立時の出資単位の最低限を5万円とした昭和56年改正は，既存会社の出資単位の引上げを単位株制度により図っていた。これは，数個の株式を併せてそれより少数の株式とする株式併合により出資単位を引き上げるための準備のための制度であった。平成13年改正は，出資単位の最低限についての制約を廃止したことに伴い，単元株式制度を創設し，会社法に引き継がれている。単元株式制度は，会社は，定款で一定数の株式を1単元と定めることができ，それを定めた場合は，1単元の株式には株主総会または種類株主総会において1個の議決権が認められるが，単元未満株式には議決権は認められないとするものである（188条1項・189条1項）。

第2節　株主の権利・義務

I　株主の権利

（1）　株主的権利・債権者的権利

　株式は株主の地位を表わすので，株主は，会社に対して種々の権利を有

する。株主が株主としての地位にもとづき会社に対して有する諸権利を，株主的権利という。株主としての地位にもとづく諸権利は，1個の株式に包含された抽象的権利であり，また，団体法上の権利であって，通常の債権とは異なる。したがって，議決権はもちろん，剰余金配当請求権のような財産的内容のものでも，株式と切り離して独立に譲渡・質入れなどの処分や差押の対象とすることはできない。

株主の会社に対する権利でも，株主の取引上の債権は株主の地位とは無関係の権利である。また，株主としての地位にもとづくものでも，株主総会または取締役会の決議により特定した剰余金支払請求権のように，すでに具体的に発生したものは通常の債権であって，株式と別個独立に処分や差押の対象となり，独立して時効にかかる。株主としての地位にもとづいて発生した具体的権利を，債権者的権利という。

（2） 自益権・共益権

株主の株主的権利は，一般に自益権と共益権に分けられる。自益権は株主が会社から経済的利益を受けることを目的とする権利であり，共益権は株主が会社の運営管理に参加し，あるいは会社の運営を監督是正することを目的とする権利である。

自益権の中心をなすのは，剰余金配当請求権（105条1項1号）および残余財産分配請求権（105条1項2号）である。剰余金配当請求権および残余財産分配請求権の全部を与えない旨の定款の定めは無効である（105条2項）。これらの権利を全部否定することは株式会社の本質的要素を否定することになるからである。そのほか，名義書換請求権（133条1項），株式買取請求権（116条1項・785条1項・797条1項・806条1項）なども，自益権に属する。

共益権の中心をなすのは，株主総会における議決権（105条1項3号）である。そのほか，会社の運営を監督是正する権利として，総会招集請求権（297条），提案権（303条），検査役の選任請求権（306条・358条），総会決議取消訴権（831条1項），累積投票請求権（342条），役員の解任請求権（854条），代表訴訟提起権（847条），取締役・執行役の違法行為差止請求権（360条・422条），募集株式の発行・自己株式処分差止請求権（210条），募集株式の発行・自己株式処分無効訴権（828条1項2号3号），議事

録・書面閲覧請求権（310条7項・318条4項・371条2項・442条3項・496条2項・782条3項・801条4項），会計帳簿閲覧請求権（433条1項），解散請求権（833条）などがある。これらの監督是正権は，少数株主が自らの利益を守る手段として重要である。

このように，株主の権利は自益権と共益権に分けられるが，学説には，企業の所有と経営が分離し，株主はもっぱら剰余金配当請求権に関心を持っていることに着目し，自益権と共益権を包含した株主権という概念を否定する見解や，株式は剰余金配当請求権という金銭債権を意味するとする見解がある（田中耕太郎・会社法概論上（岩波書店，1955）72頁，松田二郎・会社法概論（岩波書店，1968）80頁。なお，最大判昭和45・7・15民集24巻7号804頁の松田二郎裁判官の反対意見参照）。これらの説は，共益権は，機関の資格において有する権限にすぎず，会社全体の利益のために行使すべきものとか，共益権は，公権と同じ性質のもので，倫理的性質を有し，会社のために行使すべきものであり，また，共益権は，株主の資格を取得することにより原始取得するものであって，譲渡・相続の対象とならない一身専属的権利であるとする。しかし，たとえば剰余金配当請求権が議決権の行使によって実現される（438条2項・454条1項参照）ように，共益権も結局は自益権の価値を実現するためのものであって，株主の利益のための権利であることは否定できない。自益権も共益権も基本的には株主が自己の利益のために行使できるものであって，両者は異質のものではない。最高裁の多数意見も，旧有限会社の社員の共益権につき，共益権も，自益権の価値を実現するため，社員自身の利益のために与えられたものであって，自益権と密接不可分の関係において全体として社員の法律上の地位としての持分に包含され，共益権をもって社員の一身専属的な権利であるとし，譲渡または相続の対象となりえない，と解するいわれはないとしている（前掲最大判昭和45・7・15）。

（3）単独株主権・少数株主権

株主の権利は，1株を有する株主でも行使できる権利か，総株主の議決権の一定割合または発行済株式の一定割合を有する株主だけが行使できる権利かによって，単独株主権と少数株主権に分けられる。自益権はいずれも単独株主権であるが，共益権のうち会社の運営を監督是正する権利には

少数株主権とされているものがある。少数株主権としたのは，権利の濫用を防止するためである。

少数株主権の行使要件は各権利について一様ではない。株主総会に関連する少数株主権の行使要件は，総株主の議決権の一定割合による（297条・303条・306条）。株主であれば認められる少数株主権は，総株主の議決権の一定割合か発行済株式の一定割合を満たせばよい（358条・433条・833条・854条）。

議決権数・株式数の割合には，①100分の1以上，②100分の1以上または300個以上，③100分の3以上，④10分の1以上がある。会社の自己株式数は分母から除かれる。また，会社類型を問わず，定款をもって，少数株主権の行使要件を引き下げまたは単独株主権とすることは妨げられない旨が，少数株主権を認めるそれぞれの規定に定められている。

監督是正権のうち，単独株主権の一部および少数株主権の一部には，6か月前から引き続いて株式を保有していることが要求されている（297条1項・847条1項など）。これも，権利の濫用を防止するためである。ただし，公開会社でない会社では，保有期間制限は課されない（297条2項・847条2項など）。

II 株主の義務

株主が株主としての地位にもとづき会社に対して負担する義務は，その有する株式の引受価額を限度とする有限の出資義務のみであって（104条），それ以外に義務を負わない。しかも，この出資義務は，金銭出資であると現物出資であるとを問わず，会社の成立前または募集株式発行の効力発生前に履行しなければならない（34条1項・63条1項・208条1項2項）から，法的には株式引受人としての義務であり，株主となった以上は，原則として義務を負わない。

支配株主は，他の株主や会社に対し不公正に取扱うことのないようにする義務を負うとか，誠実に権利行使する義務を負うとする説がある（別府三郎・大株主権力の抑制措置の研究（嵯峨野書院，1992）など）。しかし，少数株主を保護する規定が整備されているほか，株主平等の原則があり，また，株主権の行使につき民法の権利濫用の規定の適用が認められている

(判例として，株主名簿の閲覧請求の拒絶を認めた最判平成2・4・17判時1380号136頁，代表訴訟を却下した長崎地判平成3・2・19判時1393号138頁など)から，別に誠実義務のような一般条項的義務を認める必要はない。

第3節　株式の内容と種類株式

I　株式の内容

（1）　全部譲渡制限株式

　会社がその発行する全部または一部の株式の内容として譲渡による当該株式の取得について会社の承認を要する旨の定めを設けている場合における当該株式を，譲渡制限株式という（2条17号）。株主は，その有する株式を譲渡できるが（127条），会社は，その発行する全部の株式の内容として，譲渡による当該株式の取得について当該会社の承認を要することを定めることができる（107条1項1号）。好ましくない者が株式を譲り受けて株主となり，会社の運営を混乱されては困る会社を考慮したものである。

　全部譲渡制限株式とするためには，定款で，株式を譲渡により取得することについて当該会社の承認を要する旨，一定の場合に会社が譲渡を承認したとみなすときは，その旨および一定の場合を定めなければならない（107条2項1号）。定款の変更により定める場合は，当該株主総会において議決権を行使できる株主の半数以上であって，当該株主の議決権の3分の2以上に当たる多数の賛成が必要で，これを上回る頭数割合・議決権割合を定款で定めることができる（309条3項柱書・1号）。反対株主には株式買取請求権が認められる（116条1項1号）。また，会社に対して行使することにより当該会社の株式の交付を受けることができる権利を有する新株予約権者にも，新株予約権の買取請求権が認められる（118条1項1号）。

　反対株主の株式買取請求権は，多数決原則を承認しつつ，少数株主に投下資本回収の途を与えるために認めるものである。株式買取請求権が認められる反対株主には，株主総会に先立って反対する旨を会社に通知し，当該株主総会において反対した株主だけでなく，議決権のない株主も含まれる（116条2項）。買取請求に応じて会社が株式を買い取る場合の買取価格

は，「公正な価格」であり（116条1項柱書），決議がなかったならば有していたであろう公正な価格ではない。買取請求権を行使するには，定款の変更が効力を生ずる日の20日前から効力発生日の前日までに，買取請求にかかる株式の数を明らかにしなければならない（116条5項）。株式買取請求をした反対株主は，会社の承諾を得た場合に限り，その請求を撤回できる（116条6項）。とりあえず請求権を行使しておいて，その後の株価の動向を見たうえで，市場で売却する方が有利な場合などに請求を取り下げるということが行われることがあるからである。

買取請求があった場合，株式の価格の決定について株主と会社との間に協議がととのったときは，会社は，効力発生日から60日以内にその支払をしなければならない（117条1項）。効力発生日から30日以内に協議がととのわない場合は，当事者は，その期間の満了の日後30日以内に，裁判所に対し，価格の決定の申立てをすることができる（117条2項）。

定款で株式を譲渡により取得することについて会社の承認を要する旨を定めた場合，株券のある会社では株券に記載しなければならない（216条3号）。また，登記事項である（911条3項7号）。

(2) 全部取得請求権付株式

会社がその発行する全部または一部の株式の内容として株主が会社に対して当該株式の取得を請求できる旨の定めを設けている場合における当該株式を，取得請求権付株式という（2条18号）。会社は，その発行する全部の株式の内容として，当該株式について株主が当該会社に対してその取得を請求することができることを定めることができる（107条1項2号）。

全部取得請求権付株式とするためには，定款で，株主が会社に対して当該株主の有する株式を取得することを請求できる旨，株式1株の取得と引換えに当該株主に会社の社債を交付するときは，当該社債の種類および種類ごとの各社債の金額の合計額またはその算定方法，新株予約権を交付するときは，当該新株予約権の内容および数またはその算定方法，新株予約権付社債を交付するときは，当該新株予約権付社債の社債の種類および種類ごとの各社債の金額の合計額または算定方法，新株予約権付社債に付された新株予約権の内容および数またはその算定方法，株式・社債・新株予約権（株式等）以外の財産を交付するときは，当該財産の内容および数も

しくは額またはこれらの算定方法，および，株主が会社に対して株式を取得することを請求できる期間，を定めなければならない（107条2項2号）。

　　（3）　全部取得条項付株式

　会社がその発行する全部または一部の株式の内容として当該会社が一定の事由が生じたことを条件として当該株式を取得できる旨の定めを設けている場合における当該株式を，取得条項付株式という（2条19号）。会社は，その発行する全部の株式の内容として，当該株式について会社が一定の事由が生じたことを条件としてこれを取得することができることを定めることができる（107条1項3号）。

　全部取得条項付株式とするためには，定款で，一定の事由が生じた日に会社がその株式を取得する旨およびその事由，会社が別に定める日が到来することをもって一定の事由が生じた日とするときは，その旨，一定の事由が生じた日に株式の一部を取得するときは，その旨および取得する株式の一部の決定方法，株式1株を取得するのと引換えに当該株主に会社の社債を交付するときは，当該社債の種類および種類ごとの各社債の金額の合計額またはその算定方法，新株予約権を交付するときは，当該新株予約権の内容および数またはその算定方法，新株予約権付社債を交付するときは，当該新株予約権付社債の社債の種類および種類ごとの各社債の金額の合計額またはその算定方法，新株予約権付社債に付された新株予約権の内容および数またはその算定方法，株式等以外の財産を交付するときは，当該財産の内容および数もしくは額またはこれらの算定方法，を定めなければならない（107条2項3号）。

　定款を変更して発行する全部の株式を取得条項付株式とする定款の定めを設けまたは定款に定める事項を変更するときは，株主全員の同意を要する（110条）。株主の意思によらずに，会社が一定の事由の発生を条件に強制的に株式を取得することになるからである。

II　種類株式

　　（1）　種類株式の意義

　会社が発行する株式の一部の内容が異なる株式を種類株式といい，2つ以上の種類株式を発行する会社を種類株式発行会社という（2条13号）。

会社法は，株式の一部の内容が異なる種類株式を発行することを認めている。

発行が認められる種類株式の内容は，①剰余金の配当，②残余財産の分配，③株主総会において議決権を行使できる事項，④譲渡による当該種類の株式の取得について会社の承認を要すること，⑤当該種類の株式について株主が会社に対してその取得を請求することができること，⑥当該種類の株式について会社が一定の事由が生じたことを条件としてこれを取得することができること，⑦当該種類の株式について会社が株主総会の決議によってその全部を取得すること，⑧株主総会，取締役会設置会社では株主総会または取締役会において決議すべき事項のうち，当該決議のほか，当該種類の株式の種類株主を構成員とする種類株主総会の決議があることを必要とするもの，⑨当該種類の株式の種類株主を構成員とする種類株主総会において取締役または監査役を選任すること，である（108条1項）。

種類株式の発行を認めているのは，主として，投資家の投資に対する多様化に応じて株式の内容に変化を設けることにより，株式による資金調達を容易にするためである。平成17年制定の会社法は，発行が認められる種類株式の内容をさらに拡大している。

会社が種類株式を発行するには，定款で，各種類株式の内容および発行可能種類株式総数を定めなければならない（108条2項）。定款を変更してある種類の株式の発行可能種類株式総数を減少するときは，変更後の当該種類の株式の発行可能株式総数は，定款の変更が効力を生じた時における当該種類の発行済株式総数を下ることはできない（114条1項）。

種類株式の内容は，株主名簿に記載・記録し（121条2号），株券のある会社では株券に記載しなければならない（216条4号）。また，登記事項である（911条3項7号）。

（2）　種類株式の内容

(a)　優先株式・普通株式・劣後株式　　会社は，剰余金の配当または残余財産の分配について内容の異なる株式を発行することができる（108条1項1号2号）。剰余金の配当または残余財産の分配について，他の株式に比べて優先的取扱いを受ける株式を優先株式，劣後的取扱いを受ける株式を劣後株式（後配株式）といい，標準となる株式を普通株式という。実際

に多く発行されているのは，優先株式と普通株式である。

　剰余金の配当に関する種類株式については，定款で，当該種類の株主に交付する配当財産の価額の決定の方法，剰余金の配当をする条件その他剰余金の配当に関する取扱いの内容を定めなければならない（108条2項1号）。

　剰余金の配当に関する優先株式には，一定額または一定割合について優先的配当を受けるほか，さらに剰余金があるときは普通株式とともにその残余の配当にあずかることができる参加的優先株式と，残余の配当にあずかることができない非参加的優先株式がある。また，ある事業年度の配当が一定額または一定割合に達しない場合に，その不足分の配当を後の事業年度の剰余金からてん補される累積的優先株式と，それぞれの年度ごとに打ち切られ不足分がてん補されない非累積的優先株式がある。定款には，剰余金の配当に関する取扱いの内容として，それらの区別を定めなければならない。優先株式は普通株式よりも配当が確実な点で金銭債権である社債に類似するが，非参加的・累積的なものは社債にいっそう類似する。

　剰余金の配当に関する種類株式として，トラッキング・ストックの発行も認められる。配当が発行会社の全体ではなく，子会社や特定の事業部門などの業種に連動させて定めるものである。トラッキング・ストックは，対象の子会社や事業部門の業績により配当金額がゼロになる場合もあるので，剰余金の配当に関して優先的内容を有する株式ではない。

　剰余金の配当に関する種類株式については，配当すべき財産の種類は剰余金の配当に関する取扱いの内容として定款に定めなければならないが，配当を受けることができる額は，定款では内容の要綱だけを定め，具体的な額は当該種類株式を初めて発行する時までに株主総会，取締役会設置会社では株主総会または取締役会の決議で定める旨を定款で定めることができる（108条3項，会社則20条1号）。内容の要綱は算式により自動的に決まるように定める必要はないが，トラッキング・ストックの場合では，子会社・事業部門のいかなる業績に連動するかが明確でない定めは無効と解される（青竹正一「種類株式の多様化と拡大」判タ1093号（2002）50頁）。

　残金財産の分配に関する種類株式については，定款で，当該種類の株主に交付する残余財産の価額の決定の方法，当該財産の種類その他残余財産

の分配に関する取扱いの内容を定めなければならない（108条2項2号）。価額の決定方法を定めればよいので，残余財産の具体的分配額を定める必要はない。また，金銭以外の分配も可能である。

　(b)　議決権制限株式　　株主が株主総会において議決権を行使できる事項に制限のある株式を，議決権制限株式という。従来は，全く議決権のない株式を剰余金配当優先株式に限って認めていた（平成13年改正前旧商204条1項）。平成13年改正以来，資金調達の円滑化を図るために，種類株式の1つとして，議決権制限株式を発行することを認めている（108条1項3号）。したがって，普通株式についても議決権制限株式とすることは可能である。

　議決権制限株式を発行するには，定款で，株主総会において議決権を行使できる事項，議決権の行使の条件を定めるときはその条件を定めなければならない（108条2項3号）。条件としては，剰余金配当優先株式を議決権制限株式として発行する場合に，優先配当がされないときは議決権を行使できるとすることが考えられる。

　株主総会に関連する少数株主権は，当該議決権制限株式が行使できる事項についてはその行使が認められ，議決権が行使できない事項についてはその行使が認められない（297条1項・303条1項・306条1項・310条7項）。議決権を行使できない株主が有する議決権の数は，総株主の議決権の数に算入されない（297条3項・303条4項）。

　定款変更により議決権制限株式とする場合は，定款変更のための株主総会の特別決議を行えばよい（466条・309条2項11号）。定款変更によりある種類の株式の種類株主に損害を及ぼすおそれがあるときは当該種類株式の種類株主総会決議を得る必要があるが（322条1項1号），反対株主には株式買取請求権は認められない。株主に財産的損害が生ずるおそれが少ない議決権の制限であることが理由となっている。

　公開会社においては，議決権制限株式の数が発行済株式総数の2分の1を超えるに至ったときは，直ちに，議決権制限株式の数を2分の1以下にするための措置をとらなければならない（115条）。2分の1以下にするための措置をとらなければならないとしているのは，数量制限に違反して発行した株式を無効とすることによる混乱を避けるためである。措置として

は，議決権制限株式の発行数を減少させる方法，他の種類の株式の発行数を増加する方法がある。

　公開会社でない会社においては，数量制限はない。しかし，公開会社でない会社が発行する株式は普通株式が一般で，発行する株式も少ないから，数量制限を設けなかったことは，議決権制限株式が少数の議決権のある株主による会社支配，現経営者の支配権の維持に利用されてしまうことが懸念される（青竹・前掲判タ1093号51頁）。

　(c) 譲渡制限種類株式　　会社は，譲渡による当該種類の株式の取得について会社の承認を要する株式を発行することができる（108条1項4号）。普通株式を上場しているが，優先株式だけは譲渡を制限したいという会社があることを考慮して，平成17年制定の会社法が認めたものである。譲渡制限の有無自体で種類株式とすることを認めているから，優先株式を発行している会社が新たに譲渡制限付の優先株式を発行することは認められることになる。

　譲渡制限種類株式を発行するには，定款で，当該種類の株式を譲渡により取得することについて会社の承認を要する旨，一定の場合に会社が譲渡を承認したものとみなすときは，その旨および一定の場合を定めなければならない（108条2項4号・107条2項1号）。

　種類株式を発行する会社が定款変更によりある種類株式を譲渡制限株式とするには，定款変更のための総会の特別決議（466条・309条2項11号）のほか，当該種類株式の種類株主総会において，議決権を行使できる株主の半数以上であって，当該株主の議決権の3分の2以上に当たる多数の賛成が必要で，これを上回る頭数割合・議決権割合を定款で定めることができる（111条2項1号・324条3項柱書・1号）。反対株主には株式買取請求権が認められる（116条1項2号）。また，当該種類株式をその対価とする取得請求権付株式および取得条項付株式の株主の種類株主総会の特殊決議も必要となる（111条2項3号・324条3項1号）。反対株主には株式買取請求権が認められる（116条1項2号）。当該種類株式を目的とする新株予約権の予約権者にも新株予約権の買取請求権が認められる（118条1項2号）。

　(d) 取得請求権付種類株式　　会社は，当該種類の株式について株主が会社に対してその取得を請求することができる株式を発行することができ

る（108条1項5号）。取得請求権付種類株式を発行するには，定款で，発行する全部の株式を取得請求権付株式とする場合と同様の定めをするほか，当該種類の株式1株の取得と引換えに当該会社の他の株式を交付するときは，当該他の株式の種類および種類ごとの数またはその算定方法を定めなければならない（108条2項5号）。

　取得の対価が金銭である場合（107条2項2号ホ）は，株主が所有株式を会社の利益をもって償還することを請求することができる従来の義務償還株式に当たる（会社法整備法87条1項1号参照）。対価が会社の他の株式である場合（108条2項5号ロ）は，従来の転換予約権付株式に当たる（会社法整備法87条3項参照）。ただし，従来と異なり，他の種類の株式の取得を請求できること自体が種類株式を構成する。また，平成17年制定の会社法は，株式の発行を自己株式の処分と併せた概念として株式の募集・交付を用いているので（199条1項柱書・108条2項5号ロ・6号ロ参照），取得の対価として自己株式を交付することも認められる。

　会社法は，新たに，当該会社の社債・新株予約権・新株予約権付社債，および株式等以外，すなわち株式・社債・新株予約権以外の財産を取得の対価とすることを認めている（108条2項5号イ・107条2項2号ロ～ホ）。取得の対価を自由化して，企業金融の方法の多様化を認めるためである。

　会社が取得請求権付種類株式を取得する際に会社の他の株式を交付する場合は，株式を発行する時点において，当該他の株式の種類および種類ごとの数またはその算定方法を定款に定めておく必要がある（108条2項5号ロ）。算定方法でも足りるとしているのは，当該他の種類株式の市場価格が変動したり，当該他の種類株式と同種の株式につき募集株式の発行がされて対価が変動した場合に，請求株主に不利にならないようにするためである。

　(e)　取得条項付種類株式　　会社は，当該種類の株式について会社が一定の事由が生じたことを条件としてこれを取得できる株式を発行することができる（108条1項6号）。取得条項付種類株式を発行するには，定款で，発行する全部の株式を取得条項付株式とする場合と同様の定めをするほか，当該種類の株式1株を取得するのと引換えに当該会社の他の株式を交付するときは，当該他の株式の種類および種類ごとの数またはその算定方法を

定めなければならない（108条2項6号）。

　取得の対価が金銭である場合（107条2項3号ト）は，従来の随意償還株式のうち会社が利益をもって償還を請求できる株式に当たる（会社法整備法87条1項2号参照）。対価が会社の他の株式である場合（108条2項6号ロ）は，従来の強制転換条項付株式に当たる（会社法整備法87条4項参照）。新たに，当該会社の社債・新株予約権・新株予約権付社債その他の財産を取得の対価とすることが認められている（108条2項6号イ・107条2項3号ニ～ト）。

　種類株式発行会社がある種類の株式発行後に定款を変更して当該種類株式を取得条項付株式とする定款の定めを設け，または定款の定める事項を変更するときは，当該種類株主全員の同意を要する（111条1項）。

　取得条項付種類株式はその種類の株主の意思によらずに会社が強制的に株式を取得するものであるから，取得事由としての一定の事由は客観的なものであることが必要である。たとえば，従来の強制転換条項付株式における転換請求期間中に転換請求がなかったときと同様の事由である。取得条項付種類株式を取得する際の対価として会社の他の株式を交付する場合は，株式を発行する時点において，当該他の株式の種類および種類ごとの数またはその算定方法を定款に定めておく必要がある（108条2項6号ロ）。

　(f)　全部取得条項付種類株式　　会社が当該種類株式の全部を株主総会の決議によって取得できる株式を，全部取得条項付種類株式という（108条1項7号・171条1項）。決議は，特別決議による（171条1項・309条2項3号）。取得条項付種類株式との違いは会社が一定の事由の発生を条件に取得するか，株主総会の決議によって取得するかにある。

　全部取得条項付種類株式は，平成17年制定の会社法が，会社更生その他の法的倒産処理手続によらずに株主の多数決により会社の発行済株式の全部を消却して（いわゆる100％減資），新たな出資者が株主となって再建に当たることを可能とすることを念頭に発行を認めたものである。

　全部取得条項付種類株式を発行するには，定款で，全部取得条項付種類株式を取得する取得対価の価額の決定方法，株主総会の決議をすることができるか否かについての条件を定めるときはその条件を定めなければならない（108条2項7号）。

種類株式発行会社が定款変更によりある種類の株式を全部取得条項付種類株式とするには，定款変更のための総会の特別決議（466条・309条2項11号）のほか，当該種類株式の種類株主総会の特別決議が必要である（111条2項1号・324条2項1号）。反対株主には株式買取請求権が認められる（116条1項2号）。また，当該種類株式をその対価とする取得請求権付種類株式および取得条項付種類株式の株式の種類株主総会の特別決議が必要となる（111条2項2号3号・324条2項1号）。反対株主には株式買取請求権が認められる（116条1項2号）。

　取得の対価としては，他の種類の株式のほか，社債・新株予約権・新株予約権付社債その他の財産が認められ，有償取得を原則としている（171条1項1号イ〜ホ）。その結果，既発行の普通株式を全部取得条項付種類株式として，株式以外の財産を交付することより，敵対的企業買収に対する防衛策としても利用できることになる。しかし，全部取得条項付種類株式の制度が設けられた元々の趣旨とは異なる利用法である。

　会社が全部取得条項付種類株式を取得する際に交付する取得対価は，定款で決定方法を定めれば足りる（108条2項7号イ）。具体的な内容や価額は株主総会の特別決議で決定される（171条1項・309条2項3号）。

　全部取得条項付種類株式とする定款変更のための特別決議と定款の定めにもとづいて全部取得条項付種類株式を取得する特別決議は同一の総会で可能である。

　(g) 拒否権付種類株式　　会社は，株主総会または取締役会において決議すべき事項のうち，当該決議のほか，当該種類の種類株主を構成員とする種類株主総会の決議を必要とする株式を発行することができる（108条1項8号）。平成13年改正で，種類株主に拒否権を与えて，反対派株主の恣意による経営を防止できるようにするために発行が認められ，会社法に引き継がれている。ただし，従来と異なり，拒否権の有無自体が種類株式を構成する。

　拒否権付種類株式を発行するには，定款で，当該種類株主総会の決議があることを必要とする事項，当該種類株主総会の決議を必要とする条件を定めるときはその条件を定めなければならない（108条2項8号）。

　種類株主総会決議を必要とする決議事項は，定款の定めに従い，当該種

類株主の種類株主総会の決議がなければ，その効力を生じない（323条本文）。この決議は普通決議による（324条1項）。

拒否権付種類株式は，多様な決議事項について種類株主に拒否権を付与することが可能である。敵対的企業買収の防衛策として利用可能なことから，黄金株と呼ばれることがある。しかし，現経営者の支配権の維持・確保を目的に拒否権付種類株式を特定の者に割り当てる場合は，不公正発行（210条2号）として募集株式発行の差止めの対象となると解される。

(h) 取締役・監査役の種類選任株式　平成14年改正は，定款で株式の譲渡制限を定めている会社について，種類株式の1つとして取締役および監査役の選任につき内容の異なる株式の発行を認めていた（旧商222条1項ただし書・6号）。ベンチャー企業や合弁企業において株主間契約で取締役の選任権を分配することが行われていたことを考慮したものである。この種類株式は，会社法に引き継がれ，委員会設置会社および公開会社以外の会社は，当該種類の株式の種類株主を構成員とする種類株主総会において取締役または監査役を選任する株式を発行できるものとしている（108条1項柱書ただし書・9号）。

取締役・監査役の種類選任株式を発行するには，定款で，当該種類株主の種類株主総会において取締役・監査役を選任すること，および選任する取締役・監査役の数，他の種類株主と共同して選任することとするときは，他の種類株主の有する株式の種類および共同して選任する取締役・監査役の数，これらの事項を変更する条件があるときは，その条件およびその条件が成就した場合における変更後の事項などを定めなければならない（108条2項9号）。

（3）　種類株主間の利害調整と種類株主総会

発行済優先株式の優先配当額の内容の変更など，定款の変更がある種類の株式の株主に損害を及ぼすことがある。株式の種類の追加，株式の内容の変更および発行可能株式総数・発行可能種類株式総数の増加について定款の変更をする場合に，ある種類の株式の株主に損害を及ぼすおそれがあるときは，その種類の株式の種類株主を構成員とする種類株主総会の決議が必要となる（322条1項1号）。

定款変更以外では，①株式の併合または分割，②株式の無償割当て，③

募集株式の株主割当て，④募集新株予約権の株主割当て，⑤株主に対する新株予約権の無償割当て，⑥合併，⑦吸収分割，⑧吸収分割による他の会社がその事業に関して有する権利義務の全部または一部承継，⑨新設分割，⑩株式交換，⑪株式交換による他の会社の発行済株式全部の取得，⑫株式移転の場合に，ある種類の株式の種類株主に損害を及ぼすおそれがあるときは，その種類の株式の種類株主総会の決議が必要となる（322条1項2号～13号）。

　ある種類の株主に損害を及ぼすおそれがあるときはいかなる場合であるかは明確ではない。とくに，③の募集株式の株主割当て（292頁）や①の株式分割をする場合に問題となる。

　公開会社が社債型の非参加的・累積的優先株式を発行する場合，優先株主には株主割当てをせず，株式分割を行わないと定めるのが通例である。この取扱いは，優先株主に不利益をもたらすものではない。普通株型の参加的・累積的優先株式を発行する場合は，優先株主には優先株式を，普通株主には普通株式を割当て・発行して，株主割当て・株式分割を行うと定めるのが通例である。この取扱いでは，優先配当金は1株当たり何円というように定めている場合，優先株主の優先配当金が増え，普通株主は不利益を受ける。そこで，利益配当の割合を変えないように，1株当たり優先配当金を割当比率および分割比率に応じて減額調整する旨を定めるのが通例である。

〈記載例〉

$$調整額 = 調整前の1株当たり優先配当金 \times \frac{新規発行の優先株式数 \times \frac{優先株式時価 - 新規発行の優先株式払込金}{優先株式時価}}{既発行優先株式数 + 新規発行優先株式数}$$

$$調整額 = 調整前の1株当たり優先配当金 \times \frac{分割による増加優先株式数}{分割後の優先株式数}$$

　種類株式を発行する会社は，定款変更の場合を除いて，ある種類の株式

の内容として，種類株主総会の決議を要しない旨を定款で定めることができる（322条2項3項）。また，定款変更の場合でも，1単元の株式の数の増減については，定款で種類株主総会の決議を要しない旨を定めることができる（322条3項ただし書かっこ書）。

定款で種類株主総会の決議を要しない旨を定めることができるとしたのは，種類株主総会の決議を要するとすると，種類株主に拒否権を与えることになり，組織再編などを円滑に行うのに障害となることを考慮したものである。その代わり，定款の定めがある場合で，①から⑤の行為により種類株主に損害を及ぼすおそれがあるときは，当該種類株主に株式買取請求権が認められる（116条1項3号）。また，ある種類の株式発行後に定款を変更して種類株主総会を要しない旨の定めを設けようとするときは，当該種類の種類株主全員の同意を得なければならない（322条4項）。

Ⅲ 株主平等の原則

（1） 平等原則の意義と内容

会社は，株主を，その有する株式の内容および数に応じて平等に取り扱わなければならない（109条1項）。これを，株主平等の原則という。団体の構成員が平等の取扱いを受けるべきことは，衡平の理念にもとづくもので，すべての団体に共通する。

株主の平等は，頭数でなく，各株主の有する株式の内容および数を基準とする。株主平等の原則は，株式平等の原則といわれるべきものを，その帰属者である株主の面から表現したものである。

従来は，株主平等原則を一般的に表明する規定を置かず，議決権，新株引受権，剰余金配当請求権，および残余財産分配請求権について，株式の数に応じてすることを規定するだけであった。会社法は株主平等の原則について明文の規定を置いているから，議決権，剰余金配当請求権，残余財産分配請求権以外についても株主平等原則が適用されること，平等原則が種類株主相互間で適用されないことが明らかになっている。

最高裁は，会社が一般の株主には無配としながら，特定の大株主に対して報酬として月額8万円，中元および歳暮として各5万円を贈与する契約は，無配による大株主の投資上の損失を補てんする意味を有するものであ

って，その株主のみを特別に有利に待遇し，利益を与えるものになるから，株主平等の原則に違反し，配当の平等を定める旧商法293条本文の趣旨に徴して無効であるとしている（最判昭和45・11・24民集24巻12号1963頁）。

電鉄会社，興業会社などが一定数以上の株式を有する株主に優先乗車券，優先入場券などを与える株主優待制度は，必ずしも株式の数に応じて平等に取り扱っていることにならない。しかし，一定数以上という取扱いの差異が社会の通念上，合理的な範囲のものであれば，株主平等原則に違反しないと解される。ただし，会社法は，金銭以外の財産を配当財産とする剰余金の配当を認め，剰余金の配当について株主平等原則の適用があることを明らかにしているから（454条1項3項），現物配当に近い株主優待制度は，持株数に比例して与えなければ株主平等原則に違反することになろう。

株主は株主となった以上は会社に対して義務を負わないから，株主平等の原則は，株主の義務について問題となることはほとんどない。また，株主平等の原則は，株主としての地位と離れた局面では問題とならず，株式の発行価額が発行ごとに変わるのは株式を取得する際の条件の問題であって，平等原則とは関係がない。

平等原則に違反する定款の定め，株主総会・取締役会決議，代表取締役・執行役の執行行為などは，法律に別段の定めがあるか，不利益を受ける株主の同意がないかぎり，すべて無効である。

法律に別段の定めがある場合とは，前述（81頁）の，共益権には総株主の議決権の一定割合または発行済株式の一定割合を有する株主だけが行使できるものを認めていること，単元未満株式にかかる株主の議決権が認められないこと（189条1項），取得請求権付株式の取得の際に他の種類の株式を交付する場合などに，1株に満たない端数があるときは切り捨てることができること（167条3項・234条1項），現物配当の場合に，一定数以上の株式を有する者に対して現物を，一定数未満の株式しか有していない者には金銭を交付することができること（454条4項2号・456条）などである。

（2）　株主ごとの異なる取扱い

公開会社ではない会社は，剰余金配当請求権，残余財産分配請求権および株主総会における議決権について，株主ごとに異なる取扱いを行う旨を

定款で定めることができる（109条2項）。従来の有限会社において定款で議決権の数や利益配当・残余財産分配の標準について別段の定めをすることが認められていたこと（旧有39条1項ただし書・44条本文・73条）を，公開会社ではない会社に導入したものである。そこで，公開会社ではない会社では，議決権について一定数以上の株式数を有する株主の議決権を制限する，頭数主義による，ある株主の有する株式1株に複数の議決権を与える，剰余金の分配についてすべての株主に同額にするなどの，属人的な権利の定めをすることも許容される。

　株主ごとに異なる取扱いを行う定款の定めを設け，または当該事項についての定めを変更する定款変更の株主総会決議は，総株主の半数以上であって，総株主の議決権の4分の3以上に当たる多数の賛成が必要で，これを上回る頭数割合・議決権割合を定款で定めることができる（309条4項）。

　株主ごとの異なる取扱いは，株式の権利の内容による異なる取扱いではないため，異なる取扱いをされる株主が有している株式は種類株式に当たらない。しかし，種類株式と同様の株主間の利害調整をする必要があるため，株主ごとに異なる取扱いをされる株主が有する株式は，異なる取扱いを受ける権利に関する事項について内容の異なる種類株式とみなして，株式会社に関する第2編および組織変更などに関する第5編の規定を適用するものとしている（109条3項）。第7編の規定が適用されないので，種類株式として登記されることはない。

第4節　株主名簿と株式の譲渡・質入れ

I　株主名簿

（1）　株主名簿の意義と備置き

　株主名簿は，株主およびその有する株式と株券のある会社の株券に関する事項を明らかにするため，会社に作成が義務づけられている帳簿または電磁的記録である（121条）。株主は，変動することが予定されている（127条）から，会社が帳簿を備えて株主および株式・株券に関する事項を明確にしておくことは，会社と株主との法律関係を処理するために必要と

なる。そのための帳簿が，株主名簿である。株主名簿は，書類の形式ではなくコンピューターによる電磁的記録の形で作成しているのが一般的になっている。

　株主名簿には，①株主の氏名・名称および住所，②各株主の有する株式の数，種類株式発行会社では株式の種類および種類ごとの数，③株主が株式を取得した日，④株券発行会社である場合は株式にかかる株券番号，を記載・記録しなければならない（121条）。そのほか，株式の質入れについても記載・記録される（148条）。

　株主名簿に株主として氏名または名称を記載・記録された株主は，会社に対し，当該株主についての株主名簿に記載・記録された株主名簿事項を記載した書面の交付または記録した電磁的記録の提供を請求することができる（122条1項）。株券不発行会社において株式を譲渡する際に売主が株主であるかを譲受人が確認する手段を与えるためである。したがって，株券発行会社については書面の交付などの請求は認められない（同条4項）。

　会社は，会社に代わって株主名簿の作成，備置きその他の株主名簿に関する事項を行う株主名簿管理人を置く旨を定款で定め，株主名簿に関する事務を行うことを委託することができる（123条）。株主名簿管理人は，新株予約権原簿（249条）に関する事務を共通して行う（251条）。従来の名義書換代理人の設置は，証券取引所の上場基準の1つとなっている（東京証券取引所・株券上場審査基準1項8号参照）。

　株主名簿は本店に備え置くか，株主名簿管理人の営業所に備え置かなければならない（125条1項）。株主および会社債権者は，請求の理由を明らかにして，株主名簿の閲覧・謄写を請求することができる（125条2項柱書・1号）。電磁的記録に記録されている場合は，その内容が紙面または映像で表示されたものの閲覧・謄写を請求することができる（125条2項2号，会社則226条）。

　閲覧・謄写の請求を拒否できる場合については従来はとくに規定していなかった。最高裁は，株主の株主名簿の閲覧・謄写の請求が不当な意図・目的によるものなど，その権利を濫用するものと認められる場合には，会社は株主の請求を拒否できるとしていた（最判平成2・4・17判時1380号136頁）。会社法は，濫用的な請求を認めないようにするため，拒否事由を

具体的に列挙している。①請求者がその権利の確保または行使に関する調査以外の目的で請求を行ったとき，②請求者が会社の業務の遂行を妨げ，または株主の共同の利益を害する目的で請求を行ったとき，③請求者が会社の業務と実質的に競争関係にある事業を営み，またはこれに従事するものであるとき，④請求者が株主名簿の閲覧・謄写によって知り得た事実を利益を得て第三者に通報するため請求を行ったとき，⑤請求者が過去2年以内において，株主名簿の閲覧・謄写によって知り得た事実を利益を得て第三者に通報したことがあるものであるとき，である（125条3項）。

親会社の株主・社員も，その権利を行使するために必要があるときは，裁判所の許可を得て，子会社の株主名簿の閲覧・謄写または内容が紙面または映像で表示されたものの閲覧・謄写を請求することができる（125条4項）。株主・会社債権者による請求の場合の拒否事由があるときは，裁判所は許可することはできない（同条5項）。

（2）　株主名簿と株主に対する通知・催告

株主名簿は，会社の株主に対する通知または催告に関して特別の効力を有する。

会社が株主に通知・催告する場合，通知・催告は株主名簿に記載・記録された株主の住所または株主から通知された場所または連絡先に発すればよく（126条1項），実際の住所または場所・連絡先がそれらと違っていても会社は免責される。かりに通知・催告が到達しなかったとしても，通常到達すべきであった時に到達したとみなされる（同条2項）。

株主名簿に記載・記録された住所または株主から通知された場所・連絡先に発した通知・催告が5年以上継続して到達しない場合は，会社は，その株主に通知・催告することを要しない（196条1項）。

株主に対する通知・催告が5年以上到達していないため，通知・催告を要しない株式で，その株式の株主が継続して5年間剰余金の配当を受領していない所在不明株主の株式については，会社は，株式を競売し，その代金を当該株主に交付することができる（197条1項）。通知・催告を要しない場合でも株主としての地位を失わず，株主管理コストを要することから認められた措置である。ただし，株券喪失登録された株券にかかる株式は除かれる（230条4項）。

会社は，競売に代えて，その株式が市場価格のある場合は市場価格として法務省令で定める方法で算定される額をもって，市場価格のない場合は裁判所の許可を得て競売以外の方法で売却することができる（197条2項）。法務省令で定める方法は，市場において行う取引により売却する場合は，その取引によって売却する価格，それ以外の場合は，売却する日における当該株式についての最終取引価格，当該株式が公開買付けなどの対象であるときの公開買付けなどにかかる契約における当該株式の価格のうち，いずれか高い額である（会社則38条）。売却代金は株主に交付しなければならないが，実際は供託することになる。また，会社は，売却する株式を買い取ることができる（197条3項前段）。その場合，買い取る株式の数，種類株式発行会社では買い取る株式の種類および種類ごとの数，買取りをするのと引換えに交付する金銭の総額を定めなければならない（同項後段）。その決定は，取締役会設置会社では取締役会の決議による（197条4項）。

株式を競売または売却するには，会社は，当該株式についての株主その他の利害関係人が3か月を下らない一定の期間内に異議を述べることができる旨，および，当該株式を競売または売却する旨，当該株式の株主として株主名簿に記載・記録された者の氏名・名称および住所，当該株式の数，当該株式につき株券が発行されているときは株券番号を公告し，かつ，当該株式の株主およびその登録株式質権者には，株主名簿に記載・記録された住所または株主から通知された場所・連絡先に各別に催告しなければならない（198条1項2項，会社則39条）。当該株式についての株券は，異議申立期間内に異議を述べなかったときは無効となる（198条5項）。

II　株式の譲渡

（1）　株式の譲渡性

株式は，他人に譲渡できる。そのことを，会社法127条が明らかにしている。株式会社では，当然には出資の払戻しが認められるわけではないから，株主の投下資本回収を保障する必要性は大きい。また，公開会社では，株主の個性はあまり重視されないため，新たな株主が現れても会社の運営が混乱するという問題はあまり生じない。そこで，株式の譲渡性が認められている。

（2） 株式の譲渡方法と善意取得

株券は，発行する旨の定款の定めがある場合に発行することができる（214条）。株券発行会社では，株式の譲渡は，株券を譲受人に交付しなければその効力を生じない（128条1項本文）。株券の交付は，通常は現実の引渡しによってされるが，簡易引渡し（民182条2項），占有改定（民183条），または指図による占有移転（民184条）でもよい。

これに対し，相続，合併，会社分割などの包括承継による権利移転には，株券の交付を要しない。また，株券不発行会社の株式の譲渡は，当事者の意思表示のみで行われる。ただし，株券が発行されないと，株式を譲渡する際に売主が株主であるかを譲受人は確認できないため，前述（97頁）のように，株主は会社に対し，当該株主にかかる株主名簿に記載・記録された事項の書面の交付などを請求することができる（122条1項）。

株式の譲渡が株券の交付によりされると，株券の占有者は当該株券にかかる株式についての権利を適法に有するものと推定される（131条1項）。したがって，権利を争う方で株券の占有者の無権利を立証しなければならない。

株券の占有者は適法な権利者と推定されることから，株券をその占有者から譲り受けた者は，占有者がたとえ無権利であっても，そのことにつき悪意・重過失がないかぎり，株券を取得し，株式の権利者となることができる。株券の善意取得であり，会社法は，これを明文で規定している（131条2項）。

株券の善意取得は，株券を盗んだ者など譲渡人が無権利者の場合のほか，譲渡人が無権代理人とか無能力者である場合や，意思表示に瑕疵がある場合にも認められると解される。判例は，手形につき無権代理人と取引した者の善意取得を認めており（最判昭和35・1・12民集14巻1号1頁，最判昭和41・6・21民集20巻5号1084頁），株券について手形と区別する理由はないからである。

悪意・重過失の有無は，譲受人の職業・知識などを基準に客観的に判断されなければならない。下級審判例には，身元の確かでない者からの貸付金の担保として株券を取得した金融業者などにつき重過失を認定したものがある（大阪地判昭和45・10・21判時628号80頁，大阪高判昭和57・2・25

高民35巻1号7頁，東京地判平成13・1・18判タ1073号194頁，東京地判平成16・9・16判時1906号164頁)。

(3) 株券発行前の譲渡

株券の交付が株式譲渡の効力要件となっている会社では，株券発行前に意思表示のみで譲渡しても，当事者間に債権的拘束力が生ずるにとどまる。株券発行会社であって株券の発行を請求していない場合（215条4項参照）でも同様である。そのうえ，会社法128条2項は，株券発行前にした株式の譲渡は株券発行会社に対して効力を生じないと定めている。

株券発行会社が長期間株券を発行しないことはありうる。そのような場合でも会社法128条2項が適用されると，株式を譲渡することは実質的に不可能になってしまう。

最高裁は，会社法128条2項に相当する旧商法204条2項の趣旨を株券発行前の株式譲渡の方式に一定したものがないことによる法律関係の不安定を除去することに求め，会社が株券を長期間発行していない場合にも，株式の譲渡は会社に対し効力を有しないとしていた（最判昭和33・10・24民集12巻14号3194頁）。その後，最高裁は，株式会社に組織変更後4年余を経ても株券を発行していない事案で，「商法204条2項の法意を考えてみると，それは，株式会社が株券を遅滞なく発行することを前提とし，その発行が円滑かつ正確に行なわれるようにするために，会社に対する関係において株券発行前における株式譲渡の効力を否定する趣旨と解すべきであって，右の前提を欠く場合についてまで，一律に株券発行前の株式譲渡の効力を否定することは，かえって，右立法の趣旨にもとるものといわなければならない。……少なくとも，会社が右規定の趣旨に反して株券の発行を不当に遅滞し，信義則に照らしても株式譲渡の効力を否定するを相当としない状況に立ちいたった場合においては，株主は，意思表示のみによって有効に株式を譲渡でき，会社は，もはや，株券発行前であることを理由としてその効力を否定することができず，譲受人を株主として遇しなければならないものと解するのが相当である。」としている（最大判昭和47・11・8民集26巻9号1489頁）。

後の最高裁判決は，会社側が会社法上（商法上）の手続を無視しておきながら，あるいは手続違反を問題としないでおきながら，争いが裁判に持

ち込まれると，相手方攻撃の手段として会社法（商法）の適用が主張されることが多い非公開会社の事案について，事件の妥当な解決のために会社法（商法）の形式的な適用を否定した代表的判例である。ただし，学説には，株券発行に通常必要な合理的期間が経過した後は，もはや旧商法204条2項の適用がないとする見解があり（前田・194頁，龍田・225頁など），最高裁がこの合理的時期説をとったのか，信義則を理由としたのかは必ずしも明確ではない。会社側が株券の発行を遅滞しておきながら株式譲渡の会社に対する効力を否定しているという事情を重視して，信義則により解決するのが適切である。

（4）　株主名簿の名義書換え

株券発行会社では，株式の譲渡は，取得者の氏名・名称および住所を株主名簿に記載・記録しなければ，会社に対抗することができない（130条2項）。株主関係を画一的に処理するという会社の便宜のためである。そこで，株式を取得した者が会社に対して権利を行使するには，株主名簿の名義書換えを受けなければならない。ただし，会社自身の行為によって株主名簿の記載・記録事項の変更が生ずる，会社が株式を発行した場合，自己株式を取得した場合，自己株式を処分した場合は，会社が必要な事項を記載・記録する（132条）。

株券発行会社では，名義書換えを請求するには，権利者の資格を証明するために株券を会社に呈示することを要するが（会社則22条2項1号），株券の占有者は適法な権利者と推定されるから（131条1項），他に自己が権利者であることを証明する必要はない。

株式の振替対象会社となっていない株券不発行会社では，取得者の氏名・名称および住所を株主名簿に記載・記録しなければ，会社のほか，その他の第三者にも対抗することができない（130条1項）。そして，取得者が名義書換えを請求するには，利害関係人の利害を害するおそれないものとして法務省令で定める場合を除き，株式の取得者がその取得した株式の株主として株主名簿に記載・記録された者またはその相続人その他の一般承継人と共同してしなければならない（133条1項2項）。

利害関係人の利害を害するおそれがないものとして法務省令で定める場合は，取得者が名義株主またはその一般承継人に対して名義書換えの請求

をすることを命ずる確定判決の内容を証する書面を提供して請求した場合，一般承継による取得者が一般承継を証する書面を提供して請求した場合，会社が株式交換により完全親会社となった場合などである（会社則22条1項）。

　取得者の株式が譲渡制限株式である場合は，会社が譲渡を承認した場合，取得者が会社が指定した買取人である場合，取得者が相続その他の一般承継により譲渡制限株式を取得した場合でなければ，共同での名義書換えを請求することはできない（134条）。

　株券を呈示して名義書換えの請求がされたときは，会社は，請求者が無権利者であることを証明しないかぎり，名義書換えをしなければならない。会社は，株券の所持の有無を調査して名義書換えに応ずれば，請求者が無権利者であることに悪意・重過失がないかぎり免責される（手40条3項参照）。名義書換えの請求者が譲渡以外の事由で株式を取得した場合も，会社は，実質的に有効な権利取得があったことまで調査する義務はない。しかし，相続による名義書換えであることを請求者が告げ，あるいは会社が知っていた場合は，株券の占有による権利推定は働かず，請求者に対し戸籍謄本，遺産分割協議書などの相続による権利取得を証明する書類の提出を求めるべきで，証明を求めないで名義書換えをした場合，会社は免責されないと解すべきである。

　（5）　名義書換えの効力

　株主名簿の名義書換えをした者は，会社から株主と認められ，それ以後，株券発行会社でも，株券を呈示することなく会社に対する権利を行使することができる。また，会社は，株主名簿に株主として記載・記録された者を株主として取り扱えば，その者が真の株主でなかった場合も，無権利者であることに悪意・重過失がないかぎり免責される。株券不発行会社の場合でも，名義書換えの請求方法を限定しているから，同様に解すべきである。

　株式の取得者は株主名簿の名義書換えをしないかぎり，会社に対して株主であることを主張できないから，会社との関係では，株主名簿上の株主のみが株主と認められることになる。会社は，権利移転の存在を知っていても，名簿上の株主を株主として取り扱えば足りる。いわゆる株主名簿の

確定的効力である。この確定的効力は絶対的なものではない。

　株式の取得者が名義書換えを請求したが，会社が正当な理由なくしてこれを拒絶し，または遅延した場合に，取得者は名義書換えなくして会社に対し株主であることを主張できる。この場合に，株主名簿による画一的取扱いを認めることはできない。会社が不利益を実質上の株主に帰せしめるのは信義則に反するからである。最高裁は，正当の理由なくして株式の名義書換請求を拒絶した会社は，名義書換えのないことを理由としてその譲渡を否認できず，会社は株式譲受人を株主として取り扱うことを要し，この理は，会社が過失により株式譲受人から名義書換請求があったのにかかわらず，その書換えをしなかったときも，同様であるとしている（最判昭和41・7・28民集20巻6号1251頁）。名義書換えの拒絶が会社の過失による場合も，不当拒絶と区別する理由はない。

　会社の側から名義書換えをしていない者を株主として取り扱うことはできるか。判例は，会社の側からは，名義書換えをしていない実質上の株主の権利行使を認めても差し支えないとする立場をとっている（大判昭和10・11・5新聞3913号8頁，最判昭和30・10・20民集9巻11号1657頁など）。これに対し，判例の立場では，会社は株主名簿上の株主と株式譲受人のいずれを株主として権利行使させるかにつき選択の自由を有することになる，会社は名簿上の株主に対してはすでに株式を譲渡したことを理由に権利行使を拒み，譲受人に対してはいまだ名義書換えがないことを理由に権利行使を拒むことが可能になるとして，会社の側からの認容を否定する説がある（大隅＝今井・上483頁，田中誠・上401頁など）。しかし，判例の立場でも，いずれを株主として権利行使させるかについて恣意的裁量は認められないし，株主権を行使する地位について空白を生じさせることは認められない。会社は株式譲渡によって実質上の株主でなくなった名簿上の株主に権利行使させなければならないとするのは，不当である。会社は実質上の株主に権利行使させても当然には免責されないので，会社が自己の危険において，名義書換えをしていない株主の権利行使を認めても差し支えないと解すべきである。

　株式の譲受人は株主名簿の名義書換えをしなければ，会社に対し株主であることを主張できないから，所定の期日までに名義書換えを行うことを

失念した譲受人は，会社に対し取締役会の決議などで具体化した募集株式の割当てを受ける権利などを行使できない。株主割当てによる募集株式発行の場合（292頁参照），基準日（124条参照）までに名義書換えを失念した株式譲受人と株式譲渡人との関係はどのように取り扱われるか。これは，失念株の処理の問題である。

最高裁は，株式譲受人が名義書換えを失念した以上は，譲受人は新株（募集株式）を優先して引き受けることができる新株引受権を取得せず，新株の引受け，払込みをした株式譲渡人は自己の権利として株式を取得したものであり，新株引受権が譲受人に帰属するとすると，株式の市場価格の騰落によって自己に有利な請求を許すことになるとして，譲受人の譲渡人に対する新株の引渡請求を認めていない（最判昭和35・9・15民集14巻11号2146頁）。学説は，当事者間では新株引受権は株主資格にもとづき帰属し，また，名義株主は増資含みの高値で株式を売却しているのが通例で，増資後の株価と新株発行価額との差額（プレミアム分）との二重の利得を得ることになるとして，失念株主は名義株主に対し不当利得（民703条・704条）として，新株の返還または新株の引受けにより得た利益の返還を請求できるとするか（大隅＝今井・上487頁，関・125頁，江頭・190頁など），事務管理の規定（民701条・646条）を類推適用して新株またはその売却代金の返還を請求できると解している（塩田親文「失念株の問題について」民商30巻4号（1955）38頁，中島史雄「失念株再論」金沢29巻1・2号（1987）337頁など）。名義上の株主の新株引受権の行使に「相手方のためにする意思」を認めて（民697条1項参照）事務管理の規定を類推適用するには無理があるから，不当利得を理由に引受けにより得た利益の返還を請求できると解するのがよいであろう。なお，日本証券業協会は，会員間の取引による失念株について，譲受人は譲渡人に対し新株などの返還を請求できる旨を取り決めている（「株式の名義失念の場合における権利の処理に関する規則」2条）。

（6）基準日と権利の行使

株主の権利を行使できる者は，本来は，その行使時における株主名簿上の株主である。しかし，株主名簿の記載・記録は株式の譲渡による名義書換えによって変動するから，権利行使時における株主が誰であるかを会社

が把握するのは容易ではない。また，剰余金の配当のように，決算期における株主に権利を行使させた方が適当なこともある。そこで，会社法は，株主として会社に対し権利を行使できる者を確定するために，一定の日において株主名簿に記載・記録のある者を権利を行使できる株主と定めることを認めている（124条1項）。基準日の制度である。

実務では，定時総会における議決権の行使および剰余金配当の支払は決算期現在の株主とするものとし，かつ，基準日に株主名簿に記載・記録された株主を整理するために，基準日の翌日から何日間は名簿の閉鎖を行うのが通例である。平成16年改正前は，一定の期間株主名簿の記載・記録を変更しないとする株主名簿の閉鎖制度も認めていた。同改正は，株券不発行会社では名義書換えが第三者対抗要件にもなることから，閉鎖制度を廃止した。しかし，名簿を整理するための閉鎖は許されると解してよい。

株主名簿の基準日の設定は定款で定めてもよいが，取締役会の決議などで定めることができる。基準日を定める場合は，会社は，基準日株主が行使できる権利の内容を定めなければならないが，基準日は，その権利行使の前3か月以内の日でなければならない（124条2項）。基準日以後に株式を取得した者の権利行使が長期間妨げられることがないようにするためである。

会社法は，基準日株主が行使できる権利が株主総会または種類株主総会における議決権である場合は，会社は，基準日後に株式を取得した者の全部または一部を当該権利を行使することができる者と定めることができることを明文で規定している（124条4項本文）。基準日後に株主となった者に議決権行使の機会を与えるためである。しかし，同一の募集株式の発行によって株主になった者のうち，一部の者だけに議決権行使を認めることなどは，株主平等原則に違反するといえる。他方，会社法は，基準日後に株主となった者に議決権行使を認める場合に，当該株式の基準日株主の権利を害することはできないと規定している（同条4項ただし書）。そこで，基準日株主の議決権割合を低下させて支配権を奪う目的で，基準日後に株主となった者に議決権を行使させることは許されないであろう。

会社は，定款で定めている場合を除き，基準日の2週間前までに基準日および基準日株主が行使できる権利の内容を公告しなければならない

(124条3項)。公告は株式譲受人に名義書換えをする機会を与えるためであるから，必要な公告を欠くときまたは公告期間が不足するときは，基準日の設定は無効と解される。

（7）　株式の共有と権利の行使

会社法は，株式が2人以上の共有に属するときは，共有者は，当該株式についての権利を行使する者1人すなわち権利行使者を定め，会社に対し，その者の氏名・名称を通知しなければ，当該株式についての権利を行使することができないとしている（106条本文）。権利行使の1本化を図って会社の事務処理が煩雑にならないようにするためである。したがって，共有・共同相続の場合は，会社に対する権利を行使するためには，権利行使者を指定し，会社に通知しなければならない。

会社が株主に対してする通知・催告を受領する者は，別に共有者が定め，会社に通知しなければならない（126条3項）。通知がない場合は，会社の共有者に対する通知・催告は会社が任意選定する共有者の1人に対してすれば足りる（126条4項）。

権利行使者により行使すべき権利には株主の権利のすべてが含まれるかについては，最高裁は，すべてが含まれることを前提としている（最判平成2・12・4民集44巻9号1165頁，最判平成3・2・19判時1389号140頁）。議決権などの共有者の持分，相続分の割合・数が問題となる権利は原則として含まれる。しかし，権利行使の1本化を図らなくてもとくに会社の事務が煩雑になることのない権利については，会社法106条を厳格に適用する必要はない。株主でさえあれば行使できる総会決議取消訴権（831条1項），合併無効訴権（828条1項7号8号・2項7号8号）などについては，会社に共有・共同相続関係を明らかにすれば，共同相続人は共有持分権者のままで権利を行使できると解すべきである。もっとも，最高裁は，禁反言，信義則を理由に特段の事情を認めて，総会決議の不存在確認の訴えおよび合併無効の訴えについて共有持分権者のままで権利行使することを認めている（前掲最判平成2・12・4，前掲最判平成3・2・19）。

権利行使者の指定・通知をしていないときに，会社が権利を行使することに同意した場合は，共有者・共同相続人は権利を行使することができる（106条ただし書）。最高裁は，共有者全員が議決権を共同して行使する場

合を除き，会社側から議決権の行使を認めることは許されないとしている（最判平成11・12・14判時1699号156頁）。しかし，理由を明らかにしていない。会社側から共同相続人に議決権の行使を認める場合に，全員が共同して行使しなければならないかどうかは，議決権の行使が共同相続株式または各相続持分権の内容に変更・影響を及ぼす変更行為（民251条参照）といえるかによって判断されるべきである。合併，事業譲渡などの重要事項が議題となっているときは，全員の同意が必要となる。取締役の選任が議題となっているときも，同族的な非公開会社の株式の大部分または過半数が共同相続されている場合は，全員の同意が必要となる。議決権がどのように行使されるかによって，共同相続人の支配権の帰すうが左右され，少数持分権者の利益が無視されるおそれがあるからである。

　権利行使者の指定については，最高裁は，準共有者の1人でも反対すれば全員の権利行使が不可能となり，また，会社の運営に支障を来すおそれがあることを理由に，持分の価格に従いその過半数で決することができるとしている（最判平成9・1・28判時1599号139頁）。これに対し，多数決で決することができるとすると少数持分権者の利益が無視されることになるとして，全員一致を要求する説がある（西島梅治「批判」判評152号(1971)41頁，木内宜彦・企業法学の理論（新青出版，1994）373頁など）。行使者の指定そのものについては，共同相続人に会社に対する権利行使の途を開き，株式の価値の増加を図る行為と見て差し支えなく，共有物の管理行為として多数決でできる（民252条本文参照）と解すべきである。ただし，あらかじめ不参加を表明していないかぎり，決定に参加して賛否の意思・意見を述べる機会をすべての共同相続人に与える必要がある（大阪地判平成9・4・30判時1608号144頁参照）。

　権利行使者がどのように権利行使すべきかについては，共同相続人，少数持分権者に不利益を及ぼさないかぎり，内部的に取り決めることができる。取決めがないときでも，権利行使者は当然に自己の判断で自由に行使できることにならない。権利行使者の判断で行使できるのは，自益権や監督是正権の行使のような，保存行為といえる場合（民252条ただし書参照）だけである。権利行使者が内部的な取決めに違反し，あるいは保存行為とはいえないのに，自己の判断で行使しても，会社との関係では有効である。

会社は相続人間にどのような取決めがされているか，あるいは共同相続人の多数決，全員の同意に従っているかを確認しなければならないとすると，会社の便宜，権利行使の1本化という，会社法106条の趣旨に反することになるからである。最高裁は，個々の決議事項について逐一合意を要するとの取決めがあっても，被選定者は自己の判断で議決権を行使できるとしている（最判昭和53・4・14民集32巻3号601頁）。しかし，この判決は，相続人全員の総意にならないで議決権を行使したことが総会決議の不存在になるとの上告理由に応えたもので，直接には，内部的な取決めに違反しても会社との関係では議決権の行使は有効であることを判示したものである。

株主が少なく，株主間の信頼が重要となる非公開会社では，会社法106条により，共同相続人の権利行使が妨げられる可能性が少なくない。共同相続人間に会社の支配をめぐって争いが生じたために，いつまでも権利行使者を指定できないことがあるからである。共同相続人間に対立があって権利行使者を指定できず，そのために株主の権利を行使できないという問題を解決するために，共有者の請求にもとづき，裁判所が権利行使者または仮の権利行使者を指定できるとする規定を設ける必要がある（青竹・新展開57頁）。

(8) 株式の振替制度

(a) 振替対象株式　株券の受渡しの合理化を図って，株式の譲渡を円滑にするために，昭和59年に「株券等の保管及び振替に関する法律」が制定され，これにもとづく保管振替制度が平成3年より稼働している。

保管振替制度は株券の存在を前提とするものであるが，社債については，平成14年の「社債等の振替に関する法律」が，債券を発行しない振替制度を創設している。平成16年改正は，「社債等の振替に関する法律」を「社債，株式等の振替に関する法律」に変更し，株式についても，社債の振替制度にならい，株券を発行しない振替制度を創設している。この新しい株式の振替制度は，改正法の交付の日（平成16年6月9日）から起算して5年を超えない範囲内において政令で定める日から実施される（「株式等の取引に係る決済の合理化を図るための社債等の振替に関する法律の一部を改正する法律」附則1条）。

株式の振替制度の対象となる株式は，株式の譲渡制限会社を除く，定款で株券を発行する旨を定めていない会社であって，振替制度の利用に同意した会社の株式である（社債株式振替13条1項）。会社が同意を与えるためには，発起人全員の同意または取締役会の決議が必要である（社債株式振替128条2項）。

(b) 振替口座簿　　振替機関等，すなわち振替機関または口座管理機関は，振替口座簿を備えなえなければならない（社債株式振替12条3項・45条2項）。振替口座簿は，振替機関等に口座を開設した加入者ごとに区分される（社債株式振替129条1項）。一般の投資家のための口座の記載事項は，①加入者の氏名・名称・住所，②株式発行会社の商号，株式の種類，③銘柄ごとの数，④加入者が質権者であるときはその旨，質権の目的である株式の銘柄ごとの数，その株主ごとの数および株主の氏名・名称・住所，⑤加入者が信託の受託者であるときはその旨，および③④の数のうち信託財産であるものの数，⑥通常の譲渡の場合または質権が設定された場合において銘柄ごとの数の増加または減少の記載・記録がされたときは，増加または減少の別，その数および当該記載・記録された日，⑦その他政令で定める事項，である（社債株式振替129条3項）。

株式の振替制度で取り扱われる株式は，振替株式と呼ばれる（社債株式振替128条1項）。振替株式の権利の帰属は，振替口座簿の記載・記録によって決まる（同項）。したがって，振替株式については，振替の口座簿に株主として保有する株式の銘柄・数などが記載・記録されることが，株券を占有していることに当たる。

会社の設立または募集株式の発行により株式が発行された場合は，株式の引受けの申込みをする者は，発起人または会社に対し，株式の振替を行うための自己の口座を示さなければならない（社債株式振替150条1項・4項）。会社は，株式の発行後遅滞なく，振替機関に対し，株主となった各加入者ごとの株式数などを通知する（社債株式振替130条1項）。通知を受けた振替機関は，直ちに，その口座が自己の振替口座簿であればその口座に株式数を記載・記録し，そうでない場合は，直近下位機関である口座管理会社に対し，通知を受けた情報を通知し，各直近下位機関への通知が順次行われることにより，いずれかの振替機関等の振替口座簿に各加入者の

株式数が記載・記録される（社債株式振替130条2項3項）。

　振替を行うための口座を知ることができない場合は，会社は，振替株式とする旨，および一定の日までに株式の振替を行うための自己の口座を会社に通知する旨を，その一定の日の1か月前までに株主・登録株式質権者に対し各別に通知しなければならない（社債株式振替131条1項）。会社の通知に応じて一定の日までに口座を通知した株主・登録株式質権者については，会社は，振替機関に対し，加入者ごとの株式数などを通知する（同条2項）。

　(c) 特別口座　一定の日までに会社に口座を通知しなかった株主・登録株式質権者があるときは，会社は，いずれかの振替機関等に，それらの者を名義人とする特別口座を開設し，振替機関に対し，当該口座とそれらの者の株式数などを通知しなければならない（社債株式振替131条3項・5項）。特別口座に記載・記録された振替株式については，当該特別口座の名義人または当該振替株式の発行者の口座以外の口座を振替先口座とする振替の申請をすることができない（社債株式振替133条1項）。したがって，特別口座の名義人は，自己が開設した口座への振替をしなければ譲渡などを行うことはできない。

　振替株式となる前に株式を取得した者が株主名簿の名義書換えをしなかった場合には，当該株式は特別口座に記載・記録される可能性が高い。会社から通知を受けるのは名簿上の株主であり，その者はすでに株式を譲渡しているため会社に通知しないことが予想されるからである。そこで，失念株主が自己の口座に振替ができるようにするため，失念株主は，会社が振替機関等に対し，自己のための特別口座を開設し，当該株式をそこに振り替えるよう申請することを請求できる（社債株式振替133条2項）。会社に対し請求できるのは，①失念株主が特別口座の加入者である名義株主と共同して請求した場合，②当該申請をすることを名義株主に命じる確定判決またはこれに準ずる書類として主務省令で定めるものを失念株主が添付して請求した場合，③失念株主の請求により振替を行ったとしても加入者その他の利害関係人の利害を害するおそれがない場合として主務省令で定める場合，である（同項柱書）。

　(d) 振替口座簿の効力　振替株式の譲渡は，譲受人がその口座におけ

る保有欄に譲渡の対象となった数の増加の記載・記録を受けなければ，その効力を生じない（社債株式振替140条）。したがって，振替株式については，当事者の意思表示に加えて，振替口座簿に譲受株式数の増加の記載・記録がされることが株式譲渡の効力要件となる。振替株式については株式譲渡の第三者に対する対抗要件を定める規定（130条1項）は適用されないから（社債株式振替161条3項），第三者に対する対抗要件として特別の手続を要しない。加入者は，直近上位機関に対し，所定の費用を支払って，振替口座簿の自己の口座に記載・記録されている事項の書面の交付または電磁的方法による提供を請求できる（社債株式振替277条前段）。加入者が自己の権利を確認し，また第三者に対し自己の権利を証明できるようにするためである。

振替株式の譲渡の効力を発生させる振替の申請は，自己の口座に減少の記載・記録がされる加入者すなわち譲受人が，その口座を直接に管理する振替機関等に対し，減少および増加の記載・記録がされるべき振替株式の銘柄・数，譲受人として増加の記載がされるべき口座などを示してする（社債株式振替132条2項3項）。申請された事項は，申請を受けた振替機関等から振替先口座を直接に管理する振替機関等に至るまで順次通知され，減少および増加の記載・記録がされる（同条1項・4項～8項）。

(e) 善意取得　振替株式については，振替口座簿に株主として保有する株式の銘柄・数などが記載・記録されることが株券を占有していることに当たるから，加入者は，振替口座簿に記載・記録された株式について権利を適法に有するものと推定される（社債株式振替143条）。したがって，権利を争う方で当該加入者の無権利を証明しなければならないことになる。また，その加入者の口座からの振替の申請により自己の口座に増加の記載・記録された者は，その加入者の無権利につき悪意・重過失がないかぎり，振替株式を善意取得する（社債株式振替144条）。

振替機関等の過誤により，加入者が実際に有している数を上回る数の記載・記録がされ，その譲渡・振替により善意取得が成立し，すべての株主の有する当該銘柄の振替株式の総数が株式の発行総数を超える場合は，超過記載・記録をした振替機関等は，超過数の振替株式を取得し，会社に対し，当該振替株式についての権利を放棄する意思表示をしなければならな

い（社債株式振替145条・146条）

　（f）会社に対する権利の行使方法　　振替対象会社では，株主名簿の名義書換えは，原則として振替機関から会社に対する総株主通知によって行われる。振替機関は，会社が基準日，株式の併合などの効力発生日等の一定の日を定めた場合には，会社からそれぞれの日の通知を受けて，会社に対し，振替口座簿に記載・記録されたその日の株主の氏名・名称・住所，株式の種類・数その他主務省令で定める事項を速やかに通知しなければならない（社債株式振替151条1項・7項）。そのほか，株主優待制度を実施するためなどの会社に正当な理由があるときは，振替機関に対し費用を支払って，会社が定める一定の日の株主につき総株主通知をするよう請求することができる（同条8項）。

　総株主通知を受けた会社は，通知された事項を株主名簿に記載・記録しなければならない（社債株式振替152条1項）。実際に記載・記録された日がいつであるかにかかわらず，基準日，効力発生日などの一定の日に名義書換えがされたものとみなされる（同項後段）。会社は，その株主に権利を行使させることになる。会社は，株主名簿の株主として記載・記録された者を株主として取り扱えば，その者が真の株主でなかった場合でも，無権利者であることに悪意・重過失がないかぎり免責される。名義書換えは権利推定力のある振替口座の記載・記録にもとづくものであるからである。

　総株主通知は一定の日に行われるので，株主は監督是正権を行使できなくなる場合が生ずる。そこで，振替株式の少数株主権などについては，株主名簿の記載・記録を会社に対する対抗要件とする規定（130条1項）を適用しないものとし（社債株式振替154条1項），株主の申請による振替機関から会社への個別通知にもとづく振替口座の記載・記録をもとに行使できるものとしている（同条2項3項）。株主は，振替機関から会社に対し通知がされた後，政令で定める期間が経過する日までに権利を行使しなければならない（同条2項）。

Ⅲ　株式の譲渡制限

（1）　譲渡制限の態様

　会社は，その発行する全部の株式の内容として，定款で，譲渡による株

新しい振替制度

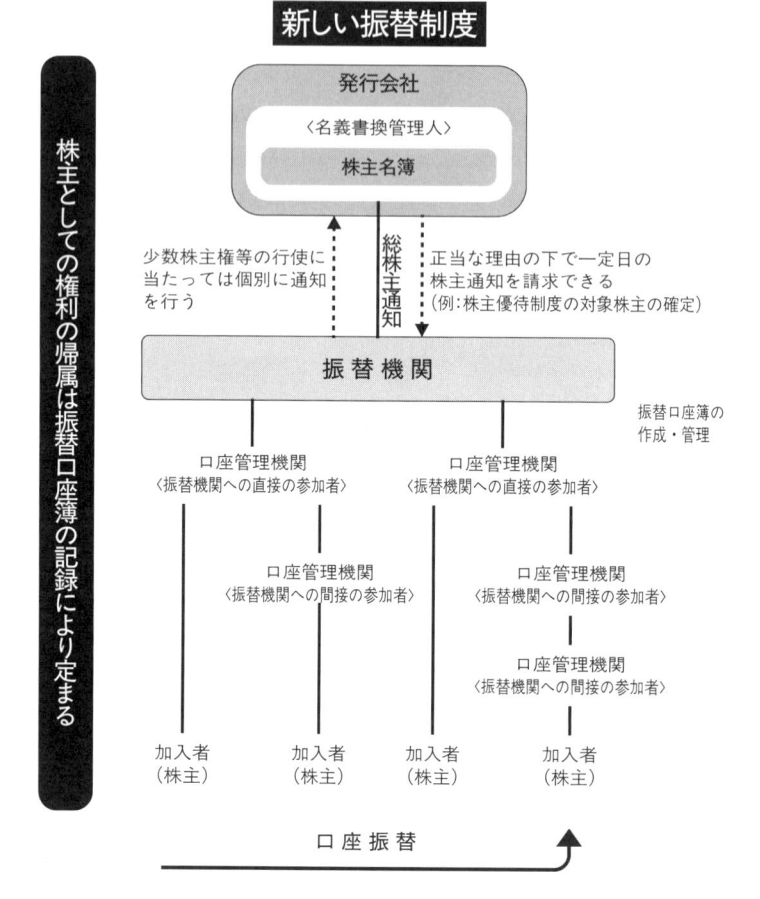

```
        発行会社
      〈名義書換管理人〉
         株主名簿
```

株主としての権利の帰属は振替口座簿の記録により定まる

少数株主権等の行使に当たっては個別に通知を行う ←―― 総株主通知 ――→ 正当な理由の下で一定日の株主通知を請求できる（例：株主優待制度の対象株主の確定）

振替機関 … 振替口座簿の作成・管理

口座管理機関〈振替機関への直接の参加者〉　　口座管理機関〈振替機関への直接の参加者〉

口座管理機関〈振替機関への間接の参加者〉　　口座管理機関〈振替機関への間接の参加者〉

口座管理機関〈振替機関への間接の参加者〉

加入者（株主）　加入者（株主）　加入者（株主）　加入者（株主）

口座振替

式の取得について会社の承認を要することを定めることができる（107条1項1号・2項1号）。また，会社は，種類株式として，定款で，譲渡による当該株式の取得について会社の承認を要することを定めることができる（108条1項4号・2項4号）。

　譲渡制限の態様として，株主間の譲渡についても制限することができるが（107条2項1号イ），定款で，一定の場合において会社が譲渡を承認した旨を定めることができる（107条2項1号ロ・108条2項4号）。したがって，株主間の譲渡や使用人である株主に対する譲渡などについて会社の承認を要しないとすることは可能である。これに対し，譲渡人の持株数によ

って承認の要否を区別する定めは，無効と解すべきである。譲渡制限株式の発行を認めているのは好ましくない者が株主となることを防止するためであって，株主の投下資本回収の面で不平等な扱いを認めているとはいえないからである。

　譲渡制限株式の譲渡承認機関は，取締役会を設けない会社では株主総会，取締役会設置会社では取締役会である（139条1項本文）。ただし，定款に別段の定めがある場合はこの限りではなく（同項ただし書），取締役会設置会社でも株主総会決議によることは可能である。

　（2）　譲渡制限株式の譲渡・取得の承認手続
　(a)　一般　　譲渡制限株式の株主は，その有する譲渡制限株式を他人に譲り渡そうとするときは，会社に対し，当該他人が譲渡制限株式を取得することについて承認するか否かの決定をすることを請求することができる（136条）。その場合に，譲り渡そうとする譲渡制限株式の数，種類株式発行会社では譲渡制限株式の種類および種類ごとの数，譲り受ける者の氏名・名称，会社が譲渡を承認しない決定をする場合に，会社または指定買取人が買い取ることを請求するときはその旨，を明らかにしなければならない（138条1号）。

　譲渡制限株式を取得した者は，会社に対し，譲渡制限株式を取得したことについて承認するか否かの決定をすることを請求できる（137条1項）。取得者は，取得の原因を問わず請求できる。取得者からの請求の場合，株券不発行会社における株主名簿の名義書換えの手続と一体化され，請求者は，利害関係人の利益を害するおそれがないものとして法務省令で定める場合（会社則24条1項参照）を除き，その取得した株式の株主として株主名簿に記載・記録された者またはその相続人その他の一般承継人と共同してしなければならない（137条2項）。また，株式取得者の取得した譲渡制限制限株式の数，種類株式発行会社では譲渡制限株式の種類および種類ごとの数，取得者の氏名・名称，会社が取得を承認しない決定をする場合に，会社または指定買取人が買い取ることを請求するときはその旨，を明らかにしなければならない（138条2号）。

　譲渡する株主からの請求の場合でも，取得者からの請求の場合でも，会社は，承認するか否かの決定をしたときは，請求者に対し，決定の内容を

通知しなければならない（139 条 2 項）。請求の日から 2 週間以内に通知をしなかった場合は，会社と請求者の合意により別段の定めをしないかぎり，譲渡・取得を承認する決定をしたものとみなされる（145 条柱書・1 号）。2 週間という機関は，定款でこれを下回る期間を定めることができる（145 条 1 号かっこ書）。

　(b)　会社による買取り　　会社は，会社または指定買取人が買い取ることの請求を受けた場合において，譲渡・取得を承認しない決定をしたときは，会社は，承認請求にかかる譲渡制限株式を買い取らなければならない（140 条 1 項）。この場合，対象株式を買い取る旨，会社が買い取る対象株式の数，種類株式発行会社では対象株式の種類および種類ごとの数を定めなければならない（140 条 1 項 1 号 2 号）。これらの事項の決定は，株主総会の特別決議によらなければならない（140 条 2 項・309 条 2 項 1 号）。特別決議を要求しているのは，譲渡制限株式における株主相互の投下資本回収の機会の平等を図るためと考えられる。承認請求者は，請求者以外に議決権を行使できる者がいない場合を除き，株主総会において議決権を行使することができない（140 条 3 項）。

　会社は，株主総会において決定したときは，承認請求者に対し，決定事項を通知しなければならない（141 条 1 項）。会社が譲渡・取得を承認するか否かの決定を通知した日から 40 日以内に決定事項を通知しなかった場合は，会社と承認請求者との合意により別段の定めをしないかぎり，譲渡・取得の請求を承認する決定をしたものとみなされる（145 条柱書・2 号）。40 日という期間は，定款でこれを下回る期間を定めることができる（145 条 2 号かっこ書）。他方，会社が通知した後は，承認請求者は，会社の承認を得ないかぎり，請求を撤回できない（143 条 1 項）。

　会社は，株主総会で決定した事項を通知する際に，1 株当たり純資産額に買い取る対象株式の数を乗じた額を会社の本店所在地の供託所に供託し，それを証する書面を承認請求者に交付しなければならない（141 条 2 項）。1 株当たり純資産額は法務省令で定められている（会社則 25 条）。供託金は株式の売買代金の全部または一部に充当される（144 条 6 項）。対象株式が株券発行会社の株式の場合は，請求者は，交付を受けた日から 1 週間以内に，株券を株券発行会社の本店所在地に供託し，会社に対し遅滞なく供

託した旨を通知しなければならない（141条3項）。株券を供託しなかったときは，株券発行会社は買取り対象株式の売買契約を解除することができる（141条4項）。

株式の売買価格は，会社と承認請求者との協議によって定める（144条1項）。協議がととのわないときは，当事者は，株主総会において決定した事項の通知があった日から20日以内に，裁判所に対し，売買価格の決定の申立てをすることができる（同条2項）。その期間内に申立てがないときは，1株当たり純資産額に買い取る対象株式の数を乗じた額が売買価格となる（同条5項）。

売買価格の決定を申し立てる場合，裁判所は，承認請求時における会社の資産状態その他一切の事情を考慮して売買価格を決定しなければならない（144条3項）。市場価格のない株式の評価方法は難しいが，理論的には，将来与えられる配当を予測して現在価値に引き直す配当還元方式，将来予想される収益を予測して現在価値に引き直す収益還元方式，業種または資本金などの類似する会社の株式で相場のあるものを基準とする類似業種比準方式，現在の企業の解体価値を株価と見る純資産方式がある。裁判例は，国税庁の相続財産評価基本通達を参考にし，これらの方式を使い分け，あるいは組み合わせるものも多いが（名古屋高決昭和54・10・4判時949号121頁，東京高決昭和59・10・30判時1136号141頁，東京高決平成元・5・23判時1318号125頁など），基本通達によらず，ゴードン・モデルと呼ばれる配当還元方式によったものがある（大阪高決平成元・3・28判時1332号140頁）。

会社による買取りの場合は，会社の財源による制約を受ける。会社の買取りによって交付する金銭の帳簿価額の総額は買取りが効力を生ずる日の会社法461条2項で定める分配可能額を超えてはならない（461条1項1号）。会社による買取りは自己株式の取得であって（155条2号），自己株式の取得は会社財産の払戻しにほかならず，会社債権者を保護する必要があるからである。

(c) 指定買取人による取得　会社は，会社または指定買取人が買い取ることの請求を受けた場合において，譲渡・取得を承認しない決定をしたときは，対象株式の全部または一部を買い取る者を指定することができる

（140条4項）。指定買取人の指定は，取締役会を設けない会社では株主総会の特別決議，取締役会設置会社では取締役会決議によらなければならない（140条5項本文・309条2項1号）。ただし，定款に別段の定めがあれば，この限りではない（140条5項ただし書）。そこで，定款であらかじめ指定買取人を指定しておくことができる。

　指定買取人は，指定を受けたときは，指定買取人として指定を受けた旨，指定買取人が買い取る対象株式の数，種類株式発行会社では対象株式の種類および種類ごとの数を承認請求者に通知しなければならない（142条1項）。定款であらかじめ定められた買取人もこの通知は必要となる。指定買取人が譲渡・取得を承認するか否かの決定を承認請求者に会社が通知した日から10日以内に，指定買取人として指定を受けた旨などを通知しなかった場合は，会社が譲渡・取得を承認する決定をしたものとみなされる（145条2号）。10日という期間は，定款でこれを下回る期間を定めることができる（145条2号かっこ書）。

　通知の際の供託，株券の供託，売買価格の決定については，会社による買取りの場合と同じである（142条2項〜4項・144条7項）。

　会社が買取人を指定した後に，譲渡・取得の承認請求者が承認請求を撤回することがある。会社法は，請求者は，指定買取人から指定買取人として指定を受けた旨などの通知を受けた後は，指定買取人の承認を得た場合にかぎり，請求を撤回できるとしている（143条2項）。最高裁は，指定請求した株主がその後に請求を撤回したとしても，会社にとって好ましくない者が新たに株主となるわけでなく，譲渡制限を置いた会社の利益を害されることはないことなどを理由に，指定された者が株主に対して株式を売り渡すべき旨を請求するまで（旧商204条ノ3第1項参照），指定請求を撤回できるとしていた（最判平成15・2・27民集57巻2号202頁）。会社法は，最高裁の立場に基本的に従ったものといえる。

　指定買取人が買取りの請求をした後，買取請求を撤回することがある。判例は，会社の譲渡承認・不承認は一方的行為であって，条件を付することはできず，また，指定買取人の売買請求権は売買を一方的に成立させる形成権であって，売渡請求時に売買価格についての合意がなくても売買の成立の妨げになるものではなく，一方的に撤回できるとすると指定請求株

主を不安定な地位に置くことになるから、売渡請求の撤回は許されないとしている（大阪高判平成元・4・27判時1332号130頁）。これに対し、会社の譲渡の不承認の通知とその後の手続は不可分の一体をなしていて、当初の譲受人が買受意思を有しない状況が生ずれば会社は不承認の通知を撤回でき、これに伴い指定相手方も売渡請求を撤回できるとする説がある（戸塚登「譲渡制限付株式の先買権の本質」商事1131号（1987）2頁以下）。しかし、会社は指定買取人の指定により好ましくない者が株主となるのを阻止することを実現している。それにもかかわらず、当初譲受人の買受意思の喪失を理由に不承認の通知、売渡請求を撤回できるというのでは、指定請求株主は誰にも株式を譲渡できなくなる可能性がある。また、指定請求の前提として当初譲受人に確実に買い受けるという意思が存在することは予定されていないのであり、譲受人が買受意思を喪失すると不承認の通知・売買請求を撤回できるとするのは、疑問である。また、売渡請求時に売買価格についての合意がなくても契約の成立の妨げになるものではない。譲渡制限株式の株主が迅速かつ確実に投下資本を回収できるようにするためにも、売渡請求の撤回は許されないと解すべきである（青竹・新展開312頁以下）。

（3）　承認のない譲渡・取得の効力

譲渡制限株式を株主総会・取締役会の承認を得ずに譲渡し、または取得につき株主総会・取締役会の承認を得ていない場合は、その譲渡・取得は会社に対し効力を生じない。そのように解しなければ、会社法が譲渡制限株式の発行を認めたことの意味がなくなってしまうからである。最高裁も、定款で株式の譲渡につき取締役会の承認を要する旨を定めることを認めていた旧商法204条1項ただし書の下で、会社に対する関係では効力を生じないことを当然としている（最判昭和48・6・15民集27巻6号700頁、最判昭和63・3・15判時1273号124頁）。

会社に対する関係で効力を生じないということには、例外がある。一人会社において全株式を所有する者が株主総会・取締役会の承認を得ないでその株式を譲渡する場合である。一人会社では株式の譲渡により誰が新しい株主となるかについて利害を有する他の株主はいないからである。そこで、一人会社における全株式を所有する者の株式の譲渡については、株主

総会・取締役会の承認の有無にかかわらず譲渡の会社に対する効力は認められる（青竹・課題と展開 64 頁）。

　最高裁は，旧商法 204 条 1 項ただし書の趣旨はもっぱら会社にとって好ましくない者が株主となることを防止し，もって譲渡人以外の株主の利益を保護することにあるから，一人会社の株主がその保有する株式を他に譲渡した場合は，定款所定の取締役会の承認がなくてもその譲渡は会社に対しても有効であるとしている（最判平成 5・3・30 民集 47 巻 4 号 3439 頁）。

　一人会社でなくても，譲渡人以外の全株主が承認していれば，同様に解することができる。最高裁は，持分を社員でない者に譲渡するには社員総会の承認を要するとしていた旧有限会社（旧有 19 条 2 項）の事案につき，譲渡人以外の全社員が承諾していれば，社員総会の承認がなくても譲渡は会社に対する関係でも有効としている（最判平成 9・3・27 民集 51 巻 3 号 1628 頁）。

　最高裁は，旧商法 204 条 1 項ただし書の下で，譲渡制限株式を競売により取得した者が取締役会の承認を得ていない場合，その取得は会社に対する関係では効力を生じないことを理由に，会社は被競落人を株主として取り扱う義務があり，被競落人は会社に対しなお株主の地位を有するものとしている（前掲最判昭和 63・3・15）。会社の側から株主名簿の名義換えをしていない者を株主として取り扱うことができるのと同じく，会社は被競落人を株主として取り扱う義務がないと解することも可能である。しかし，名義換えをしていない者は会社に対して株主であることを主張できないのにすぎないのに対し，譲渡制限株式の取得承認は会社との関係で取得が認められるための効力要件であるから，最高裁の立場は正当である。

　譲渡制限株式の発行を認めているのは，会社にとって好ましくない者が株主となることを防止するためであるから，取締役会の承認を得ずにされた株式の譲渡は会社に対する関係で効力を生じないとすれば十分で，譲渡当事者間についてまで無効とする必要はない。最高裁は，譲渡制限株式を譲渡担保に供することも承認を要する株主の譲渡に当たるとしたうえ，譲渡当事者間では有効としているが（前掲最判昭和 48・6・15），取得者一般が承認請求できるようになっている規定の下では，譲渡当事者間における譲渡の有効性は当然といえる。また，譲渡担保については，担保権実行の

段階で承認を受けさせれば会社にとって好ましくない者が株主となることを防止できるから、担保に供する段階では株主総会・取締役会の承認を要しないと解するべきである。

(4) 契約による制限

株式の譲渡制限は、契約によってもされている。非公開会社の従業員持株制度の下で、従業員株主と会社または持株会などとの間でされる、従業員株主は譲渡を希望する時および退職時に、取得した株式を取締役会などの指定する者あるいは直接に会社・持株会などに、一定の価格で譲渡するというものである。非公開会社では従業員に取得させる株式数に限度があるので、株式の供給源をあらかじめ確保しておきたいこと、および、非公開会社では譲渡価格をその都度決定するのは難しくまた不便なので、価格をあらかじめ定めておきたいということがあるためである。

最高裁は、従業員株主と会社との間でされた、退職の際に取得した株式を額面額で取締役会の指定する者に譲渡する旨の合意について、会社が年8％ないし30％の割合による配当を行っていたこと、および、旧商法204条1項は会社と株主との間で個々に締結される契約の効力について直接規定するものではないから、合意が譲渡先と譲渡価格の点で株式譲渡の自由を制限するものであっても同規定に違反するものではなく、また、従業員持株制度の目的を達成するために譲渡先を限定することは法令の禁止するところではなく、譲渡価格が時価によらず額面額に固定されている点も、取得価格が額面額と同額と定められ取得時の時価となっていないこと、非上場株式について従業員の退職の都度個別に譲渡価格を定めることは困難であることを考慮すると、従業員の投下資本の回収を著しく制限する不合理なものとはいえない、とする原審判決（名古屋高判平成3・5・30判タ770号242頁）の説示する点から、合意は、旧商法204条1項に違反するものではなく、公序良俗にも反しないから有効であるとしている（最判平成7・4・25裁判集民175号91頁）。

種類株式の発行のように定款に定めることが制度を利用するための要件となっている場合と異なり、会社が株主との契約により株式譲渡の自由を制限することは否定されるものではない。しかし、株主が契約に同意していても、契約が株主の投下資本回収の機会を不当に奪うことになる場合は、

株式の譲渡性を認める会社法127条に違反し無効になると解すべきである。持株会が当事者となっている場合でも，会社法127条の適用の余地はある。他方，契約による制限は契約当事者のみを拘束するから，定款で定めることができるものと実質的に同じものだけが許されると解する必要はない。誰が株式の譲受人となるかは投下資本の回収とあまり関係ないから，譲渡を希望する時に会社・持株会を直接の買受人とする契約も認められる。

　退職時に譲渡する旨の，一種の期限付の売買強制契約については，株式を譲渡するか否かの自由も制限することになる。しかし非公開会社では株式を譲渡したくても買取人を見出すのは容易ではないのが現実であり，むしろ，株主の投下資本回収を容易にする側面を持つ。また，非公開会社では従業員持株制度を維持・促進するために退職従業員から株式を引き取る必要性があることも否定できない。売買強制契約は有効と扱ってよい。

　契約により譲渡を制限する場合，譲渡価格をいくらにするかについては，契約自由の原則が妥当する。契約自由の原則が妥当するといっても，公序良俗に違反すると無効になるのは当然である。いかなる価格による契約が公序良俗に違反するかは，株主の投下資本回収の利益との関係で判断しなければならない。取得価格，または額面株式制度が存在した当時の額面額で譲渡する契約は，キャピタル・ゲインの取得を否定することになる。しかし，それだけでは，従業員株主が本来受けるべき重要な利益を奪うものとはいえない。従業員持株制度の下での従業員株主の主たる利益は，剰余金の配当を受けることにより会社利益の分配にあずかることにあるからである。過去に一定水準の配当実績があることは，時価で譲渡できないことの不当性を否定する。また，株式の取得価格が時価より安いことも，譲渡価格の不当性を否定する理由となる。そのような取得価格により得られる利益は，会社の従業員であることによって得られる利益であるからである。これに対し，非上場会社の株式は譲渡価格を定めるのが困難であることは，時価で譲渡できないことの不当性を否定する理由にならない。

　非公開会社の従業員持株制度の下でされている株式の譲渡および譲渡価格を制限する契約は，一般的には有効と解してよい（青竹・新展開100頁以下）。

(5) 相続等の制限

　株式の内容としての定款による譲渡制限は，一般承継による株式の移転を含まない。しかし，非公開会社では，株式の相続等の一般承継による移転により好ましくない者が株主となることを阻止したいと望むことがある。そこで，平成17年制定の会社法は，相続その他の一般承継により株式を取得した者に対し，会社は，その株式の売渡しを請求できる旨を定款で定めることができるとしている（174条）。

　定款の定めにもとづいて売渡請求をするときは，その都度，株主総会の決議で，売渡請求する株式の数，請求の対象となった株式を有する者の氏名・名称を定めなければならない（175条1項）。決議は，特別決議による（309条2項3号）。売渡請求の対象となった株式を有する者はその総会において議決権を行使することができないが，その者以外の株主の全部がその総会において議決権を行使できない場合は，行使することができる（175条2項）。株主の少ない会社では，対象となった株式を有する者以外に議決権を行使できる者がいない場合があるからである。

　株主総会の決議があると，会社は，相続人その他の一般承継人に対し，売渡請求をすることができる（176条1項本文）。ただし，相続その他の一般承継があったことを知った日から1年を経過したときは，請求することができない（同項ただし書）。1年を経過すれば，会社に自己株式の取得まで認めて相続人等が株主となることを阻止することを認める必要はないからであろう。取得は，会社の財源による制約を受ける（461条1項5号）。会社は，その請求にかかる株式の数を明らかにして請求しなければならない（176条2項）。会社は，請求をいつでも撤回することができる（176条3項）。

　株式の売買価格は，会社と相続人その他の一般承継人との協議によって定める（177条1項）。協議がととのわないときは，当事者は，売渡請求があった日から20日以内に，裁判所に対し，売買価格の決定の申立てをすることができる（同条2項）。協議がととのわない場合で，裁判所に対する申立てがない場合は，会社の売渡請求は効力を失う（同条5項）。

Ⅳ　株式の質入れ

（1）　質入れの方法

　株式は譲渡できるのと同じく，株主は，その有する株式に質権を設定することができる（146条1項）。株式の質入には，略式質と登録質がある。

　株券のある会社の略式質の場合は，質権は株券を交付することにより成立する（146条2項）。株券のある会社の株式の質権者が質権をもって会社その他の第三者に対抗するには，株券を継続して占有することを要する（147条2項）。株券のない会社の株式の質入れは，株主名簿上に質権者の氏名・名称および住所を記載・記録しなければ，質権をもって会社その他の第三者に対抗できない（147条1項）。したがって，登録質の方法によってしか質入れすることはできない。ただし，株券発行会社から株券不発行会社に移行する際に質権者の請求により株主名簿に記載・記録された特例登録質（218条5項）は，略式質の効力しか認められない（152条1項かっこ書）。登録質の場合は，株券のある会社であるか否かを問わず，質権設定者の請求にもとづき，会社は株主名簿に質権者の氏名・名称・住所および質権の目的である株式を記載・記録しなければならない（148条）。

　株式の振替対象会社では，振替先口座の質権欄への記載・記録により質権が成立する（社債株式振替132条3項5号・141条）。総株主通知の際に質権設定者のみが通知されるものが略式質に当たり（社債株式振替151条2項2号），質権者の氏名・名称および住所などが会社に通知され，会社が株主名簿に記載・記録したものが登録質である（社債株式振替151条3項4項・152条1項）。

　なお，株式の譲渡担保は，会社法に規定はないが，略式質と登録質に対応して，略式型と登録型がある。実務では，登録質および登録型の譲渡担保はあまり利用されていない。設定者は担保権設定の事実が公になることを嫌うからである。

（2）　質権者の権利

　株式の質権者は，優先弁済を受け（民362条2項・342条），転質する権利を有する（民362条2項・348条）。質権者が優先弁済を受ける方法は，原則として競売である（民執190条・122条）。

会社法は，質権者の物上代位権について，株式を目的とする質権は，会社が行う，①取得請求権付株式の取得，②取得条項付株式の取得，③全部取得条項付種類株式の取得，④株式の併合，⑤株式の分割，⑥株式の無償割当て，⑦新株予約権の無償割当て，⑧剰余金の配当，⑨残余財産の分配，⑩組織変更，⑪会社が消滅する場合の合併，⑫株式交換，⑬株式移転，⑭株式の取得で①～③の行為による取得以外のもの，により株主が受けることができる金銭その他の財産について存在するとしている（151条）。

従来，⑧の剰余金の配当，⑨の残余財産の分配により株主が受ける金銭について物上代位的効力が略式質権者に及ぶかについては争いがあり，下級審判例には，剰余金配当支払請求権は基本権である株式自体ではなく，また株式の変形物たる権利でないことなどを理由に，剰余金配当支払請求権には略式質の物上代位的効力は及ばないとしたものがあった（東京高判昭和56・3・30高民34巻1号11頁）。会社法は，物上代位的効力が及ぶことを明らかにしている。新株引受権に当たる新株予約権の無償割当て（277条）についても，物上代位的効力が及ぶことも明らかになっている。

物上代位権の行使方法については，略式質権者には規定がない。そこで，一般原則により，目的物が質権設定者に支払われまたは引き渡される前に，その差押えをしなければならない（民362条2項・350条・304条1項ただし書）。ただし，株券のある会社で，金銭の支払などを受けるのにその行為にかかる株券の提出を必要とする場合（219条1項2号～4号参照），株券を占有する略式質権者が株券を提出して金銭の支払などを請求でき，差押えを必要としないと解してよい。

これに対し，登録質権者の場合は，①～③および⑥の行為により株主が受ける株式について，会社がその質権者の氏名・名称および住所を株主名簿に記載・記録し（152条1項），株券のある会社では，株主が受ける株式にかかる株券をその質権者に引き渡す（153条1項）。併合した株式および分割した株式についても同様である（152条2項3項・153条2項3項）。また，登録株式質権者は，①～⑭の行為により株主が受けることができる金銭を直接に受領し，他の債権者に先立ち自己の債権の弁済にあてることができる（154条1項）。

第5節　自己株式の取得と親会社株式の取得

I　自己株式の取得

(1)　自己株式の取得事由

　会社が自己の発行済株式を取得することは，それが資本金を財源とするときは，出資の払戻しとなり会社債権者を害することになる。また，分配可能額を財源とするときでも，取得の方法と価額いかんによっては，株主相互間および残存株主との不平等・不公平を生じさせる。そのほか，自己株式の取得は，現経営者の地位保全や相場操縦（証取159条），インサイダー取引（証取166条）などに利用されるおそれがある。また，自己株式を保有していると，会社の業績が下がったときに自己株式の株価も下がるから，会社は二重の損害を受けることになる。そこで，平成13年改正前は，自己株式の取得を原則として禁止し，取得を認める必要性がある例外的な場合に取得を許容していた（改正前旧商210条1号～5号・210条ノ2第1項・210条ノ3第1項・212条ノ2第1項）。また，例外的に許容される場合でも，自己株式は相当の時期に処分すべきものとしていた（改正前旧商211条）。

　他方，余剰資金のある会社で適当な投資機会がないような場合，株主への利益分配の一方法として自己株式を取得したり，株式持合いの解消の方法として自己株式を取得したりするなど，自己株式の取得の有用性が説かれていた。平成13年改正は，主として株式市場の活性化のために，会社による自己株式の取得を目的を問わずに許容した。自己株式を担保として取得することの制限も廃止した。また，会社が自己株式を保有し続けることも許容した。「金庫株」の解禁といわれるゆえんである。しかし，自己株式の取得の弊害防止のため，取得の手続・方法・取得財源は制約されていた。また，自己株式を処分する場合は，原則として新株発行の手続によるものとしていた。これらの自己株式の取得の許容と手続などは，会社法に基本的に引き継がれている。

　会社法155条は，会社が自己株式を取得できる場合として，つぎのもの

を挙げている。①取得条項付株式の取得事由が生じた場合，②譲渡制限株式を買い取ることの請求があった場合，③株主との合意による自己株式の取得に関する株主総会決議または取締役会決議があった場合，④取得請求権付株式の株主からの取得請求があった場合，⑤全部取得条項付種類株式を取得する株主総会決議があった場合，⑥相続その他の一般承継により株式を取得した者に対し売渡請求をした場合，⑦単元未満株式の買取請求があった場合，⑧所在不明株主の株式を買い取ることを定めた場合，⑨１株に満たない端数の合計数を買い取ることを定めた場合，⑩外国会社を含む他の会社の事業の全部を譲り受ける場合において当該他の会社が有する自己株式を取得する場合，⑪合併後消滅する会社から自己株式を承継する場合，⑫吸収分割する会社から自己株式を承継する場合，⑬その他法務省令で定める場合，である。

法務省令で定める場合としては，自己株式を無償で取得する場合，反対株主の株式買取請求があった場合などがある（会社則27条）。

(2) 取得の手続・財源

(a) 株主との合意による取得　会社が，市場における取引または証券取引法27条の2第6項に規定する公開買付けの方法によらず，株主との合意により自己株式を有償で取得するには，あらかじめ，株主総会の決議を要する（156条1項）。決議は普通決議によるが（309条2項2号），株主総会は定時総会でも臨時総会でもよい。従来は，自己株式の取得は利益処分の性質があることから定時総会の決議によることとされていたが（旧商210条1項），臨時総会でもよいとしたのは，会社法において定時総会以外の総会でも剰余金の配当決議をできるようにしたためである（454条1項）。

決議事項は，取得する株式数，種類株式発行会社では取得する株式の種類および種類ごとの数，対価として交付する金銭等の内容およびその総額，株式を取得することができる期間である（156条1項1号〜3号）。取得する株式数には制限はない。対価として金銭以外の財産を交付することができる。金銭以外の財産を配当財源とする剰余金の配当を認めたこと（454条1項1号），に合わせたものである。取得できる期間は1年を超えることはできない（156条1項ただし書）。

株主総会の授権にもとづき自己株式を取得しようとするときは，会社は，

その都度，具体的な内容を決定しなければならない（157条1項）。取締役会設置会社では取締役会が決定し（157条2項），それ以外の会社では取締役が決定する（348条1項）。

決定事項は，取得する株式数，株式1株の対価として交付する金銭等の内容および数もしくは額またはこれらの算定方法，交付する金銭等の総額，株式の譲渡しの申込期日である（157条1項1号〜4号）。株式の譲渡しの申込期日を決定しなければならないのは，すべての株主からの申込みを受けて取得する一種のミニ株式公開買付けの制度を認めているからである。

会社は，株主に対し，取締役会または取締役が決定した事項を通知しなければならない（158条1項）。公開会社では，通知に代えて公告によることができる（同条2項）。

通知を受けた株主は，その有する株式の譲渡しの申込みをしようとするときは，会社に対し，申込みにかかる株式の数，種類株式発行会社では株式の種類および数を明らかにしなければならない（159条1項）。会社は，申込期日において，株主が申込みをした株式の譲受けを承認したものとみなされる（同条2項本文）。ただし，申込総数が株主総会で決議した取得株式数を超えるときは，各株主が申込みをした株式の数に応じて按分した株式の譲受けを承諾したものとみなされる（同条2項ただし書）。株主相互間の平等を図るためである。

自己株式を特定の株主から取得することも認められている。特定の株主から取得する場合は，取締役会・取締役に授権する株主総会の決議事項の決定に併せて，その決議で，取得株式数，取得対価などについての通知を特定の株主に行う旨を決定する（160条1項）。特定の者から取得するときは，株主相互間の投下資本回収の機会が不平等になるおそれが大きい。そこで，その決議は，総会の特別決議によらなければならない（309条2項2号かっこ書）。また，決議の公正を図るため，特別決議には，売主である特定の株主は原則として議決権を行使できないことになっている（160条4項本文）。さらに，会社は，特定の株主に通知する旨の決定をしようとするときは，原則として株主総会の日の2週間前までに，株主，または取得する種類の株式の種類株主に対し，つぎの請求をすることができる旨を通知しなければならない（160条2項，会社則28条）。株主・種類株主は，

特定の株主に自己をも加えたものを株主総会の議案とすることを，総会の日の5日前までに請求することができること，である（160条3項，会社則29条）。いわゆる売主追加請求権であり，株式の売却の機会が保障されていない会社における株主相互間の平等を図るために認めたものである。

　取得する株式が市場価格のある株式で，株式1株の対価として交付する金銭等の額が市場価格として法務省令で定める方法（会社則30条参照）により算定されるものを超えないときは，売主追加請求は認められない（161条）。他の株主は市場で株式を売却することができ，また，取得価額が相当であれば他の株主は不利益を受けることはないからである。また，非公開会社において相続人その他の一般承継人から株式を取得する場合も，当該相続人その他の一般承継人が株主総会・種類株主総会で議決権を行使していない場合を除き，売主追加請求は認められない（162条）。また，特定の株主から取得する場合に他の株主が売主追加請求ができない旨を定款で定めることができる（164条1項）。株式発行後にそのような定款の定めを定款変更により設け，またはそのような定めについての定款を変更しようとするときは，株主全員の同意を得なければならない（164条2項）。

　自己株式を取得するのと引換えに交付する金銭等の総額はその都度，取締役会・取締役が決定するが，交付する金銭等の帳簿価額の総額は会社法461条2項で定める分配可能額を超えてはならない（461条1項3号）。自己株式の取得は会社財産の払戻し・給付にほかならないので，会社債権者を保護する必要があるからである。

　(b)　子会社からの取得　　合意による取得のうち，会社が子会社から自己株式を取得する場合は，取締役会を置いていない会社では株主総会で，取締役会設置会社では取締役会で，取得株式数，取得対価・期間を決定する（163条1項本文）。授権決議後の取得手続の規定は適用されないから（同項ただし書），具体的な取得についてはその業務を執行する者が適宜の方法でできることになる。

　子会社から自己株式を取得する場合も，会社の財源による制約を受ける（461条1項2号）。

　(c)　市場取引・公開買付けによる取得　　会社が，市場における取引および公開買付けの方法により自己株式を取得する場合は，原則として，株

主総会において，取得する株式数，取得対価・期間を決定する（165条1項・156条1項）。授権決議後の取得手続の規定は適用されない（165条1項）。

取締役会設置会社は，市場取引・公開買付けの方法により自己株式を取得する授権決議を取締役会の決議によってできる旨を定款で定めることができる（165条2項）。機動的に自己株式を取得できるようにするためで，平成15年の改正以来認められているものである。

市場における取引は，証券取引所における取引であるが，自己株式取得の実行は，証券取引法上，投資家の重要な情報であるため，公開会社は，総会または取締役会の決議後各月ごとに「自己株券買付状況報告書」を内閣総理大臣に提出し，公衆の従覧に供しなければならない（証取24条の6・25条1項7号，企業開示19条の3）。また，会社が自己株式の取得により相場操縦を行うことを防止するため，内閣総理大臣は，必要かつ適当と認める事項を内閣府令で定めることができるとされ（証取162条の2），「上場等株券の発行者である会社が行う上場等株券の売買等に関する内閣府令」は，会社が発注できる証券会社の数，1日に買付けできる株式数などを制限している（同府令2条〜7条）。また，インサイダー取引を防止するため，公開会社の業務執行を決定する機関が自己株式の取得を決定したことは重要事実となり（証取166条2項1号ニ），会社が新製品の開発などに関する重要事項を公表しないまま自己株式を買い付けることは，インサイダー取引に当たるものとしている（証取166条1項2項）。

市場取引・公開買付けの方法により自己株式を取得する場合も，会社の財源による制約を受ける（461条1項2号）。

(d) 取得請求権付株式の取得　取得請求権付株式の株主は，会社に対し，その有する取得請求権付株式を取得することを請求できる（166条1項本文）。ただし，取得請求権株式を取得するのと引換えに定款所定の財産を交付する場合に，会社の他の種類の株式を交付する場合を除き，財産の帳簿価額が請求の日における分配可能額を超えているときは，請求できない（同項ただし書）。

取得の請求は，請求にかかる取得請求権付株式の数，種類株式発行会社では取得請求権付株式の種類および種類ごとの数を明らかにしなければならない（166条2項）。株券発行会社の株主が請求する場合は，取得請求権

第3章 株　式

付株式にかかる株券を会社に提出しなければならない（166条3項本文）。

会社は，株主からの請求の日にその請求にかかる株式を取得する（167条1項）。請求した株主は，請求の日に，定款が交付の対価として社債を交付すると定めている場合は社債権者，新株予約権を交付すると定めている場合は新株予約権者，新株予約権付社債を交付すると定めている場合は社債権者および新株予約権者，他の種類の株式を交付すると定めている場合は他の株式の株主となる（同条2項）。他の種類の株式を交付する場合に，他の種類の株式の数に1株に満たない端数があるときは，切り捨てられる（同条3項前段）。その場合，会社は，定款に別段の定めがある場合を除き，市場価格のある株式の場合は，株式1株の市場価格として法務省令で定める方法（会社則31条参照）により算定される額，市場価格のない株式の場合は，1株当たり純資産額にその端数を乗じて得た額に相当する金銭を株主に交付しなければならない（167条3項後段）。この取扱いは，社債・新株予約権について端数があるときにも準用される（同条4項）。

他の種類の株式を交付する場合，株式の数は，当該種類株式の発行可能株式総数から当該種類の発行済株式総数を控除した数を超えることはできない（114条2項1号）。

(e)　取得条項付株式の取得　　取得条項付株式について，定款に会社が定めた一定の日が到来することをもって一定の事由が生じた日とする定めがある場合は，定款に別段の定めがある場合を除き，その日を株主総会，取締役会設置会社では取締役会の決議によって定めなければならない（168条1項）。定めた場合，会社は，取得条項付株式の株主およびその登録株式質権者に対し，その日の2週間までにその日を通知しなければならない（同条2項）。公告をもって通知に代えることができる（同条3項）。

定款に一定の事由が生じた日に株式の一部を取得する定めがある場合は，取得条項付株式を取得しようとするときは，その取得する株式を決定しなければならない（169条1項）。その決定は，定款に別段の定めがある場合を除き，株主総会，取締役会設置会社では取締役会の決議でしなければならない（同条2項）。決定した場合，会社は，決定した取得条項付株式の株主およびその登録株式質権者に対し，直ちに，その株式を取得する旨を通知しなければならない（同条3項）。公告をもって通知に代えることが

会社は，取得条項付株式の取得事由が生じた日に株式を取得するが，株式の一部を取得するときは，取得事由が生じた日と株主・登録株式質権者に通知・公告の日が2週間を経過した日のいずれか遅い日に取得する（170条1項）。取得条項付株式の株主は，取得事由が生じた日に，交付の対価の定めに従い，社債権者，新株予約権者，社債権者・新株予約権者または他の株式の株主となる（同条2項）。

会社は，取得事由が生じた後，遅滞なく，取得条項付株式の株主およびその登録株式質権者に対し，取得事由が生じた旨を通知または公告をしなければならない（170条3項本文・4項）。ただし，取得する一定の日を定めた場合は通知または公告が行われるため，通知・公告を要しない（同条3項ただし書）。

取得条項付株式を取得するのと引換えに定款所定の財産を交付する場合に，会社の他の種類の株式を交付する場合を除き，財産の帳簿価額が取得事由が生じた日における分配可能額を超えているときは，会社は株式を取得できず，株主は社債権者などにならない（170条5項）。

他の種類の株式を交付する場合，取得請求権付株式の取得の場合と同じく，交付する株式の数の制約がある（114条2項2号）。

(f) 全部取得条項付種類株式の取得　全部取得条項付種類株式を発行した種類株式発行会社は，株主総会決議で，全部取得条項付種類株式の全部を取得することができる（171条1項）。決議は特別決議による（309条2項3号）。特別決議を要求しているのは，全部取得条項付種類株式では定款に定める時点において取得対価の価額の決定方法だけを定め，具体的内容や価額を定めなくてもよいからである（108条2項7号イ参照）。

株主総会においては，取締役は取得することを必要とする理由を説明したうえ，取得対価が当該会社の株式であるときは，株式の種類および種類ごとの数またはその算定方法，社債であるときは，社債の種類および種類ごとの社債の金額の合計額またはその算定方法，新株予約権であるときは，新株予約権の内容および数またはその算定方法，新株予約権付社債であるときは，新株予約権付社債についてその種類および種類ごとの社債の金額の合計額またはその算定方法，新株予約権についてその内容および数また

はその算定方法，株式等以外の財産であるときは，財産の内容および数もしくは額またはこれらの算定方法を定めなければならない（171条1項1号・3項）。また，取得対価の割当てに関する事項および会社が株式を取得する日を定めなければならない（同条1項2号3号）。

割当てに関する事項の定めは，株主の有する全部取得条項付種類株式の数に応じて取得対価を割り当てる内容でなければならない（171条2項）。したがって，ある株主には株式を，他の株主には金銭を取得対価とする決定をすることはできない。

取得対価を定めた場合，決議に反対する旨を会社に通知し，かつ，決議に反対した株主，当該総会において議決権を行使できない株主は，株主総会の日から20日以内に，裁判所に対し，全部取得条項付種類株式の取得の価格の決定の申立てをすることができる（172条）。

会社は，取得日に株式を取得し，全部取得条項付種類株式の株主は，取得日に，株主総会決議による対価の定めに従い，当該種類の株主，社債権者，新株予約権者，社債権者・新株予約権者となる（173条1項2項）。

全部取得条項付種類株式を取得する場合も，会社の財源による制約を受ける（461条1項4号）。

(g) その他の自己株式の取得　会社が自己株式を取得できるその他の場合のうち，②の譲渡制限株式を買い取ることの請求があった場合，⑥の相続その他の一般承継により株式を取得した者に対し売渡請求をした場合，⑧の所在不明株主の株式を買い取ることを定めた場合については，前述した（116頁，123頁，99頁）。

⑦，⑨は，それぞれの規定によって取得する（192条・234条4項）。⑩〜⑬は，認めざるをえない場合または弊害が考えられないので取得が認められている。他方，自己株式の取得は，それが第三者による名義による場合でも，会社の計算によりされる場合は，自己株式の取得と同様の弊害が生ずる。その場合は，それぞれの自己株式の取得として制約を受ける。⑩の事業の譲受けは全部の譲受けに限定しているから，一部の譲受けの際に自己株式を取得するには，株主総会決議によるか，定款の定めによる取締役会決議によらなければならない。

⑦の単元未満株式の買取請求があった場合，⑬の反対株主の株式買取請

求があった場合は，会社の財源による制約を受けない。単元未満株主，反対株主を保護するためである。⑪の合併による承継，⑫の吸収分割による承継の場合も，会社の財源による制約を受けない。債権者保護手続がとられるためである。⑩の事業全部の譲受けによる取得の場合も，合併と実質的に同じなため，会社の財源による制約を受けない。

（3） 違法な自己株式取得の効果

　自己株式の取得の手続および取得財源に関する規定に違反する自己株式の取得は，弊害防止の規定の趣旨から，取得の全部が無効となる。取得財源の規定に違反する場合など，超過・違法部分だけを無効とすることが考えられるが，超過・違法部分だけを無効とするとどの取得を無効とするか決定しがたいから，全部が無効になると解すべきである。ただし，取得請求権付株式・取得条項付株式以外の自己株式取得の財源規定違反は，株主および業務執行者などの責任が生ずるだけである（166条1項・170条5項・462条1項1号〜5号・463条1項参照）。

　最高裁は，自己株式の取得を全面的に禁止していた昭和56年改正前の旧商法210条に関する事案において，会社が自己株式を質権の目的として受けることは旧商法210条の禁ずるところであり，同規定に違反した質権の設定は無効であるとしている（最判昭和43・9・5民集22巻9号1846頁）。ただし，会社が他人名義で取得する場合は，取得が自己株式の取得になることが相手方にわからないことが多いから，取引の安全を考慮し，相手方が悪意でないかぎり会社は無効を主張できないと解すべきであろう。

　違法な取得を無効とすることにより保護しようとする主体は会社側であり，相手方株主は取得者が発行会社であろうとなかろうと，望んで売却したのであるから，相手方売主に無効の主張を認める必要はない。最高裁は，旧有限会社の自己持分の取得について，自己持分の取得禁止違反による取得の無効は，これを譲渡人から主張することはできないと解するのが相当であるとしている（最判平成5・7・15判時1519号116頁）。ただし，株主相互間の平等も図っている規定の趣旨からすると，相手方売主以外の一般株主などの無効主張が許されないとすることはできない。

　自己株式の取得の手続・取得財源に関する規定に違反して自己株式を取得し，それにより会社に損害が生ずれば，役員等は，任務懈怠行為として，

会社に対して損害賠償責任を負う（423条1項）。

　会社の損害について，平成13年改正前の自己株式の取得が認められる例外的場合に当たらないとされた事案で，自己株式の取得価額から取得時点における自己株式の時価を減算した額とした判例がある（大阪地判平成15・3・5判時1833号146頁）。会社法の下では，自己株式の取得による資本金・資本準備金の増加と後述の貸借対照表の株主資本の控除項目である自己株式の評価額との差額ということになる。

　取得財源に関する規定に違反して会社が自己株式を取得した場合，取得請求権付株式・取得条項付株式の取得を除き，金銭等の交付を受けた株主は，会社に対し，交付を受けた金銭等の帳簿価格に相当する金銭を支払う義務を負う（462条1項1号〜5号）。したがって，株式等の交付を受けた場合でも，金銭を支払わなければならない。また，支払うべき金銭は，会社に与えた損害ではなく，交付を受けた額である。この義務は，株主が分配可能額を超えることについて善意・悪意を問わず負うと解される（463条1項参照）。

　取得財源に関する規定に違反する行為に関する職務を行った業務執行者，総会議案提案取締役，取締役会議案提案取締役なども，会社に対し，連帯して，金銭等の交付を受けた者が交付を受けた金銭等の帳簿価額に相当する金銭を支払う義務を負う（462条1項1号〜5号）。ただし，業務執行者および議案提案取締役などがその職務を行うについて注意を怠らなかったことを証明したときは，支払義務を負わない（同条2項）。業務執行者および議案提案取締役などの義務は免除することはできないが（同条3項本文），分配可能額を限度として総株主の同意により免除することができる（同条3項ただし書）。

　なお，反対株主の株式買取請求があった場合は財源による制約を受けないが，合併・会社分割・株式交換・株式移転・事業譲渡・事業譲受けの際の反対株主の買取請求を除き，自己株式の取得に関する職務を行った業務執行者は，注意を怠らなかったことを証明しないかぎり，分配可能額を超える取得につき支払義務を負う（464条1項）。

　自己株式の取得がされた事業年度の計算書類の承認時に欠損が生じたのに，見通しを誤って自己株式の取得した場合も，自己株式の取得に関する

職務を行った業務執行者は，注意を怠らなかったことを証明しないかぎり，連帯して，分配可能額の超過額を支払う義務を負う（465条1項柱書・1号〜9号）。

（4） 自己株式の法的地位

会社は，適法に取得した自己株式を保有し続けることができる。会社には，自己株式を相当の時期に処分すべき義務は課されていない。

会社は，その保有する自己株式について議決権を有しない（308条2項）。会社支配の公正維持のためである。また，会社は，その保有する自己株式について剰余金配当請求権，残余財産分配請求権は認められない（453条・504条3項）。募集株式の株主割当てを受ける権利も認められない（202条2項）。割当てを受ける権利を認めると，会社が会社資金により株式の払込みをすることを認めることになり，会社の資本充実を害することになるからである。

自己株式は，会社の貸借対照表上，純資産の部の株主資本に設けられる独立の項目である控除項目として計上される（会社計算規108条2項）。そして，剰余金の配当等の分配可能額の算定において，自己株式の帳簿価額は剰余金の額から減じられる（461条2項3号）。

（5） 自己株式の処分・消却

自己株式の処分は，株式の引受けを募集し，引受人から金銭等の払込みを受けて，株式を交付するという点で，募集株式（新株）の発行と類似する。そこで，平成17年制定の会社法は，自己株式の処分を募集株式の発行と併せて，「募集株式の発行等」に統一し，募集株式の発行と同様の規整をしている。

処分する自己株式を引受ける者を募集する場合，非公開会社では，募集事項の決定は株主総会の特別決議によるのが原則である（199条2項・309条2項5号）。募集株式の割当てを受ける権利を株主に与える場合もその決定は株主総会の特別決議によることが原則となる（202条3項4号・309条2項5号）。株主割当てによらずにとくに有利な払込金額で募集するときは，公開会社においても株主総会の特別決議を要する（201条1項）。また，自己株式の処分においても現物出資が認められる（207条）。自己株式処分の無効の訴えも認められる（828条1項3号）。

自己株式を市場売却により処分することは認められていない。インサイダー取引や株価操縦に悪用されるおそれがあるからである。

会社は，その保有する自己株式を消却することができる（178条1項前段）。自己株式の取得から消却までの期間に制限はない。消却する場合，消却する自己株式の数，種類株式発行会社では消却する自己株式の種類および種類ごとの数を定めなければならない（同項後段）。取締役会設置会社では取締役会決議で決定し（同条2項），それ以外の会社では取締役が決定する（348条1項）。

会社法では，株式の消却は自己株式の消却のみとされ，従来の強制消却の規定（旧商213条1項）はなくなっている。会社法が株式の消却について，自己株式の取得および自己株式の消却という形で統一したからである。

強制消却は，全部取得条項付株式または取得条項付種類株式の発行（107条1項3号・108条1項6号）による取得と，取得後の自己株式の消却によって可能である。全部取得条項付株式，取得条項付種類株式は株主の意思によらず一定の事由の発生を条件に強制的に取得するものであるから，発行について定款の定めを設けまたは定款の変更をしようとする場合は，株主全員または当該種類株主全員の同意を要する（110条・111条1項）。

資本の減少による株式の消却（旧商213条1項）は，資本金の減少と株式の消却を切り離したため（447条），資本金の減少に際して株式の消却を行う場合は，資本金の減少にかかる決議と別に，自己株式の取得手続が必要となる。

株式が消却されると，その株式は消滅し，発行済株式総数は減少する。発行済株式総数が減少した分だけ発行可能株式総数が増加し，その分の再発行が認められるかについては，これを肯定する説もある（矢沢惇・企業法の諸問題（商事法務研究会，1981）162頁）。しかし，株式の発行によってその分の発行権限が行使されたのであるから，増加しないと解すべきである。最高裁は，株式を消却したときはそれと同数の普通株式を発行できる旨の定款変更決議について，消却により発行可能株式総数はその分だけを当然に減少するものではないから，発行済株式総数の4倍という発行可能株式総数の限度に違反し，無効であるとしている（最判昭和40・3・18判時413号75頁）。

II　子会社による親会社株式の取得

（1）　取得の禁止と例外

　親子会社は，実質的に支配しているか否かという基準で定義されている（2条3号4号）。子会社は親会社の支配を受けるため，子会社による親会社株式の取得は，会社自身による自己株式の取得と同様の弊害が生ずる可能性がある。また，子会社による取得の場合に，会社自身による取得のように取得財源などを制限して許容すると，複雑にならざるをえない。そこで，会社法は，子会社が親会社の株式を取得することを原則として禁止している（135条1項）。

　子会社による親会社株式の取得は，①外国会社を含む他の会社の事業の全部を譲り受ける場合において，他の会社の有する親会社株式を譲り受ける場合，②合併後消滅する会社から親会社株式を承継する場合，③吸収分割により他の会社から親会社株式を承継する場合，④その他法務省で定める場合，は許容される（135条2項）。法務省令で定める場合は，吸収分割に際して親会社株式の割当てを受ける場合，株式交換に際してその有する自己株式と引き換えに親会社株式の割当てを受ける場合，株式移転に際してその有する自己株式と引き換えに親会社株式の割当てを受ける場合，親会社株式を無償で取得する場合などである（会社則23条）。いずれも認めざるをえない場合である。

　親会社株式の取得禁止に違反する取得の効果については，一般の自己株式の違法な取得の場合と同様である。最高裁は，完全子会社による親会社株式の取得により生じた完全子会社の損害を親会社の損害と同視し，親会社の取締役の責任を認めている（三井鉱山事件・最判平成5・9・9民集47巻7号4814頁）。

（2）　子会社が有する親会社株式の保有・処分

　子会社は，例外的に許容される親会社の株式を取得し，保有することは認められる。子会社が保有する親会社株式については，株式の相互保有の場合の議決権に関する規定により，議決権は認められない（308条1項かっこ書）。剰余金配当については，とくに規定はないが，会社債権者・少数株主の利益を考慮すると，親会社株式に剰余金配当をすることは認めら

れてよい。

　親会社株式を取得した場合，子会社は，相当の時期にそれを処分しなければならない（135条3項）。処分の方法には制約はないが，第三者への処分が容易ではないので，前述（129頁）のように，親会社は，株主総会または取締役会の決定により子会社から自己株式を取得することが認められている。

第6節　株式の併合・分割・無償割当てと単元株式

I　株式の併合

　株式の併合とは，3株を2株とするように，数個の株式を併せてそれより少数の株式とすることである。平成13年改正前は，株式の併合は，最終の貸借対照表上の1株当たり純資産額が5万円未満である会社がその額を5万円以上とする場合（改正前旧商214条1項）など，限られた場合しか認められていなかった。株式の併合は，既存の株式が端株となって株主の利益を害することがあるためである。平成13年改正以来，出資単位を大きくすることについても会社が自由に決定できるようにするために，事由のいかんを問わず株式の併合を認めている（180条1項）。

　会社が株式を併合するには，その都度，株主総会の特別決議を要する（180条2項・309条2項4号）。決議事項は，①併合の割合，②株式の併合が効力を生ずる日，③種類株式発行会社である場合は併合する株式の種類である（180条2項1号～3号）。取締役は，総会で併合を必要とする理由を説明しなければならない（180条3項）。

　会社は，株式の併合が効力を生ずる日の2週間前までに，株主・種類株主および登録株式質権者に対し，決議した事項を通知しなければならない（181条1項）。通知に代えて，公告によることもできる（181条2項）。株券のある会社の場合は，株券の提出公告および通知が必要となる（219条1項2号）。株主は，株式の併合が効力を生ずる日に，その日の前日に有する株式の数に決議で定めた併合の割合を乗じた数の株式の株主となる（182条）。株券発行会社は，併合の効力が生じた日以後遅滞なく株券を発

行しなければならない（215条2項）。

　株式の併合により1株に満たない端数が生じた場合は，その端数の合計数に相当する数を競売し，かつ，その端数に応じて競売により得られた代金を株主に交付しなければならない（235条1項）。あまり利用されていなかった端株制度は廃止されたため，端数が端株原簿に記載・記録されることはない。端数の合計数に1に満たない端数が生ずる場合は，その端数は切り捨てられる（235条1項かっこ書）。会社は，競売に代えて，市場価格のある株式については，市場において行う取引により売却する場合は，その取引により売却する価格をもって，それ以外の場合は，売却する日における当該株式を取引する市場における最終の価格，公開買付けなどの対象であるときの公開買付けなどにかかる契約における当該株式の価格のうち，いずれか高い額をもって，市場価格のない株式は，裁判所の許可を得て競売以外の方法で売却することができる（235条2項・234条2項，会社則50条）。また，会社は，売却する株式の全部または一部を買い取ることができる（235条2項・234条4項）。この場合，買い取る株式の数，種類株式発行会社では株式の種類および種類ごとの数，買取りをするのと引換えに交付する金銭の総額を定めなければならない（235条2項・234条4項1号2号）。取締役会設置会社では，取締役会の決議により決定する（235条2項・234条5項）。

　株式の併合により発行可能株式総数を減少するには定款の変更が必要で，変更後の発行可能株式総数は定款の効力が生じた時における発行済株式総数を下ることはできない（113条2項）。

Ⅱ　株式の分割

　株式の分割とは，2株を3株，種類株式発行会社では同じ種類の株式を2株を3株とするように，発行済株式を細分化して，従来よりも多数の株式とすることである。平成13年改正は，株式の流動性を高めるための株式分割の制約となる1株当たりの純資産額要件に関する規定（改正前旧商218条2項後段）を削除した。そこで，従来行われていた配当可能利益を資本に組み入れて（平成2年改正前旧商293条ノ2参照），その分を引当てとして株式分割を行う株式配当や，法定準備金を資本に組み入れて（平成

2年改正前旧商293条ノ3参照），その分を引当てとして株式分割を行う株式の無償交付の必要性はなくなっている。

　会社が株式を分割するには，その都度，株式総会，取締役会設置会社では取締役会の決議を要する（183条2項）。株主総会決議は，普通決議による（309条1項）。株式の分割は，併合と異なり，既存の株式に端数が生ずることはないからである。決議事項は，①株式の分割により増加する株式総数の株式の分割前の発行済株式総数に対する割合，種類株式発行会社では分割する種類の株式の分割により増加する株式総数の株式の分割前の発行済株式総数に対する割合，および，分割にかかる基準日，②株式の分割が効力を生ずる日，③種類株式発行会社では分割する株式の種類である（183条2項1号〜3号）。

　株式分割においては，分割後の発行済株式総数が発行可能株式総数を超えるときでも，株主総会の決議によらないで，分割の効力発生日における発行可能株式総数をその日の前日の発行可能株式総数に分割割合を乗じた数の範囲内で増加する定款の変更をすることができる（184条2項）。適宜に分割できるように，株主総会の特別決議による定款変更（466条・309条2項11号）の省略を認めたものである。定款の変更は，その業務を執行する者によることになる。ただし，2種類以上の株式を発行している会社では，株主総会の特別決議による（184条2項かっこ書）。発行可能株式総数の変更が各種類株主の利益に影響を及ぼすことがあることを考慮したものである。

　株式分割にかかる基準日は株主総会・取締役会の決議事項であり（183条2項1号），基準日の2週間前までに基準日および株式分割により株式を取得できる旨を公告しなければならない（124条3項）。名義書換未了の株主に名義書換えを促し，株式を取得する機会を与えるためである。

　基準日において株主名簿に記載・記録された株主は，株式分割の効力発生日に，基準日に有する株式の数に決議で定められた割合を乗じた数の株式を取得する（184条1項）。株券発行会社は，効力が生じた日以後遅滞なく株券を発行しなければならない（215条3項）。

　分割により端数が生じた場合の処理は，株式の併合の場合と同じである（235条）。

株式の分割に関する取締役会決議公告

平成○年3月6日

株主各位

○○市○○区○○町○○番地
○○○○株式会社
取締役社長○○○○

平成○年3月5日開催の当社取締役会において，株式の分割に関し，下記のとおり決議いたしましたので公告いたします。

記

1. 平成○年4月1日（○曜日）付をもって，次のとおり普通株式1株を1.1株に分割する。
   (1) 分割により増加する株式数　普通株式○○○，○○○株
   (2) 分割の方法
       平成○年3月31日（○曜日）最終の株主名簿および実質株主名簿に記載された株主の所有株式数を，1株につき1.1株の割合をもって分割する。ただし，分割の結果生ずる1株未満の端数株式は，これを一括売却または買受けし，その処分代金を端数の生じた株主に対し，その端数に応じて分配する。
2. 配当起算日　　　平成○年4月1日
3. その他この株式の分割に必要な事項は，今後の取締役会において決定する。

以上

お知らせおよびご注意

1. 株式の分割により発行する株券および所有株式に関するご案内は，平成○年5月○日お届出ご住所にお送り申し上げる予定でございます。ただし，1単元（1,000株）未満の株式数は株主名簿に登録し，株券は発行いたしません。
2. 証券保管振替制度ご利用の場合は，平成○年4月1日付にて，株式の分割により増加した株式数が，実質株主名簿およびご預託の証券会社等の顧客口座簿に記載されることになります。
3. 平成○年4月1日以降になされた単元未満株式の買取請求については，その買取代金のお支払が平成○年4月○日以後となります（ただし，実質株主名簿に記載された単元株未満株式についての買取代金は，通常の日程でお支払いいたします）。
4. 単元未満株式の買増請求は，平成○年3月○日から平成○年5月○日までお取扱いを停止いたします。
5. 名義書換未済の株券をお持ちの方は，速やかに名義書換または証券会社等で株券保管振替制度ご利用の手続きをお済ませください。
   なお，住所変更，改印等の届出未済の方は，至急手続きをお済ませください。

株主名簿管理人　　○○信託銀行株式会社
同事務取扱場所　　東京都○○区○○町○丁目○番○号
　　　　　　　　　○○信託銀行株式会社　証券代行部　(03) 0000-0000
同取次所　　　　　○○信託銀行株式会社　全国各支店

注1　新株予約権，新株予約権付社債残存会社は，「株式の分割に関する取締役会決議公告1．(1)」を次のとおりとする。
　　　(1) 分割により増加する株式数　普通株式とし，平成○年3月31日最終の発行済株式総数に0.1を乗じた株式数。ただし，1株未満の端数株式はこれを切り捨てる。

注2　買増制度不採用の会社においては，「お知らせおよびご注意の4．」は不要。
注3　株主名簿に記載された単元未満株式の買取代金支払時期および単元未満株式の買増停止期間については，株式取扱規程の規定と異なる取扱いになることから，これを取締役会で決議しておくことが望ましい。

以上

なお，判例は，株式の分割は株式を発行することと異なるので，募集株式の不公正発行による差止めに関する規定（210条2号，旧商280条ノ10）は適用されないとしている（東京地決平成17・7・29判時1909号87頁）。

III 株式の無償割当て

　株式の無償割当ては，株主に対して新たな払込みをさせないで会社の株式を割り当てることである（185条）。株式の無償割当ては，株主の有する株式と異なる種類の株式を割り当てることができる（186条1項1号・184条1項かっこ書参照）。株式の無償割当ては，同じ種類の株式に分割する場合しか株式分割と呼べないのではないかという疑問が出されていたことから，会社法において，平成2年改正前の無償交付と類似した制度を導入したものである。

　会社が株式の無償割当てをするには，株主総会，取締役会設置会社では取締役会の決議を要する（186条3項本文）。ただし，定款で別段の定めをすることができる（同項ただし書）。決議事項は，①株主に割り当てる株式の数またはその数の算定方法，種類株式発行会社では割り当てる株式の種類および種類ごとの数またはその数の算定方法，②無償割当てが効力を生ずる日，③種類株式発行会社では無償割当てを受ける株主の有する株式の種類，である（同条1項）。①については，当該会社以外の株主・種類株主の有する株式の数に応じて割り当てることを内容とするものでなければならない（同条2項）。したがって，会社の有する自己株式は割当ての対象から除外される。株式分割と株式の無償割当ては類似する制度であるが，株式分割については除外する明文の規定がないから自己株式にも及ぶと解され，両制度に差異が生ずることになる。

　株式の無償割当てを受けた株主は，その効力発生日に，割り当てられる株式の株主となる（187条1項）。会社は，効力発生日後遅滞なく，株主・種類株主およびその登録株式質権者に対し，その株主が割当てを受けた株式の数，株式の種類および種類ごとの数を通知しなければならない（同条2項）。

Ⅳ　単元株式

　平成13年改正は，出資単位の最低限についての制約を廃止したことに伴い，単元株式制度を創設し，会社法に引き継がれている。単元株式制度は，定款で一定数の株式をもって株主が株主総会または種類株主総会において1個の議決権を行使することができるが，単元未満株式を有する株主は議決権を行使することができないとするものである（188条1項・189条1項）。

　単元株式制度を採用するかどうかは定款の定めによる（188条1項）。また，1単元の株式数（2条20号）も定款で自由に定めることができる。ただし，1単元の株式数は1000株を超えることはできない（188条2項，会社則34条）。大株主が制度を濫用することを防止するためである。また，種類株式発行会社では，単元株式数は株式の種類ごとに定めなければならない（188条3項）。

　定款を変更して単元株式制度を採用する場合は，株主総会の特別決議によることが必要で（466条・309条2項11号），取締役は，定款変更を目的とする株主総会において単元株式数を定めることを必要とする理由を説明しなければならない（190条）。株式分割と同時に単元株式数を増加または単元株式制度を採用するときで，変更の前後で各株主の有する議決権の数が減少しない場合は，単元株式数を増加または単元株式制度の採用について株主総会の決議によらないで定款を変更することができる（191条）。株主の権利内容が変化しないためである。また，単元株式数を減少しまたは単元株式制度を廃止する定款変更は，取締役の決定または取締役会の決議によってすることができる（195条1項）。小さな株式に議決権を付与することになり，株主に不利益を与えることにならないからである。

　単元未満株主には議決権は認められない。また，①全部取得条項付種類株式の取得対価の交付を受ける権利，②取得条項付株式の取得対価の交付を受ける権利，③株式の無償割当てを受ける権利，④単元未満株式を買い取ることを請求する権利，⑤残余財産の分配を受ける権利，⑥その他法務省令で定める権利，以外の権利の全部または一部について単元未満株主の単元未満株式は権利を行使することができない旨を定款で定めることがで

きる（189条2項）。

　その他法務省令で定める権利は，①定款の閲覧・謄写などを請求する権利，②株主名簿に記載・記録された事項の書面の交付などを請求する権利，③株主名簿の閲覧・謄写などを請求する権利，④株主名簿の名義書換えを請求する権利，⑤譲渡制限株式の譲渡・取得の承認を請求する権利，⑥公開会社でない株券発行会社の株券の発行を請求する権利，⑦株券の所持を希望しない申出をする権利，⑧株式の併合・分割，新株予約権無償割当て，剰余金の配当，組織変更により金銭等の交付を受ける権利，⑨吸収合併存続会社，新設合併設立会社，株式交換完全親会社，株式移転設立完全親会社が交付する金銭等の交付を受ける権利，である（会社則35条）。

　単元未満株主は，会社に対し，その有する単元未満株式を買い取ることを請求することができる（192条1項）。単元未満株式を譲渡することは困難であるからである。買取請求をした単元未満株主は，会社の承諾を得た場合にかぎり，請求を撤回することができる（同条3項）。

　買取請求があった場合には，単元未満株式が市場価格のある株式であれば，市場価格として法務省令で定める方法（会社則36参照）により算定される額が単位未満株式の価格となり（193条1項1号），それ以外の株式であれば，当事者で協議し，協議がととのわないときは，当事者は買取請求をした日から20日以内に，裁判所に対し，価格の決定を申立てることができる（193条1項2号・2項）。所定の期間内に決定の申立てがないときは，1株当たり純資産額に請求にかかる単元未満株式の数を乗じた額が単元未満株式の価格となる（193条5項）。

　会社は，単元未満株主が有する単元未満株式の数と併せて単元株式数となる数の株式を単元未満株主に売り渡すことを請求できる旨を定款で定めることができる（194条1項）。株主としての権利を行使できるようにするためである。単元未満株式の売渡請求を受けた会社は，単元未満株式の数に相当する数の株式を有しない場合を除き，自己株式を単元未満株主に売り渡さなければならない（同条3項）。

第7節 株　　券

I　株券の意義・性質

　株券は，株式，すなわち株主としての地位を表章する有価証券である。株券は，株主の地位を表章するものであるから，いわゆる社員権的有価証券である。株券は，会社の成立または募集株式の発行によってすでに発生している株式，すなわち株主の地位を表章するものであり，株券の作成により発生するものではないから，設権証券ではない。

　株式の譲渡は株券発行会社では株券の交付によって行われるが（128条1項本文），株主の権利行使は株主名簿の記載・記録が会社に対する対抗要件となり（130条2項），いったん株主名簿の名義書換えをしておけば，権利を行使するたびに株券を呈示する必要はない。株券については，権利と証券の結び付きは手形や小切手のようには強くない。

II　株券の発行と提出

（1）　株券の発行

　会社は，その株式について，種類株式発行会社では全部の種類の株式について，株券を発行する旨を定款で定めることができる（214条）。株券は，定款に定めがある場合のみ発行できることになる。種類株式発行会社では種類株式ごとに株券発行の有無に差異を設けることはできない。株券発行会社であることは登記事項である（911条3項10号）。株券は定款の定めがある場合のみ発行できるとしたのは，平成17年制定の会社法による。株式の譲渡制限会社では株券を発行していない会社が多かったこと，また，公開会社・上場会社では株式の振替制度が導入されることからである。

　定款の定めにより株券発行会社となった場合は，会社は，株式を発行した日以後遅滞なく株券を発行しなければならない（215条1項）。

　定款の定めにより株券発行会社となった場合でも，公開会社でない会社は，株主の請求があるまで株券を発行しないことができる（215条4項）。株券発行会社における株券未発行の違法状態を解消するためである。また，

株券発行会社であって，単元株式制度を採用した会社は，定款で，単元未満株式にかかる株券を発行しない旨を定めることができる（189条3項）。僅かな株式につき株券を発行するコストを節約することを認めるためである。

株券発行会社が株券を発行する旨の定款の定めを廃止する定款の変更をするときは，会社は，定款の変更の効力が生ずる日の2週間前までに，株券を発行する旨の定款の定めを廃止する旨，定款の変更が効力を生ずる日，その日において株券は無効となる旨を公告し，かつ，株主・登録株式質権者に各別に通知しなければならない（218条1項）。株券不発行会社になると，株式の譲渡および質入れは株主名簿への記載・記録が会社および第三者に対する対抗要件となるので（130条1項・147条1項），名義書換未了の株主・登録株式質権者に名義書換えを促すためである。略式質権者は，会社に対し，定款の変更の効力が生ずる前日までに，質権者の氏名・名称および住所，質権の目的である株式を株主名簿に記載・記録することを請求できる（218条5項・148条）。

株券発行会社であって株式の全部について株券を発行していない会社は，株券を発行する旨の定款の定めを廃止する旨などを株主・登録株式質権に通知すれば足り，通知は公告をもって代えることができる（218条3項4項）。株券は定款の変更が効力を生ずる日に無効となる（同条2項）。

株券には，法定の事項および株券の番号を記載し，代表取締役・代表執行役が署名しまたは記名押印しなければならない（216条1項）。法定事項は，①会社の商号，②当該株券にかかる株式の数，③譲渡による当該株券にかかる株式の取得について会社の承認を要することを定めたときはその旨，④種類株式発行会社では当該株券にかかる株式の種類および内容である（同項1号〜4号）。株主の氏名・名称は法定事項ではない。

有効に成立している株式について要件を具備して作成した株券は，いつから株券として効力を生ずるか。最高裁は，株主に交付した時に株券となり，交付しない間は株券たる効力を有しないとする立場をとっている（最判昭和40・11・16民集19巻8号1970頁）。この交付時説に対し，学説では，株券が作成された時とする作成時説が多くなっている（鈴木＝竹内・124頁，河本・118頁，北沢・190頁，前田196頁，龍田・211頁など）。どの立場をと

るかによって利害が対立するのは，未交付の株券が盗まれ，あるいは紛失したときの株主とその株券の善意取得者である。作成時説によれば，善意取得（131条2項）が認められるが，交付時説によれば，株主はその地位を失わない。株券については1つの株式につき二重に株券を発行することは許されないから，手形の場合のような外観理論により善意取得者を保護することはできない。また，実務では，運送中の株券につき会社は運送保険契約を締結し，事故が発生した場合には保険金の支払を受け，それで代わりの株券を買って株主に交付している。そこで，株券の効力発生時期については，善意取得者を保護するために作成時説をとるべきである。

（2）　株券の提出と公告・通知

株券発行会社は，株式の全部について株券を発行していない場合を除き，つぎの行為をする場合に，当該行為の効力が生ずる日までに会社に対しその行為にかかる株券を提出しなければならない旨をその効力が生ずる日の1か月前までに公告し，かつ，株主・登録株式質権者に各別に通知しなければならない（219条1項）。公告・通知を要する行為は，①譲渡制限株式とするために定款の定めを設ける定款の変更，②株式の併合，③全部取得条項付株式の取得，④取得条項付株式の取得，⑤組織変更，⑥当該会社が消滅する合併，⑦株式交換，⑧株式移転である（同項1号～8号）。

株券発行会社では，公告・通知を要する行為の効力が生ずる日までに会社に株券を提出しない者があったときは，株券の提出があるまでの間，それらの行為によって当該株券にかかる株式の株主が受けることができる金銭等の交付を拒むことができる（219条2項）。株券は，それらの行為の効力が生ずる日に無効となる（219条3項）。ただし，判例は，株券提出期間の経過前に株主になっていた者は，期間を経過して株主となった後でも，旧株券の交付を受けて株式を譲り受けたことを証明して，名義書換えを請求することができるとしている（最判昭和60・3・7民集39巻2号107頁）。

株券の喪失などにより株券を提出できない者があるときは，会社は，その者の請求により，請求者に費用を負担させて，利害関係人に対し異議があれば3か月を下らない一定期間内に異議を述べることができる旨を公告することができる（220条1項3項）。一定期間内に利害関係人が異議を述べなかったときは，会社は，その請求者に対し，金銭等を交付することが

できる（同条2項）。異議催告公告制度であり，株券喪失登録制度と類似する制度である。

判例は，異議催告公告の請求は，株主名簿上の株主であることを要せず，株券提出期間の経過前の相続により株式が数人の共有に属することになった場合に，権利行使者の指定が期間経過後にされたときでも，権利行使者において請求できるとしている（最判昭和52・11・8民集31巻6号847頁）。

III 株券不所持制度と喪失登録制度

（1）株券不所持制度

株券発行会社の株主も株主名簿の名義書換えをしておけば株主の権利を行使できるから，当分株式を処分しないつもりの株主には，株券は不要である。また，株式は株券の交付によって譲渡されるから，株券を喪失したときは，善意取得され，株主の権利を失う危険がある。そこで，株券の不所持制度が認められている。この制度は，絶対に株券を発行しないことを認めるものではない。

株主は，その有する株式につき株券の所持を希望しない旨を会社に申し出ることができる（217条1項）。この申出は，株券が発行される前にすることもできるし，すでに株券が発行された後でもすることができる。すでに株券が発行されているときは，株主は，申出に際して株券を会社に提出しなければならない（同条2項後段）。

不所持の申出があったときは，会社は遅滞なく申出にかかる株式につき株券を発行しない旨を株主名簿に記載・記録しなければならない（217条3項）。株主名簿に記載・記録したときは，会社は株券を発行することはできず，提出された株券は無効となる（同条4項5項）。

不所持の申出をした株主は，株式の譲渡などのために株券を必要とするときは，いつでも会社に対して，申出にかかる株式につき株券を発行することを請求することができる（217条6項前段）。申出に際して株券を提出していた場合は，株券発行の費用は当該株主が負担する（同項後段）。

（2）株券喪失登録制度

株主が株券を喪失した場合，株券を喪失した者には，従来は，裁判所の公示催告の手続によって除権判決を得て喪失株券を無効とし，そのうえで

会社に対し株券の再発行を求める方法しかなかった（平成14年改正前旧商230条）。しかし，公示催告の制度，除権判決の制度は，手間と時間をかけて公示催告を申し立てても除権判決前の喪失株券の善意取得を阻止することはできず，他方，公示催告の公告は裁判所・取引所に提示し，官報に掲載されるだけで，株券の所持人が公示催告の存在を知ることはあまり期待できないなどの問題があった。そこで，平成14年改正は，公示催告・除権判決に代えて，株券喪失登録制度を新設し，会社法に引き継がれている。株券には，公示催告の手続による除権判決の制度は適用されない（233条）。

株券を喪失した者は，株券発行会社に対し，当該株券についての株券喪失登録簿記載事項を株券喪失登録簿に記載・記録することを請求することができる（223条）。請求は，株券喪失登録請求者の氏名・名称・住所および喪失した株券の番号を明らかにしてしなければならない（会社則47条2項）。また，請求者が当該株券にかかる株式の株主として株主名簿に記載・記録されている場合は，株券喪失の事実を証する資料を会社に提供しなければならない（会社則47条3項1号）。それ以外の場合は，請求者が請求にかかる株券を株主名簿に記載・記録されている株式を取得した日以後に所持していたことを証する資料，および株券喪失の事実を証する資料を会社に提供しなければならない（会社則47条3項2号）。

株券発行会社は，株券喪失登録簿を作成し，喪失登録の請求があったときは，①請求にかかる株券の番号，②喪失者の氏名・名称および住所，③請求の株券にかかる株主または登録株式質権者として株主名簿に記載・記録されている者の氏名・名称および住所，④請求にかかる株券につき喪失登録をした日，を記載・記録しなければならない（221条）。

株券喪失登録簿は，本店または株主名簿管理人の営業所に備え置かれ，何人も登録簿の閲覧・謄写を請求することができる（231条1項2項）。

株券喪失登録者が当該株券の株主名簿に記載・記録されている名義人でないときは，会社は，遅滞なく名義人に対し，その株券につき喪失登録した旨およびその株券番号，喪失者の氏名・名称・住所，喪失登録日を通知しなければならない（224条1項）。また，喪失登録された株券が権利行使のために会社に提出されたときは，会社は，遅滞なくその株券を提出した者に対し，株券が喪失登録されていることを通知しなければならない（同

条2項)。いずれも，登録抹消申請の機会を与えるためである。

　喪失登録された株券を所持する者は，喪失登録日の翌日から起算して1年を超えない期間内に，会社に対し，株券喪失登録の抹消を申請することができる（225条1項）。申請者は，会社に対し株券を提出しなければならない（同条2項）。抹消の申請を受けた会社は，遅滞なく株券喪失登録者に対し，抹消の申請をした者の氏名・名称・住所および株券番号を通知しなければならず（同条3項），会社は，通知の日から2週間を経過した日に，株券を抹消申請者に返還し，その株券にかかる株券喪失登録を抹消しなければならない（同条4項）。

　株券喪失登録者も，喪失登録の抹消を申請でき，会社は，申請がされた日に喪失登録を抹消する（226条1項2項）。

　株券を発行する旨の定款の定めを廃止する定款の変更をする場合は，株券発行会社は，定款の効力が生ずる日に株券喪失登録を抹消しなければならない（227条）。株券喪失登録者が前述（149頁）の異議催告公告の請求をした場合は，株券発行会社は，異議申立期間の末日が喪失登録された株券が無効となる日の前に到来するときにかぎり，異議催告公告をすることができる（229条1項）。公告した場合，会社は，公告をした日に当該公告にかかる株券についての喪失登録を抹消しなければならない（229条2項）。

　株券喪失登録された株券にかかる株式については，株券発行会社は，喪失登録が抹消された日または株券喪失登録日の翌日から起算して1年を経過した日のいずれか早い日までの間は，株主名簿の名義書換えをすることはできない（230条1項）。また，喪失登録者が登録した株券にかかる株式の名義人でないときは，当該株式の株主は，登録抹消日までの間，株主総会・種類株主総会において議決権を行使することはできない（同条3項）。

　株券喪失登録された株券は，抹消の申請によって登録が抹消された場合を除き，喪失登録日の翌日から1年を経過した日に無効となる（228条1項）。株券が無効となると，株券発行会社は，株券喪失登録者に対し株券を再発行しなければならない（同条2項）。登録者が名義人でないときは，株券の再発行を受けた後，名義書換えの請求をすることになる。

第4章 機　　関

第1節 総　　説

I　機関の意義

　会社の運営・管理機構として，会社には機関が置かれる。会社は法人であるから，自ら意思を有し行為をすることはできない。そこで，会社の意思決定や行為をするためには，一定の地位にある者またはそれらの会議体のする意思決定や行為を会社の意思・行為とすることが必要になる。このような一定の地位にある者または会議体を，会社の機関という。

II　株式会社の機関構成

（1）　株主総会と取締役

　株式会社においては，すべての会社について，株主総会と取締役を置くことが要求されている（296条・326条1項）。それ以外の機関を置くかどうかは，原則として各会社の定款自治に委ねられている。それぞれの株式会社が実態に応じた機関構成を採用できるようにするためである。ただし，公開会社や大会社については，一定の機関を設置することが義務づけられている。

　株主総会は，株主によって構成され，株主の総意により会社の意思を決定する会議体の機関である。各株主は，会社の共同所有者の資格において会社の意思を決定したり，会社を直接経営する権限を有しない。しかし，会社の業務執行の意思決定をする取締役または取締役会を構成する取締役の選任・解任は，株主総会が決定する（329条・339条1項）。取締役会を設置しない会社では，会社の運営・管理その他の会社に関する一切の事項について決定することができる（295条1項）。また，個々の株主または総株主の議決権・発行済株式の一定割合を有する株主は，会社の運営を監督

是正する権利を持っている（297条・303条・360・847条など）。また、監査役の監査の範囲を会計に関するものに限定している会社では、株主に業務監査権限が付与されている（357条・367条・371条2項など）。株主総会・株主は会社の経営に関与できないというわけではない。

取締役は、従来は、会議体の機関である取締役会の構成員にとどまっていた。会社法は、従来の有限会社が採用することが可能であった、取締役が1人で、取締役会を設置しない株式会社を認めている（326条1項2項）。そこで、取締役が1人で、取締役会を置かない会社の取締役は、自ら会社の業務を執行し、会社を代表する（348条1項・349条1項）。

（2）取締役会・会計参与・監査役・監査役会・会計監査人

公開会社でも大会社でもない株式会社においては、企業の所有と経営は分離していないから、経営に関与していない少数株主の保護が重要になる。他方、公開会社である大会社では、大多数の株主は株主総会に出席しない。そこで、経営者が株式を所有することなく会社を支配することが可能となる。このような経営者支配に対して、どのように経営者を監視・監督する仕組みを設けるかが重要となっている。

株式会社は、定款の定めによって、取締役会、会計参与、監査役、監査役会または会計監査人を置くことができる（326条2項）。会社の規模を問わないから、中小企業が任意に大会社と同様の機関を設置することも可能である。

公開会社では、取締役会の設置が義務づけられる（327条1項1号）。任意設置を含め、取締役会設置会社では、3人以上の取締役で構成される取締役会が業務執行の意思決定と業務執行の監督を行う（331条4項・362条2項）。個々の取締役は取締役会の構成員にとどまる。そして、取締役の中から取締役会で選定された代表取締役が業務を執行し、会社を代表する（363条1項・349条4項）。しかし、取締役会を構成する各取締役は、代表取締役の業務執行を監視・監督する義務を負う。

取締役会を設置した会社は、原則として、監査役を置かなければならない（327条2項本文）。取締役会設置会社では、会社の業務執行の意思決定は株主総会ではなく（295条2項参照）、取締役会に委ねられるため、株主に代わり会社の業務執行を監督・監査する機関が必要となるためである。

会社法は，会社の規模にかかわらず，監査役は，原則として業務監査権限を有するものとしている（381条1項）。そこで，従来の中会社と小会社の区分は廃止されている。ただし，公開会社でない会社は，定款で監査役の監査の範囲を会計に関するものに限定することができる（389条）。他方，会社法は，専門家が会社機関として取締役などと共同して計算書類の作成を行う会計参与制度を設けている（374条1項）。そこで，公開会社でない取締役会設置会社では，会計参与を置けば，監査役を置かなくてもよいことになっている（327条2項ただし書）。

　監査役会設置会社では，監査役は3人以上で（335条3項），その半数は社外監査役でなければならない（335条3項）。そこで，取締役会を設置しない会社が監査役会を設置することはできない（327条1項2号）。

　会計監査人は，職業専門家として会計監査を行う者であり，会社の機関ではないといわれることがあった。しかし，会計監査人は，株主総会で選任され（329条1項），監査役・監査役会と連携してその職務に当たる者である（397条1項・3項など）。そのうえ，会社法は，取締役，会計参与および監査役を役員といっているが（329条1項かっこ書），役員等の損害賠償責任では，会計監査人を含めて役員等としている（423条1項）。また，責任の軽減について会計監査人を社外取締役と同様に扱い（425条〜427条），会計監査人の責任を株主代表訴訟の対象としている（847条）。会計監査人は株式会社の機関といってよい。

　会計監査人は，従来，大会社またはみなし大会社においてのみ置くことができた（旧商特2条）。会社法では，会社の規模にかかわらず，すべての株式会社が会計監査人を置くことを可能としている。しかし，会計監査人を置くには，業務監査権限を有する監査役を置かなければならない（327条3項）。会計監査人の経営者からの独立性を確保するためである。ただし，会計監査人設置会社であっても，監査役会の設置までは義務づけられていない。

　公開会社である大会社では，監査役会および会計監査人の設置が義務づけられる（328条1項）。株主が多数で，会社債権者も多数であるからである。公開会社でない大会社は，取締役会および監査役会の設置は義務づけられないが，会計監査人を置かなければならない（328条2項）。

株式会社において採用可能な機関構成

	公開会社	公開会社以外
大会社以外	①取締役会＋監査役会＋会計監査人	①取締役会＋監査役会＋会計監査人
	②取締役会＋委員会＋会計監査人	②取締役会＋委員会＋会計監査人
	③取締役会＋監査役＋会計監査人	③取締役会＋監査役＋会計監査人
		④取締役＋監査役＋会計監査人
	⑤取締役会＋監査役会	⑤取締役会＋監査役会
	⑥取締役会＋監査役	⑥取締役会＋監査役
		⑦取締役会＋会計参与
		⑧取締役＋監査役
		⑨取締役
大会社	①取締役会＋監査役会＋会計監査人	①取締役会＋監査役会＋会計監査人
	②取締役会＋委員会＋会計監査人	②取締役会＋委員会＋会計監査人
		③取締役会＋監査役＋会計監査人
		④取締役＋監査役＋会計監査人

（3） 委員会設置会社

　委員会設置会社は，平成14年の改正で認められた委員会等設置会社を引き継いだものである。従来は，大会社またはみなし大会社においてのみ設置が認められていた（旧商特1条の2第3項）。会社法はすべての株式会社が委員会設置会社となることができることとしている（326条2項）。みなし大会社は廃止されている。

　委員会等設置会社は，従来型の機関では業務執行を監査すべき者が同時に業務執行を行っていることが問題であること，および，大会社では取締役の人数が増えすぎて機動性を欠くこと，取締役が代表取締役の実質的な支配下に置かれていることに問題があること，から導入されたものである。

　委員会設置会社では，取締役会の設置が義務づけられている（327条1項3号）。委員会設置会社の取締役会の権限は，業務執行者の監督が中心となる（416条1項2号）。

　委員会設置会社では，監査役を置くことはできない（327条4項）。そして，社外取締役が過半数を占める指名委員会・監査委員会・報酬委員会が置かれ（404条），監査委員会が業務執行の監査を行う（404条2項）。また，

取締役会より委任を受けた業務執行の決定および業務執行を行い，会社を代表する機関として，執行役・代表執行役が置かれる（402条1項・420条）。委員会設置会社では，3委員会と執行役・代表執行役がワンセットとして置かれる。また，委員会設置会社では，会計監査人の設置が義務づけられる（327条5項）。

なお，株式会社がどのような機関構成を採用するかは，株主や会社債権者にとって重要になる。各会社が選択した機関構成は，登記事項である（911条3項15号～22号）。

第2節　株主総会

I　権　限

（1）　会社法の定める決議事項

株式会社の株主総会は，会社法に規定する事項および会社の組織，運営，管理その他の会社に関する一切の事項について決議することができる（295条1項）。

取締役会設置会社では，株主総会は，会社法の規定する事項および定款で定めた事項にかぎり，決議することができる（295条2項）。

会社法に規定する事項は，①会社の基本にかかわる定款の変更（466条），合併（783条1項・795条1項・804条1項），会社分割（783条1項・804条1項），株式交換（783条1項・795条1項），株式移転（804条1項），事業の譲渡（467条1項），会社の解散（471条3号）など，②役員・会計監査人の選任・解任（329条1項・339条1項），③計算書類の承認（438条2項。ただし，439条参照），④その他の株主の重要な利益にかかわる第三者に対する募集株式の有利発行（199条3項・201条1項）など，⑤取締役の専横のおそれのある取締役の報酬の決定（361条1項），などである。

法定決議事項は株主の重要な利益に関する事項として株主総会の権限に留保されているので，定款の定めをもってしても，法定決議事項を取締役，執行役，取締役会その他の株主総会以外の機関の決定に委ねることはできない（295条3項）。これに対し，決議の効力を第三者の同意ないし承認に

かからせる定款の定めは，外部に対する会社自治の自主的制限にすぎず，原始定款または総株主の同意による定款変更をもってすれば有効であるとする見解がある（鈴木＝竹内・227頁，江頭憲治郎・新注会(5)24頁，神谷高保「取締役選任権の委譲(1)」法協114巻11号（1997）365頁）。しかし，疑問である。決議の効力を第三者の同意・承認にかからせることは，総会の決定権限を他の会社の機関に委ねるのと変わりなく，また，同意・承認にかからせる定款の定めは，その株主総会の決議だけでなく，総会を当然に拘束することになるからである。下級審の裁判例も，取締役の選任，定款変更などの決議について県知事の承認を要する旨の定款規定を株式会社の本質に反し無効としている（東京高決昭和24・10・31高民2巻2号245頁）。

(2) 定款による決議事項の拡大

取締役会設置会社においても，定款で株主総会の決議事項を拡大することは認められている（295条2項）。したがって，定款の定めによる総会の決議事項の拡大は，譲渡制限株式の譲渡承認機関（139条1項ただし書）などの会社法が定款で総会の決議事項にできる旨の明文の定めを置いている事項に限らず認められる。

ただし，代表取締役の選定・解職（362条2項3号）は，これを認めると取締役会の代表取締役に対する監督権限の裏付けを失うとして否定する見解がある（大隅＝今井・中209頁，河本・388頁）。しかし，代表取締役は会社の代表機関であって，取締役会の機関ではないから，株主総会が代表取締役を選定・解職することを否定する必要はない。

II 招 集

(1) 招集権者と決定事項

株主総会の招集は，原則として取締役が招集する（296条3項）。取締役は，株主総会を招集する場合，①株主総会の日時および場所，②株主総会の目的である事項があるときはその事項，③株主総会に出席しない株主が書面によって議決権を行使できることとするときはその旨，④株主総会に出席しない株主が電磁的方法によって議決権を行使できることとするときはその旨，⑤その他法務省令で定める事項，を定めなければならない（298条1項）。取締役会設置会社では，これらの事項の決定は取締役会決

議による（298条4項）。

　法務省令で定める事項は，①株主総会が定時総会である場合に，総会の日時が前事業年度にかかる定時総会の日に応当する日と著しく離れた日であるか，公開会社においてその日時と同一日に定時総会を開催する公開会社が著しく多いときは，その日時を決定した理由，②総会の場所が，定款で定められたものである場合または開催することにつき総会に出席しない株主全員の同意がある場合を除き，過去に開催した総会のいずれの場所とも著しく離れた場所であるときは，その場所を決定した理由，③書面または電磁的方法による議決権の行使を定めた場合は，株主総会参考書類に記載すべき事項，特定の時をもって書面または電磁的方法による議決権の行使期限を定めるときはその特定の時，④電磁的方法で招集通知を発する場合に議決権行使書面を交付するときはその旨，書面および電磁的方法で重複して議決権を行使した場合に同一の議案に対する議決権行使の内容が異なるときにおける取扱いに関する事項を定めるときはその事項，⑤代理人による議決権行使について代理権を証明する方法，代理人の数その他代理人による議決権の行使に関する事項を定めるときはその事項，⑥議決権を不統一行使する旨を会社に通知する方法を定めるときはその方法，⑦書面または電磁的方法による議決権の行使を定めない場合は，役員等の選任・報酬の議案の概要などである（会社則63条）。

　株主の数が1000人以上の会社の場合は，書面投票を採用することが義務づけられ，書面投票事項を定めなければならない（298条2項本文）。ただし，証券取引法2条16項に規定する証券取引所に上場されている株式を発行している会社であって，証券取引法の規定にもとづき総会の招集通知に際して委任状用紙を交付することにより議決権の代理行使を勧誘する場合は，書面投票は義務づけられない（298条2項ただし書，会社則64条）。

　少数株主にも，総会招集権が認められている。公開会社でない会社では，総株主の議決権の100分の3以上の議決権を有する株主は，取締役に対し，当該株主が議決権を行使することができる総会の目的である事項および招集の理由を示して，株主総会の招集を請求できる（297条1項2項）。公開会社では，総株主の議決権の100分の3以上の議決権を6か月前から引き続き有する株主が請求できる（同条1項）。

保有比率および保有期間は定款をもって引き下げ，短縮することができる（297条1項かっこ書）。また，株主総会の目的である事項について議決権を行使できない株主が有する議決権の数は，総株主の議決権の数に算入されない（同条3項）。

請求後遅滞なく招集手続きが行われないか，請求のあった日から8週間以内の日を株主総会の日とする総会の招集の通知が発せられないときは，請求株主は，裁判所の許可を得て，自ら総会を招集することができる（297条4項）。

（2） 招集の時期・場所

株主総会は，招集の時期によって，定時総会と臨時総会がある。定時総会は，毎事業年度の終了後一定の時期に招集することを要する総会である（296条1項）。定時総会は，本来，計算書類の報告・承認を得るために（438条2項）開催されるものである。株主名簿の基準日の指定時期の制限（124条2項）との関係から，通常，決算期後3か月以内に開催されることになる。臨時総会は，必要があるときに随時招集される（296条2項）。

株主総会は定款に別段の定めがないかぎり，本店の所在地またはこれに隣接する地に招集しなければならないとする規定（旧商233条）は，会社法では廃止されている。株主の利便性を考慮して本店所在地以外の会場を開催場所とする会社が多くなっており，適切な場所で開催できるようにするためである。

（3） 招集方法

株主総会を招集するには，総会出席と準備の機会を与えるため，取締役は，総会の日の2週間前までに，株主に対しその通知を発しなければならないが，公開会社でない会社では1週間前までに，さらに取締役会を設置していない会社の場合は1週間を下回る期間を定款で定めることができる（299条1項）。公開会社でない会社，取締役会を設置していない会社でも，書面投票または電磁的方法による投票を採用することを定めた場合は，2週間前までに通知を発しなければならない（同項かっこ書）。

書面投票または電磁的方法による投票を定めた場合，および会社が取締役会設置会社である場合，招集通知は書面でしなければならない（299条2項）。取締役は，書面による通知に代えて，株主の承諾を得て，電磁的

証券コード　6752

平成17年5月31日

株　主　各　位

大阪府門真市大字門真1006番地
松下電器産業株式会社
取締役社長　中　村　邦　夫

第98回定時株主総会招集ご通知

拝啓　ますますご清祥のこととお慶び申しあげます。
　さて，当社第98回定時株主総会を下記のとおり開催いたしますので，ご出席くださいますようご通知申しあげます。
　なお，当日ご出席願えない場合には，お手数ながら後記の参考書類をご検討のうえ，同封の議決権行使書用紙に賛否をご表示いただき，ご押印のうえご返送くださるか，インターネットウェブサイト（http://www.web54.net）より議決権を行使くださるか（後記の「インターネットによる議決権行使のご案内」（54頁から55頁）ご参照），いずれかの方法により議決権を行使くださいますようお願い申しあげます。

敬具

記

1．日　　時　平成17年6月29日（水曜日）午前10時
　　　　　　　なお，午前9時45分から「会社紹介ビデオ」を上映いたします。

〈中　略〉

当日ご出席の際は，同封の議決権行使書用紙を会場受付にご提出くださいますようお願い申しあげます。
　また，インターネットウェブサイト（http://www.web54.net）より議決権を行使いただく際には，議決権行使書用紙右片に記載された議決権行使コードとパスワードが必要になります。

〈中　略〉

インターネットによる議決権行使のご案内

●インターネットにより議決権を行使される場合は，次の事項をご了承のうえ，ご行使ください。
　1．インターネットによる議決権行使は，議決権行使ウェブサイト（http://www.web54.net）をご利用いただくことによってのみ可能です。
　　　インターネットによる議決権行使には，議決権行使書用紙右片に記載の「議決権行使コード」および「パスワード」が必要になります。
　2．インターネットによる議決権行使は，平成17年6月28日（火曜日）まで可能です。
　3．インターネットにより議決権を行使された後に，インターネットにより行使

第4章　機　関

　　　内容を変更された場合は，最後に変更されたものを有効な議決権行使として
　　　お取り扱いいたします。
　4．インターネットと議決権行使書の双方で議決権を重複して行使された場合，
　　　当社へ後に到着したものを有効な議決権行使としてお取り扱いいたします。
　　　なお，双方が同日に到着した場合は，インターネットによる議決権行使を有
　　　効なものとしてお取り扱いいたします。
　5．議決権行使ウェブサイトをご利用いただくにあたり，プロバイダーへの接続
　　　料金や通信事業者への通信料金（電話料金）などが必要な場合がありますが，
　　　これらの料金は株主様のご負担となります。
●パスワードのお取り扱いについて，
　1．パスワードは，議決権を行使される方が株主様ご本人であることを確認する
　　　手段です。本総会終了まで，届出印鑑や暗証番号と同様に大切に保管してく
　　　ださい。なお，お電話などによるパスワードのご照会にはお答えできません。
　2．パスワードは，一定回数以上間違えて入力されると，ロックされ使用できな
　　　くなります。ロックされてしまった場合は，画面の案内に従ってお手続きく
　　　ださい。
　3．今回ご案内するパスワードは，本総会に関してのみ有効です。
●議決権行使ウェブサイトをご利用いただくためには，次のシステム環境が必要で
　す。
　1．パソコンを用いる場合
　　(1)　インターネットにアクセスできる状態であること。
　　(2)　画面の解像度が横800ドット×縦600ドット（SVGA）以上のモニター
　　　　を使用できる状態であること。
　　(3)　次のソフトウェアをインストールしていること。
　　　①Microsoft®Internet Explorer Ver.5.01 Service Pack 2以降
　　　②Adobe®Reader®Ver.4.0以降
　　　　（本総会の招集通知状をご参照される場合に必要になります。）
　　　　　Microsoft®およびInternet Explorerはマイクロソフト社の，Adobe®
　　　　　Reader®はアドビシステム社の，それぞれ米国または各国での登録商標，
　　　　　商標または製品名です。
　　　　なお，会社などからインターネットに接続される場合，ファイアウォールな
　　　　どの設定によりインターネット上での通信が制限されることがありますので，
　　　　システム管理者の方にご確認ください。
　2．携帯電話またはLモード端末を用いる場合
　　　　次のサービスが受信可能であるとともに，暗号化通信が可能なSSL通信機
　　　　能を搭載した機種であること。なお，ご利用に際しては，以下のサービス画
　　　　面にメニューなどの登録はしておりませんので，URL（http://www.
　　　　web54/net）を直接入力し，あるいは以下のQRコードを利用してアクセス
　　　　してください。
　　　　①iモード　　②EZweb　　③Vodafone live!　　④Lモード
　　　　※それぞれの対応機種については，後記の中央三井　証券代行ウェブサポー
　　　　　ト専用ダイヤルまでお問い合わせください。

　　　　　iモードは㈱エヌ・ティ・ティ・ドコモ，EZwebはKDDI㈱，Vodafone
　　　　　live!はVodafone Group Plc, Lモードは東日本電信電話㈱および西日本
　　　　　電信電話㈱，QRコードは㈱デンソーウェーブの登録商標または商標です。

方法により通知を発することができる（同条3項）。書面または電磁的方法による通知には，総会の日時・場所，総会の目的事項などを記載・記録しなければならない（同条4項）。

　書面投票または電磁的方法による投票を採用することを定めない取締役会非設置会社では，招集通知は，口頭や電話などでもよい。通知すべき事項もとくに制限はない。取締役会を設置していない会社では，あらかじめ通知していた事項以外の事項を決議することができるからである（309条5項）。

　書面投票を採用する場合は，招集通知に際して，株主に対し，議決権行使に際して参考となるべき株主総会参考書類，および議決権行使書面を交付しなければならない（301条1項）。参考書類には，①議案，②議案につき監査役が株主総会に報告すべき調査の結果があるときはその結果の概要，を記載しなければならない（会社則73条1項）。そのほか，各議案によって記載すべき事項が定められている（会社則74条～92条）。議決権行使書面には，議案ごとに，株主が賛否を記載する欄を設けなければならないが，別に棄権の欄を設けることができる（会社則66条1項）。

　株主に対し電磁的方法により招集通知をするときは，株主総会参考書類および議決権行使書面は電磁的方法で提供できるが，株主の書類・書面交付請求があったときは交付による（301条2項）。なお，定款の定めで，議案などを除き，参考書類に記載すべき事項を，招集通知を発する時から，当該株主総会の日から3か月が経過する日までの間，継続して電磁的方法により株主が提供を受けることができる状態に置く措置（ウェブサイトによる開示）をとる場合に，参考書類を株主に提供したものとみなすことができる（会社則94条）。

　電磁的方法による投票を採用する場合も，株主に参考書類を交付しなければならない（302条1項）。電磁的方法でも提供できる（同条2項）。また，電磁的方法により招集通知をすることを承諾した株主に対しては，議決権行使書面に記載すべき事項を電磁的方法で提供しなければならないが，承諾していない株主も電磁的方法による提供を請求できる（同条3項4項）。

　最高裁は，株主総会の招集手続を欠く場合でも，株主全員が開催に同意して出席すれば，総会は有効に成立するとしている（一人会社につき，最

判昭和46・6・24民集25巻4号596頁，代理人を含む全員出席総会につき，最判昭和60・12・20民集39巻8号1869頁）。株主の少ない非公開会社では，株主は日時・議題などをあらかじめ知りうるし，通知も安易である。そこで，平成14年改正以来，総会において議決権を行使することができる全株主の同意があるときは，招集の手続を経ずに総会を開催することが認められている（300条本文）。その場合，株主全員が出席しなくても総会を成立させることができることになる。

ただし，書面・電磁的方法による投票を採用する場合は，招集手続の省略はできない（300条ただし書）。招集通知の際に参考書類および議決権行使書面を交付・提供しなければならないからである。

(4) 株主の提案権

取締役会を設置していない会社の株主は，いつでも，取締役に対し，当該株主が議決権を行使できる一定の事項を株主総会の目的とすることを請求することができる（303条1項）。この請求権は，株主の議題提案権といわれるもので，株主が総会招集権を行使することは実際は困難なので，会社の招集する総会の機会を利用して自らの提案をすることを認めたものである。取締役会非設置会社の株主は，株主総会の現場で議題提案権を行使することができる。

取締役会設置会社では，総株主の議決権の100分の1以上の議決権または300個以上の議決権を6か月前から引き続き有する株主が請求することができる（303条2項前段）。その場合，その請求は，株主総会の8週間前までにしなければならない（同項後段）。保有比率，保有期間，8週間という期間は，定款をもって引き下げ，短縮することができる（同項かっこ書）。また，一定の事項につき議決権を行使できない株主が有する議決権の数は，総株主の議決権の数に算入されない（同条4項）。また，公開会社でない取締役会設置会社では，6か月という保有期間の要件は課されない（同条3項）。

株主は，株主総会において，株主総会の目的である事項について議案を提出することができる（304条本文）。議案提案権であり，会議体の構成員として当然の権利であるが，会社法はこれを明文化している。ただし，その議案が法令・定款に違反する場合，または実質的に同一の議案につき総

会において総株主の議決権の10分の1以上の賛成を得られなかったことから3年を経過していない場合は、提案権は認められない（同条ただし書）。後者は、無駄な審議をしないという趣旨からである。

株主は、取締役に対し、株主総会の8週間前までに、株主総会の目的である事項につき当該株主が提出しようとする議案の要領を株主に通知すること、招集通知を書面・電磁的方法で行うときはその招集通知に記載・記録することを請求することができる（305条1項本文）。この議案の要領を株主に通知することを請求できる権利は、取締役会設置会社では、議題提案権の場合と同様の少数株主権であり（同項ただし書）、公開会社でない取締役会設置会社では、6か月の保有期間は課されない（同条2項）。また、議案が法令・定款に違反する場合、否決議案を連続提案する場合は、請求できない（同条4項）。株主総会参考書類には、議案が株主の提出にかかるものである旨、議案に対する取締役・取締役会の意見、株主が通知した提案理由などを記載しなければならない（会社則93条1項）。

（5）　総会検査役

会社または総株主の議決権の100分の1以上の議決権を有する株主は、株主総会に先立ち、裁判所に対し、検査役の選任を申し立てることができる（306条1項）。公開会社である取締役会設置会社の場合は、会社または総株主の議決権の100分の1以上の議決権を6か月前から引き続き有する株主が申し立てることができる（同条2項）。会社にも認めているのは、株主総会の手続の瑕疵などを原因とする事後的な紛争を避けたり、紛争に備える必要があるからである。株主の保有比率、保有期間は、定款をもって引き下げ、短縮することができる（同条1項かっこ書・2項かっこ書）。

選任された検査役は、必要な調査を行い、調査の結果を記載・記録した書面または電磁的記録を裁判所に提供して報告しなければならない（306条5項）。また、検査役は、会社に対し書面の写しを交付し、または記録された事項を提供しなければならない（同条7項）。

裁判所は、検査役の報告があった場合に、必要があると認めるときは、取締役に対し、①一定の期間内に株主総会を招集すること、②検査役の調査の結果を株主に通知すること、の全部または一部を命じなければならない（307条1項）。②は会社法によって導入されたものである。

また，株主総会は，その決議により，取締役などが提出・提供した資料の調査をする者を選任することができる（316条1項）。株主により招集された株主総会においては，その決議により，会社の業務・財産の状況を調査する者を選任することができる（同条2項）。

Ⅲ 議決権とその行使

(1) 1株1議決権の原則

株主は，株主総会の決議に加わる権利，すなわち議決権を有する。各株主は，1株につき1個の議決権を有するのが原則である（308条1項本文）。この原則を，1株1議決権の原則という。単元株式制度を採用している会社では，1単元の株式につき1個の議決権を有する（同項ただし書）。1株1議決権の原則は，株主平等原則を議決権について表わしたものである。

1株1議決権の原則には例外があり，①公開会社でない会社では，定款の定めにより属人的にある株主の有する株式1株に複数の議決権を与えることなども可能である（109条2項）。②種類株式のうち，全く議決権のない株式についてはすべての事項について議決権を有さず，議決権を行使できる事項が制限されている株式については行使できない事項については議決権を行使することはできない（108条1項3号・2項3号）。

また，③会社は，保有する自己株式については議決権を有しない（308条2項）。④株式会社がその総株主の議決権の4分の1以上を有することその他の事由を通じて，株式会社がその経営を実質的に支配することが可能な関係にあるものとして法務省令で定める株主は，その有する当該他の株式会社の株式について議決権を有しない（308条1項本文かっこ書）。株式の相互保有を通じて会社の支配が歪められることを防止するためである。相互保有株式となる場合の基準は，会社法が親子会社の定義を実質的支配に改めたことから（2条3号4号），実質基準に改められている。4分の1以上の保有は実質的支配の1つの例示であり，その他の事由は法務省令に委ねられている。

法務省令は，株式会社以外の株主も相互保有株主の範囲に含めている（会社則67条）。株式の保有者として投資ファンドや事業組合などが増えているためである。

そのほか，⑤自己株式の取得を決議する際の売主となる株主は，その決議について議決権を行使することができない（160条4項）。⑥単元未満株式については議決権を有しない（189条1項）。

（2）議決権の代理行使

株主は，議決権を自ら行使できることは当然であるが，議決権は代理人によって行使することが認められている（310条1項前段）。株主に議決権行使の機会を与えるためである。したがって，定款により議決権の代理行使を禁止することは認められない。

代理人の資格について法律上の制限はないが，多くの会社は，定款で代理人はその会社の株主に限る旨の定めを置いている。この代理人資格を株主に限る定めについて，最高裁は，定款の定めは，株主総会が株主以外の第三者によってかく乱されることを防止し，会社の利益を保護する趣旨に出たものと認められ，合理的な理由による相当程度の制限ということができるから，代理人による議決権行使を認める旧商法239条2項の規定に反することなく，有効であるとしている（最判昭和43・11・1民集22巻12号2402頁）。この最高裁判決は，会社法（商法）が定款で別段の定めをすることを明文で認めていない事項について，定款で会社法の原則を変更・修正することを認めた，画期的な判決である。これに対し，学説では，旧商法239条2項の強行法規性を強調し，あるいは，総会がかく乱されることを防止するというのは合理的な理由にならないとして，定款の定めを無効とする見解がある（田中誠二・商事法研究Ⅲ（千倉書房，1977）136頁，新山雄三「議決権行使の代理資格制限」倉沢還暦・商法の判例と論理（日本評論社，1994）160頁）。また，株式の譲渡制限会社に限って有効とする見解がある（菱田政宏・新注会(5) 186〜187頁）。

総会荒しは自ら株主となって介入してくるのが普通であるから，総会がかく乱されることを防止するために代理人資格を株主に限定する実益は小さい。また，譲渡制限株式を発行している会社においても，株主の中から信頼できる代理人を見出すのが困難なことがある。しかし，非株主による代理行使を認めないと株主の議決権行使の機会を奪うことになる場合に，定款の規定の適用が排除されると解するならば，強行規定に反することにならず（29条参照），無効と解する必要はない。最高裁は，地方公共団体

および株式会社の非株主の職員または従業員を代理人として議決権を行使させた場合に，代理行使を認めなければ事実上議決権行使の機会を奪うに等しいとして，定款に違反するものではないとしている（最判昭和51・12・24民集30巻11号1076頁）。また，下級審判例には，非公開会社において入院中の株主が非株主の親族を代理人とした場合に，定款の拘束力は及ばないとしたもの（大阪高判昭和41・8・8下民17巻7・8号647頁），公開会社において非株主の弁護士を代理人とした場合に，総会がかく乱されるおそれがないとして，定款に違反するものではないとしたもの（神戸地尼崎支判平成12・3・28判タ1028号288頁。反対の判例として，宮崎地判平成14・4・25金判1159号43頁）がある。

議決権の代理行使に当たっては，株主または代理人は会社に代理権を証明する書面すなわち委任状を提出しなければならない（310条1項後段）。書面の提出に代えて，会社の承諾を得て，電磁的方法で提供することができ（同条3項），株主が電磁的方法による招集通知の受領を承諾した者である場合は，会社は正当な理由がなければ承諾を拒むことができない（同条4項）。書面・電磁的記録は，総会終結の日から3か月間本店に備え置かれ，株主の閲覧・謄写に供される（310条6項7項）。株主が委任状の真否や議決権数を調査することを可能とするためである。ただし，株主総会において決議した事項の全部につき議決権を行使できない株主は，閲覧・謄写を請求することができない（同条7項柱書かっこ書）。

代理権の授与は，総会ごとにすることを要する（310条2項）。包括的な代理権の授与を許すと，取締役などによる会社支配の手段として濫用されるおそれがあるからである。また，後述のように議決権の不統一行使が認められているので，会社は，株主総会に出席できる代理人の数を制限することができる（同条5項）。

株式所有が分散している公開会社においては，一般株主は株主総会に自ら出席することをも代理人を送って出席することも少ない。そこで，決議に必要な定足数を確保するために，会社が総会の招集通知とともに白紙委任状を送付し，株主が記名押印して返送することを求め，会社の総務部長などの適当な者に議決権を代理行使させることが行われている。この方法は，取締役などの会社支配の維持の手段として濫用されるおそれがある。

そこで，上場株式の議決権行使について委任状を勧誘する場合は，被勧誘者に所定の事項を記載した参考書類を交付し，かつ，委任状用紙は株主総会の目的である事項につき被勧誘者が賛否を明記できるようなものであることを要求している（証取194条，証取令36条の2・37条，委任状1条〜3条・10条）。株主の意思を総会決議に反映させようとする趣旨であるから，代理行使者が被勧誘者の委任状に明記したところに従わずに議決権を行使した場合は，決議方法が法令に違反すると解される。したがって，委任状に明記して送付することは，実質的に書面投票といえる。

　（3）　書面・電磁的方法による議決権の行使

　上場会社の委任状勧誘は，会社に義務づけられるものではない。したがって，委任状による意思の反映は当然には保証されない。これに対し，前述のように，株主が1000人以上の会社の場合は，委任状を勧誘する場合を除き，書面投票を採用することが義務づけられている。それ以外の会社でも，書面投票は認められる。この書面投票は，議決権行使書面に必要な事項を記載し，別に期限を定めないかぎり，総会の日の直前の営業時間の終了時までに，当該記載した書面を会社に提出して行う（311条1項，会社則69条）。書面によって行使した議決権の数は，出席した株主の議決権の数に算入される（311条2項）。この書面投票制度の下では，株主の意思が直接に決議に反映される。他方，総会の場で動議が出された場合に対応できないことになる。

　提出された議決権行使書面は，株主総会の日から3週間本店に備え置かれ，株主の閲覧，謄写に供される（311条3項4項）。

　前述のように，会社は，電磁的方法による投票を採用することが認められる。電磁的方法による投票は，会社の承諾を得て，別に期限を定めないかぎり，総会の日の直前の営業の終了時までに，電磁的方法により会社に提供して行う（312条1項，会社則69条）。書面投票と同じく，総会の審議に先立って投票が締め切られることになる。

　（4）　議決権の不統一行使

　株主は，2個以上の議決権を有するときは，それを統一しないで行使することができる（313条1項）。株式の投資信託の受託銀行，外国預託証券の預託機関など，株主名簿上の株主が実質上の株主と相違する場合に，名

簿上の株主が実質上の株主の意向に従って議決権を行使することを認める必要が生じているからである。取締役会設置会社では議決権を不統一行使しようとする株主は，株主総会の日の3日前までに会社に対し議決権を統一しないで行使する旨および理由を通知しなければならない（同条2項）。会社は，他人ために株式を有することを理由としない不統一行使を拒むことができる。(同条3項)。他人のために株式を有する場合とは，後述（170頁）の議決権信託において受託者が株主名簿に株主として記載・記録される場合も含まれる。株式共有において権利行使者が議決権を行使する場合は，不統一行使は認められない。共有者の議決権の数が問題となり，会社の便宜を図っている会社法106条の趣旨に反することになるからである。

（5） 議決権行使に関する契約

議決権を統一して行使するために，株主がその議決権を一定の方向に行使することを他の株主などと約束することができる。この議決権拘束契約は，契約の目的・態様などから，総会ごとの代理権授与，自己株式の議決権停止などの会社法（商法）の規定の趣旨に反する場合や，会社法の精神または公序良俗に反する場合は無効になるとする見解がある（菱田政宏・株主の議決権行使と会社支配（酒井書店，1961）155頁，大隅＝今井・中79頁）。しかし，平成14年改正以来，取締役・監査役の種類選任株式の発行が認められているとはいえ，議決権拘束契約は取締役選任などで少数株主が結合して多数を獲得する方法として有用である。株主としての利益を守るために他の株主と統一して議決権を行使することは，株主の自由な議決権行使の一方法であり，それをあらかじめ契約で約することも株主の自由に委ねられている。議決権拘束契約は，株主の議決権の行使を不当に制限するものでも，公序良俗に反するものでもない。また，総会ごとの代理権授与の規定は，議決権拘束契約には適用されない。議決権拘束契約においては，株主自らが自己の意思で議決権を行使するからである。下級審判例にも，株主がどのように議決権を行使するかは株主の自由であり，株主が多数の賛成を得るために他の株主に働きかけて特定の者を取締役に選任する旨の合意をすることは，「何らこれを不当視すべきものではなく，これが商法の精神にもとるものともいえないから，右の合意もまた有効であるというべきであり」と述べている（東京高判平成12・5・30判時1750号169頁）。

ただし，会社あるいは株主ではない取締役などの第三者の拘束を受ける契約は無効と解すべきである。会社あるいは取締役などに対して拘束を受ける契約は，総会の決議に加わることができない会社または株主以外の者による間接的な議決権行使を認めることになり，また，取締役などの会社支配のために悪用されるおそれがあるからである。

契約にもとづく議決権の行使は株主自身の意思でしなければならないから，契約違反に対し損害賠償は認められるが，強制履行（民414条1項）も代替履行（民414条2項）も認められない。また，契約に違反して議決権が行使され，あるいは無効な契約に従って議決権が行使されても，株主による議決権の行使があったことに変わりなく，決議方法に瑕疵があるとはいえず，決議の効力に影響を及ぼさない（青竹・新展開118～119頁）。

株式の管理信託契約（信託1条参照）の1つとして，受託者に議決権を行使させる議決権信託がされることがある。下級審判例には，従業員持株制度の下で従業員株主と共済会理事の間でされた，議決権は受託者の理事が行使する，信託期間は委託者が株主の地位を喪失する時までとする株式信託契約につき，契約の解除も認められず，株主の議決権を含む共益権の自由な行使を阻止するためのものというほかなく，委託者の利益保護に著しく欠け，会社法の精神に照らし無効であり，また，会社の関与の下でされているから会社との関係でも無効とするものがある（大阪高決昭和58・10・27高民36巻3号250頁，大阪高決昭和60・4・16判タ561号159頁）。

会社を受託者とする議決権信託および受託者が会社の指示に従って議決権を行使する議決権信託は，無効である。会社が株主の議決権を奪いまたは制限することは許されないからである。また，自己株式につき会社は議決権を行使できないとする規定の趣旨に反するからである。これに対し，会社と独立性が認められる第三者を受託者とする議決権信託は，従業員持株制度の下でされる場合でも，違法とはいえない。少数株主が議決権を結合するために議決権信託を利用することは，なんら会社法の精神にも公序良俗にも反することにならない。議決権信託においても，代理と異なり，受託者が財産権の名義者となり，受託者に財産管理権が与えられているから（信託1条），議決権信託について包括的な代理権授与の禁止は問題とならない。しかし，信託期間は株主の地位を喪失する時までとするような

議決権信託は，実質上の株主が議決権を行使することを不当に奪うもので，委託者の財産の管理を著しく制限する公序良俗に反する契約として，無効と解すべきである（青竹・新展開116〜117頁）。

（5）　株主の権利行使に関する利益供与の禁止

会社法は，会社は，何人に対しても，株主の権利の行使に関し，自己またはその子会社の計算において財産上の利益を供与してはならないと定めている（120条1項）。総会屋への利益供与を封ずることを目的として定められたものである。

供与の相手方は株主である必要はない。財産上の利益供与は，現金・物品に限られず，新聞・雑誌などの購買や各種サービスの継続的供与のように反対給付が伴う場合でも，対価が不相当であれば利益の供与に当たる。利益供与は，株主総会の議事進行の協力に関してとか，議決権の不行使に関してなど議決権の行使に関連してされることが多く，たとえば，判例は，敵対的な株主に議決権を行使されないために同株主の持株を買い取る資金を第三者に供与する行為は，株主の議決権の行使をやめさせる手段として行われたものであるから，株主の権利行使に当たるとしている（東京地判平成7・12・27判時1560号140頁）。しかし，利益供与は議決権の行使に関連するものに限定されない。利益の供与が株主の権利行使に関してされたことの立証を容易にするため，会社が特定の株主に対し無償または無償に近い財産上の利益を供与したときは，株主の権利行使に関して供与したものと推定している（120条2項）。ただし，従業員持株会に対し福利厚生の一環として支出する奨励金は，無償であっても，その金額・議決権行使の方法などから判断して推定がくつがえり，株主の権利の行使に関するものではない，とした判例がある（福井地判昭和60・3・29判タ559号275頁）。

会社が違法な財産上の利益を供与したときは，利益を受けた者は，これを会社またはその子会社に返還しなければならない（120条3項前段）。この場合，利益の供与を受けた者は，会社またはその子会社に対してその利益と引換えに給付したものがあるときは，その返還を受けることができる（同項後段）。

会社が違法な財産上の利益を供与したときは，その利益を供与することに関与した取締役・執行役として法務省令で定める者は，会社に対し，連

帯して，供与した利益の価額に相当する額を支払う義務を負う（120条4項本文）。法務省令で定める者は，利益供与に関する職務を行った取締役・執行役，利益の供与が取締役会の決議にもとづいて行われたときは，取締役会の決議に賛成した取締役，議案を提案した取締役・執行役，および，株主総会の決議にもとづいて行われたときは，議案を提案した取締役，議案の決定に同意した取締役，議案の提案が取締役会の決議にもとづいて行われたときの取締役会の決議に賛成した取締役，株主総会において利益供与に関する事項について説明した取締役である（会社則21条）。

　利益を供与した取締役・執行役は，過失の有無にかかわらず責任を負い，それ以外の取締役・執行役は，その職務を行うことについて注意を怠らなかったことを証明した場合は免責される（120条4項ただし書）。取締役・執行役の義務は，総株主の同意がなければ免除することはできない（同条5項）。したがって，責任軽減制度（425条～427条）の対象とならない。

Ⅳ　総会の議事

（1）議　長

　株主総会の議事の方法は，会社法または定款に規定がないときは，総会に関する慣習や会議体の一般原則による。

　会社法は，総会の議事の方法についていくつかの規定を置いている。議長は，株主総会の秩序を維持し，議事を整理する権限を有し，議長の命に従わない者その他の総会の秩序を乱す者を退場させることができる（315条1項2項）。このような権限は会議体の議長が当然に有する権限であるが，総会屋が議事を混乱させることへの懸念から明文で定められている。議長の選任に関する規定はない。通常は定款で定められることになる（29条）。

　議事進行の妨害などのおそれがある場合に，会社が従業員株主を他の株主より先に会場に入場させて株主席の前方に着席させる措置について，最高裁は，「株式会社は，同じ株主総会に出席する株主に対しては合理的な理由のない限り，同一の取扱いをすべきである。……そのおそれがあることをもって，……合理的な理由に当たるものと解することはできず，被上告会社の右措置は，適切なものではなかったといわざるを得ない」とし，

ただ，そのような措置によって原告株主の法的利益が侵害されたとはいえないとして，会社の不法行為責任を否定している（四国電力事件・最判平成8・11・12判時1598号152頁）。また，下級審判例には，従業員株主の協力を得て議事を進行させる場合，一般株主の利益について配慮することは不可欠で，一般株主の質問の機会が全く奪われるようなときは，決議の方法が著しく不公正であるという場合もありうるとし，議長が質問の機会を別に与えていることなどから結論として著しく不公正といえないとしたものがある（大阪地判平成10・3・18判時1658号180頁）。

（2）　取締役等の説明義務

取締役，会計参与，監査役および執行役は，株主総会において，株主から特定の事項について説明を求められた場合には，当該事項について必要な説明をしなければならない（314条本文）。会議体の参加者が議案の内容について説明を求めることができるのは会議体一般に妥当する原則であるが，株主総会において質疑応答や意見交換が活発に行われるようにするため，株主の質問権を取締役等の説明義務という形で明文で定めたものである。

説明義務の対象は，説明を求められた特定の事項であるから，特定性に欠ける一般的な事項は説明義務の対象外である。また，説明の程度も，当該事項について必要な範囲の説明をすればよい。

株主による濫用を防止するため，①当該事項が株主総会の目的である事項に関しないものである場合，②その説明をすることにより株主の共同の利益を著しく害する場合，③その他正当な理由がある場合として法務省令で定める場合は，説明を拒絶できる（314条ただし書）。

その他正当な理由がある場合とは，①株主が説明を求めた事項について説明をするために調査をすることが必要である場合，②説明により会社その他の者の権利を侵害することとなる場合，③実質的に同一の事項について繰り返し説明を求める場合，④そのほか説明をすることができないことにつき正当な事由がある場合である（会社則71条）。ただし，①については，株主が株主総会の日より相当の期間前に当該事項を会社に対し通知した場合，および調査が著しく容易である場合は，説明を拒絶できる理由とならない（同条1号イロ）。

説明の程度は当該事項について必要な範囲の説明をすればよいが，判例は，平均的な株主が会議の目的事項を合理的に判断するのに必要な範囲の説明であればよいとしている（大阪高判平成2・3・30金判877号16頁，東京地判平成16・5・13金判1198号18頁）。

判例には，退任取締役・監査役に支給する退職慰労金の具体的な金額・時期・方法などを明示せず，取締役会，監査役に一任する決議をする際に，一定の基準が存在すること，その基準が株主に容易に知りうること，およびその内容が支給額を一意的に算出できるものであることを説明する必要があるとして，説明義務違反を認めたものがある（東京地判昭和63・1・28判時1263号3頁，奈良地判平成12・3・29判タ1029号299頁）。他方，あらかじめ提出された質問状について改めて質問を待つことなく一括して回答することは，総会の運営方法の問題として会社に委ねられているところであり，直ちに違法となるものではないとするものがある（東京建物事件・東京高判昭和61・2・19判時1207号120頁，最判昭和61・9・25金法1140号23頁）。

（3） 延期・続行の決議

取締役会設置会社の株主総会は，総会の目的である事項についてだけ審議し決議することができる（309条5項）。ただし，総会は，定款に規定がなくても，また招集通知に記載・記録がなくても，会議の延期または続行の決議をすることができる。延期とは，議事に入らないで総会を後日に延期することをいい，続行とは，議事に入ったが審議が終わらないまま総会を後日に継続することをいう。いずれも，後日の審議は別個の総会ではなく，改めて招集の決定および招集通知をする必要はない（317条）。

（4） 議事録

株主総会の議事については，議事録を作成しなければならない（318条1項）。議事録は，書面または電磁的記録をもって作成しなければならない（会社則72条2項）。議事録は，①株主総会が開催された日時・場所，②議事の経過の要領およびその結果，③会計参与，監査役，会計監査人が会社法の規定により総会において意見・発言があるときは，その意見・発言の内容の概要，④総会に出席した取締役，執行役，会計参与，監査役または会計監査人の氏名・名称，⑤議長が存するときは，議長の氏名，⑥議

事録の作成にかかる職務を行った取締役の氏名，を内容とするものでなければならない（会社則 72 条 3 項）。

　議事録は，株主総会の日から 10 年間本店に備え置かなければならない（318 条 2 項）。また，5 年間，議事録の写しを支店に備え置かなければならない（同条 3 項本文）。ただし，議事録が電磁的記録で作成され，記録事項が閲覧・謄写に応じられるようになっている場合は，支店の備置きは不要である（同項ただし書）。

　登記すべき事項につき株主総会の決議を要するときは，議事録は，登記申請書の添付書類となる（商登 46 条 2 項）。

　株主および債権者は，会社の営業時間内は，いつでも，議事録の閲覧・謄写を請求することができる（318 条 4 項）。また，会社の親会社社員も，その権利を行使するために必要があるときは，裁判所の許可を得て，閲覧・謄写を請求することができる（同条 5 項）。

V　総会の決議

(1)　決議要件

(a)　普通決議　　株主総会の決議要件は決議事項によって異なり，普通決議，特別決議，特殊決議に分けられる。普通決議は，会社法が特別・特殊な決議要件を定めていない場合の決議であり，定款に別段の定めがある場合を除き，議決権を行使することができる株主の議決権の過半数を有する株主が出席し（定足数），出席した株主の議決権の過半数をもって行う決議である（309 条 1 項）。

　定款で別段の定めをすることを認めているので，定足数および決議に必要な多数を引き上げることも，引き下げることもできる。実際上，大会社では，定款で定足数を排除して出席株主の議決権の過半数で決議が成立する旨を定めている例が多い。ただし，取締役などの選任・解任については，定款をもってしても，定足数を議決権を行使することができる株主の有する議決権の 3 分の 1 未満とすることはできない（341 条）。

(b)　特別決議　　当該株主総会において議決権を行使することができる株主の議決権の過半数を有する株主が出席し，出席した株主の議決権の 3 分の 2 以上に当たる多数をもって行う決議である（309 条 2 項前段）。会社

の基本にかかわる事項，株主の重要な利益に関する事項が特別決議事項とされている（同条2項1号～12号）。

特別決議についても，定款で定足数につき別段の定めをすることを認めているが，議決権を行使することができる株主の有する議決権の3分の1未満とすることはできない（309条2項前段かっこ書）。

会社法は，出席した株主の議決権の3分の2以上の多数の割合を定款で加重することも認めている（309条2項前段かっこ書）。ただし，全員一致を要求すると，事実上決議の成立を不可能とし，会社の運営が行き詰まってしまうおそれがある。しかし，加重を認める以上，その範囲を画するのは困難であるから，全員一致も肯定される。

会社法は，特別決議について，当該決議の要件に加えて，一定数以上の株主の賛成を要する旨その他の要件を定款で定めることを妨げないとしている（309条2項後段）。これは，従来の有限会社の社員総会において株主数要件を認めていたこと（旧有48条1項）を導入したものである。

(c) 特殊決議　特殊決議は，特別決議よりも厳格な要件による決議であり，①当該株主総会において議決権を行使することができる株主の半数以上であって，その株主の議決権の3分の2以上に当たる多数をもって行われるもの（309条3項），および，②総株主の半数以上であって，総株主の議決権の4分の3以上に当たる多数をもって行われるもの（309条4項），がある。決議に必要な多数は，定款で加重することができる（同条3項かっこ書・4項かっこ書）。

①が要求されるのは，会社が発行する全部の株式の内容として譲渡による取得につき会社の承認を要する旨の定めを設ける定款変更を行う場合などである（309条3項1号～3号）。②が要求されるのは，公開会社でない会社において，剰余金の配当を受ける権利，残余財産の分配を受ける権利，株主総会における議決権について，株主ごとに異なる取扱いを行う旨を定款で定める場合である（309条4項）。

（2）採決方法

株主総会決議の採決方法については，とくに規定が置かれていない。総会の決議の過程を通じて議案に対する各株主の賛否の態度が明らかとなって，議案の成立に必要な議決権数を有する株主が決議に賛成することが明

らかになれば，採決行為がなくても決議が成立する，とするのが判例である（最判昭和42・7・25民集21巻6号1669頁）。

（3） 決議等の省略

株主の少ない非公開会社では，会議は開催していないが，議案については全株主が同意・承諾していることがある。そして，下級審判例には，非公開会社の実態を考慮して，全株主あるいは実質上の全株主の同意・承諾がある場合に総会決議があるものと認めるものがあった（大阪地判昭和63・3・30判時1313号151頁，大阪高判平成元・12・21判時1352号143頁）。

平成14年改正以来，株主総会決議の省略が認められている。取締役または株主が株主総会の目的である事項について提案した場合において，その提案につき議決権を行使できる株主の全員が書面または電磁的記録により同意の意思表示をしたときは，その提案を可決する旨の総会の決議があったものとみなされる（319条1項）。また，定時株主総会の目的である事項のすべてについて提案を可決する旨の総会の決議があったものとみなされた場合は，その時に定時総会が終結したものとみなされる（同条4項）。

会社は，株主総会決議があったものとみなされた日から，その書面または電磁的記録を本店に備え置かなければならず，株主は，閲覧・謄写の請求をすることができる（319条2項3項）。なお，みなし決議についても議事録の作成が義務づけられる（会社則72条4項1号）。

会社法は，総会報告の省略も認めている。取締役が株主の全員に対し株主総会に報告すべき事項を通知した場合において，当該事項を総会に報告を要しないことにつき株主の全員が書面・電磁的記録により同意の意思表示をしたときは，当該事項の総会への報告があったものとみなされる（320条）。

VI 種類株主総会

種類株主総会は，会社法の規定する事項および定款で定めた事項に限り決議することができる（321条）。種類株主総会で決議すべき事項については組織再編においても定められている（783条3項・795条4項）。

種類株主総会の決議は，定款に別段の定めがある場合を除き，その種類の株式の総株主の議決権の過半数を有する株主が出席し，出席した株主の

議決権の過半数をもって行う（324条1項）。そのほかに，重要事項については，株主総会の特別決議を同じ決議要件が要求されている（324条2項）。また，譲渡制限種類株式とする定款の定めを設ける定款変更を行う場合などに，株主総会の緩和されている特殊決議の要件（309条3項）と同じ決議要件が要求されている（324条3項）。

種類株主総会については，株主総会の権限（295条1項2項），定時総会の開催義務（296条）および決議要件（309条）に関するもの以外の株主総会に関する規定が準用される（325条）。

Ⅶ　決議の瑕疵

（1）　決議取消しの訴えと取消原因

株主総会の決議または種類株主総会の決議に瑕疵がある場合は，決議の効力が問題となる。しかし，総会決議は多数の者の利害に関係しているので，決議を前提として多くの活動がされている状態を一般原則によりくつがえすことは必ずしも妥当ではない。そこで，会社法は，決議取消しの訴えの制度を設け，決議の瑕疵の中でも比較的軽微な瑕疵について，直ちに無効とするのではなく，取消しの訴えによる判決を待って無効となるものとしている（831条1項）。

会社法は，つぎの瑕疵を取消原因として列挙している。すなわち，①招集の手続または決議の方法が法令もしくは定款に違反し，または著しく不公正なとき，②決議の内容が定款に違反するとき，③決議について特別の利害関係を有する者が議決権を行使したことにより著しく不当な決議がされたときである（831条1項1号〜3号）。

①の取消原因のうち，招集手続が法令・定款に違反するときとして，判例では，代表取締役が取締役会の有効な決議にもとづかないで総会を招集した場合（最判昭和46・3・18民集25巻2号183頁），一部の株主に招集通知もれがあった場合（最判昭和42・9・28民集21巻7号1970頁），招集通知期間が足りなかった場合（前掲最判昭和46・3・18），招集通知に必要な議案の要領の記載がなかった場合（最判平成7・3・9判時1529号153頁）などがある。決議方法が法令・定款に違反するときとして，説明義務に違反する場合（東京地判昭和63・1・28判時1263号3頁，奈良地判平成12・3・29

判タ1029号299頁)，定足数不足の場合（旧有限会社に関する最判昭和35・3・15判時218号28頁)，招集通知に記載のない事項を決議した場合（最判昭和31・11・15民集10巻11号1423頁）などがある。招集手続または決議方法が著しく不公正なときとして，出席困難な時刻・場所に総会を招集した場合（大阪高判昭和30・2・24下民6巻2号333頁)，修正動議を無視して決議をした場合（大阪高判昭和54・9・27判時945号23頁）などがある。会社法は総会は本店の所在地またはそれに隣接する地に招集しなければならないとする規定を廃止しているから，出席困難な場所に招集した場合は，不公正なときとする必要が大きくなっている。

②の決議の内容が定款に違反するときとしては，定款所定の人数を超える取締役を選任した場合などが考えられる。③の特別の利害関係を有する者が議決権を行使したことにより著しく不当な決議がされたときとは，親子会社間の合併についての子会社の株主総会の承認決議において，親会社が親会社に有利であり子会社の少数株主にとって著しく不利な条件や対価を承認させた場合などが考えられる。昭和56年改正前は，特別利害関係を有する株主は議決権を行使できないとしていた（改正前旧商239条5項)。しかし，どのような場合に特別利害関係があるといえるかについては，株主としての正当な利益を有する者が決議から排除されることがないよう，その範囲を制限的に解していた（例えば，取締役の選任・解任決議において選任・解任の対象となった株主は特別利害関係人に当たらない，とした最判昭和42・3・14民集21巻2号378頁)。昭和56年改正以来，特別利害関係人の議決権行使を許容し，裁判所が決議内容が不当と判断した場合に決議を取り消す制度となっている。そこで，改正前のように利害関係人の範囲を制限的に解する必要はなく，株主が株主としての資格を離れた個人的利害関係を有する場合を広く含むと解してよい。

（2）　訴えの制限と手続

決議取消原因となる瑕疵は訴えの方法によってのみ無効とすることができるが，決議取消しの訴えについては，いたずらに取消しの主張がなされることを防止し，かつ，法律関係の早期安定を図っている。

決議取消しの訴えを提起できる者は，株主，取締役，清算人，監査役設置会社ではそのほかに監査役，委員会設置会社ではそのほかに執行役に限

られる（831条1項前段・828条2項1号）。ただし，決議の取消しにより取締役・監査役となる者も訴えを提起できる（831条1項後段）。株主は，自己に対する招集手続に瑕疵がある場合にその瑕疵を争うことができるのは当然であるが，他の株主に招集通知もれがあったような場合，株主はその瑕疵を理由として決議取消しの訴えを提起できるとするのが，最高裁の判例である（最判昭和42・9・28民集21巻7号1970頁，最判平成9・9・9判時1618号138頁）。決議取消訴権は，株主であれば行使できる監督是正権の1つであるから，判例の立場は正当である。被告は，会社である（834条17号）。

決議取消しの訴えは，決議の日から3か月以内に提起しなければならない（831条1項前段）。期間内に提起された訴訟において，決議から3か月を経た後に新たな取消原因を追加主張することは，決議の効力を早期に明確にさせるという規定の趣旨から許されないのが，最高裁の判例である（最判昭和51・12・24民集30巻11号1076頁）。期間経過後に新たな取消原因を追加主張できるというのでは，争点が無限に拡大し，会社は決議が取り消されるものであるか否かについて見通しを持つことができなくなってしまう。判例の立場が正当というべきである。

後述（185頁）の決議無効確認の訴えにおいて，決議無効原因として主張された瑕疵が取消原因に該当し，かつ，その訴えが決議取消しの訴えの原告適格，提訴期間などの要件を満たしているときは，決議取消しの主張が提訴期間経過後にされたとしても，決議取消しの訴えは決議無効確認の訴えの提起時から提起されたものと同様に扱われるとするのが，最高裁の判例である（最判昭和54・11・16民集33巻7号709頁）。決議無効確認の訴えと決議取消しの訴えは別個のものであり，無効の訴えが取消しの訴えに当然に変わるものではないから，取消しの訴えが提訴期間内に提起されたものと扱うには，取消しの訴えを予備的請求として追加主張しているか，提訴期間内に訴えの変更（民訴143条）により取消しの訴えに変更することが必要であると解すべきである。

資本金の減少，合併に関する株主総会の決議（447条1項・783条1項・795条1項）に瑕疵がある場合，別に資本金減少無効の訴え，合併無効の訴えの制度があり，資本金減少の無効は資本金減少の効力が生じた日から

6か月以内に，合併の無効は合併の効力が生じた日から6か月以内に訴えをもってのみ主張できる（828条1項5号・7号8号）。そこで，資本金減少，合併の総会決議に取消原因があることを理由とする決議取消しの訴えと，資本金減少無効の訴え，合併無効の訴えとの関係が問題となる。総会決議の瑕疵は資本金減少の無効，合併の無効の1原因であるから（387頁，421頁），決議の瑕疵の主張は，そのための別個の訴えである資本金減少無効の訴え，合併無効の訴えによるべきである。ただし，資本金減少，合併が効力を生ずる前は，違法な資本金減少，合併を阻止するために決議取消しの訴えを提起できると解すべきである。総会の決議の効力を早期に明確にさせる3か月という提訴期間は，決議取消原因を資本金減少，合併の無効原因として主張する場合にも守らなければならない。そして，決議取消しの訴えは，資本金減少，合併の効力が生じた後は資本金減少無効の訴え，合併無効の訴えに変更することが必要になると解すべきである（青竹・課題と展開243頁以下）。

なお，最高裁は，株式の相続の場合，相続人は被相続人の地位を包括的に承継すること，および，訴訟が当然に終了するとすると，決議取消しの訴えのように提訴期間の定めがある場合に相続人は新たに訴えを提起できなくなるとして，相続人は被相続人の提起した決議取消訴訟などの原告たる地位を承継するとし，株式を譲渡した場合は，譲受人は譲渡人の原告たる地位を承継しないとしている（旧有限会社につき，最大判昭和45・7・15民集24巻7号804頁）。

決議取消しの訴えは，会社の本店所在地の地方裁判所の管轄に専属する（835条1項）。数個の訴えが同時に係属するときは，弁論および裁判は併合してされる（837条）。また，取締役・監査役・執行役・清算人ではない株主が決議取消しの訴えを提起した場合に，会社が訴えの提起は悪意によるものであることを疎明して請求したときは，裁判所は相当の担保の提供を原告株主に命ずることができる（836条1項3項）。

（3）　訴えの利益と訴えの裁量棄却

決議取消しの訴えは，訴えをもって一定の要件に該当する事実を主張させ，裁判所がその存在を確定したうえで判決によって権利・法律関係の変動を宣言する形成の訴えである。形成の訴えは，その認められる場合が法

定されているから，提訴要件を満たすかぎり訴えの利益が認められるのが原則である。しかし，形成の訴えでも例外的に訴えの利益が否定される場合があり，決議取消しの訴えについても，最高裁は，決議後の事情から訴えの利益を欠くとして訴えを却下している。取締役などの役員の選任決議取消しの訴えの係属中に，その決議にもとづき選任された役員がすべて任期満了により退任し，新たな役員が選任されてしまった場合（最判昭和45・4・2民集24巻4号223頁），退任役員の退職慰労金支給決議の取消しの訴えの係属中に，同一内容で，前決議の取消しが確定したときは遡って効力を生ずるとする有効な再決議がされた場合（ブリヂストン事件・最判平成4・10・29民集46巻7号2580頁）である。いずれの場合も，瑕疵ある決議を取り消す実益に乏しく，訴えの利益を欠くといってよい。ただし，役員の責任（423条1項）を追及するために，あるいは，決議取消しの訴えの有する会社経営の適法性確保のために，訴えの利益を認めることも考えられる。しかし，役員の責任を追及するために決議を取り消す必要はない（前掲最判平成4・10・29参照）。また，手続・方法に瑕疵があることを確認するだけの宣言的効果しかない判決を求める利益はないといわざるをえない（青竹・課題と展開230頁）。

　会社法831条2項は，決議取消しの訴えの提起があった場合に，招集の手続または決議の方法が法令または定款に違反するときでも，裁判所は，その違反する事実が重大でなく，かつ，決議に影響を及ぼさないものと認めるときは，請求を棄却できると定めている。昭和56年の改正以来設けられているもので，裁判所にいわゆる裁量棄却権を認めるものである。昭和25年改正前は，一切の事情を斟酌して取消しを不当と認めるときは裁判所は請求を棄却できる旨を定めていたが，裁量棄却権を広く認めすぎることから，25年の改正で削除された。ただし，削除後も，判例は，瑕疵が決議の結果に影響を及ぼさない場合や，瑕疵が軽微な場合に，裁量棄却権は認められるとしていた。

　昭和56年改正の規定は，瑕疵が決議の結果に影響を及ぼさないこと，瑕疵が軽微なことの両要件を問題とした判例（最判昭和46・3・18民集25巻2号183頁）の立場を取り入れて，裁量棄却の要件の明確化を図ったもので，昭和25年改正前の規定の単純な復活ではない。裁量棄却の対象と

なるのは，前述（178頁）の決議取消原因のうち，招集手続または決議方法の法令・定款違反を理由とするものに限られる。また，請求を棄却するためには，①違反事実が重大でなく，かつ，②決議に影響を及ぼさない，という2つの要件を満たしていることが要求される。

　②の決議に影響を及ぼさないと認めた最高裁判例としては，発行済株式総数1万株のうち2700株の株主に対し法定招集期間が6日足りなかったが，その株主に対し代表取締役があらかじめ議題を話していて，総会がその株主の居住している建物内で開催されることを熟知しながら出席せず，他の株主の全員一致で決議が成立した場合（最判昭和55・6・16判時978号112頁）などがある。他方，昭和56年改正後の最高裁判例は，旧商法233条に違反する招集地で開催した場合に，発行済株式総数の約63.6％の株式を有する出席株主全員の賛成で決議が成立し，また，過去10年以上にわたり違法な招集地で開催され，そのことに株主から異議が出されていなかったことから裁量棄却を認めた原判決を，①②の要件を満たさないとして破棄している（最判平成5・9・9判時1477号140頁）。また，事業譲渡を決議する総会の招集通知に議案の要領の記載がなかった場合に，招集通知や添付された事業報告の記載によって譲渡予定の資産などの概略を理解でき，また，発行済株式総数7万1000株，株主38人のうち，6万7611株を有する株主29人が出席し，5万300株を有する27人の賛成により決議がされたことなどから裁量棄却を認めた原判決を，①要件を満たしていないとして破棄している（最判平成7・3・9判時1529号153頁）。

　学説は，一般に，②の決議に影響がないとして請求を棄却するには，そのことが明確に証明できる場合でなければならず，事実上影響を及ぼさなかった蓋然性があるだけでは足りないと解している（石井・上283頁，竹内昭夫・判例商法Ⅰ（弘文堂，1976）202〜203頁，大隅健一郎・商事法研究(上)（有斐閣，1992）403〜404頁など）。多数派の意思が決まっていさえすれば，どのような瑕疵があろうと棄却されてしまうからであり，一部の株主に対する招集通知もれ，通知期間不足などの瑕疵は，その瑕疵がたとえ僅かであっても棄却することを認めていない。通知を受けなかった株主が出席し質問・発言しても他の株主に影響を及ぼさなかったなどということは明確に証明できることではないことを理由とする。また，①の要件は，瑕疵を

問題とすることが権利濫用に近いと認められる場合をいうとしている（竹内・前掲205頁）。しかし，②についての学説の立場は，多数の株主がいる大会社においては厳格すぎる。大会社において通知を受けなかった株主の持株が僅かであるような場合は，②要件を満たしていることが考えられる。株主が少ない非公開会社においては，②要件を満たしていることを認めた最高裁判例（前掲最判昭和55・6・16）のような事情が認められる場合は，②要件を満たしていることが考えられる。他方，株主の総会出席・参加に関する利益のために設けられている会社法の規定は，大会社においても非公開会社においても守らなければならないから，①要件を満たしている場合はきわめて限られる（青竹・課題と展開239～240頁）。

（4）　取消判決の効果

　決議取消しの訴えで原告が勝訴し，判決が確定すると，その判決は，訴訟当事者以外の第三者に対しても効力を生じ，何人もこれを争うことができなくなる（838条）。多数の者の利害に関係する総会決議の効力を画一的に確定する必要があるからである。

　決議取消判決については，設立無効判決などと異なり，遡及効を否定する規定がない（839条かっこ書参照）。そこで，判決が確定すると，決議は初めに遡って無効になると解さざるをえない。最高裁は，株主総会における計算書類などの承認決議が手続に法令違反があるとして取り消されたときは，たとえ計算書類などの内容に違法・不当がない場合であっても，決議は遡って無効となり，計算書類などは未確定となるから，それを前提とする後続期の計算書類などの記載内容も不確定なものになるから，後続期の決算案が承認されて確定していることは，瑕疵ある決議の取消しを求める訴えの利益が失われる特段の事情に当たらないとしている（最判昭和58・6・7・民集37巻5号517頁）。

　遡及効は否定されないとしても，取締役選任決議が取り消され，その決議の効力が初めから否定されることになるような場合，取締役の地位を前提に代表取締役に選定された者がした取引の効力も影響を受けるとすると，取引の安全が害されることになる。そこで，表見法理（354条，民109条以下）または事実上の取締役理論（東京地判平成2・9・3判時1376号110頁，京都地判平成4・2・5判時1436号115頁参照）を用いて，善意の第三者を保

護する必要がある。

決議取消しの訴えが棄却され、原告が敗訴した場合は、判決の効力は、一般原則によって当事者間に生ずるにすぎない（民訴115条）。敗訴した株主に悪意・重過失があったときは、会社に対し損害賠償の責任を負う（846条）。

（5）　決議の無効

総会決議の内容が法令に違反する場合は、決議は無効となる（830条2項）。株主平等原則に違反する決議、違法な剰余金配当決議（461条1項・454条1項参照）などがされた場合である。決議の無効は、一般原則により、誰でも、いつでも、どのような方法によっても主張できる。

無効の主張は訴えによらなくてもよいが、必要があれば、会社に対して決議無効確認の訴えを提起することができる（830条2項・834条16号）。この訴えについては、決議取消しの訴えと異なり、提訴権者や提訴期間の制限がないので、無効の確認を求める正当な利益があるかぎり、誰でも、いつでも訴えを提起できる。しかし、無効確認の訴えで原告が勝訴し、判決が確定すると、決議取消判決と同じく、その判決は第三者に対しても効力を生ずる（838条）。

（6）　決議の不存在

総会決議が事実としてされていない場合は、決議は不存在となる。不存在となる場合として、判例では、決議がされていないのに、決議があったかのように議事録が作成され、登記された場合がある（最判昭和38・8・8民集17巻6号823頁）。そのほか、平取締役が取締役会の決議にもとづかないで総会を招集した場合（最判昭和45・8・20判時607号79頁）、発行済株式総数5000株、株主9人のうち、2100株を有する6人の株主に招集通知をせず、親子3人で決議をした場合（最判昭和33・10・3民集12巻14号3053頁）も不存在とされている。招集通知もれが著しい場合は、決議取消原因との限界が明確でなくなるため、不存在というためには、総株主の議決権数および総株主の半数以上に通知もれがあることが必要である（青竹・課題と展開65頁）。

決議の不存在も、誰でも、いつでも、どのような方法でも主張できるが、必要があれば、会社に対し決議不存在確認の訴えを提起することができる

（830条1項・834条16号）。不存在確認の訴えで原告が勝訴し，判決が確定すると，その判決は第三者に対しても効力を生ずる（838条）。

最高裁は，取締役の選任決議が不存在である場合，そこで選任された者を構成員とする取締役会で選任された代表取締役も正当に選任されたものではなく，総会の招集権限を有しながら，そのような代表取締役により招集された総会決議も不存在になるとしている（最判平成2・4・17民集44巻3号526頁）。また，最高裁は，取締役を選任する決議の不存在確認請求に，同決議が存在しないことを理由とする後任取締役の選任にかかる総会決議の不存在確認請求が併合されている場合は，両決議について確認の利益が認められるとしている（最判平成11・3・25民集53巻3号580頁）。このような不存在の場合に連鎖的に取締役の地位を否定すると，多数の会社関係者に影響を与えることになる。そこで，取締役選任決議が取り消された場合と同様の第三者を保護する法的処理が必要となる。

非公開会社・同族会社では，株主総会を開催せず，関係者の誰もが不開催を問題としないでおきながら，会社の支配をめぐって争いが生じた場合に，相手方攻撃の手段として総会が議事録だけの存在であることを理由に，決議不存在確認の訴えが提起されることがある。このような訴えの提起に対して，訴権の濫用に当たるとして訴えを却下した判例がある（鹿児島地判昭和62・7・29判時1259号122頁。なお，旧有限会社の社員総会の決議不存在確認の訴えにつき，最判昭和53・7・10民集32巻5号888頁）。ただし，株主総会について招集手続の省略，決議の省略を認めている会社法の下では，このような訴えの提起は少なくなるであろう。

第3節　取締役・取締役会と代表取締役
――委員会設置会社以外の会社

I　取締役の選任・終任

（1）資格と員数

(a)　資格　　取締役には欠格事由があり，①法人，②成年被後見人もしくは被保佐人または外国の法令上これらと同様に扱われる者，③会社法も

しくは中間法人法の規定に違反し、または証券取引法、民事再生法、外国倒産処理手続に関する法律、会社更生法、破産法に定める一定の規定の罪を犯し、刑に処せられ、その執行を終わった日または執行を受けることがなくなった日から2年を経過しない者、④それ以外の法令の規定に違反し、禁錮以上の刑に処せられ、その執行を終わるまでまたはその執行を受けることがなくなるまでの者は、取締役となることはできない（331条1項）。

③のうち、証券取引法違反や各種倒産犯罪の罪は会社法で加えられたものである。これらの罪により刑に処せられた者も、会社法に定める罪を犯した場合と同様に、会社経営者にふさわしくないためである。

会社法は、破産手続開始の決定を受け復権していない者を欠格事由としていた規定（旧商254条ノ2第2号）を廃止している。中小企業が破産した場合に、経営者が会社債務について個人保証している結果、経営者自身も破産に追い込まれることが多く、早期に取締役として経済的再生の機会を得させる必要性があったからである。取締役が個人破産した場合、委任の終了事由に当たるため、いったん退任することになるが（330条、民653条）、欠格事由から外されたため、株主総会において再度選任することができる。

公開会社では、取締役は株主でなければならない旨を定款で定めることができない（331条2項本文）。広く人材を得ることを可能とするためである。ただし、実際に株主を取締役に選任することは差し支えない。

取締役を日本人に限る定款の定めについては、これを有効とする下級審判例がある（名古屋地判昭和46・4・30下民22巻3・4号549頁）。取締役は株主でなければならないとする定めは、定款により資格制限できない場合をとくに定めたものと解される。したがって、日本人に限る定めは有効と解してよいし、定款で取締役をその会社の従業員に限ることも認められてよい（29条参照）。

公開会社でない会社は、定款で定めることにより、取締役の資格を株主に限ることは認められる（331条2項ただし書）。非公開会社では、特定の株主が経営者となっていることが多いからである。

委員会設置会社以外の会社の取締役は、その会社の部長、工場長、支店長などの使用人を兼ねることは差し支えなく（331条3項）、実際にも、使

用人兼務取締役を置いている会社は多い。

　(b)　員数　　取締役会設置会社では，取締役は3人以上いなければならない（331条4項）。定款で員数の最低限を定めても，最高限を定めてもよいが，法定未満とすることはできない。

　同族的な非公開会社では，3人以上の取締役が要求されていたことから，名目的取締役をもって員数を揃えている例が多かった。会社法は，取締役会を置かない会社について取締役の員数を1人とすることを認めている（326条1項・331条4項）。これにより，名目的取締役を置く必要が少なくなっている。

　(2)　選　任

　(a)　選任方法　　取締役は，会社成立後は，株主総会決議で選任するのが原則である（329条1項）。投票を書面または電磁的方法で行う会社では，株主総会の招集通知を発する際に交付・提供する株主総会参考書類に，候補者の氏名，生年月日，略歴などを記載しなければならない（会社則74条1項）。

　公開会社では，参考書類に，候補者の有する当該会社の株式数，他の会社の代表者であるときはその事実などを記載しなければならない（会社則74条2項）。また，社外取締役を選任する場合は，候補者が当該会社の特定関係事業者または主要な取引先である会社の業務執行者や当該会社の業務執行者の3親等以内の親族であるときなどには，その旨を記載しなければならない（同条4項）。

　選任決議をする場合，取締役が欠けた場合または会社法もしくは定款で定めた取締役の員数を欠くこととなるときに備えて，補欠取締役を選任することができる（329条2項）。決議においては，2人以上の補欠取締役を選任するときは優先順位を決定しなければならない（会社則96条2項）。補欠取締役の選任決議の効力は，原則として決議後最初に開催する定時総会の開始の時までである（会社則96条3項）。

　取締役の選任は普通決議によるが，定款をもってしても，その定足数を議決権を行使できる株主の議決権の3分の1未満に下げることはできない（341条）。

　2人以上の取締役を同じ総会で選任する場合，累積投票の制度が認めら

れている。通常の決議方法によれば，1人ずつ別々の決議をするので（会社則66条1項1号イ参照），その全部が多数派から選ばれることになる。これに対し，2人以上を選任する場合に，取締役全員の選任を一括し，各株主に1株につき，1単元を定めたときは1単元の株式につき，選任する取締役と同数の議決権を認め，各株主はその議決権を1人の候補者に集中して投票するか，数人に分散して投票するかの自由を認め，投票の結果多数を得た者から順次当選者とする方法が，累積投票の制度である（342条3項4項）。少数派の意思を反映させるための，一種の比例代表制度である。

累積投票の制度は，定款で定めれば完全に排除できる（342条1項）。取締役会に対立が持ち込まれ，会社の円滑な運営がそこなわれるおそれがあるためである。定款で排除されていない会社では，株主は会社に対し累積投票の方法によることを請求できるが，その請求は，総会の日の5日前までにしなければならない（342条2項）。定款で排除されない会社では，株主に累積投票を請求するか否かを判断させるため，総会の招集通知に選任される取締役の数を記載・記録する必要があるが，最高裁は，総会において付議された取締役の数が招集通知の記載よりも1名少ないことになっても，株主から累積投票の請求がなく，また，その不一致は株主に格別の不利益を及ぼすものではないから，招集通知は不適法ではないとしている（最判平成10・11・26金判1066号18頁）。

取締役の種類選任株式を発行している会社では，取締役の選任は株主総会でする旨の規定は適用されず，定款の定めに従い，その種類の種類株主総会において選任する（347条1項）。選任決議は，定款に別段の定めがある場合を除き，その種類の株式の総株主の過半数を有する株主が出席し，出席した株主の議決権の過半数をもって行う（324条1項）。定足数は，定款の定めによっても，その種類の総株主の3分の1未満に下げることはできない（347条1項・341条）。取締役の種類選任株式を発行している会社では，累積投票の制度は適用されないと解される。適用を認めると，取締役の選任権の分配を実現するためにそのような種類株式の発行を認めている意味がなくなるからである。

　(b)　選任の効果　　総会による取締役選任決議は会社の内部的意思決定

であり，代表取締役が被選任者と任用契約を締結することにより，選任の効果が生ずる（330条参照）。ただし，選任決議に先立って会社と取締役候補者との間で総会の決議を条件とする任用契約を締結している場合は，決議と同時に取締役の就任があることになる。

　取締役が就任したときは，会社は，取締役の氏名を登記しなければならない（911条3項13号・915条1項）。登記に際しては，申請書に株主総会の議事録，就任を承諾したことを証する書面を添付しなければならない（商登46条2項・54条1項）。

　（3）　終　任
　(a)　終任事由　　会社と取締役との関係は委任に関する規定に従う（330条）。したがって，取締役は委任の終了事由である死亡，破産または後見開始の審判および会社の破産によって終任する（民653条）。また，委任はいつでも解除できるから（民651条1項），取締役はいつでも辞任することができる。辞任は会社に対する一方的意思表示だけで効力を生ずる（民540条1項）。下級審判例には，委任はいつでも解除できること，および取締役は会社に対し重い責任を負わされることなどから，辞任を制限する特約は無効とするものがある（大阪地判昭和63・11・30判時1316号139頁）。しかし，取締役間の特約であれ，会社・取締役間の特約であれ，取締役があえて辞任の自由・利益を放棄したのであれば，特約を無効と解する理由はない。なお，会社のために不利益な時期に辞任したときは，会社に生じた損害を賠償しなければならない（民651条2項）。

　取締役は，そのほか，任期の満了，解任，欠格事由の発生，会社の解散によって終任する。取締役が終任したときは，会社は，その登記をしなければならない（911条3項13号・915条1項）。

　(b)　任期　　取締役の任期は，公開会社では，選任後2年以内に終了する事業年度のうち最終のものに関する定時株主総会の終結の時までである（332条1項本文）。取締役の任期を制限しているのは，株主の信任を新たにするためである。したがって，定款または株主総会の決議で任期を短縮することはできるが（同項ただし書），伸長することは許されない。任期の終了によって終任する取締役を再任することはもちろん差し支えない。なお，設立の際に選任する最初の取締役の任期を1年と定める規定（旧商

256条2項）は廃止されている。

公開会社でない会社では，定款によって，任期を選任後10年以内まで伸長することができる（332条2項）。非公開会社で株主の少ない会社では，株主に対し取締役の信任を頻繁に問う必要性はないからである。公開会社となる旨の定款変更を行った場合は，定款変更の効力が生じた時に取締役の任期は満了する（同条4項）。

(c) 解任　取締役は，いつでも，事由のいかんにかかわらず，株主総会の決議で解任できるのが原則である（339条1項）。決議は普通決議による（341条）。定足数は議決権を行使することができる株主の議決権の3分の1未満に下げることはできない（同条かっこ書）。

解任は，従来は特別決議が要求されていた（旧商257条2項）。普通決議にしたのは，株主の意向を会社経営に反映させるための手段としての株主総会における取締役の選解任権を確保することが重要となっているからである。ただし，出席した株主の議決権の過半数という割合は，定款で加重することができる（341条かっこ書）。解任決議要件の加重は，現経営者の保身目的で利用されることが危惧される。

累積投票によって選任された取締役については，解決決議は特別決議による（342条6項・309条2項7号）。少数派の意思を反映させるという累積投票制度の趣旨からすると，普通決議によって解任するのは相当ではないからである。

正当な事由なく任期満了前に解任したときは，その取締役は会社に対して損害賠償を請求できる（339条2項）。正当な事由とは，取締役に職務遂行上の法令・定款違反があること，心身に故障があること，経営能力が著しく欠けていることなどである。最高裁は，持病が悪化し，療養に専念するため全所有株式を譲渡し代表取締役を退任した取締役を臨時総会で解任することは，正当な事由がないとはいえないとしている（最判昭和57・1・21判時1037号129頁）。正当な事由なく解任した場合の損害賠償責任は，特別の法定責任と解される（大阪高判昭和56・1・30下民32巻1～4号17頁参照）。賠償されるべき損害は，解任されなければ残任期間および任期満了時に得られたであろう利益の喪失による損害である。判例は，通常の役員報酬のほか，支給例，内規から支払を受ける可能性が高いときは，賞

与・退職慰労金も損害と認めている（神戸地判昭和54・7・27判時1013号125頁，東京地判昭和57・12・23金判683号43頁）。

　解任は株主総会の決議によるため，職務遂行に関し不正行為があった取締役でも解任できないことがある。そこで，取締役に不正の行為または法令・定款に違反する重大な事実があったにもかかわらず，取締役を解任する旨の議案が否決された場合に，総株主の議決権の100分の3以上の議決権または発行済株式の100分の3以上の株式を6か月前から引き続き有する株主は，株主総会の日から30日以内に，その取締役の解任を裁判所に請求できる（854条1項）。解任につき議決権を行使することができない株主および請求にかかる取締役である株主は，総株主の議決権および発行済株式に算入されない（同項1号イロ・2号ロ）。保有比率，保有期間は定款をもって引き下げ，短縮することができる（同項1号かっこ書・2号かっこ書）。また，公開会社でない会社では，6か月という保有期間の要件は課されない（同条2項）。

　解任議案の否決が訴えの要件であるから，通常は，訴えに先立って，少数株主は総会招集権または提案権を行使しなければならないことになる。取締役解任の訴えについては，会社と取締役との委任関係の解消を求める訴えであるから，当該会社と取締役の双方を被告とする（855条）。

　種類株主総会で選任された取締役の解任は，その取締役を選任した種類株主総会の決議によらなければならない（347条1項）。決議は普通決議による（同項）。

　取締役に不正の行為または法令・定款に違反する重大な事実があったにもかかわらず，取締役を解任する旨の議案が種類株主総会で否決され，または拒否権付種類株主の拒否権行使により解任の効力が生じない場合も，株主総会で否決された場合と同じ少数株主が裁判所に解任を請求できる（854条1項〜3項）。

（4）　欠員の場合の措置

　取締役が欠けまたは員数を欠くことになる場合，会社は，遅滞なく新取締役を選任しなければならない（976条1項22号参照）。しかし，会社法は，取締役の職務を行う最低限の者が存在しないことによる混乱を避け，また，新取締役が選任されて就任するまで若干の日時を要することを考慮して，

任期の満了または辞任により退任した取締役は，新取締役が選任されて就任するまでなお取締役の権利義務を有するとしている（346条1項）。規定の趣旨から見て，会社側が後任取締役を長期間選任しない場合，あるいは，後任取締役の選任が可能なのに放置している場合は，退任取締役は取締役の権利義務を有しないと解すべきである。判例にも，新取締役を選任するについて特段の障害があったという事情もないのに退任後7年または15年以上も経過した者に，監視義務違反による第三者に対する責任（429条1項，旧商266条ノ3第1項）を負わせることはできないとするもの（東京高判昭和63・5・31判時1279号146頁），会社の株主構成からすると辞任申出から退任までの間に後任取締役を選任するのは可能であって，退任取締役から後任取締役の選任を要求されていたのに選任の努力をすることなく放置していたなどの事情から，会社が退任取締役になお忠実義務および競業避止義務（355条・356条1項1号，旧商254条ノ3・264条）があることを主張するのは信義則に反し許されないとするもの（高知地判平成2・1・23金判844号22頁）がある。

取締役の員数が欠けることになった場合に，解任などにより退任取締役が取締役としての権利義務を有しないときや，病気による辞任など任務の継続を認めるのが不適当なときなど，必要があると認めるときは，裁判所は，利害関係人の申立てにより，一時的に取締役の職務を行うべき者を選任することができる（346条2項）。この者は，仮取締役と呼ばれる。仮取締役の選任があると，嘱託登記がされる（937条1項2号イ）。

（5）　取締役の職務執行停止と職務代行者

取締役の選任決議の効力を争う訴えが提起されたり，取締役解任の訴えが提起された場合に，その取締役にそのまま職務を行わせることが不適当なことがある。そこで，民事保全法上の仮処分の制度にもとづき，本案の管轄裁判所は，保全の必要性が認められる場合，当事者の申立てにより，仮処分によって取締役の職務執行を停止し，さらにその職務代行者を選任することができる（民保23条2項・24条）。これらの仮処分およびその変更または取消しがあったときは，嘱託登記がされる（917条1号，民保56条）。

職務代行者は，仮処分命令に別段の定めがある場合を除き，会社の常務

に属さない行為をすることはできず，常務に属さない行為をするには裁判所の許可を要する（352条1項）。職務代行者は本案の確定するまでの間の暫定的な地位を有するにすぎないからである。常務とは，会社として日常的に行われる業務である。最高裁は，取締役の解任を目的とする臨時株主総会の招集は，少数株主による招集の請求にもとづくものであっても，常務ではないとしている（最判昭和50・6・27民集29巻6号879頁）。職務代行者が権限を踰越して行為をした場合，その行為は無効であるが，会社は無効をもって善意の第三者に対抗することができない（352条2項）。

Ⅱ 取締役会非設置会社の取締役

（1） 業務執行

　取締役会を設置しない会社の取締役は，従来の有限会社と同様の機関である。取締役は，定款に別段の定めがある場合を除き，会社の業務を執行する権限を有する（348条1項）。

　取締役が2人以上いる場合，会社の業務は，定款に別段の定めがある場合を除き，取締役の過半数をもって決定する（348条2項）。取締役が2人以上いる場合は，つぎの事項の決定は各取締役に委任することはできず，取締役の過半数をもって決定しなければならない。①支配人の選任・解任，②支店の設置，移転および廃止，③株主総会を招集する場合の決定事項，④取締役の職務の執行が法令・定款に適合することを確保するための体制その他会社の業務の適正を確保するために必要なものとして法務省令で定める体制の整備，⑤定款の定めにもとづく役員等の責任の一部免除，である（348条3項）。

　④は，株式会社の内部統制システムに関する事項である。大会社においては，取締役会の設置のいかんにかかわらず，④の事項を決定しなければならない（348条4項）。内部統制システムの構築は，平成14年改正により委員会等設置会社に義務づけられていたが（旧商特21条の7第1項2号），会社法はこれを大会社一般に義務づけている。

　取締役会を設置しない会社において定める体制は，①取締役の職務執行にかかる情報の保存および管理に関する体制，②損失の危険の管理に関する規程その他の体制，③取締役の職務執行が効率的に行われることを確保

するための体制，④使用人の職務執行が法令・定款に適合することを確保するための体制，⑤会社ならびにその親会社および子会社から成る企業集団における業務の適正を確保するための体制，である（会社則98条1項）。取締役が2人以上いる場合には業務の決定が適正に行われることを確保するための体制が含まれる（同条2項）。また，監査役設置会社以外の会社では，そのほかに，取締役が株主に報告すべき事項の報告をするための体制が含まれる（同条3項）。

監査役設置会社では，さらに，監査役が職務を補助する使用人を置くことを求めた場合における使用人に関する体制，使用人の取締役からの独立性に関する事項，取締役・使用人が監査役に報告するための体制などが含まれる（会社則98条4項）。

内部統制システムに関する事項を決定した場合は，その決定の内容を事業報告の内容としなければならない（会社則118条2号）。

（2）代　表

取締役会を設置しない会社の取締役は，会社の代表機関である（349条1項本文）。取締役が2人以上いる場合でも，原則として各自が会社を代表する（同条2項）。したがって，取締役会非設置会社では，会社の業務執行と会社の代表は分化していない。ただし，定款，定款の定めにもとづく取締役の互選または株主総会の決議によって，取締役の中から代表取締役を定めることができる（同条3項）。

代表取締役その他会社を代表する者を定めた場合は，その者だけが会社を代表する権限を有する（349条1項ただし書・4項）。その他会社を代表する者とは，仮代表取締役（351条2項）が選任された場合などである。

Ⅲ　取締役会

（1）権　限

(a) 業務執行の決定　　すべての取締役によって組織される取締役会は，取締役会設置会社の業務執行の意思決定をする権限を有する（362条2項1号）。取締役会は，取締役会において決定すべきものと法定さている事項は取締役に委任することはできず，自ら決定しなければならない。

代表取締役の選定および解職は，取締役会が決定する（362条2項3号）。

また，会社法362条4項は，取締役会が自ら決定すべき事項を具体的に列挙している。①重要な財産の処分および譲受け，②多額の借財，③支配人その他重要な使用人の選任・解任，④支店その他の重要な組織の設置，変更および廃止，⑤募集社債の総額その他の社債を引き受ける者の募集に関する重要事項として法務省令で定める事項，⑥取締役の職務の執行が法令・定款に適合することを確保するための体制その他会社の業務の適正を確保するために必要なものとして法務省令で定める体制の整備，⑦定款の定めにもとづく役員等の責任の一部免除，である。362条4項は，それ以外の事項でも，重要な業務執行については取締役会が決定しなければならないと定めている。

　「重要」か，「多額」かは，一般的基準で判断することはできない。重要な財産の処分に当たるか否かについて，最高裁は，当該財産の価額，その会社の総資産に占める割合，当該財産の保有目的，処分行為の態様および会社における従来の取扱いなどの事情を総合的に考慮して判断されるとしている（最判平成6・1・20民集48巻1号1頁）。

　贈与や債務免除などの無償行為の場合は，会社の資産および損益に及ぼす影響は大きいから，会社の規模・財産の状況から重要と判断できなくとも，無償行為として多額であれば重要な財産の処分になる。また，取締役会規則などで取締役会に付議する基準を定めても，基準に従って処理すれば当然に適法になるわけではない（青竹正一「判批」判評552号（判時1876号）43頁）。

　多額の借財に当たるか否かについても，諸般の事情を考慮して判断されることになる。下級審判例には，当該借財の額，その会社の純資産・経常利益などに占める割合，借財の目的および会社における従来の取扱いなどの事情を総合的に考慮すべきものとするものがある（東京地判平成9・3・17判時1605号141頁）。

　⑤のその他の社債を引き受ける者の募集に関する重要事項は，2以上の募集にかかる募集事項の決定を委任するときはその旨，募集社債の総額の上限，募集社債の利率の上限その他の利率に関する事項の要綱である（会社則99条）。

　⑥は，内部統制システムに関する事項である。大会社である取締役会設

置会社では、⑥の事項を決定しなければならない（362条5項）。

　取締役会設置会社において定める体制は、取締役会を設置しない会社において定める体制とほぼ同じである（会社則100条）。また、内部統制システムに関する事項を決議した場合は、その決議の内容を事業報告の内容としなければならない（会社則118条2号）。

　会社法は、そのほか、各所で個別に取締役会設置会社の取締役会の決定事項を定めている。①譲渡制限株式の譲渡・取得の承認および指定買取人の指定（139条1項・140条4項）、②子会社からの自己株式の取得（163条）、③取得条項付株式の取得などの決定（168条1項・169条2項）、④自己株式の消却（178条2項）、⑤株式の無償割当て（186条3項）、⑥株主総会の招集の決定（298条4項）、⑦業務執行取締役の指名（363条1項2号）、⑧取締役の競業取引・利益相反取引の承認（365条1項）、⑨公開会社における募集株式の発行（201条1項）、⑩公開会社における新株予約権の発行（240条1項）、⑪計算書類等の承認（436条3項）、⑫中間配当（454条5項）、などである。

　法定の決定事項および定款・取締役会規則で取締役会の決定事項と定められた事項以外については、代表取締役・業務執行取締役に委任できる。

　取締役会設置会社でも、定款で株主総会の決議事項を拡大できるので（295条2項）、取締役会の法定の決定事項を株主総会の決議事項とすることは可能である。その代わり、取締役の責任（423条1項・429条1項）を株主に負わせる必要が生ずる。しかし、実際に定款で拡大している例は少ない。そして、最高裁判例には、会社法356条1項2号（旧商265条）の取締役と会社との利益相互取引について定款に株主総会の決議事項とする定めがないのに、取引につき株主全員の合意がある以上、別に取締役会の承認を要しないことは、会社ひいて株主の利益保護を目的とする規定の趣旨に照らし当然であるとするものがある（最判昭和49・9・26民集28巻6号1306頁）。しかし、取締役と会社との利益相反取引についての承認のように、会社および会社債権者の利益も問題となる事項は、とくに定款で総会の決議事項としないかぎり、取締役会の専決事項として各取締役がその知識と経験にもとづき協議して決定することが求められる。全株主の合意・同意をもって取締役会の承認に代えることを認めるのは、疑問である。

また，株主が取締役または取締役になることが予定されている株主に対し，特定の株主を支配人とすることなどを約束させる契約は，取締役の取締役会の構成員として意思決定する際に尽くすべき善管注意義務（330条，民644条）または忠実義務（355条）に違反することを認めてしまうおそれがあり，無効と解すべきである（青竹・新展開130～131頁）。

　(b) 業務執行の監督　　取締役会は，取締役の職務の執行を監督する権限を有する（362条2項2号）。取締役会の監督権限は，後述（240頁）の監査役の業務監査の権限と異なり，違法な職務執行の監督是正のみならず，職務執行の妥当性にも及ぶ。取締役会の監督権限は，最終的には，違法または不当な職務執行をした代表取締役や業務執行取締役を解職・解任することにより実現される。

　取締役会は監督権限を有するから，取締役会を構成する各取締役は，代表取締役および業務執行取締役の職務の執行を監督する義務を負う。代表取締役も取締役会の構成員として他の代表取締役・業務執行取締役を監視する義務を負う。ただし，代表取締役・業務執行取締役は，業務執行者としての地位における監督・監視義務も問題となる。これに対し，業務執行権のない取締役（平取締役）は，取締役会の構成員としての監視義務のみが認められる。取締役会の構成員としての監視義務のみが認められる平取締役は，取締役会に上程された事柄について監視すれば足りるか。最高裁は，「株式会社の取締役会は会社の業務執行につき監査する地位にあるから，取締役会を構成する取締役は，会社に対し，取締役会に上程された事項についてだけ監視するにとどまらず，代表取締役の業務執行一般につき，これを監視し，必要があれば，取締役会を自ら招集し，あるいは招集することを求め，取締役会を通じて業務執行が適正に行なわれるようにする職務を有する」としている（最判昭和48・5・22民集27巻5号655頁）。この最高裁判決の正当性は，昭和56年改正以来，取締役会の招集権者を定めた場合に，各取締役に招集権を保障する規程（366条2項3項）が設けられていることにより，否定しがたくなっている。

　代表取締役および業務執行取締役は，3か月に1回以上，自己の業務執行の状況を取締役会に報告しなければならない（363条2項）。取締役会の監督権限を発揮できるようにするためである。監督権限を発揮できるよう

にするため，各取締役は，監査役と同じく，会社の業務・財産の状況を調査する権限（381条2項参照）も認められると解すべきである。

(2) 招 集

(a) 招集権者　取締役会の招集権者は各取締役である（366条1項本文）。ただし，招集権を有する取締役を定款または取締役会で定めることができる（同項ただし書）。実際にも，取締役会決議で定める取締役会規則で，取締役会は社長が招集し，社長に事故あるときはあらかじめ定められた順序で他の取締役が招集する旨を定めていることが多い。しかし，招集権者を定めた場合でも，招集権者以外の取締役は，招集権者に対し，取締役会の目的である事項を示して，取締役会の招集を請求でき（同条2項），この請求があったにもかかわらず，請求の日から5日以内に，その請求があった日から2週間以内の日を取締役会の日とする取締役会の招集通知が発せられない場合は，請求をした取締役は自ら取締役会を招集することができる（同条3項）。各取締役の招集権の保障は，取締役会の監督権限を適切に発揮させるためである。

監査役にも，一定の場合に取締役会の招集権が認められている（383条2項3項）。

会社法は，取締役会設置会社のうち，監査役設置会社でも委員会設置会社でもない会社では，株主は，取締役が取締役会設置会社の目的の範囲外の行為その他法令・定款に違反する行為をし，または，それらの行為をするおそれがあると認めるときは，取締役会の招集を請求できるものとしている（367条1項）。株主が直接に会社の業務執行を監督できるようにするためである。請求は，取締役または招集権者に対し，取締役会の目的である事項を示して行わなければならない（同条2項）。請求があった日から5日以内に，その請求があった日から2週間以内の日を取締役会の日とする取締役会の招集通知が発せられない場合は，請求をした株主は自ら取締役会を招集することができる（同条3項）。また，請求を行った株主は，請求にもとづき招集されまたは自ら招集した取締役会に出席し，意見を述べることができる（同条4項）。

(b) 招集方法　取締役会を招集する者は，取締役会の日より1週間前までに各取締役，監査役設置会社では各監査役にもその通知を発しなけれ

ばならない（368条1項）。監査役設置会社の監査役にも通知を要するのは，監査役も取締役会に出席して意見を述べなければならない（383条1項）からである。招集通知期間は定款で短縮することができる（368条1項かっこ書）。

招集通知の方法には制限はなく，書面に限らず，電話・電磁的方法でも，口頭でもよい。また，開催の日時・場所を通知する必要はあるが，取締役会設置会社の株主総会の場合（299条4項参照）と異なり，議題を通知する必要はない。取締役は議題にかかわらず取締役会に出席する義務があり，また，取締役会では業務執行に関する諸般の事項が議題となることを予想すべきであるからである。もっとも，定款などで議題を通知する旨を定めることは差し支えないが，機動的に対応するために招集通知に記載のない議題を決議しても，定款などに違反し無効になると解すべきではない。下級審判例には，定款にもとづく取締役会規程で取締役会の招集通知は会議の目的である事項を記載した書面によると定めている場合に，招集通知に記載のない事項を審議・決議しても違法ではないとするものがある（名古屋高判平成12・1・19金判1087号18頁）。

取締役，監査役設置会社では取締役および監査役の全員の同意があるときは，招集手続を経ずに取締役会を開催することができる（368条2項）。省略の同意は黙示であってもよいとするのが，判例である（最判昭和31・6・29民集10巻6号774頁）。

（3）議　事

取締役会の議事の方法については，とくに規定がない。議長は，定款または取締役会規則で社長や会長がなると定めている会社が多い。

取締役会の議事については，議事録を作成しなければならない（369条3項）。議事録は，書面または電磁的記録をもって作成し，取締役会の議事の経過の要領および結果などを記載・記録し，出席した取締役および監査役がこれに署名・記名押印または電子署名しなければならない（369条3項4項，会社則101条）。議事録は証拠のためのものにすぎないが，取締役会の決議に参加した取締役で議事録に異議をとどめなかった者は，その決議に賛成したものと推定される（369条5項）。決議に賛成した取締役はその行為をしたものとみなすとする規定（旧商266条2項）は廃止されて

第4章　機　関

　いる。
　議事録は取締役会の日から10年間本店に備え置かれる（371条1項）。株主は，その権利を行使するために必要あるときは，営業時間内は，いつでも，議事録の閲覧・謄写を請求することができる（同条2項）。監査役設置会社では，裁判所の許可を要する（同条3項）。取締役会設置会社の債権者および親会社社員は，役員の責任を追及するため必要があるときに，裁判所の許可を得て，請求することができる（同条4項5項）。
　監査役設置会社の株主からの請求，取締役会設置会社の債権者および親会社社員からの請求にかかる閲覧・謄写により，会社またはその親会社・子会社に著しい損害を及ぼすおそれがあると認めるときは，裁判所は閲覧・謄写を許可することはできない（371条6項）。
　取締役会の議事録の閲覧・謄写を制限しているのは，無制限に認めると，企業秘密がもれることをおそれて内容を当たりさわりのないものとする可能性があり，また，総会屋などが濫用的に請求するおそれがあるからである。

（4）決　議

（a）決議要件　　取締役会の決議は，議決に加わることができる取締役の過半数が出席し，出席取締役の過半数をもって行う（369条1項）。定款で定足数および過半数の要件を加重することができる（同項かっこ書）。全員一致を要求して各取締役に拒否権を与えることも認められる。これに対し，定足数および過半数の要件を緩和することは，定款をもってしても許されない（309条1項対照）。
　可否同数のときは議長が決するところによる旨の定款の定めについて，会議体における一般の法則ともいうべきものであること，あるいは，取締役会は会社の基本的事項ではなく業務執行を決定するための会議体であることなどから，有効とする見解がある（大隅＝今井・中201頁，鈴木＝竹内・280頁注(8)）。しかし，可否同数は否決であるから，議長が再度裁決権を行使することにより決議を成立させるのは，多数決要件を緩和することになり，無効と解すべきである。定足数は開会の初めに満たされているだけでは足りず，討議および決議の全過程を通じて維持されていなければならないとするのが，判例である（最判昭和41・8・26民集20巻6号1289頁）。

(b) 決議方法　　取締役会では，各取締役が１個の議決権を有する頭数主義をとる。取締役会は経営者としての各取締役がその知識と経験にもとづき協議・意見交換を通じて意思決定する場であるから，代理人を出席させて議決権を行使させることはできない。

取締役会の決議について特別の利害関係を有する取締役は議決に加わることができない（369条2項）。決議の公正を確保するためである。議決に加わることができない取締役は，出席して意見を述べることもできないと解すべきである。特別利害関係人である取締役は，取締役会の定足数の基礎となる決議に加わることができる取締役の数にも出席取締役の数にも算入されない（同条1項）。

特別利害関係人に当たる場合として，取締役の競業取引の承認（365条1項・356条1項1号），取締役と会社との利益相反取引の承認（365条1項・356条1項2号），会社・取締役間の訴えの会社代表者の決定（364条）における当該取締役がある。

代表取締役の選定決議（362条2項3号）において候補者となっている取締役は，業務執行の決定に参加するにほかならず，特別利害関係人に当たらない。代表取締役の解職決議（362条2項3号）において解職の対象となっている代表取締役については，最高裁は，本人の意思に反してこれを代表取締役の地位から排除することの当否が論ぜられる場合においては，当該取締役に対し，一切の私心を去って，会社に対し負担する忠実義務（355条，旧商254条ノ3）に従い公正に議決権を行使することは必ずしも期待しがたく，かえって自己個人の利益を図って行動することがありうるので，忠実義務違反を防止し，取締役会の決議の公正を担保するため，個人として重大な利害関係を有する者として，議決権の行使を禁止するのが相当であるとしている（最判昭和44・3・28民集23巻3号645頁）。これに対し，学説では，代表取締役を誰にするかの争いに取締役の利害対立はあっても，会社と取締役の間に利害対立はなく，解職も特別利害関係に当たらない，あるいは，閉鎖会社においては代表取締役の解職は業務執行をめぐる二派の争いそのものである例が多く，解職の対象となっている代表取締役の議決権を排除すべき理由はない，とする見解がある（龍田・113頁，江頭・359頁）。しかし，株主と異なり，取締役は善管注意義務（330条，

民644条）ないし忠実義務を負い，自己の利益のために権限を行使してはならない立場にある。解職の対象となっている者は，自己の利益のために審議に加わり，解職に反対する可能性は大きい。また，代表取締役に不正な行為などがあったにもかかわらず取締役会が解職を否決した場合の解職方法（854条対照）がない。解職の対象となっている代表取締役は特別利害関係人に当たると解すべきである。

　なお，判例は，特別利害関係を有する取締役は，取締役会の出席権がなく，取締役会の構成員から除外されること，あるいは，議長としての権限行使の結果が審議の過程全体に影響を及ぼし，態様いかんによっては不公正な決議の結果を導き出すおそれがあることから，議長の権限を失うとしている（東京高判平成3・7・17資料版商事102号149頁，東京地判平成7・9・20判時1572号131頁）。

　(c)　決議等の省略　　取締役会設置会社は，定款で，取締役が取締役会の決議の目的である事項について提案した場合，その提案につき議決に加わることができる取締役の全員が書面または電磁的記録により同意の意思表示をしたとき，監査役設置会社では監査役もその提案に異議を述べなかったときは，その提案を可決する旨の取締役会の決議があったものとみなす旨を定めることができる（370条）。株主総会の場合（319条1項）と同様の決議の省略を定款で定めることを認めるものである。

　従来は，お互いに相手を認識し，議題について相互に協議・意見交換できる通信設備による会議・決議は認められると解されていたが，会社法は，取締役の行った提案について取締役全員が同意し，監査役が異議を述べなければ，協議・意見交換を通じて決定すべき事項かを問わず，決議の省略が認められることになる。もっとも，代表取締役・業務執行取締役による3か月に1回以上の業務執行の状況についての取締役会への報告（363条2項）は省略できないから（372条2項），3か月に1回以上の会議開催は確保されることになる。なお，監査役会および委員会設置会社の委員会については，決議の省略は認められていない。

　会社は，取締役全員の意思表示を記載・記録した書面または電磁的記録を，可決されたものとみなされた日から10年間，本店に備え置かなければならない（371条1項）。

会社法は，取締役会への報告の省略も認めている。取締役，会計参与，監査役または会計監査人が取締役の全員，監査役設置会社では取締役および監査役の全員に対し取締役会に報告すべき事項を通知したときは，その事項を取締役会に報告することを要しない（372条1項）。しかし，前述のように，代表取締役・業務執行取締役による3か月に1回以上の業務執行の状況についての取締役会への報告は省略できない（同条2項）。

　(d)　特別取締役による決議　　取締役の数の多い会社では，頻繁に取締役会を開催できないため，代表取締役を中心とする少数の取締役により構成される常務会（会社によっては専務会，経営委員会などと呼ばれる）を設置し，そこで会社の業務執行について実質的な審議が行われることが多かった。常務会は，取締役会または代表取締役を補佐する任意の会議体にすぎず，取締役会の法定の決定事項を常務会で決定することは許されなかった。

　平成14年改正は，大会社またはみなし大会社は，取締役会の決議により，重要財産委員会を設置できるものとし，委員会は重要な財産の処分および譲受け，多額の借財についての決定につき取締役会から委任を受けることができるものとしていた（旧商特1条の3第1項2項・5項）。

　会社法は，重要財産委員会を取締役会と別個の機関として構成することはせず，取締役会の決定権限のうち一定の事項を特別取締役の議決に委ね，決議要件の特則の制度として構成している。定款の定めによらない会社の機関は他に例がないというのがその理由である。

　特別取締役の議決に委ねることができるのは，取締役会設置会社のうち，①取締役の数が6人以上であり，②取締役のうち1人以上が社外取締役である会社である（373条1項1号2号）。委員会設置会社は特別取締役による議決の制度を採用することはできない（同項柱書かっこ書）。委員会設置会社では執行役に業務執行の決定を大幅に委ねることができるからである。

　取締役の数は10人から6人に緩和されている。「社外取締役」とは，その会社またはその子会社の代表取締役・業務執行取締役および会社の業務執行をしたその他の取締役もしくは執行役または支配人その他の使用人ではなく，かつ，過去にその会社またはその子会社の代表取締役などの業務執行取締役もしくは執行役または支配人その他の使用人となったことがな

いものをいう（2条15号）。取締役のうち1人以上が社外取締役であることを要件としているのは，一定の事項を特別取締役の議決に委ねるため，取締役会の監督機能を強化する必要があるからである。特別取締役は社外取締役である必要はない。

　特別取締役の議決に委ねることができる会社の取締役会は，重要財産の処分および譲受け，多額の借財についての決議について，あらかじめ選定した3人以上の特別取締役のうち，議決に加わることができる者の過半数が出席し，その過半数をもって行うことができる旨を定めることができる（373条1項）。定足数と決議に必要な過半数は上回る割合を取締役会で定めることができる（同項かっこ書）。

　特別取締役による決議の定めがある場合は，特別取締役以外の取締役は，重要財産の処分および譲受け，多額の借財を決定する取締役会に出席することを要しない（373条2項前段）。また，特別取締役による決議の定めがある場合は，取締役会の招集権者は各特別取締役であり，招集通知期間の短縮は定款でなく取締役会で定め，招集通知は各特別取締役，監査役設置会社では各特別取締役および各監査役にあてて発する（同項後段）。さらに，特別取締役および監査役の全員の同意があるときは，招集の手続を経ることなく開催することができる（同項後段）。

　複数の監査役を置く会社の特別取締役による取締役会については，監査役の互選により，取締役会に出席する監査役を定めることができる（383条1項ただし書）。

　特別取締役の互選により定められた者は，重要な財産の処分および譲受け，多額の借財の決定をする取締役会の決議後，遅滞なく，その決議の内容を特別取締役以外の取締役に報告しなければならない（373条3項）。

　取締役会の招集権を有する取締役を定めることができる規定（366条1項ただし書），株主による招集の請求についての規定（367条），取締役会の決議要件についての規定（369条1項），取締役会の決議の省略についての規定（370条）は，特別取締役による取締役会には適用されない（373条4項）。

　招集権を有する取締役を定めることができないのは，特別取締役による取締役会は機動的に開催する必要があるからである。また，決議の省略を

認めていないのは，決定の機動性を確保するのにふさわしい取締役が特別取締役に選定されることが予定されるからである。

会社は，特別取締役による決議の定めをしたときは，そのような定めがある旨，特別取締役の氏名および取締役のうち社外取締役である者を，本店の所在地において2週間以内に登記しなければならない（911条3項21号・915条1項）。

(5) 決議の瑕疵

取締役会決議に瑕疵がある場合に，会社法は，株主総会の場合と異なり，特別の訴えの制度を設けていない。したがって，取締役会決議の瑕疵は一般原則により処理されることになり，決議の内容に瑕疵がある場合も，招集手続・決議方法に瑕疵がある場合も，決議は無効となり，誰でも，いつでも，どのような方法によっても無効を主張できる。また，確認の利益が認められるかぎり，決議無効確認の訴えを提起することができる。

一部の取締役に対して招集通知を欠く場合，手続上の瑕疵があることになる。最高裁は，一部の取締役に対して招集通知を欠いても，その取締役が出席してもなお決議の結果に影響がないと認めるべき特段の事情があるときは，瑕疵は決議の効力に影響がないものとして有効になるとしている（最判昭和44・12・2民集23巻12号2396頁，最判平成2・4・17民集44巻3号526頁）。この最高裁判決は，総会決議取消しの訴えにおける裁量棄却（831条2項）と同様の扱いを認めたものである。そして，下級審判例には，名目だけの取締役で会社の運営を他に一任していた取締役に招集通知を欠いた場合に，その取締役が出席しても決議の結果に影響を及ぼさない特段の事情が認められるとするもの（東京高判昭和48・7・6判時713号122頁），対立関係にある少数派に属する取締役に招集通知を欠く場合に，決議が圧倒的多数でされ，その取締役が出席しても決議の結果に影響を及ぼさない特段の事情が認められるとするもの（高松地判昭和55・4・24判タ414号53頁）がある。しかし，取締役会は各取締役がその知識と経験にもとづき協議・意見交換を通じて意思決定を行う場であるから，瑕疵が決議の結果に影響を及ぼさないことを問題とすべきではない。判例の立場では，名目的取締役や少数派には招集通知を要しないことになりかねない。

無効な取締役会にもとづいて代表取締役がした行為は，当然に無効とな

るわけではない。株式分割などのような会社の内部事項は無効になると解してよいが，対外的な代表行為については取引の安全も考慮しなければならないからである。

Ⅳ 代表取締役

（1） 代表取締役の選定・解職

(a) 選 定　取締役会設置会社では，取締役会の決議により，取締役の中から代表取締役を選定しなければならない（362条3項）。会社法は代表取締役の員数を定めておらず，1人でも数人でもよい。実際上は，定款の定めにもとづき取締役会で社長，副社長などのいわゆる役付取締役を選任し，それらの者を代表取締役とすることが多い。

代表取締役の就任につき被選任者の承諾は必要である。代表取締役に就任すると義務と責任が増すからである。代表取締役の氏名・住所は登記事項である（911条3項14号・915号条1項）。

(b) 終 任　代表取締役は取締役であることを前提とするから，取締役としての終任事由の発生によって当然に代表取締役の終任となる。そのほか，代表取締役はいつでも代表取締役を辞任することができる。また，取締役会が代表取締役を選定し，監督する権限があるから，取締役会はいつでも代表取締役を解職することができる（362条2項3号）。最高裁は，解職は解職決議によって直ちに効力を生じ，被解職者に対する解職の告知は不要であるとしている（最判昭和41・12・20民集20巻10号2160頁）。

代表取締役が欠けた場合または定款で定めた員数が欠けた場合については，取締役の場合と同様の措置がされ，任期の満了または辞任により退任した代表取締役は，新代表取締役が就任するまで代表取締役の権利義務を有する（351条1項）。また，必要があると認めるときは，裁判所は，仮代表取締役を選任することができる（同条2項）。なお，代表取締役が欠けている会社に対し訴訟行為をしようとする者は，特別代理人の選任を裁判所に申請することができる（民訴35条1項・37条）。

（2） 権 限

(a) 代表権　代表取締役は，対外的に会社を代表する権限を有する。代表取締役の代表権は，会社の業務に関する一切の裁判上または裁判外の

行為に及ぶ包括的なものである（349条4項）。したがって，代表取締役は，その資格で，会社の訴訟代理人となり，また，第三者と契約を締結するなどの裁判外の行為をすることができる。

　会社・取締役間の訴えについては，取締役会を設置していない会社では株主総会，取締役会設置会社では株主総会または取締役会で会社を代表する者を定めることができる（353条・364条）。監査役設置会社では監査役が会社を代表する（386条1項）。会社・取締役間の訴えにおける取締役には退任取締役も含まれる（353条かっこ書・386条1項かっこ書）。会社・取締役間の訴えについて代表権を制限できるとしているまたは制限しているのは，なれ合い訴訟を防止するためである。ただし，最高裁は，訴訟の相手方が取締役であると主張していても，代表取締役が相手方を取締役と認めていないときは，なれ合いのおそれはないから，代表取締役に代表権があるとしている（最判平成5・3・30民集47巻4号3439頁）。

　代表取締役の代表権を制限しても，善意の第三者に対抗できない（349条5項）。取引の安全のためである。したがって，定款，取締役会規則，取締役会決議により，代表取締役の間に社長，副社長などの上下の統率関係を定めて，あるいは代表取締役の間に業務の分担を定めて，代表取締役の包括的な代表権に制限を加えても，会社は善意の第三者にその制限を主張できない。

　代表取締役が数人いる場合でも，代表取締役は単独で代表権を行使できるのが原則である。取締役会の決議により数人の代表取締役が共同して会社を代表すべきことを定めることができる旨の規定（旧商261条2項）は，会社法により廃止されている。そのような定めをしても，善意の第三者に対抗できない。

　代表取締役が，取締役会の決議を経ないで，あるいは無効な取締役会決議にもとづいて第三者と行為した場合，その行為が効力はどうなるか。最高裁は，定款の定めにより取締役会決議が要求されていた事項を取締役会の決議を経ないでした場合につき，原則として有効であって，相手方が決議を経ていないことを知りまた知ることができたときに限って無効であるとしている（最判昭和40・9・22民集19巻6号1656頁）。この最高裁判決は，心裡留保の規定（民93条ただし書）を類推適用するものである。しかし，

代表行為そのものには会社に効果を生ぜしめる代表意思（真意）が存在しているのであって，真意と表示の不一致があるわけではない。また，相手方が取締役会決議を経ていないことを知ることができたときまで無効とするのでは，相手方の保護に欠けることになる。定款，取締役会規則などにより取締役会の権限に留保されている事項を取締役会の決議を経ないでした場合は，代表権に加えられた制限に反した行為として，会社は善意の相手方にその制限を主張できない（349条5項）と解すべきである。

　重要な財産の処分，多額の借財などの取締役会の法定の決議事項につき取締役会の決議を経ないでした場合についても，下級審判例には，心裡留保の規定を類推適用するものが多い（那覇地判平成9・3・25判時1617号131頁，東京地判平成9・3・17判時1605号141頁など）。これに対し，学説では，代表権に加えられた制限に反した行為として，代表権の制限に関する規定（349条5項）を適用する見解（龍田・104頁，前田・440頁など），越権代表行為として，表見代理の規定（民110条）を適用する見解（河本・464頁，山口幸五郎・新注会(6)165頁），代表行為として有効であるが，相手方が決議を欠いていることにつき悪意の場合は会社は一般悪意の抗弁（民1条2項）をもって対抗できるとする見解（大隅＝今井・中204頁，鈴木＝竹内・285頁）などがある。代表取締役が取締役会の法定決議事項につき取締役会の決議を経ないでした行為は，一種の無権代理である。したがって，取締役会が追認しないかぎり，その行為は会社に帰属しないのが原則である（民113条1項）。しかし，取引の安全も考慮しなければならない。取締役会の決議を欠く重要財産の処分や多額の借財のような取引行為は，いわゆる相対無効の理論（最大判昭和43・12・25民集22巻13号3511頁，最大判昭46・10・13民集25巻7号900頁参照）により，会社はその無効を悪意の相手方にしか主張できないと解すべきである。なお，代表取締役が特別取締役の決議による旨の定めがある重要財産の処分・譲受け，多額の借財につき特別取締役の決議を経ないでする場合も，取締役会の決議を欠く場合と同様に解すべきである。

　代表取締役が自己または第三者の利益のためにその権限を行使することがある。この代表権の濫用の場合，最高裁は，心裡留保の規定（民93条ただし書）を類推適用し，相手方が代表取締役の真意を知りまたは知るこ

とができたときは無効であるとしている（最判昭和38・9・5民集17巻8号909頁，最判昭和51・11・26判時839号111頁）。しかし，代表権の濫用の場合も，会社に効果を生ぜしめる意思は存在している。また，ある行為が代表権の範囲内に属するかは，行為者の主観的意思により決められるべきではない。客観的に代表権の範囲内に属するのであれば，その行為は会社に帰属する。ただし，代表取締役が自己または第三者の利益を図る意思を有することを知っている相手方が取引の効果を会社に対し主張することは，信義則違反（民1条2項）または権利濫用（民1条3項）として許されないとしてよい。

代表取締役がその職務を行うにつき第三者に加えた損害については，会社は賠償する責任を負う（350条）。なお，下級審判例には，取締役会の行為について会社の不法行為責任を認めたものがある（東京地判平成元・11・13金判849号23頁）。しかし，会議体の行為に一般不法行為の要件である権利侵害（違法性）についての故意・過失を認めることは無理である。

(b) 業務執行権　代表取締役は，取締役会設置会社の業務を執行する権限を有する（363条1項1号）。代表取締役が会社を代表するというのは業務執行の対外的な側面であるが，内部的な業務執行も行い，株主総会・取締役会・特別取締役の決議を実行する。また，取締役会から委任を受けた事項については自ら決定し実行する。日常の業務（常務）は，明示の委任がなくても代表取締役に委ねられていると解され，自ら決定し実行できる。ただし，定款，取締役会規則などで上下の統率関係が定められ，あるいは業務分担を定めている場合は，その制限に服する。

取締役会設置会社は，取締役会の決議により，代表取締役以外の取締役を会社の業務を執行する取締役として選定することができる（363条1項2号）。従来から，定款などで代表取締役以外の者を業務担当取締役と定め，その者に一定の業務執行について決定・実行させる例は多かった。平成14年改正以来，業務執行取締役が会社の業務執行権限を有することが明らかになっている（363条1項柱書）。

業務執行取締役は業務執行権限を有するが，決定・実行できる業務執行の範囲は取締役会の決議で決められることになる。また，代表取締役と業務執行取締役は業務執行者として上下の関係にあるから，業務執行取締役

は代表取締役の指揮の下で業務執行権を行使しなければならない。業務執行取締役は代表権を有しない。

なお，大会社においては，取締役の員数を減らし，それまで取締役（使用人兼務取締役）であった者を執行役員として取締役会の機能強化を図っている例がある。この執行役員は，委員会設置会社の制度を採用する会社において執行役として選任すれば，取締役会から委任を受けた業務執行の決定権限と業務執行の権限を有する（418条）。しかし，委員会設置会社の制度を採用しないまま執行役員を維持する会社では，執行役員は，代表取締役や業務執行取締役の指揮の下でその業務執行を補佐する一種の重要な使用人（362条4項3号）と解さざるをえない。

(3) 表見代表取締役

会社法354条は，会社は，代表取締役以外の取締役に社長，副社長その他会社を代表する権限を有するものと認められる名称を付した場合には，その取締役がした行為について，善意の第三者に対してその責任を負うと定めている。外観信頼を保護する表見代表取締役の制度であり，表見支配人の制度（13条）と同趣旨である。従来は名称の例示には専務取締役および常務取締役も含まれていたが（旧商262条），会社法では削除されている。

代表取締役の氏名は登記事項であるが，登記をすれば，会社法908条1項により，第三者に正当な事由がないかぎり，善意の第三者にも対抗できることになる。しかし，取引の相手方がいちいち登記を閲覧したうえで取引することは少ない。また，社長や副社長といった名称・肩書きが代表取締役後によく用いられる。そこで，会社法354条は，取引の安全を保護するため，取引の相手方が名称から行為者を代表取締役と信じて，登記を閲覧せずに取引した場合でも，その信頼を保護する規定と解される。会社法354条が適用されるかぎり，908条1項は適用されないと解してよい。

会社法354条が適用されるためには，①会社を代表する権限を有するものと認められる名称を使用して行為すること，②会社が代表する権限を有するものと認められる名称を付したこと，③第三者が善意であること，を要する。

①の「会社を代表する権限を有するものと認められる名称」については，会社法354条が例示するもののほか，頭取，副頭取，理事長，取締役会長，

代表取締役代行者（最判昭和44・11・27民集23巻11号2301頁参照）なども含まれる。会社法354条は取締役がした行為と定めているが，取締役でなくても，代表する権限を有するものと認めるべき名称を使用する者を代表取締役と誤認することに変わりない。最高裁は，使用人が代表取締役の承認の下で常務取締役の名称を使用して取引した場合にも，354条（旧商262条）の類推適用を認めている（最判昭和35・10・14民集14巻12号2499頁）。また，代表取締役として行為した者に代表権がない場合には当然には適用されないが，最高裁は，無効な取締役会決議により選任された代表取締役が代表取締役として行った行為につき，相手方保護のため，354条（旧商262条）を類推適用している（最判昭和56・4・24判時1001号110頁）。また，表見代表取締役の名称を使用する者が手形に自己の名称を表示しないで，直接に代表取締役名義で手形行為をするような場合は，表見代表取締役がその名称を使用して行為したことにならない。しかし，名称によって代表権を有していると信頼した者は，表見代表取締役に他の代表取締役の記名押印を代行する権限を有するものと信じるであろう。最高裁は，記名押印した者に代表権がない場合でも，適用を認めている（最判昭和40・4・9民集19巻3号632頁）。なお，会社法354条は取引の安全を保護する規定であるから，裁判上の行為に適用されない（13条本文参照）。

　②の名称を「付した」とは，会社が名称を使用させている場合をいう。取締役が勝手に名称を使用している場合は，会社法354条は適用されない。表見代表取締役の制度は，代理権授与表示による表見代理（民109条）と類似の制度であり，表見代理は本人に外観作出に帰責性があることが本人に責任を負わせる根拠となっているからである。ただし，会社側が名称を勝手に使用しているのを知りながら，それを放任して黙認していれば，会社に責任が生ずる（最判昭和42・4・28民集21巻3号796頁参照）。

　③の第三者の善意とは，行為をした取締役に代表権がないことを知らないことである。過失によって知らなかったときでも，第三者は保護される（最判昭和41・11・10民集20巻9号1771頁参照）。しかし，最高裁は，第三者に重大な過失があるときは，悪意の場合と同視できるから，会社は責任を負わないとしている（最判昭和52・10・14民集31巻6号825頁）。代表取締役が誰であるかを登記により確認しなかったことは，重過失にならない。

そのように解しなければ，表見代表取締役制度の意義がなくなってしまうからである。

V 取締役の義務と報酬

（1） 取締役の善管注意義務と忠実義務

会社と取締役との関係は委任に関する規定に従う（330条）。したがって，取締役は，業務執行者・代表者または取締役会の構成員および代表取締役・業務執行取締役としてその職務を遂行するに当たり，会社に対し善良な管理者としての注意義務を負う（民644条）。このいわゆる善管注意義務とは別に，取締役は，法令・定款の定めおよび株主総会決議を遵守し，会社のため忠実にその職務を行わなければならない（355条）。この義務は，忠実義務といわれる。

取締役の忠実義務は，取締役に対し，個人的利益のために会社の利益を犠牲にすることを禁じ，会社の利益のために誠実に行動することを求めるものである。そして，学説では，取締役の善管注意義務は，取締役が職務を遂行するに当たって用いるべき注意の程度を定めるにすぎず，忠実義務と善管注意義務はその性質・適用範囲を異にするとする異質説が有力に主張されている（赤堀光子「取締役の忠実義務(4)」法協85巻4号(1966) 46頁，星川長七・取締役忠実義務論（成文堂，1972）25頁以下，田中誠・上630頁以下，北沢・412頁など）。しかし，受任者の善管注意義務を定めた民法644条は元々「忠実に」の文言を入れることを予定していたのであって，忠実義務を定めた会社法355条だけが取締役に対し個人的利益のための会社の利益を犠牲にすることを禁じていると理解すべきではない。善管注意義務からも取締役は会社の利益を犠牲にして自己の利益を図ってはならない義務を負うと解すべきである（青竹・新展開148頁）。

最高裁は，会社法355条（旧商254条ノ3）の規定は，「同法254条3項民法644条に定める善管義務を敷衍し，かつ一層明確にしたにとどまるのであって，……通常の委任関係に伴う善管義務とは別個の，高度な義務を規定したものとは解することはできない」としている（八幡製鉄政治献金事件・最大判昭和45・6・24民集24巻6号625頁）。また，取締役の一般的義務違反が問題となった下級審判例の多くは，取締役の忠実義務は善管注

意義務をふえんとしたものと述べて，善管注意義務違反と忠実義務違反をともに問題としている（第一次野村證券事件・東京高判平成7・9・26判時1549号11頁など）。

ある種類の株主総会で選任された取締役は，善管注意義務・忠実義務を会社に対して負うか，それとも選出母体である種類株主に対して負うか。学説では，種類株主間の利害が対立する問題については，各取締役は選出母体の意見に従うことが種類投票を定めた当事者の意思であり，会社に対する忠実を問題とすることは意味がないとする見解がある（大杉謙一「ベンチャー企業と商法改正・証券市場改革」ジュリ1218号（2002）26頁）。選出母体が誰であれ，取締役に選任された以上，通常の総会で選任された取締役と同じく，会社，すべての株主に義務を負うと解すべきである。

（2） 取締役の競業避止義務

(a) 競業避止義務の意義と範囲　会社法は，取締役が会社の利益を犠牲にして自己または第三者の利益を図る危険が高い類型の行為を取り出して，手続面から特別の規定を設けている。その第1が，取締役の競業避止義務である。

取締役が自己または第三者のために会社の事業の部類に属する取引をしようとするときは，その取引につき重要な事実を開示して，取締役会非設置会社では株主総会の普通決議による承認，取締役会設置会社では取締役会の承認を受けなければならない（356条1項1号・309条1項・365条1項）。これを，取締役の競業避止義務という。取締役であれば，平取締役・代表取締役・業務執行取締役であるとを問わずこの義務を負う。取締役に競業避止義務を課したのは，取締役は会社の事業の機密にも通じているから，競業を自由にできるとすれば，その地位を利用して取引先を奪うなど，会社の利益を害する危険が高いからである。

競業となる取引を取締役が「自己または第三者のため」にするとは，自己または第三者の名においての意味か，自己または第三者の計算においての意味かについて，対立がある。競業避止義務を定めた規定が潜脱されるおそれを考慮すると，自己または第三者の名において，すなわち自己の名においてまたは第三者の代理人・代表者として取引するとを問わず，自己または第三者の計算において，すなわち自己または第三者が損益の帰属主

体となる取引を意味すると解すべきである。下級審判例には，取締役が競業会社の代表取締役に就任しなくても，競業会社の株式を多数保有し事実上の主宰者として経営を支配していた場合に，第三者のために競業取引をしたことになるとするものがある（山崎製パン事件・東京地判昭和56・3・26判時1015号27頁，大阪高判平成2・7・18判時1378号113頁）。

「会社の事業の部類に属する取引」とは，会社が実際に行っている事業と取引先が競業し，会社と取締役との間に利益衝突を生ずるおそれがある取引をいう。したがって，定款所定の会社の事業目的に属する取引よりは広く，それと同種または類似の商品または役務を対象とする取引で会社と競争を生ずるものも含む。ただし，同種または類似のものであっても，卸売業と小売業のように取引関係が異なる場合は，事業の部類を異にする。また，会社の営業区域と取締役の競業取引を行う区域が異なる場合も，取引先が競業しない。しかし，区域が異なっていても，会社がその区域への進出を企画し，その準備を行っていた場合は，会社の事業発展の可能性を封ずるおそれがあるから，競業取引になるといわなければならない（前掲東京地判昭和56・3・26参照）。

定款所定の目的に属する取引でも，会社が営業の準備を全くしていない事業，完全に廃止した事業は除かれるが，一時的に停止しているにすぎない事業は競業取引となる。また，物品の製造・販売を目的する会社であれば，その原材料の購入行為も含まれる。工場用地の買収といった事業活動に付随して必要となる取引も，会社の事業の遂行に必要な取引であるから，競業取引になると解すべきである。ただし，取締役が居住用に購入する非営利的性質の取引は除かれる。

支配人や代理商の競業避止義務（12条1項4号・17条1項2号参照）と異なり，取締役が競業会社の取締役または代表取締役に就任すること自体は禁止されず，実際にも就任する例は少なくない。取締役が競業会社を代表して取引すれば，第三者のために取引することに該当する。競業会社の完全子会社または完全親会社である場合は，会社と競業会社は経済的に一体であるから利益衝突のおそれがないとして，どちらの会社においても取締役会の承認を要しないと解する余地がある。しかし，会社の債権者の利益が害されるおそれを考慮すると，取締役会の承認を要すると解すべきで

ある。

　(b)　承認の手続と報告　　競業取引の承認に先だち株主総会・取締役会において開示すべき重要な事実（356条1項柱書）とは，競業取引が会社に及ぼす影響を判断するために必要な事実であり，取引の相手方，目的物，数量，価額などを具体的に開示しなければならない。同種の取引を反復して行う場合は，個々の取引についていちいち承認を受けなければならないというものではなく，包括的な承認も許される。また，競業会社の代表取締役に就任するにつき，その会社の事業の種類，規模，取引範囲などの重要事実を開示して株主総会・取締役会の承認を受ければ，会社が受ける影響を判断して承認したことになるので，個々の取引につき株主総会・取締役会の承認を受ける必要はない。

　株主総会・取締役会の事後承認は，競業取引につき重要な事実を開示して承認を受けなければならないとしている趣旨，および競業取引については承認を待つことができない緊急性はないことから，認められないと解すべきである。なお，株主総会・取締役会の承認を受けても，取締役の競業により会社に損害を生ずれば，取締役は善管注意義務・忠実義務違反の任務懈怠責任を負う（423条1項）。しかし，後述の損害額の推定は働かない。

　取締役会設置会社では，競業取引をした取締役は，遅滞なくその取引につき重要な事実を取締役会に報告しなければならない（365条2項）。この事後の報告は，会社に損害が生じたときの事後措置をとることを可能にするためであり，競業取引が取締役会の承認を受けたかどうかを問わず必要となる。

　(c)　競業避止義務違反の効果　　取締役が株主総会・取締役会の承認を受けずに競業取引を行っても，その取引は相手方の善意・悪意にかかわらず有効である。競業取引は取締役と第三者との間でされるから，取引を無効としても直接には会社の救済にならず，他方，取引の安全も図らなければならないからである。

　取締役が株主総会・取締役会の承認を受けずに競業取引をしたときは，任務懈怠として，会社に対し損害賠償責任を負う（423条1項）。その取引により取締役または第三者が得た利益の額が会社の受けた損害と推定される（同条2項）。競業取引により会社が被った損害額を立証することは難

しいので，立証負担を軽減し，会社の救済を容易にするためである。この推定規定により，損害賠償の請求を受けた取締役は，その利益の額と実際の損害額が異なることを立証しないかぎり，その得た利益を賠償しなければならない。

なお，取締役が取締役会の承認を受けずに自己のために競業取引をしたときは，取締役会はその取引を会社のためにしたものとみなすことができるとする介入権の制度（旧商264条3項）は，支配人の競業取引の場合（12条。旧商41条2項参照）と同じく，会社法では廃止されている。介入権の行使の効果について，判例・通説が取締役は取得した物などを会社に移転する債権的義務が生ずるだけとする立場をとっており（最判昭和24・6・4民集3巻7号235頁参照），その効果は損害額の推定と実質的に変わらないからである。

(d) 取締役の従業員引抜きと責任　取締役が在任中または退任後まもなく会社の従業員に対し新会社・競業会社への参加と退職を勧誘し，引抜きを行うことがある。取締役が在任中に従業員を引き抜いて競業取引を行えば，競業避止義務の対象となる。判例には，取締役が会社の乗っ取りを計画し，従業員のほとんどを新会社に入社させたことだけで，競業避止義務に違反するとするものがある（前橋地判平成7・3・14判時1532号135頁）。しかし，競業避止義務は取締役が在任中に会社の事業の部類に属する「取引」をすることを義務の対象とするから，従業員を新会社に入社させたことだけでは競業避止義務違反にならない。

引抜行為が競業避止義務に違反しない場合でも，取締役が在任中に従業員に対し自己が計画中の新事業への参加と退職を勧誘し，引抜きを行うことは，善管注意義務・忠実義務に違反する。引抜行為が取締役の個人的利益と離れてされることは考えられず，引抜きが自由にできるとすると，従来どおりの事業の継続が妨げられ会社に損害を与えるおそれがあるからである。もっとも，判例は，忠実義務に違反するとするものが多い（東京高判平成元・10・26金判835号23頁，大阪地判平成8・12・25判時1686号132頁，東京地判平成11・2・22判時1685号121頁，東京高判平成16・6・24判時1875号139頁など）。これは，会社側が忠実義務に違反するとして取締役の責任を追及することが多いためである。

学説では，取締役が自ら教育した部下などに退職し自己が計画中の事業に参加するよう勧誘することは当然に忠実義務違反になるのではなく，忠実義務違反となるか否かは，取締役の退任の事情，自ら教育した部下か否かという退職従業員と取締役との関係，人数等会社に与える影響の度合いなどを総合し，不当な態様のもののみが忠実義務違反になるとする見解がある（江頭・379頁）。勧誘が当然に忠実義務違反になると解することは，従業員を会社の財産としか見ない見解であること，閉鎖的中小企業の場合，実質は共同経営者間の争いの結果，会社に残る側と追い出される側の人材分捕り合戦であることが少なくないこと，がその理由である。争いに関する非が会社側にある場合，忠実義務違反を主張することが信義則上許されないことはある。しかし，取締役は在任中は会社の利益を優先させる義務を負い，子飼いの部下であれば引き抜いてよいということにならない。人数等の会社に与える影響は，会社の損害額の算定において考慮すべきものである。不当な態様のものか否かは不法行為責任を問題とする場合には重要な判断基準となるが，忠実義務違反を問題とする場合は，態様の当不当を考慮すべきではない（青竹・新展開152～153頁）。ちなみに，従業員の引抜きが不法行為に当たるか否かが問題となった判例では，引抜きが単なる転職の勧誘の域を超え，社会的相当性を逸脱しきわめて背信的方法で行われた場合は責任を負うべきで，社会的相当性を逸脱した引抜行為であるか否かは，転職する従業員の会社に占める地位，会社内部における待遇および人数，従業員の退職が会社に及ぼす影響，転職の勧誘に用いた方法など諸般の事情を考慮して判断すべきとしている（東京地判平成3・2・25判時1399号69頁）。

　取締役が退任後に元の従業員を引き抜いても，競業避止義務および善管注意義務・忠実義務違反を問題とすることはできない。もっとも，会社と取締役との間で退任後の競業を禁止する特約がなされることがあり，かかる特約を公序良俗に違反せず有効とする判例がある（東京地決平成5・10・4金判929号11頁，東京地決平成7・10・16判時1556号83頁）。また，退任した取締役が会社法346条1項により取締役としての権利義務を有することから，競業避止義務・忠実義務違反が問題とされることがあるが，同規定が適用されると，退任取締役は営業活動の自由を制限されることになる。

判例は，会社が後任取締役の選任の努力をすることなく放置していたなどの事情から，会社が退任取締役に競業避止義務および忠実義務違反を主張することは信義則に反し許されないとしたものがある（高知地判平成2・1・23金判844号22頁）。

引抜行為が善管注意義務・忠実義務に違反する場合，取締役は会社に対し損害賠償責任を負う（423条1項）。取締役の一般的義務違反については，損害額の推定規定（423条2項）を適用することはできない。会社が通常主張する損害項目は，①従業員が退職せずに稼働していれば得られたはずの会社の逸失利益，②退職従業員の新人教育に要した費用，③会社の社会的信用が低下したことによる損害である。

①の会社の逸失利益は，退職した各従業員の売上実績と給与など，労務価額および諸経費を表わす個別の資料があれば，比較的容易に算定できよう。個別的に労務価額，諸経費を算定できない場合は，引抜き前の会社の営業利益，すなわち，売上高から売上原価を減じた売上総収益から，営業経費（販売費・一般管理費）を控除した額（会社計算規121条1項参照）と，引抜き後の会社の営業利益の差額を基礎に算定できよう。ただし，退職した従業員に代替性がないということは通常考えられないから，逸失利益は期間を限定して算定しなければならない。その期間は，当該会社または当該業界において通常なら従業員を補充し，元の体制に復帰するにどの程度の期間を要するかで判断すべきことになる。

②の教育費用は，引抜きにより無駄になった費用であるから，逸失利益に加えて算定しなければならない。給与などのうちの労務の対価といえない金額を算定するのは容易ではないが，教育・研修期間中に支給した明らかに労務の対価といえない給与や研修費用は損害と認められる。

③の信用低下による損害額を具体的に立証することはきわめて困難である。判例には，取締役が従業員の勧誘や新会社の設立を行ったことにより会社の社会的・経済的信用が減少したことは認められ，損害が生じたことは認められるが，損害の性質上その額を立証することはきわめて困難であるとして，民事訴訟法248条を適用して，400万円をもって相当な損害額を認定したものがある（大阪高判平成10・5・29判時1686号117頁）。この判決は，取締役の損害賠償責任について民事訴訟法248条を適用して損害

額を認定した初めての判決である。ただし，営業利益の差額を基礎に逸失利益を算定すれば，会社の信用低下による損害額も合わせて算定することが可能となり，民事訴訟法248条を適用する必要性は少なくなる（以上の損害額の算定につき，青竹・新展開173頁以下）。

（3）　取締役の利益相反取引

(a)　直接取引　　取締役が会社の利益を犠牲にして自己または第三者の利益を図る危険が高い行為の第2として，取締役の利益相反取引について特別の規定を設けている。

　取締役が自己または第三者のために会社と取引をしようとするときは，その取引につき重要な事実を開示して，取締役会非設置会社では株主総会の普通決議による承認，取締役会設置会社では取締役会の承認を受けなければならない（356条1項2号・309条1項・365条1項）。この取締役・会社間の取引を直接取引という。

　取締役が「自己または第三者のため」に会社と取引するとは，一般に，取締役が会社の相手方となる取引または第三者を代理・代表して会社と取引する場合をいう。しかし，取締役が直接に相手方にならずに親族を通じて，あるいは，自らは第三者を代理・代表しないで過半数の株式を保有することなどにより，会社の利益を犠牲にすることがありうるから，競業避止義務の場合と同じく，自己または第三者の計算で会社と取引するときも承認を要すると解すべきである。

　取締役が自己または第三者のために会社と取引すれば，会社を代表する者が利益相反関係に立つ取締役であるか否かを問わない。別の取締役が代表しても結託して会社の利益を犠牲にするおそれがあるからである。取締役が会社を代表して自己または第三者のために会社と取引するときは，民法108条の自己契約または双方代理に当たるが，株主総会・取締役会の承認を受ければ民法108条の適用はない（356条2項・365条1項）。他方，他の取締役が会社を代表するときは，自己契約または双方代理に当たらないが，株主総会・取締役会の承認を要するから，会社法356条1項2号・365条1項は民法108条よりも適用範囲は広い。

　株主総会・取締役会の承認を要する取引は，取締役と会社間の財産上の取引・法律行為が一般的に含まれ，会社による取締役の債務の免除のよう

な単独行為も含まれる。しかし，取締役の利益相反取引について特別の規定を設けている趣旨は取締役が会社の利益を犠牲にして自己または第三者の利益を図ることを防止することにある。そこで，判例は古くから，取締役に対する会社の債務の履行，およびこれと同視される相殺（大判大正9・2・20民録26輯184頁，大判昭和12・1・17新聞4149号18頁），取締役の会社に対する無償贈与（大判昭和13・9・28民集17巻1895頁）など，当該行為の一般的・抽象的性質から見て会社の利益を害するおそれのない取引については承認を要しないとしていた。最高裁も，取締役会の承認を要求していた旧商法265条につき，取締役が会社に対し無利息・無担保で金銭を貸し付ける行為は，会社に利益にこそなれ不利益とはいえないから，取締役会の承認を要しないとし（最判昭和38・12・6民集17巻12号1664頁），また，会社が取締役に手形を裏書譲渡する際に，取締役が手形金額と同額の現金を会社に融資していた場合に，取締役の利得も会社の犠牲もなく，なんらの弊害も見られないから，旧商法265条という取引に当たらないとしている（最判昭和39・1・28民集18巻1号180頁）。そのほか，普通取引約款にもとづく運送契約，銀行取引，保険契約なども性質上会社を害するおそれのない取引として適用対象から除かれている（東京地判昭和57・2・24判タ474号138頁など）。

　取引の具体的内容・態様から見て実質的に公正な取引である場合も適用対象から除くことには，学説では，実質的公正・不公正を判断するとすればその判断は難しく，適用範囲が不明確になる，あるいは，公正か否かは取締役会の経営判断問題であることなどを理由に，反対する見解が多い（小橋一郎「判批」民商51巻5号（1965）90頁，西原寛一「商法265条と手形行為」金法636号（1972）60頁，森本・245頁注(19)など）。しかし，取引が実質的に公正な場合に適用を排除しても，会社の利益を害することなく，むしろ会社に利益と便宜をもたらすことになる。また，小規模な非公開会社では，株主総会・取締役会を恒常的に開かないでおきながら，株主総会・取締役会の承認がないことを奇貨として会社法の適用を主張することが多いから，取引の具体的内容・態様から見て適用を排除することは，小規模非公開会社の実態に即した解決方法にもなる。対価の相当性などの取引の条件，会社が当該取引を必要としていたかなどから公正か否かを判断して，

公正な取引であれば会社法356条・365条の適用対象から除かれると解すべきである（青竹・法規整400頁以下）。なお，最近の下級審判例には，利益相反取引による取締役の会社に対する責任（旧商266条1項4号）につき，無過失責任と解したうえ，形式的に旧商法265条に該当する取引であっても，実質的に見て，当該取引が会社の利益を図る目的でされたものであって，かつ，当該取引の内容，効果などその客観的な性質に照らし会社と取締役または第三者の間に利益相反をもたらさないと評価される場合は，利益相反取引に該当しないとするものがある（大阪地判平成14・1・30判タ1108号248頁）。この制限的な解釈は，責任を原則として過失責任としている会社法（423条1項3項）の下でも，維持されるべきである。

会社が取締役に手形を振り出すなどの手形行為についても，手形行為自体は取引の手段たる行為で債務の履行的性質を有するにすぎないとして，適用はないと解する余地はある。しかし，最高裁は，約束手形の振出により原因関係とは別個の新たな債務を負担し，しかも，その債務は，挙証責任の加重，抗弁の切断，不渡処分の危険などを伴い，原因関係よりもいっそう厳格な支払義務であることを理由に，旧商法265条の取引に当たるとしている（最大判昭和46・10・13民集25巻7号900頁）。

最高裁は，取引の性質以外の事情から，取締役会の承認を要しない場合を認めている。取締役と会社の取引につき株主全員の同意がある以上，別に取締役会の承認を要しないとするもの（最判昭和49・9・26民集28巻6号1306頁），および，取締役・会社間の取引当時，取締役が会社の株式全部を所有しており，会社の事業が実質上取締役の個人経営のものにすぎないときは，会社と取締役との間に利害相反する関係がないから，取締役会の承認を要しないとするもの（最判昭和45・8・20民集24巻9号1305頁），である。しかし，取締役の利益相反取引は会社の利益ひいては会社債権者の利益を害する危険が高く，全株主が同意するなら，あるいは取締役が会社の全株式を所有しているなら，取締役会の承認を要しないとすると，株主が，または株主が取締役と結託して，会社財産を減少させ搾取することが可能となってしまう。株主に取締役の利益相反取引の責任（423条3項・428条1項）を負わせるのでもないかぎり，最高裁の立場を支持することはできない。

(b) 間接取引　　会社が取締役個人の債務を保証したり引き受けたりする場合などにも，会社と第三者との取引ではあるが，会社の利益を害するおそれがある。最高裁は，取締役個人の債務につきその取締役が会社を代表して債務引受けをした事案につき，旧商法265条の取引中には，取締役と会社との間に直接成立すべき利益相反取引のみならず，その取締役が会社を代表して債権者に対して債務引受けをするが如き，取締役個人に利益にして，会社に不利益を及ぼす行為も，取締役の自己のためにする取引として，これに包含されるものと解していた（最大判昭和43・12・25民集22巻13号3511頁）。

昭和56年改正は，会社が取締役の債務を保証し，その他取締役以外の者との間で会社と取締役との利益が相反する取引をするときも，取締役会の承認を要することを明らかにし（旧商265条1項後段），会社法は，取締役・会社間の取引と同じく，取締役会非設置会社では株主総会の承認，取締役会設置会社では取締役会の承認を受けなければならないとしている（356条1項3号・365条1項）。

間接取引の場合も，直接取引の場合と同じく，会社を代表する者が利益相反関係に立つ取締役であるか否かを問わないと解すべきである。また，間接取引については「第三者のため」の文言はないが，取締役が代表取締役をしている他の会社の債務を会社が保証するような場合も，取締役会の承認を要すると解すべきである（最判昭和45・4・23民集24巻4号364頁参照）。

(c) 承認の手続と報告　　競業取引の場合と同じく，同種の取引を反復して行う場合は，包括的な承認も許される。なお，株主総会・取締役会の承認を受けても，会社に損害が生ずれば，取締役は任務懈怠の損害賠償責任を負う（423条3項）。

取締役会設置会社では，利益相反取引をした取締役は，取引後遅滞なく取引につき重要な事実を取締役会に報告しなければならない（365条2項）。

(d) 株主総会・取締役会の承認のない取引の効果　　株主総会・取締役会の承認のない取引は，取締役または取締役が代理・代表した直接取引の相手方との関係では，無権代理に準じて，会社の追認がないかぎり，無効となる（民108条・113条1項）。しかし，取引の安全も考慮しなければな

らない場合は，別である。

　最高裁は，まず，間接取引の相手方との関係で，「取引の安全の見地より，善意の第三者を保護する必要があるから，会社は，その取引について取締役会の承認を受けなかったことのほか，相手方である第三者が悪意（その旨を知っていること）であることを主張し，立証して始めて，その無効をその相手方である第三者に主張し得るものと解するのが相当である」とし（前掲最大判昭和 43・12・25），ついで，会社が取締役を受取人として振り出した約束手形の譲受人である第三者との関係で，「その第三者に対しては，その手形の振出につき取締役会の承認を受けなかったことのほか，当該手形は会社からその取締役に宛てて振り出されたものであり，かつ，その振出につき取締役会の承認がなかったことについて右の第三者が悪意であったことを主張し，立証するのでなければ，その振出の無効を主張して手形上の責任を免れえないものと解するのを相当とする」としている（前掲最大判昭和 46・10・13）。いわゆる相対無効の理論である。

　無効の善意の第三者に対する主張について，取引安全の保護の観点から制限することは，明文の規定がなくても認められてよい。また，善意の第三者を保護する必要があるのは，間接取引や手形取引に限らない。会社から取締役に譲渡された製品や不動産の転得者についても相対無効の理論をとるべきである。ただし，重過失は悪意と同視すべきである。

　取締役会の承認のない取引の効力の相対的扱いは，無効を主張する者についても取り入れられている。最高裁は，会社の利益保護を目的とする旧商法 265 条の趣旨からすると，会社が取締役に貸し付けた金員の返還を求めた場合に，取締役が同条違反を理由に貸付けの無効を主張することは許されないとしている（最判昭和 48・12・11 民集 27 巻 11 号 1529 頁）。無効とすることによって保護しようとしている主体が無効を主張していないときは，それ以外の者が無効を主張することは許されないとする考え方である。そして，最高裁は，旧商法 265 条と同趣旨の農業共同組合法 34 条に関し，組合の利益保護を目的とする同条の趣旨からすると，理事の債務のために担保を提供した第三者も，組合と理事との間の貸借契約の無効を主張できないとしている（最判昭和 58・4・7 民集 37 巻 3 号 256 頁）。しかし，第三者であっても，会社の取締役に対する債務につき保証した者などは，信義則

に反する事情でもないかぎり，無効を主張できると解すべきである（青竹・続法規整178頁）。

取締役が株主総会・取締役会の承認を受けずに利益相反取引をしたときは，任務懈怠として，会社に対し損害賠償責任を負う（423条1項）。

(4) 取締役の報酬

(a) 適用範囲　会社と取締役との関係は委任に関する規定に従うから，任用契約は無償が原則である（民648条1項）。しかし，取締役の任用契約には報酬を与える特約が含まれているのが通例である。会社法は，取締役の報酬について特別の規定を設けている。

取締役の報酬，賞与その他の職務の執行の対価として会社から受ける財産上の利益については，定款に定めていないときは，株主総会の決議で定めなければならない（361条1項）。取締役や取締役会・代表取締役が自由に報酬等を決定できるとすると，お手盛りのおそれがあり，会社ひいては株主の利益を害することになるからである。取締役の報酬等の付与も，利益相反取引の一類型である。

最高裁は，お手盛りを防止する趣旨からすると，取締役の報酬についてその額を定めた定款の規定または株主総会の決議がなく，また，株主総会の決議に代わる全株主の同意もなかったから，その額が社会通念上相当な額であるか否かにかかわらず，取締役は会社に対し報酬請求権を有しないとしている（最判平成15・2・21金判1180号29頁）。

報酬は，実際上は定款で定める例はほとんどなく，株主総会決議で定めている。定款で定めると，経済情勢などの変化により金額などを変更するにはいちいち定款変更の手続（466条）を要するからである。

最高裁は，株主総会の決議を経ずに役員報酬が支払われた場合でも，事後的に株主総会の決議を経れば，お手盛りの弊害を防止し，役員報酬の額の決定を株主の自主的な判断に委ねるという趣旨目的は達せられるから，役員報酬の支払は適法有効なものになるとしている（最判平成17・2・15判時1890号143頁）。

定款または株主総会決議によって定められなければならない報酬等には，取締役の職務執行の対価として受ける財産上の利益である以上，給与・俸給などの名称のいかんを問わず，また，年俸・月俸などの形式のいかんを

問わず，さらに，確定額・不確定額，現物給付とを問わず，報酬に含まれる。退職慰労金については後述する。

　取締役が使用人を兼ねる場合，取締役としての報酬を少額にし，使用人としての報酬を多額にすることにより，会社法361条の趣旨を失わせてしまう可能性がある。最高裁は，使用人兼務取締役について，使用人として受ける給与の体系が明確に確立している場合には，取締役として受ける報酬のみを総会で決議しても，会社法361条に相当する旧商法269条の脱法行為ではないとし（最判昭和60・3・26判時1159号150頁），給与体系によらないで使用人としての給与を受ける場合には，会社法365条1項に相当する旧商法265条の適用を受け，取締役会の承認を要するとしている（最判昭和43・9・3金判129号7頁）。使用人として受ける給与体系が確立している場合は，取締役としての実質的な意味での報酬の相当性を判断できるから，使用人分を含めず，取締役として受ける報酬のみを総会で決議しても差し支えないと解してよい。

　賞与は，従来は，配当可能利益を賞与の財源にあてる場合は，利益処分案として定時株主総会の決議が必要になるので（旧商281条1項4号・283条1項），別に報酬として総会決議を要しなかった。

　会社法は，剰余金の処分から会社の財産を処分するものを除いているため（452条），剰余金の処分として役員賞与を支給することはできない。賞与は，職務執行の対価として会社から受ける報酬等に含まれ，株主総会決議で定めなければならない（361条1項柱書）。

　(b)　決定方法　　事前確定型の月俸制，年俸制の報酬を株式総会の決議で定める場合，その金額を定めなければならはないが（361条1項1号），個々の取締役の報酬額を定めず，取締役全員に支給する総額だけを定めて，具体的配分は取締役会に一任することは差し支えない。最高裁も，そのことを認めている（前掲最判昭和60・3・26）。総額が定められていれば，会社の利益は守られるからである。これに対し，委員会設置会社においては，報酬委員会が取締役・執行役の報酬を個人別に定めるものとされている（404条3項・409条）。

　なお，取締役の報酬を総会で決議する場合，書面投票・電磁的方法による投票を行う会社では，招集通知を発する際に交付・提供する株主総会参

考書類に，報酬額算定の基準または変更の理由，および2人以上の取締役の報酬を定める場合は取締役の員数を記載しなければならない（会社則82条1項）。

報酬の配分を決定する取締役会決議においては，各取締役は特別利害関係人に当たらないとするのが，判例である（大阪地判昭和28・6・29下民4巻6号945頁，名古屋高金沢支判昭和29・11・22下民5巻11号1902頁）。総会で総額を定めた以上，各取締役にどのように配分されても会社の利益を害することはないから，是認してよい。判例は，取締役会に一任された配分の決定をさらに代表取締役に一任することも肯定している（最判昭和31・10・5裁判集民23号409頁）。しかし，代表取締役を監視・監督する立場にある取締役会制度の趣旨から，疑問となる。

報酬額が会社の業績に連動するような不確定額を報酬とする場合は，当期利益の10％というような，具体的な算定方法を定めればよい（361条1項2号）。不確定額の報酬についても，確定額の場合と同じく，取締役全員の総枠だけを定めても差し支えないと解してよい。ただし，不確定額を報酬とする場合，株主が報酬が過大であるか，相当であるかを判断することは容易ではないので，その報酬を新設または改定する議案を提出した取締役は，その株主総会においてその報酬を相当とする理由を説明しなければならない（同条2項）。

取締役に対するインセンティブ報酬としてのストック・オプションの付与は，不確定金額を報酬とする典型例とされていた。そして，取締役にストック・オプションを付与する場合は無償で付与することが多く，新株予約権の有利発行として株主総会の特別決議を要するから（238条3項1号・240条1項・309条2項6号），取締役の報酬としての決議は不要とする見解が多い（江頭・390頁，神田・188頁など）。しかし，金銭の払込みに代わる報酬債権をもってする相殺と見ることができるから（246条2項），有償発行として有利発行であるか否かを判断することができる。したがって，ストック・オプションの付与であっても有利発行に当たらない場合は，報酬債権について額が確定しているもので金銭でないものとして株主総会の決議が必要となろう。

社宅や社用車の無償または安価での提供などの金銭でない報酬の場合は，

具体的な報酬の内容について定めればよい（361条1項3号）。金銭でない報酬の場合も，その報酬を新設または改定する議案を提出した取締役は，その株主総会においてその報酬を相当とする理由を説明しなければならない（同条2項）。

(c) 報酬の無報酬化・減額　定款または株主総会決議・取締役会決議で具体的に定められた報酬額は，会社・取締役間の契約内容となる。最高裁は，具体的に定められた報酬額は，その後に取締役の職務内容に著しい変更があり，それを前提に株主総会がその取締役の報酬を無報酬とする決議をしても，その取締役は，それに同意しないかぎり，報酬請求権を失わないとしている（最判平成4・12・18民集46巻9号3006頁）。これに対し，下級審判例には，取締役の報酬が個人ごとでなく役職ごとに定められ，任期中に役職の変更が生じた取締役に対し当然に変更後の役職について定められた報酬額が支払われている場合には，そのような報酬の定め方と慣行を了知して取締役に就任した者は，任期中の役職の変更に伴う報酬の変動，減額を甘受することを黙示的に応諾したと見るべきであるから，会社は，当該取締役の役職の変更を理由とした報酬減額の措置をとることができるとするものがある（東京地判平成2・4・20判時1350号138頁）。

取締役の報酬の無報酬化・減額は，非公開会社または同族会社において経営者間の対立が生じたことが原因となることが多い。非公開会社・同族会社では，報酬を失うことは株主としての利益も失う可能性がある。そのような会社では，剰余金配当がされず，会社の剰余金が役員報酬として引き出されることが少なくなく，このことは非公開会社・同族会社の役員が死傷したときの逸失利益の算定に当たり，役員報酬の中に剰余金配当部分が含まれているとして，報酬全額を算定の基礎としていない判例（大阪地判平成5・10・28交民26巻5号1323頁，東京地判平成6・8・30判時1509号76頁など）に如実に示されている。報酬の無報酬化・減額は，取締役の明示の同意がないかぎり，認められるべきではない。

(d) 退職慰労金　取締役の退任の際またはその後に支給される退職慰労金については，最高裁は，在職中における職務執行の対価として支給されるものであるかぎり，旧商法269条にいう報酬に含まれるとしている（最判昭和39・12・11民集18巻10号2143頁，最判昭和44・10・28判時577

号92頁，最判昭和48・11・26判時722号94頁，最判昭和56・5・11判時1009号124頁）。学説では，退職慰労金は退任した特定の取締役に支給するものでその者はすでに取締役会における議決権も発言権もないからお手盛りの弊もないとして，報酬に含まれないとする見解がある（鈴木竹雄・商法研究III（有斐閣，1971）124頁以下）。しかし，すべての取締役はいずれ退任するのであるから，退職慰労金は取締役会または代表取締役が決定できるとすると，高額に決めることによって自らの退職慰労金が高額に決められることを期待するという意味で，やはりお手盛りの弊がある。この点は，在職中の特別功労に対して支給されるものについてとくにいえる。退職慰労金についても報酬等として定款または株主総会決議で定めなければならないと解すべきである。ただし，使用人兼務取締役の使用人としての退職金は，それが使用人に対する退職金支給規程による場合は，お手盛りのおそれはないので，会社法361条の適用を受けないといってよい。

　なお，最近は，退職慰労金をストック・オプションを付与することでその支給に代えている会社が増えている。退職慰労金も報酬等であるから，取締役に対するインセンティブ報酬としてのストック・オプションの付与として，別に株主総会の決議が必要となる場合がある。

　退職慰労金については，総会で具体的金額ないし限度額を定めず，金額・支給期日・支払方法などを取締役会に一任する旨の決議がされるのが通例である。このような実務の扱いにつき，最高裁は，当初，取締役会の自由な裁量に一任した趣旨ではなく，会社の業績，退職役員の勤続年数，担当業務，功績の軽重などから割り出した一定の基準により慰労金を決定する慣例があり，その慣例に従って定めることを黙示して決議をしたと見られる以上，有効であるとし（前掲最判昭和39・12・11），その後の最高裁判例は，決議において支給基準を示しているとか，慣例および内規によって支給基準が確立され，それが株主にも推知できるものであることを理由に，実務の扱いを肯定している（前掲最判昭和44・10・28，前掲最判昭和48・11・26，最判昭和58・2・22判時1076号140頁）。これに対し，下級審判例には，総会で少なくとも限度額を定めることを要するとか，支給基準の内容がお手盛り防止の基準に合致し，基準の存在が株主一般に知られているか容易に知ることができる状況にあることを要するとするものがある

（大阪高判昭和42・9・26高民20巻4号411頁，大阪地判昭和44・3・26下民20巻3・4号146頁）。学説でも，通常の報酬と同じく，限度額を定めることを要するとする見解がある（龍田節「取締役の退職慰労金と株主総会の決議」論叢85巻2号（1969）99頁，鴻常夫・会社法の諸問題II（有斐閣，1989）87頁など）。

　確かに，限度額を定める方が，お手盛りのおそれは少ない。しかし，会社法は取締役の報酬について手続面から規整しているから，決定方法が適法かどうかは，主として株主の意思にもとづいて決定されたかどうかで判断される。したがって，取締役会に一任する実務の扱いも，内規などの基準が株主一般に知られているか知ることができる状況にあって，その基準によって決定すべきことが明示されて決議したのであれば，適法といってよい。そして，書面投票・電磁的方法による投票を行う会社では，総会の議案が一定の基準に従い退職慰労金を決定することを取締役などに一任するときは，各株主が知ることができるようにするための措置を講じてないかぎり，総会の招集通知を発する際に交付・提供する参考書類に一定の基準の内容を記載しなければならないので（会社則82条2項），書面投票・電磁的方法による投票を行う会社では，公知性は法的に解決されている。それ以外の会社では，株主の請求があれば，内規あるいは従来の慣例の内容を説明する必要がある（前掲最判昭和58・2・22参照）。

　なお，最高裁は，取締役会に一任された退職慰労金の決定を代表取締役に一任する取締役会決議も旧商法269条に違反しないとしている（前掲最判昭和58・2・22）。しかし，通常の報酬の場合と同じく，疑問となる。

　(e)　退職慰労金の不支給・低額決定　　現経営陣と退職取締役側の間に対立が生じたことなどが原因で，退職慰労金支給の議案を総会に提出しなかったり，決定しても著しく低額の決定をすることがある。また，総会が取締役会に一任する決定をしたのに，取締役会が額などを決定せず，あるいは著しく低額の決定をすることがある。

　判例の多くは，退職慰労金の額につき定款または総会の決議で定めなければ，退任取締役側の退職慰労金の請求権は発生しないとしている（京都地判昭和44・1・16判タ232号164頁，東京地判平成3・3・8判タ766号265頁など）。しかし，支給の特約がある場合や，支給することが慣例となっ

ている会社，支給に関する内規がある会社では，退職慰労金に権利性が認められ，定款または総会決議で額が定まるまで，請求権の具体的内容が確定しないだけと解すべきである。また，総会の決議で一任された取締役会が額などを決定しない場合も，退職慰労金の具体的内容が確定しないだけと解すべきである。ただし，一任決議がある場合は，内規などにより自動的に定まる基本金額については，総会の決議により具体的請求権は発生していると解してよい。

　総会決議で定めず具体的内容が確定していないときの退任取締役側を救済する方法として，代表取締役による支給約束があっても，総会決議を欠くから無効であるとの会社の主張について，会社の実態が個人的経営のもので，株主総会が一度も開催していないなどの事情から，適用を排除する判例（大阪地判昭和46・3・29判時645号102頁），代表取締役の決定が会社の通常の意思決定方法であるなどの事情から，手続違背のみを理由に支払を拒絶することは衡平の理念に反し許されないとする判例（京都地判平成4・2・27判時1429号133頁），実質的な株主全員の承諾があったものとする判例（大阪高判平成元・12・21判時1352号143頁），がある。これらの方法は，退任取締役側を救済する方法として限界がある。

　退職慰労金の議案を総会に提出せず放置している場合の救済は，会社法429条1項にもとづく取締役の退任取締役に対する損害賠償責任を認めることによるべきである。慣行・内規などにより退職慰労金に権利性が認められる場合は，取締役は会社が負っている義務を履行するために，取締役会を招集し，慰労金の議案を決定・付議すべきである。退任取締役に会社に損害を与える行為があったなどの正当な理由がないのに，取締役会を招集せず，議案を決定・付議しないで放置しておくことは，責任の発生要件となる（269頁参照）取締役としての善管注意義務ないし忠実義務に違反する。また，総会で一任された取締役会が条件を付して額を決定しないか，慣行・内規を無視する低額決定をするときも，取締役は総会の決議を遵守することを求められており（355条），総会決議がある以上，この忠実義務違反から会社法429条1項にもとづく損害賠償責任を認めることができる。判例においても，取締役会が不当な条件を付し額を決定しない場合，あるいは裁量権を逸脱して低額の決定をした場合に，会社法429条1項（旧商

266条ノ3第1項）にもとづく損害賠償責任を認めたものがある（京都地判平成2・6・7判時1367号104頁，東京地判平成6・12・20判タ893号260頁，京都地判平成15・6・25金判1190号44頁。なお，不法行為責任を認めたものとして，福岡地判平成10・5・18判時1659号101頁，東京地判平成11・9・9金判1094号49頁）。

　賠償されるべき損害は，額の決定は本来は総会決議でされるべきものであるから，算定は難しいが，それまでの総会の決定例に依拠して，決定例がなければ支給内規によって算出される額を，総会決議がされていたならば得られたであろう利益として，損害額と認定してよいであろう。また，取締役会が功労加算，減額事由などの裁量に委ねられている額につき，それまでの決定例を無視して価額の決定をした場合も，差額を損害と認定してよい（以上につき，青竹・課題と展開251頁以下）。

第4節　会計参与

I　会計参与の選任・終任

（1）資　格

　会計参与は，公認会計士・監査法人または税理士・税理士法人でなければならない（333条1項）。監査法人または税理士法人が選任された場合は，その社員の中から会計参与の職務を行うべき者を選定し，会社に通知しなければならない（同条2項）。

　会計参与は，会社またはその子会社の取締役，監査役，執行役または支配人その他の使用人を兼ねることはできない（333条3項1号）。取締役などとの兼任が認められないのは，会計参与は業務執行機関と独立した役割が期待されるからである。

　業務停止の処分を受け，その停止の期間を経過しない者，および，税理士法43条により税理士業務を行うことができない者も，会計参与となることができない（333条3項2号3号）。

　会計監査人を置いている会社が会計参与を置くことは妨げられない。会計参与は計算書類を作成する者であって，作成された計算書類を監査する

会計監査人を併設しても矛盾しないからである。

会計参与の員数についてはとくに定めがなく，1人でも数人でもよい。

(2) 選任

会計参与は，株主総会決議で選任する（329条1項）。選任は，取締役と同じく，普通決議による（341条）。会計参与は，株主総会において，会計参与の選任について意見を述べることができる（345条1項）。

会計参与を設置した旨および会計参与の氏名・名称は登記事項である（911条3項16号）。

(3) 終任

会社と会計参与との関係は委任に関する規定に従う（330条）。したがって，委任の終了事由により終任する（民653条）。また，いつでも辞任することができる。

会計参与の任期は，取締役の任期に関する規定（332条）が準用される（334条1項）。したがって，公開会社では，選任後2年以内であるが，定款または取締役会決議で短縮することができる（332条1項）。委員会設置会社でない非公開会社では，定款によって10年以内まで伸長することができる（332条2項）。ただし，会計参与設置会社が会計参与を置く旨の定款の定めを廃止する定款変更をした場合は，定款変更の効力が生じた時に任期は満了する（334条2項）。

解任も，取締役の場合と同様であり，株主総会の普通決議で解任することができる（339条1項・341条）。

会計参与は，株主総会において，会計参与の解任または辞任について意見を述べることができる（345条1項）。また，辞任した者は，辞任後最初に招集される株主総会に出席して，辞任した旨およびその理由を述べることができる（同条2項）。会計参与が取締役の圧力により意に添わない辞任を迫られたときに，株主に訴える機会を保障するためである。取締役は，辞任した者に総会を招集する旨を通知しなければならない（同条3項）。

欠員の場合の措置も取締役の場合と同様であり，会計参与が欠けまたは員数が欠けた場合，任期の満了または辞任により退任した会計参与は，新会計参与が選任されて就任するまで会計参与としての権利義務を有する（346条1項）。また，辞任した会計参与は，一時会計参与の職務を行うべ

き者の選任を裁判所に申し立てることができる（同条2項）。

II 会計参与の権限・職務と義務・報酬

(1) 権限・職務

　会計参与は，取締役または執行役と共同して，計算書類等を作成する（374条1項・6項）。会計参与が作成する計算書類等は，貸借対照表，損益計算書，株主資本等変動計算書，個別注記表，それらの附属明細書，臨時計算書類，および連結計算書類である（374条1項前段・435条2項・441条1項・444条1項，会社計算規91条1項）。

　「共同して」作成するとは，取締役または執行役と会計参与の共同の意思にもとづいて作成することである。両者の意見が一致しなければ計算書類等を作成することはできない。意見が一致しないまま計算書類を定時株主総会に提出して承認を得ても，計算書類は確定しない。

　計算書類等の作成に関する事項について会計参与が取締役・執行役と意見を異にするときは，会計参与は，株主総会において意見を述べることができる（377条1項）。

　会計参与は，計算書類等の共同作成において，法務省令で定めるところにより，会計参与報告を作成しなければならない（374条1項後段）。会計参与報告は，株主・債権者に対する情報提供を目的とするもので，①会計参与が職務を行うにつき会社と合意した事項，②計算関係書類のうち会計参与が共同して作成したものの種類，③計算関係書類の作成のために採用している会計処理の原則および手続ならびに表示方法，④計算関係書類の作成に用いた資料の種類，作成過程および方法など，会計参与の関与の内容を記載しなければならない（会社則102条）。

　会計参与は，いつでも，会計帳簿またはこれに関する資料の閲覧・謄写をし，または取締役・執行役および支配人その他の使用人に対して会計に関する報告を求めることができる（374条2項・6項）。さらに，その職務を行うために必要があるときは，会計参与設置会社の子会社に対して会計に関する報告を求め，または，会計参与設置会社もしくはその子会社の業務・財産の状況の調査をすることができる（同条3項）。ただし，子会社は，正当な理由があるときは，報告・調査を拒むことができる（同条4

項)。

　会計参与は，その職務を行うに当たっては，会計参与として欠格事由がある者を使用することはできない（374条5項）。

　会計参与は，その職務を行うに際して取締役の不正の行為または法令・定款に違反する重大な事実があることを発見したときは，遅滞なく，これを株主，監査役設置会社では監査役，監査役会設置会社では監査役会に報告しなければならない（375条1項2項）。委員会設置会社では，執行役または取締役の不正行為などについて監査委員会に報告しなければならない（同条3項）。

　取締役会設置会社の会計参与は，計算書類を承認する取締役会に出席する義務を負い，必要があると認めるときは意見を述べなければならない（376条1項）。

　会計参与は，取締役・監査役・執行役と同じく，株主総会において株主から特定の事項について説明を求められた場合は，当該事項について必要な説明をしなければならない（314条）。

　会計参与は，会社とは別に，各事業年度にかかる計算書類およびその附属明細書ならびに会計参与報告を，定時株主総会の日の1週間前，取締役会設置会社では2週間前の日から5年間，臨時計算書類および会計参与報告を臨時計算書類を作成した日から5年間，会計参与が定めた場所に備え置かなければならない（378条1項）。備え置く場所は，会計参与が裁量で定めることができるが，公認会計士・監査法人または税理士・税理士法人の事務所の中から定めなければならず，また，会社の本店または支店と異なる場所でなければならない（会社則103条2項3項）。備置きの場所で株主・債権者に開示することになるので，備置きの場所は登記事項である（911条3項16号）。

　株主・債権者は，会計参与設置会社の営業時間内は，いつでも，会計参与に対し，計算書類・附属明細書および会計参与報告の閲覧・謄写・抄本の交付などを請求することができる（378条2項）。ただし，会計参与が請求に応ずることが困難な税理士などの業務時間外においては請求に応ずる義務はない（378条2項かっこ書，会社則104条）。謄本・抄本の交付を請求する株主・債権者は，会計参与が定めた費用を支払わなければならない

(378条2項ただし書)。

(2) 義務と報酬

会社と会計参与との関係は委任に関する規定に従う(330条)。したがって，会計参与は，その職務の遂行に当たり会計参与設置会社に対し善良な管理者としての注意義務を負う(民644条)。会計参与には，会社の計算の適正を確保することが求められる。

会計参与の報酬等は，取締役と同じく，定款にその額を定めないときは，株主総会の決議によって定める(379条1項)。会計参与が複数いる場合，個々の会計参与の報酬額を定めず，総額だけを定めたときは，具体的配分額は会計参与の協議によって定める(同条2項)。会計参与は，株主総会において会計参与の報酬等について意見を述べることができる(同条3項)。

会計参与が，その職務の執行について会計参与設置会社に対して，①費用の前払い，②支出した費用および支出の日以後における利息の償還，③負担した債務の債権者に対する弁済または相当な担保の提供を請求したときは，会社は，その請求に関する費用・債務が会計参与の職務の執行に必要でないことを証明した場合を除き，拒むことはできない(380条)。会計参与が十分にその職務を遂行できるように，委任事務処理の一般原則(民649条・650条)と異なり，費用の必要性の証明責任を転換したものである。

第5節　監査役・監査役会——委員会設置会社以外の会社

I　監査役の選任・終任

(1) 資格と員数

(a) 資格　監査役に欠格事由があること，定款をもってしても株主でなければならないとすることはできないことは，取締役と同じである(335条1項・331条1項2項)。

監査役は，株式会社もしくはその子会社の取締役，支配人その他の使用人または子会社の会計参与，執行役を兼ねることはできない(335条2項)。

兼任禁止は，監査する者と監査される業務執行者が同一では自己監査となり，公正なチェックができなくなるためである。

使用人は商業使用人（10条・14条）に限定されないが，最高裁は，弁護士の資格を有する監査役が特定の訴訟事件につき会社から委任を受けて訴訟代理人となることは，兼任禁止に触れないとしている（最判昭和61・2・18民集40巻1号32頁）。特定訴訟行為の受任は業務執行への従属危険性があまりないから，兼任禁止に触れないといってよい。なお，監査役と同社の顧問弁護士を兼ねることも，専属的であるなどの特段の事情がないかぎり，取締役に従属するものでないとして禁止されないとする判例がある（大阪高判昭和61・10・24金法1158号33頁）。

それまで取締役や使用人であった者が株主総会で監査役に選任されることが少なくない。いわゆる横すべり監査役である。横すべり監査役は，監査役選任決議の時に従前の地位を辞任することは求められない。選任の効力は被選任者の就任承諾により発生するから（最判平成元・9・19判時1354号149頁参照），就任承諾までに辞任すればよい。最高裁は，かりに監査役就任を承認した者が事実上従前の地位を辞さなかったとしても，監査役の任務懈怠になるにすぎず，総会の選任決議の効力に影響を及ぼさないとしている（前掲最判平成元・9・19）また，判例は，事業年度の途中で招集された総会においてそれまで取締役であった者が退任して監査役に選任された場合に，自己が取締役であった期間について自己を含む取締役全員の職務の執行を監査することは，自己監査に当たらないとしている（東京高判昭和61・6・26判時1200号154頁）。

監査役会設置会社では，監査役の半数以上は社外監査役でなければならない（335条3項）。「社外監査役」とは，過去にその会社の取締役，会計参与，執行役または支配人その他の使用人となったことがないものをいう（2条16号）。半数以上が社外監査役であることを要求しているのは，監査役の独立性を強化するためである。会社の親会社など関連会社の出身者，取引銀行その他の取引先の出身者は社外監査役に当たる。親会社や取引銀行から派遣された監査役も，業務執行者と独立した者といえるか疑わしい。

(b) 員数　監査役会設置会社では，監査役は3人以上でなければならない（335条3項）。それ以外の会社では，1人でもよい。

監査役会設置会社では，監査役会は，3人以上の監査役の中から常勤の監査役を選定しなければならない（390条3項）。常勤監査役とは，会社の営業時間中その会社の監査役の職務に専念する者である。

(2) 選　任

監査役は，会社成立後は，株主総会で選任するのが原則である（329条1項）。累積投票の制度は認められていない。社外監査役を選任する場合は，招集通知を発するに際し交付・提供する株主総会参考書類に，候補者が当該会社の特定関係事業者の業務執行者や当該会社の3親等以内の親族であるときなどには，その旨を記載しなければならない（会社則76条4項）。

株主総会において監査役を選任する決議をする場合に，監査役が欠けまたは員数を欠くことに備えて，補欠の監査役を選任することができる（329条2項）。

監査役の種類選任株式を発行している会社では，監査役の選任は株主総会で選任する旨の規定は適用されず，定款の定めに従い，その種類の種類株主総会で選任する（347条2項）。

取締役は，監査役の選任に関する議案を株主総会に提案する場合には，監査役，監査役が2人以上いるときはその過半数，監査役会設置会社では監査役会の同意を得なければならない（343条1項）。また，監査役，監査役会設置会社では監査役会は，取締役に対し，監査役の選任を株主総会の目的とすることまたは監査役の選任に関する議案を提出することを請求することができる（同条2項）。これらは，監査役の独立性を強化し，監査役・監査役会に監査役の選任に関し拒否権とイニシャティブを与えるためである。さらに，監査役は，株主総会において，監査役の選任について意見を述べることができる（345条4項）。

(3) 終　任

監査役は，委任の終了事由により終任する（330条，民653条）。また，いつでも辞任できる。

任期は，公開会社では，選任後4年以内に終了する事業年度のうち最終のものに関する定時総会の終結の時までである（336条1項）。ただし，定款によって，任期の満了前に退任した監査役の補欠として選任された監査

役の任期を退任した監査役の任期の満了する時までとすることができる（同条3項）。

　非公開会社では，定款によって，選任後10年以内まで伸長することができる（336条2項）。

　監査役の任期は，①監査役を置く旨の定款の定めを廃止する定款変更，②委員会を置く旨の定款変更，③監査役の監査の範囲を会計に関するものに限定する旨の定款の定めを廃止する定款変更，④その発行する全部譲渡制限株式の定款の定めを廃止する定款変更を行った場合は，当該定款変更の効力が生じた時に満了する（336条4項）。③は，監査役の監査範囲に業務監査が加わることになり，監査範囲が変更となることから，任期満了事由としている。

　解任は，取締役と異なり，株主総会の特別決議によるのが原則である（341条・309条2項7号）。一定数以上の株主の賛成を要する旨を定款で定めることができる（309条2項柱書後段）。正当な事由なく任期満了前に解任したときは，その監査役は会社に対し損害賠償を請求できる（339条2項）。

　種類株主総会で選任された監査役の解任は，その監査役を選任した種類株主総会の決議による（347条2項）。

　監査役は，株主総会において解任または辞任について意見を述べることができ，辞任した者は，辞任後最初に招集される株主総会に出席し，辞任した旨およびその理由を述べることができる（345条4項）。

　なお，欠員の場合の措置については，取締役の場合と同様である（346条1項2項）。

Ⅱ　監査役の権限・職務と義務・報酬

(1) 権限・職務

(a) 業務監査　監査役は，取締役，会計参与設置会社では取締役および会計参与の職務の執行を監査する（381条1項前段）。従来は，小会社の監査役は会計監査権限のみを有していたが（旧商特22条・25条），会社法は，中小企業のガバナンスを強化するため，会社の規模にかかわらず，監

査役は原則として業務監査権限を有するものとしている。

　公開会社でない会社で，監査役会および会計監査人設置会社でない会社は，定款で監査役の監査の範囲を会計に関するものに限定する旨を定めることができる（389条）。しかし，定めた場合は，監査役設置会社とみなされず（2条9号），株主に業務監査権限の相当部分が付与される。

　監査役の業務監査の範囲は，原則として，取締役の職務執行の適法性の監査に限定される。取締役会の代表取締役・業務執行取締役に対する監督権限（362条2項2号）は職務執行の妥当性にも及び，不当な職務執行をした代表取締役・業務執行取締役を解職・解任できる。これに対し，監査役の監査も妥当性に及ぶとするならば，取締役の裁量権を制限することになる。また，業務を執行せず，代表取締役の解職権もない監査役に，妥当性まで監査させるのは適切ではないからである。ただし，監査役は，取締役が総会に提出しようとする議案，書類などに「著しく不当」な事項があると認めるときは，調査の結果を総会に報告する義務がある（384条）。したがって，取締役の職務執行の不当性が著しく高い場合には，それを指摘することも監査役の職務といえる。

　(b)　監査の内容　　監査役が業務監査権限を有する監査役の監査の内容は，以下のものである。

　①　監査報告　　監査役は，法務省令で定めるところにより，監査報告を作成しなければならない（381条1項後段）。

　法務省令は，監査役は，その職務を適切に遂行するため，当該会社の取締役，会計参与および使用人，子会社の取締役，会計参与，執行役などとの意思疎通を図り，情報の収集および監査の環境の整備に努めなければならないこと，そのことは，監査役が公正不偏の態度および独立の立場を保持できなくなるおそれのある関係の創設・維持を認めるものと解してはならないこと，監査役は，その職務の遂行に当たり，必要に応じ，当該会社の他の監査役，親会社および子会社の監査役との意思疎通および情報の交換を図るよう努めなければならないこと，などを定めている（会社則105条2項〜4項）。

　②　報告請求・業務財産の調査　　監査役は，いつでも，取締役，会計参与および支配人その他の使用人に対し事業の報告を求め，または監査役

設置会社の業務および財産の状況を調査することができる（381条2項）。また，監査役は，その職務を行うため必要があるときは，子会社に対し事業の報告を求め，または子会社の業務および財産の状況を調査することができる（同条3項）。ただし，子会社は，正当な理由があるときは，報告・調査を拒むことができる（同条4項）。

③ 取締役への報告義務　監査役は，取締役が不正の行為をし，もしくは不正行為をするおそれがあると認めるとき，または法令・定款に違反する事実もしくは著しく不当な事実があると認めるときは，遅滞なく，その旨を取締役，取締役会設置会社では取締役会に報告しなければならない（382条）。

④ 取締役会への出席義務　監査役は，取締役会に出席し，必要があると認めるときは，意見を述べなければならない（383条1項本文）。監査役が取締役の職務執行を知り，違法または著しく不当な決議がされることを防止できるようにするためである。

監査役は，必要があると認めるときは，取締役・取締役会招集権者に対し，取締役会の招集を請求できる（383条2項）。請求があった日から5日以内に，その請求があった日から2週間以内の日を取締役会の日とする取締役会の招集通知が発せられない場合は，その請求をした監査役は自ら取締役会を招集できる（同条3項）。

なお，取締役は，会社に著しい損害を及ぼすおそれのある事実を発見したときは，監査役・監査役会に報告する義務を負う（357条）。監査役・監査役会の監査権限の行使を容易にするためである。

⑤ 株主総会に対する報告義務　監査役は，取締役が株主総会に提出しようとする議案，書類および電磁的記録その他の資料を調査しなければならない（384条前段，会社則106条）。その場合に，法令・定款に違反し，または著しく不当な事項があると認めるときは，その調査の結果を株主総会に報告しなければならない（384条後段）。

⑥ 取締役の行為の差止請求　監査役は，取締役が監査役設置会社の目的の範囲外の行為その他法令・定款に違反する行為をし，またはそれらの行事をするおそれがある場合において，その行為によって会社に著しい損害を生ずるおそれがあるときは，その取締役に対し，その行為をやめる

ことを請求できる（385条1項）。差止請求は仮処分を求める方法によることもできるが、裁判所が差止めの仮処分を命ずるときは、監査役に担保を立てさせることはない（同条2項）。

⑦　会社・取締役間の訴えにおける会社代表　　監査役設置会社が取締役、取締役であった者に対し、または、取締役が監査役設置会社に対し、訴えを提起する場合は、その訴えについては、監査役が監査役設置会社を代表する（386条1項）。また、監査役設置会社が株主から取締役の責任を追及する訴えの提起請求（847条1項）を受ける場合、および、責任追及の訴えを提起した株主からの訴えを提起した旨の訴訟告知（849条3項）、株主が株主代表訴訟において和解をする場合の和解内容の通知と、和解に異議があればこれを述べるべき旨の催告（850条2項）を受ける場合は、監査役が監査役設置会社を代表する（386条2項）。

なお、監査役は、会計監査人の選任・解任に関与する権限を有する（344条1項2項・340条1項）。また、監査役は、会社の組織に関する行為の無効の訴えおよび株主総会決議取消しの訴えを提起することができる（828条2項・831条1項）。

(c)　会計監査　　監査役の監査の範囲が会計監査に関するものに限定されている場合は、監査役は、法務省令で定めるところにより、監査報告を作成しなければならない（389条2項）。法務省令で定めるものは、業務監査権限を有する監査役の場合と同じである（会社則107条2項～4項）。

監査役は、取締役が株主総会に提出しようとする会計に関する議案、書類その他法務省令で定めるものを調査し、その調査の結果を株主総会に報告しなければならない（389条3項）。法務省令で定めるものは、計算関係書類、株主総会に提出される場合の自己株式の取得に関する議案、剰余金の配当に関する議案、資本金の減少・増加に関する議案、準備金の増加に関する議案、剰余金の処分に関する議案、および、募集株式の募集事項の決定のうちの増加する資本金・資本準備金に関する事項の議案などである（会社則108条）。また、監査役は、いつでも、会計帳簿またはこれに関する資料を閲覧・謄写し、または取締役、会計参与および支配人その他の使用人に対し会計に関する報告を求めることができる（389条4項）。また、その職務を行うために必要があると認めるときは、会社の子会社に対し会

計に関する報告を求め，または会社もしくはその子会社の業務・財産の状況を調査することができる（389条5項）。

　監査の範囲を会計に関するものに限定する旨を定款で定めた場合は，監査役の業務監査の内容を定めた規定（381条～386条）は適用されない（389条7項）。その代わり，①株主は，裁判所の許可を得ることなく，取締役会の議事録を閲覧・謄写することができる（371条2項），②株主は，一定の場合に取締役会の招集を請求し，自ら取締役会を招集し，取締役会に出席して意見を述べることができる（367条1項・3項4項），③取締役は，会社に著しい損害を及ぼすおそれがある事実を発見した場合は，株主に報告しなければならない（357条），④株主による取締役の違法行為差止請求の行使要件につき，監査役が行使する場合の行使要件と同様に緩和される（360条）など，株主が業務監査権限を行使できるようになっている。

（2）　義務と報酬

　会社と監査役との関係は委任に関する規定に従う（330条）。したがって，監査役は，その職務の遂行に当たり会社に対し善良なる管理者としての注意義務を負う（民644条）。監査役は業務を執行しないので，取締役の場合のような競業取引や利益相反取引について特別の規定を置いていない。

　監査役の報酬等については，会計参与の場合と同様である（387条）。また，監査費用等の会社に対する請求についても，会計参与の費用等の請求場合と同様の規定を置いている（388条）。

Ⅲ　監査役会

（1）　権　限

　監査役は，複数の監査役がいる場合でも，各自が単独でその権限を行使できる，独任制の機関である。適法性に関する判断は，多数決になじまないからである。これに対し，監査役会設置会社では，監査役の全員で監査役会を組織する（390条1項）。

　監査役会は，①監査報告の作成，②常勤の監査役の選定・解職，③監査の方針，監査役会設置会社の業務・財産の状況の調査の方法その他の監査役の職務執行に関する事項の決定，についての職務を行う（390条2項）。③により，監査役会は，各監査役の職務の分担を定めることができる。た

だし，③の決定は，監査役の権限の行使を妨げることはできない（同項ただし書）。したがって，監査役の報告請求・業務財産の調査，取締役の行為の差止請求などを制限することはできない。

監査役は，監査役会の求めがあるときは，いつでも，その職務の執行の状況を報告しなければならない（390条4項）。各監査役が情報を共有できるようにするためである。

前述（238頁）のように，監査役会には，監査役の選任につき同意権などが認められている。また，監査役会は，会計監査人の選任・解任に関与する権限を有する（344条3項・340条4項）。

（2）運　営

監査役会は，各監査役が招集する（391条）。監査役会を招集するには，監査役は，監査役会の日の1週間前までに，各監査役にその通知を発しなければならない（392条1項）。通知期間は定款で短縮することができる（392条1項かっこ書）。また，監査役の全員の同意があるときは，招集の手続を経ることなく開催することができる（392条2項）。

議事録の作成および閲覧・謄写については，取締役会の場合と同様である（393条2項3項・394条）。監査役会の決議に参加した監査役であって議事録に異議をとどめない者は，その決議に賛成したものと推定される（393条4項）。

監査役会の決議は，監査役の過半数をもって行う（393条1項）。ただし，会計監査人の解任，取締役の責任の一部免除，株主代表訴訟における補助参加の決定は，監査役の全員の同意が要求される（340条4項・425条3項1号・849条2項1号）。

監査役会は，取締役会と異なり，決議の省略は認められないが，監査役全員の同意が要求されている事項については，書面・電磁的方法による全員の同意があればよい。

報告の省略は認められ，取締役，会計参与，監査役または会計監査人が監査役の全員に対して監査役会に報告すべき事項を通知したときは，当該事項を監査役会へ報告することを要しない（395条）。

第6節　会計監査人

I　会計監査人の選任・終任

（1）資　格

　会計監査人は，公認会計士または監査法人でなければならない（337条1項）。会計監査人に選任された監査法人は，その社員の中から会計監査人の職務を行うべき者を選定し，会社に通知しなければならない（同条2項前段）。

　会計監査人には欠格事由および兼任禁止があり，①公認会計士法の規定より計算書類について監査することができない者は，会計監査人になることはできない（337条3項1号）。また，②会社の子会社もしくはその取締役，会計参与，監査役もしくは執行役から公認会計士・監査法人の業務以外の業務により継続的な報酬を受けている者またはその配偶者，③監査法人でその社員の半数以上が②に掲げる者であるものは，会計監査人となることはできない（同項2号3号）。監査法人が会計監査人に選定された場合に，②に掲げるものを会計監査人の職務を行うべき者に選定することはできない（337条2項後段）。

　②③が会計監査人となることができない事由となっているのは，会計監査人は被監査会社からの独立性が求められるからである。

（2）選　任

　会計監査人は，株主総会で選任する（329条1項）。選任は，普通決議による（309条1項）。取締役の選任などと異なり，定足数について別段の定めをする際の下限の制約はない。

　監査役設置会社では，取締役が会計監査人の選任に関する議案を株主総会に提出するには，監査役，監査役が2人以上の場合はその過半数の同意を要する（344条1項1号）。監査役会設置会社では，監査役会の同意を要する（同条3項）。また，監査役・監査役会は，取締役に対し，会計監査人の選任に関する議案を総会に提出することを請求できる（同条2項1号・3項）。監査役・監査役会に会計監査人の選任に関する拒否権とイニシ

ャティブを与えるためである。

　なお，委員会設置会社では，株主総会に提出する会計監査人の選任議案の決定権限は，監査委員会にある（404条2項2号）。

　会計監査人を設置した旨および会計監査人の氏名・名称は登記事項である（911条3項19号）。

　（3）　終　任

　会計監査人の任期は，選任後1年以内に終了する事業年度のうち最終のものに関する定時株主総会の終結の時までである（338条1項）。しかし，定時総会において別段の決議がされなかったときは，その定時総会において再任されたものとみなされる（338条2項）。会計監査人を再任しないことを総会の目的とするには，監査役・監査役会の同意を要する（344条1項3号・3項）。また，監査役・監査役会は，取締役に対し，会計監査人を再任しないことを総会の目的とすることを請求できる（344条2項3号・3項）。

　会計監査人は，いつでも，株主総会の普通決議で解任することができる（339条1項・309条2項7号）。会計監査人の解任を総会の目的とするには，監査役・監査役会の同意を要する（344条1項2号・3項）。また，監査役・監査役会は，取締役に対し，会計監査人の解任を総会の目的とすることを請求できる（344条2項2号・3項）。

　監査役・監査役会，委員会設置会社では監査委員会は，①会計監査人が職務上の義務に違反し，または職務を怠ったとき，②会計監査人としてふさわしくない非行があったとき，③心身の故障のため職務の執行に支障があり，またはこれに堪えないときは，会計監査人を解任することができる（340条1項・4項5項）。解任には，監査役設置会社では監査役が2人以上の場合は監査役全員の同意，監査役会設置会社では監査役全員の同意，委員会設置会社では監査委員全員の同意が必要である（同条2項・4項5項）。

　なお，会計監査人が欠けた場合または定款で定めた会計監査人の員数が欠けた場合において，遅滞なく会計監査人が選任されないときは，監査役・監査役会・監査委員会は，一時会計監査人の職務を行うべき者を選任しなければならない（346条4項・6項7項）。

Ⅱ 会計監査人の権限・職務と義務・報酬

(1) 権限・職務

　会計監査人は，計算書類およびその附属明細書，臨時計算書類ならびに連結計算書類を監査する（396条1項前段）。

　会計監査人は，法務省令で定めるところにより，会計監査報告を作成しなければならない（396条1項後段）。

　法務省令は，会計監査人は，その職務を遂行するため，当該会社の取締役，会計参与および使用人，子会社の取締役，会計参与，執行役などとの意思疎通を図り，情報の収集および監査の環境の整備に努めなければならないこと，ただし，会計監査人が公正不偏の態度および独立の立場を維持できなくなるおそれのある関係の創設・維持を認めるものと解してはならないこと，を定めている（会社則110条2項）。

　会計監査人は，いつでも，会計帳簿またはこれに関する資料の閲覧・謄写をし，または，取締役・執行役・会計参与および支配人その他の使用人に対し，会計に関する報告を求めることができる（396条2項・6項）。また，職務を行うため必要があるときは，会計監査人設置会社の子会社に対し会計に関する報告を求め，会計監査人設置会社もしくはその子会社の業務・財産の状況の調査をすることができる（同条3項）。会計監査人は，その職務を行うに当たっては，会計監査人としての欠格事由のある者および兼任が禁止される者を使用することはできない（同条4項）。

　会計監査人は，その職務を行う際して取締役の職務執行に関し不正の行為または法令・定款に違反する重大な事実があることを発見したときは，これを遅滞なく監査役・監査役会に報告しなければならない（397条1項・3項）。委員会設置会社では，執行役の不正行為などについて，監査委員会に報告しなければならない（同条4項）。監査役・監査役会，監査委員会と連携をとれるようにして，監査役・監査役会・監査委員会が監査権限を行使できるようにするためである。監査役，監査委員会が選定した監査委員会の委員は，その職務を行うために必要があるときは，会計監査人に対し，その監査に関する報告を求めることができる（同条2項・4項）。

　計算書類およびその附属明細書，臨時計算書類ならびに連結計算書類が

法令・定款に適合するかどうかについて会計監査人が監査役・監査役会，監査委員会またはその委員と意見を異にするときに，会計監査人は定時株主総会に出席して意見を述べることができる（398条1項・3項・4項）。定時総会において会計監査人の出席を求める決議があったときは，会計監査人は，定時総会に出席して意見を述べなければならない（同条2項）。

（2） 義務と報酬

会社と会計監査人との関係は委任に関する規定に従う（330条）。したがって，会計監査人は，その職務の遂行に当たり会計監査人設置会社に対し善良なる管理者としての注意義務を負う（民644条）。

会計監査人は，監査報告において計算書類などが法令に従い，会社の財産および損益の状況を正しく示しているか否かについて，独立の職業専門家として意見を表明するが，取締役・執行役・使用人による会社財産の横領などの不正行為を防止することを直接の職務とする者ではない。しかし，不正行為は帳簿の改ざんや簿外支出を伴うことが多く，会計監査人による不正な会計処理の追及の結果として不正行為を発見することが可能である。会計監査人は，計算書類などの重要な虚偽記載の原因となる不正行為・違法行為の存在の可能性についても監査することが求められよう。

取締役は，会計監査人の報酬等を定める場合には，監査役の同意，監査役が2人以上の場合はその過半数の同意を得なければならない（399条1項）。監査役会設置会社では監査役会の同意，委員会設置会社では監査委員会の同意が必要である（同条2項3項）。

従来は，会計監査人の報酬については，代表取締役などが決定することができた。会社法は，会計監査人の独立性を強化するために，報酬等について監査役・監査役会・監査委員会が関与することを認めている。

第7節　委員会設置会社の取締役・取締役会・委員会・執行役

I　取締役の選任・終任

委員会設置会社の取締役は，委員会設置会社以外の会社の場合と異なり，

支配人その他の使用人を兼ねることはできない（331条3項）。執行役を監督する立場にある取締役が執行役の指揮命令を受ける使用人を兼務したのでは，取締役の監督権限を果たすことはできないからである。

委員会設置会社の取締役は，株主総会で選任する（329条1項）。選任に関する議案の内容は指名委員会が決定する（404条1項）。委員会設置会社では，社外取締役の資格を有する者を少なくとも2人は選任しなければならない（400条3項）。

任期は，選任後1年以内に終了する事業年度のうち最終のものに関する定時株主総会の終結の時までである（332条3項・2項かっこ書）。委員会設置会社では，取締役会決議だけで計算書類を確定することが認められ（439条），取締役が定時総会ごとの株主の信任を受けることがなくなることがある。そこで，任期を1年としている。委員会を置く旨の定款変更または委員会を置く旨の定款の定めを廃止する定款変更を行った場合は，定款変更の効力が生じた時に任期は満了する（332条4項1号2号）。

II 取締役会

(1) 権限

(a) 業務執行の決定　委員会設置会社においても，取締役会は，会社の業務執行の意思決定をする権限を有する（416条1項1号）。しかし，取締役会は，その決議によって，委員会設置会社の業務執行の決定を執行役に委任することができる（416条4項本文）。

取締役会において決定すべきものとされている事項は，①経営の基本方針，②監査委員会の職務の遂行のために必要なものとして法務省令で定める事項，③執行役が2人以上いる場合の執行役の職務分掌および指揮命令関係その他の執行役相互の関係，④執行役が取締役会の招集を請求する際にその請求を受ける取締役，⑤執行役の職務の執行が法令・定款に適合することを確保するための体制その他会社の業務の適正を確保するために必要なものとして法務省令で定める体制の整備，である（416条1項1号イ～ホ）。①～⑤の事項は取締役会が決定しなければならず（同条2項），これらの職務の執行を取締役に委任することはできない（同条3項）。

②の法務省令で定める事項は，①監査委員会の職務を補助すべき取締

役・使用人に関する事項，②取締役・使用人の執行役からの独立性の確保に関する事項，③執行役・使用人が監査委員会に報告すべき事項その他の監査委員会への報告に関する体制，④その他監査委員会の監査が実効的に行われることを確保するための体制，⑤会社ならびにその親会社および子会社から成る企業集団における業務の適正を確保するための体制，である（会社則112条1項）。

⑤の法務省令で定める事項は，①執行役の職務執行にかかる情報の保存および管理に関する体制，②損失の危険の管理に関する規程その他の体制，③執行役の職務執行が効率的に行われることを確保するための体制，④使用人の職務執行が法令・定款に適合することを確保するための体制，である（会社則112条2項）。

そのほか，つぎの事項は，執行役に委任することはできない（416条4項ただし書）。①譲渡制限株式の譲渡・取得の承認および指定買取人の指定，②市場取引等による自己株式の取得の決定，③新株予約権の譲渡の承認，④株主総会の招集の決定，⑤株主総会に提出する議案の内容の決定，⑥取締役・執行役の競業取引および利益相反取引の承認，⑦取締役会の招集権者の決定，⑧各委員会を組織する委員の選定・解職，⑨執行役の選任・解任，⑩委員会設置会社と監査委員会間の訴えにおける会社代表者の決定，⑪代表執行役の選定・解職，⑫定款の定めにもとづく役員等の責任の免除，⑬計算書類等の承認，⑭中間配当，⑮事業譲渡契約などの内容の決定，⑯合併契約の内容の決定，⑰吸収分割契約の内容の決定，⑱新設分割計画の内容の決定，⑲株式交換契約の内容の決定，⑳株式移転計画の内容の決定，である（416条4項1号～20号）。

　(b)　職務執行の監督　　委員会設置会社の取締役会は，執行役，取締役および会計参与の職務の執行を監督する（416条1項2号）。

委員会設置会社では，各取締役は，法律・命令に別段の定めがある場合を除き，会社の業務の執行をすることはできない（415条）。しかし，各取締役は，取締役会構成員としての職務，各委員会の委員としての職務を有しているので，これらの職務の執行が監督の対象となる。

委員会設置会社では，執行役が会社の業務執行を行う（418条2号）。そこで，取締役会による監督は，執行役の業務執行を監督することが主要な

ものとなる。もっとも，取締役会においては社外取締役が過半数とすることまで強制されていないうえ，取締役と執行役の兼任が明文で認められている（402条6項）。また，執行役を兼ねる取締役の人数もとくに制限していない。したがって，委員会設置会社においても，業務執行と監督の分離が徹底されているとはいえない。

（2） 運 営

委員会設置会社では，委員会設置会社以外の会社の場合と異なり，招集権者の定めがある場合であっても，委員会がその委員の中から選定する者は取締役会を招集することができる（417条1項）。また，執行役は，取締役会の招集の請求を受ける取締役に対し，取締役会の目的である事項を示して取締役会の招集を請求できる（同条2項）。

委員会がその委員の中から選定する者は，遅滞なく，当該委員会の職務の執行の状況を取締役会に報告しなければならない（417条3項）。また，執行役は，3か月に1回以上，自己の職務の執行の状況を取締役会に報告しなければならないが，他の執行役である代理人により報告することができる（同条4項）。執行役は，取締役会の要求があったときは，取締役会に出席し，取締役会の求めた事項について説明しなければならない（同条5項）。これらは，各委員会・執行役と取締役会とが連携をとれるようにするためである。

III 指名委員会・監査委員会・報酬委員会

（1） 各委員会の構成

各委員会は，それぞれ委員3人以上で組織する（400条1項）。各委員会の委員は，取締役の中から，取締役会の決議によって選定するが，各委員会の委員の過半数は，社外取締役でなければならない（同条2項3項）。

親会社など関連会社の出身者，取引銀行など取引先の出身者でも社外取締役に当たる（2条15号）。とくに，監査委員会は執行役・取締役の職務の執行を監査する地位にあるから（404条2項1号），監査委員会の独立性に問題が生ずる。

監査委員会を構成する監査委員は，その過半数が社外取締役であることのほか，すべての監査委員は，委員会設置会社の執行役もしくは業務執行

取締役または子会社の会計参与もしくは支配人その他の使用人を兼ねることはできない（400条4項）。監査役の兼任禁止（335条2項）と同趣旨である。

　1人の取締役が複数の委員会に属することを禁止する規定は設けられていない。また，監査委員会に常勤の監査委員を置くことも義務づけられていない。

　各委員会の委員は，いつでも，取締役会の決議で解職することができる（401条1項）。

　各委員会の員数が欠けた場合は，任期の満了または辞任により退任した委員は，新委員が就任するまで，なお委員としての権利義務を有する（401条2項）。裁判所は，必要があると認めるときは，利害関係人の申立てにより，一時委員の職務を行うべき者を選任できる（同条3項）。

（2）　各委員会の権限・職務

　(a)　指名委員会　　指名委員会は，株主総会に提出する取締役の選任・解任に関する議案の内容を決定する（404条1項）。これにより，代表執行役が実質的に取締役を選任するということが避けられることになる。執行役の選解任権は取締役会にある（416条4項9号）。

　(b)　監査委員会　　監査委員会は，執行役，取締役および会計参与の職務執行の監査および監査報告の作成と，株主総会に提出する会計監査人の選任・解任および再任しないことに関する議案の内容を決定する（404条2項）。委員会設置会社では，監査役を置くことはできず，また，監査委員会と重ねて監査役・監査役会を置くことはできない。

　監査委員会が執行役・取締役の職務執行に関する適法性監査の権限を有することは明らかである。また，妥当性を監査する権限を有すると解すべきである。監査委員会は取締役によって構成されるので，取締役会の構成員として妥当性監査の権限を有するにもかかわらず，監査委員会の構成員として妥当性監査の権限を有しないとするのは合理的ではない。また，社外取締役による監査を強化しようとする趣旨，および，取締役会は内部統制システムの構築に関する事項を決定することが職務内容とされていること（416条1項1号ホ）からすると，監査委員会は，執行役・取締役の経営判断の妥当性，内部統制システムが適切に運用されているかをチェックす

る権限を有することは当然といえるからである。

　監査委員会が選定する監査委員は，①執行役・取締役などに対する報告請求権と業務財産の調査権，および，②子会社に対する報告請求権と業務財産の調査権が認められている（405条1項2項）。しかし，監査委員会が指名する監査委員は，①②に関する事項の報告の徴収または調査に関する事項について監査委員会の決議があるときは，決議に従わなければならない（同条4項）。したがって，監査委員会の監査委員は原則として独任制ではない。役割分担を決めてそれぞれ調査などを行い，協議しながら妥当な監査が行われることを期待したのであろう。

　各監査委員は，執行役・取締役が不正行為をし，もしくは不正行為をするおそれがあると認めるとき，または，法令・定款に違反する事実もしくは著しく不当な事実があると認めるときは，遅滞なく，その旨を取締役会に報告しなければならない（406条）。また，監査委員は，執行役・取締役が委員会設置会社の目的の範囲外の行為その他法令・定款に違反する行為をし，または，これらの行為をするおそれのある場合において，これらの行為により会社に著しい損害が生ずるおそれがあるときは，執行役・取締役に対し，当該行為をやめることを請求できる（407条1項）。いずれも，緊急性の要請がある場合である。

　委員会設置会社が執行役・取締役に対し，または執行役・取締役が委員会設置会社に対し訴えを提起する場合に，その訴えについては，監査委員が当該訴えにおける当事者である場合は取締役会または株主総会の定める者，監査委員が当事者でない場合は監査委員会が選定する監査委員が会社を代表する（408条1項）。

　(c)　報酬委員会　　報酬委員会は，執行役・取締役および会計参与が受ける個人別の報酬等の内容を決定する（404条3項前段）。執行役が委員会設置会社の支配人その他の使用人を兼ねているときは，使用人の報酬等の内容も報酬委員会が決定する（同項後段）。

　報酬委員会は，執行役・取締役・会計参与が受ける個人別の報酬等の内容の決定に関する方針を定め，その方針により，個人別の内容を決定しなければならない（409条1項2項）。そして，その方針に従って，①確定金額とする場合は個人別の額，②不確定金額とする場合は個人別の具体的な

算定方法，③金銭でないものとする場合は個人別の具体的な内容を決定しなければならないが，委員会設置会社の会計参与の報酬等は①の確定金額でなければならない（同条3項）。これにより，委員会設置会社では，個々の執行役・取締役の経営能力や活動実績の評価を反映した報酬の決定を行うことが保障されることになる。なお，賞与も報酬等に含まれる（361条1項柱書）。

　（3）　各委員会の運営

　3つの委員会では，各委員が委員会を招集する（410条）。招集は委員会の日の1週間前までに通知を発してするが，取締役会で定めた場合は期間を短縮することができ，また，当該委員会の委員全員の同意があるときは，招集手続を省略することができる（411条1項2項）。

　執行役・取締役は，委員会の要求があったときは，当該委員会に出席して，委員会が求めた事項について説明しなければならない（411条3項）。

　委員会の決議は，議決に加わることができる委員の過半数が出席し，その過半数をもって行う（412条1項）。取締役会で定足数および過半数の要件を加重できる（同項かっこ書）。委員会の決議について特別の利害関係を有する委員は，議決に加わることができない（同条2項）。

　議事録の作成は取締役会の場合と同様である（412条3項4項，会社則111条）。委員会の決議に参加した委員であって議事録に異議をとどめない者は，その決議に賛成したものと推定される（同条5項）。

　委員会設置会社の取締役は，当該委員会を構成する取締役でなくても委員会の議事録を閲覧・謄写することができる（413条2項）。

　委員会は，取締役会と異なり，決議の省略は認められないが，執行役・取締役・会計参与または会計監査人が委員の全員に対して委員会に報告すべき事項を通知したときは，当該事項を委員会へ報告することを要しない（414条）。

　委員会の構成員となっている委員が，当該委員会の権限行使に関する職務の執行につき，会社に対し費用の前払い，支出費用の償還などを請求したとき，会社はその費用が当該委員の職務執行に必要でないことを証明しないかぎり，請求を拒むことはできない（404条4項）。監査役に認められているものと同じであるが，監査委員会を構成する委員に限定していない。

Ⅳ 執行役

(1) 執行役の選任・終任

委員会設置会社では，執行役は必要機関である（402条1項）。執行役には欠格事由があること，公開会社では定款をもってしても執行役は株主でなければならないとすることはできないことは，取締役と同じである（402条4項5項・331条1項）。執行役は，1人以上何人でもよい（402条1項）。

執行役は，取締役会の決議で選任する（402条2項）。任期は，選任後1年以内に終了する事業年度のうち最終のものに関する定時株主総会の終結後最初に招集される取締役会の終結の時までであるが，定款により短縮することができる（同条7項）。

執行役は，いつでも，取締役会の決議で解任することができる（403条1項）。解任された執行役は，解任に正当な事由がある場合を除き，会社に対し損害賠償を請求できる（同条2項）。執行役が欠けまたは員数を欠くときの措置は，委員会の員数が欠けた場合と同じである（403条3項・401条2項3項）。

(2) 権　限

執行役は，取締役会決議により委任を受けた委員会設置会社の業務執行の決定，および，委員会設置会社の業務を執行する（418条）。

執行役が複数いる場合でも，執行役会を組織することは要求されていない。しかし，任意的機関として置くことは差し支えない。ただし，執行役相互の監視義務は否定される。執行役が複数いる場合における執行役の職務の分掌，および指揮命令関係その他の執行役の相互の関係は，取締役会が決定する（416条1項1号ハ）。そこで，職務分掌などにより上下の統率関係が定められた場合は，執行役はそれにもとづく監視・監督義務が問題となる。

執行役は，委員会設置会社に著しい損害を及ぼすおそれのある事実を発見したときは，直ちに，当該事実を監査委員に報告しなければならない（419条1項）。

V　代表執行役

　執行役が1人のときは，同人が代表執行役となる（420条1項後段）。執行役が複数いるときは，取締役会は，執行役の中から代表執行役を選定しなければならない（同項前段）。委員会設置会社では，代表取締役は存在しない。代表執行役の氏名・住所は登記事項である（911条3項22号ハ）。

　代表執行役は，いつでも，取締役会の決議で解職することができる（420条2項）。代表執行役が欠けまたは員数を欠くときの措置は，委員会の員数が欠けた場合と同じである（420条3項・401条2項3項）。

　代表執行役は，代表取締役と同じく代表権を有し，委員会設置会社の業務に関する一切の裁判上または裁判外の行為をする権限を有する（420条3項・349条4項）。ただし，会社・執行役間の訴えについては，代表権が制限される（408条1項）。

　代表執行役には，日常の業務については取締役会決議による明示の委任がなくても委ねられていると解され，自ら決定し実行できる。

　代表執行役については，代表取締役の場合と同じく，表見代表執行役の制度が認められている。委員会設置会社は，代表執行役以外の執行役に社長，副社長その他委員会設置会社を代表する権限を有するものと認められる名称を付した場合には，当該執行役がした行為について，善意の第三者に対してその責任を負う（421条）。

VI　取締役・執行役の義務

　委員会設置会社の取締役の義務は，委員会設置会社以外の会社の取締役と同様である。したがって，委員会設置会社の取締役は，その職務の遂行に当たり，会社に対し善管注意義務（330条，民644条），および忠実義務（355条）を負う。また，委員会設置会社の取締役は，競業取引をする場合および利益相反取引をする場合は，取締役会の承認を受けなければならない（365条1項・356条1項）。

　委員会設置会社と執行役との関係は委任に関する規定に従う（402条3項）。したがって，執行役は，善管注意義務を負う（民644条）。また，委員会設置会社の取締役と同じく，忠実義務を負う（419条2項・355条）。

また，執行役は，競業取引をする場合および利益相反取引をする場合は，取締役会の承認を受けなければならない（419条2項・365条1項・356条1項）。

第8節　役員等の損害賠償責任

I　役員等の会社に対する損害賠償責任

(1)　任務懈怠責任

(a)　責任原因　会社法423条1項は，取締役，会計参与，監査役，執行役または会計監査人は，その任務を怠ったときは，会社に対し，これによって生じた損害を賠償する責任を負うとしている。従来の法令・定款違反の責任（旧商266条1項5号）は，会社法では任務懈怠の責任とされている。従来から，法令違反行為は任務懈怠と解されていたから（野村證券事件・最判平成12・7・7民集54巻6号1767頁など），実質は変わらない。

取締役・執行役が株主総会・取締役会の承認を受けずに，自己または第三者のために競業取引を行ったときは，その行為は当然に任務懈怠となる。取締役・執行役は，会社法423条1項にもとづき，会社に対し損害賠償責任を負う。

任務懈怠となる法令違反の「法令」には，競業取引に関する会社法356条1項1号などの取締役・執行役の具体的義務を定める規定だけでなく，善管注意義務（330条，民644条）および忠実義務（355条）を定める規定も含まれる。会計参与，監査役，会計監査人も善管注意義務を負うから（330条，民644条），善管注意義務違反の責任が問われることになる。

会社法以外の法令については，会社や株主の利益保護を図る実質的意味の会社法と贈賄に関する刑法規定のような取締役にとり公序と見られる規定，あるいは会社の健全性を確保することを直接または間接の目的とする法令だけが含まれるとする見解がある（森本・253頁，近藤・188頁）。下級審判例にも，競争者の利益保護を意図した独占禁止法19条は法令に含まれないとするものがある（野村證券事件の原審判決である東京高判平成7・9・26判時1549号11頁）。しかし，最高裁は，「商法その他の法令中の，会

社を名あて人とし，会社がその業務を行うに際し遵守すべきすべての規定もこれに含まれるものと解するのが相当である。……会社をして法令に違反させることのないようにするため，その職務遂行に際して会社を名あて人とする右の規定を遵守することもまた，取締役の会社に対する職務上の義務に属するというべきだからである」と判示し，独占禁止法19条も旧商法266条1項5号の法令に該当するとしている（前掲東京高判平成7・9・26の上告審判決である前掲最判平成12・7・7）。会社は法令を遵守することは当然であるから，役員等は受任者として会社を名あて人とする法令を遵守する義務を負っているといえる。法令の範囲は限定的に解すべきではない。

なお，海外支店に適用される外国法令も含まれるとする判例がある（大和銀行事件・大阪地判平成12・9・20判時1721号3頁）。海外の支店がその国の法令の適用を受ける場合に，当該国の法令を遵守することも役員等の義務となるのは当然といえよう。

任務懈怠の責任については，取締役の経営判断の失敗について，取締役としての善管注意義務ないし忠実義務に違反することを理由に追及されることが多い。取締役の経営判断が結果的に会社に損害を与えることになっても，裁判所が経営判断の是非を事後的に判定し，善管注意義務・忠実義務違反として直ちに取締役の責任を問うべきではないとする，経営判断の原則は，下級審判例に数多く取り入れられている。取締役の経営判断は専門的かつ総合的判断であり，広い範囲に裁量が及ぶから，取締役の経営判断を萎縮させることにならないようにするためである。義務違反がないとする基準としては，判断の前提として事実調査をし，事実認識に重要かつ不注意な誤りがなかったか，判断が通常の経営者の有すべき知見・能力に照らし不合理なものでないか，のいずれかを必要とするものが多かった。最近の判例では，両方を審査基準とするものが多い（大阪地判平成14・3・13判時1792号137頁，東京地判平成14・7・18判時1794号131頁，札幌地判平成15・9・16判時1842号130頁，東京地判平成16・9・28判時1886号111頁など）。

合理性については，通常の企業人の立場からの合理性を審査するものが多かった。最近の判例には，当該会社の属する業界における通常の経営者

の有する知見・経験を基準とするもの（東京地判平成10・5・14判時1650号145頁），金融機関については銀行の取締役，大銀行の取締役を基準とするもの（長銀ノンバンク支援事件・東京地判平成16・3・25判時1851号21頁）がある。また，銀行取締役のとりうる裁量の幅について一般事業会社との違いを指摘する判例がある（前掲大阪地判平成14・3・13）。取締役の注意義務の内容や程度は会社の規模や業種により異なるし，公共性を有する銀行の取締役のとりうる裁量の幅は狭いと解すべきである（青竹正一「判批」判評552号（判時1876号）38〜39頁）。

　なお，経営判断原則は，取締役が自己の利益を図るためにした行為，具体的な法令に違反する行為には適用されない。

　任務懈怠の責任については，他の取締役や使用人の職務違反行為・不正行為を看過したことについて，監視・監督義務に違反することを理由に追及されることも多い。取締役会は監督権限を有するから（362条2項2号・416条1項2号），取締役会を構成する取締役は，代表取締役・業務執行取締役・執行役であれ，平取締役であれ，代表取締役・業務執行取締役・執行役の職務執行を監視・監督する義務を負う。また，代表取締役・業務執行取締役・執行役は業務執行者の地位において，社長であれば最高統率者の地位において，他の取締役・執行役および使用人を監視・監督する義務を善管注意義務ないし忠実義務の一内容として負っている。代表取締役・業務執行取締役・執行役は，会社業務に関与し，職務違反行為・不正行為を容易に発見できる立場にあるから，平取締役よりも監視・監督義務の範囲は広い。

　もっとも，判例には，幹部役員の不正行為，従業員の不正行為につき，不正行為が巧妙に画策されていたとか，秘密裡に進められていたなどの事情から，代表取締役の善管注意義務・忠実義務違反による責任を否定したものがある（佐世保重工業事件・東京地判平成6・12・20判タ893号260頁，日本航空電子工業事件・東京地判平成8・6・20判時1572号27頁）。しかし，職務違反行為・不正行為を知らなかったことで当然に免責されるものではない。職務違反行為・不正行為を知ることができる状況，監視・監督すべき立場にありながら防止しなかったときは，監視・監督義務違反の責任を負う（青竹正一「判批」ジュリ1227号（2002）167頁）。

最近の判例には，取締役は，取締役会の構成員としてまたは代表取締役・業務執行取締役として，リスク管理体制（内部統制システム）を構築すべき義務を負い，また，代表取締役・業務執行取締役がリスク管理体制を構築すべき義務を履行しているかを監視する義務を負い，また，取締役は，使用人の違法行為を未然に防止するための法令遵守体制を確立する義務を負い，さらに，監査役も，取締役がリスク管理体制の整備を行っているかを監査する義務を負っているとするものがある（大和銀行事件・前掲大阪地判平成12・9・20）。

　会社法は，大会社および委員会設置会社について内部統制システムの構築を義務づけているから（348条4項・362条5項・416条2項），内部統制システムに不備があるときは，取締役・監査役は，監視・監督義務違反の責任を負うことになる。

　なお，判例は，使用人兼務取締役が使用人としてした職務違反行為・不正行為が取締役の任務懈怠になることを認めている（前掲東京地判平成8・6・20，前掲大阪地判平成12・9・20）。しかし，使用人としての職務違反行為・不正行為は，取締役の固有の地位と関係ない行為であり，両者を区別して責任を認めるべきである。

　会計監査人の責任について，判例には，監査法人が任意監査において被監査会社の従業員の横領行為を発見できなかったことにつき会社に対し責任を負うかが問題となった事案で，「たとえ財務諸表の監査が被用者の不正行為の発見を主な目的とするものでなく，また適正意見の表明が被用者の不正行為のないことの証明をするものでないとしても，財務諸表に著しい影響を与える不正行為がないことを確かめるのでなければ，財務諸表の適法性に対する意見の表明が無意味となる」として，会社の内部統制の不備にかかわらず監査手続を強化しなかった監査法人の注意義務違反の責任を肯定したものがある（東京地判平成3・3・19判時1381号116頁）。これに対し，その控訴審判決は，監査人は一般に公正妥当と認められる監査基準に従い，職業専門家の注意をもって監査を実行すれば足り，従業員の不正行為を発見できないまま無限定の適正意見を表明したとしても責任を負うことはないとして，監査法人の責任を否定している（東京高判平成7・9・28判時1552号128頁）。しかし，従業員の不正が計算書類の適正性に影響

を及ぼすから，控訴審判決は疑問である。

　(b)　責任の主観的要件　　任務懈怠の責任は，役員等の委任関係にもとづく損害賠償責任であるから，責任が発生するためには，取締役に故意・過失があることを要する。最高裁も，違反行為につき取締役に故意または過失があることを要するとしている（最判昭和51・3・23金判503号14頁，前掲最判平成12・7・7）。

　過失の有無は，役員等として要求される能力・知識を基準に，また地位・担当業務から客観的に判断されなければならないが，最高裁は，法令に違反するとの認識を有するに至らなかったことにつきやむをえない事情があったときは，過失があったとはいえないとしている（野村證券事件・前掲最判平成12・7・7）。また，今日のように会社の経営が専門化・高度化してくると，公認会計士などの専門家の意見・助言を信頼して職務に当たらざるをえなくなっている。判例にも，監査法人の指導に従い会計処理したことを考慮して，忠実義務に違反しないとしたもの（札幌地決昭和54・5・8判タ397号145頁），公認会計士，監査役とも計算書類になんら問題はないとの監査報告をしていることを考慮して，善管注意義務・忠実義務に違反しないとしたもの（佐世保重工業事件・前掲東京地判平成6・12・20）がある。このいわゆる取締役の信頼の抗弁は，とくに，剰余金配当議案が適法か否かを判断するに資産の評価その他の会計処理について高度の専門的能力・知識を要する，後述の違法な剰余金配当の責任（462条1項・6号）に認められてよい。

　最近の判例は，信頼の抗弁を監視・監督義務違反の責任に取り入れている（大和銀行事件・前掲大阪地判平成12・9・20）。確かに，取締役の担当すべき部門が分かれている場合，取締役は自分の領域以外の業務は適正に行われているであろうことをある程度信頼せざるをえない。しかし，とくにチェックしにくい事情がない場合には，他の取締役を信頼していたから責任を負わないとの抗弁は認めるべきではない（青竹正一「判批」リマークス25号（2002）101頁）。

　(c)　連帯責任　　責任原因である行為をした複数の役員等は，会社に対して連帯して損害賠償責任を負う（430条）。

　責任行為が取締役会の決議にもとづきされたときに，決議に参加した取

締役で議事録に異議をとどめなかった者は，その決議に賛成したものと推定される（369条5項）。決議に賛成した取締役はその行為をしたものとみなすとする規定（旧商266条2項）は，会社法では廃止されている。決議の賛成者，議事録に異議をとどめなかった者の責任は，過失責任である。

(d) 賠償額　任務懈怠の責任については，役員等は会社に生じた損害を賠償しなければならないが（423条1項），善管注意義務・忠実義務違反の責任については，従業員の引抜きによる責任に見られるように（219頁），賠償額を算定するのは難しい。一般的には，任務懈怠行為と相当因果関係のある範囲内の損害を賠償しなければならない（民416条）。

取締役・執行役が株主総会・取締役会の承認を受けずに競業取引をしたときは，当該取引によって取締役・執行役または第三者が得た利益の額が，会社に生じた損害額と推定される（423条2項）。

判例には，複数の原因関係が競合して結果が生じた場合に，ある原因が結果の発生にどの程度寄与したかにより，すなわち事実的因果関係を割合的に判断することにより，賠償額の減額を認めるものがある（日本航空電子工業事件・前掲東京地判平成8・6・20，ダスキン事件・大阪地判平成16・12・22判時1892号108頁）。また，他の取締役の責任も否定できないとして，過失相殺の規定（民418条）の類推または趣旨により，賠償額の減額を認めるものがある（東京地判平成2・9・28判時1386号141頁，福岡地判平成8・1・30判タ944号247頁，横浜地判平成10・7・31判タ1014号253頁）。しかし，会社法430条が複数の取締役に任務懈怠行為があればその損害賠償責任を連帯としているのは，自己の行為の因果関係あるいは寄与度を超えて数人に全賠償額の責任を負わせているものと解すべきである。他の責任者の原因関係および各取締役の寄与度を判断して賠償額の減額を認めると，怠慢な者あるいは監視・監督者の責任を軽減することになりかねない。各取締役の任務懈怠行為と損害との間に事実的因果関係および法的因果関係が認められれば，各取締役につき全額責任を認めるべきである。また，連帯責任を負う他の取締役の過失を会社側の過失と評価して，過失相殺により公平を図ることも認めるべきではない。原因関係者間の公平は関係者間で実現を図るべきで，そこでは，各取締役の負担は平等である必要はない（青竹・新展開336～337頁）。

第4章 機　　関

なお，会社更生手続においては管財人，民事再生手続においては会社などは，取締役の会社に対する責任を追及するため，裁判所に対し損害賠償請求権などの査定を申し立てることができる（会社更生100条，民再143条）。

（2）　利益相反取引の責任

利益相反取引によって会社に損害が生じたときは，株主総会または取締役会の承認の有無にかかわらず，つぎの取締役または執行役は，その任務を怠ったものと推定される（423条3項柱書）。

任務を怠ったものと推定されるのは，①直接取引をした取締役・執行役および会社と第三者との間で行われた取引で会社と利益相反する取締役・執行役，②会社が利益相反取引をすることを決定した取締役・執行役，③利益相反取引に関する取締役会の決議に賛成した取締役である（423条3項1号〜3号）。

従来，取締役会の承認を受けた場合でも，対価の不当などにより会社に損害を与えた場合の利益相反取引の責任（旧商266条1項4号）は，金銭貸付けの責任（旧商266条1項3号）を含め，無過失責任と解するのが判例・多数説であった（最判平成12・10・20民集54巻8号2619頁，大隅＝今井・中254頁以下，鈴木＝竹内・299頁など）。会社法は，委員会等設置会社では過失責任としていたこと（旧商特21条の21第1項）に整合させるため，任務懈怠責任，すなわち過失責任としている。また，金銭貸付けの責任についてはとくに規定を設けていない。そして，利益相反取引は類型的に会社に損害を及ぼすおそれのある行為であることから，利益相反取引により会社に損害が生じたときは，任務懈怠を推定している。したがって，①〜③の取締役または執行役は，任務懈怠がなかったことを主張・立証しないかぎり，免責されない。また，利益供与の責任（120条4項），違法な剰余金配当の責任（462条2項）との整合性から，取締役または執行役は，無過失を主張・立証しないかぎり，免責されないと解される。

決議に賛成した取締役は賛成という判断に任務懈怠がなかったことを主張・立証しなければならない。判例には，違法な剰余金配当の責任につき，決議に反対することが期待できないような場合には違法性が阻却されるとして取締役に就任する前に従事していた業務内容から免責を認めるものが

ある（東京地決平成 12・12・8 金判 1111 号 40 頁）。しかし，いわゆる期待可能性の理論を取締役の損害賠償責任に持ち込むのは適切ではない。

利益相反取引のうち，取締役または執行役が自己のために直接取引をした場合の損害賠償責任については，任務を怠ったことが取締役・執行役の責めに帰することができない事由によるものであることをもって免責されない（428 条 1 項）。

取締役・執行役が自己のために会社と直接に利益相反取引をした場合は，責任が加重され，無過失責任を負うことになる。もっとも，「責めに帰することができない事由」と表現しているから，文言上からは不可抗力免責も認められないといえる。自己のために会社と直接に利益相反取引をした者であっても，任務懈怠がなかったことを主張・立証して責任を免れることは可能である。

(3) 責任の免除と一部免除・責任限定契約

(a) 責任の免除　会社法 423 条 1 項の任務懈怠責任は，総株主の同意がなければ免除できないのが原則である（424 条）。利益相反取引の損害賠償責任も株主総会・取締役会の承認の有無にかかわらず，総株主の同意がなければ免除できないのが原則である（424 条）。また，会計監査人の任務懈怠責任についても総株主の同意がなければ免除できないのが原則である（424 条）。総株主の同意は，必ずしも株主全員一致の株主総会決議による必要はない。

(b) 責任の一部免除　取締役の法令・定款違反の責任については，平成 13 年改正で，善意・無重過失の責任であれば，株主総会決議および定款の定めにより賠償額の一部免除を認めていた。高額の損害賠償責任が取締役の経営行動を萎縮させることになること，および有能な人材を確保できなくなること，がその理由である。責任の一部免除の制度は，会社法にも引き継がれている。

任務懈怠責任については，経営判断原則が適用されることが多いので，責任の一部免除が認められる場合の多くは，監視・監督義務違反の責任であろう。監視・監督義務違反の責任は，後述（269 頁）のように，取締役の第三者に対する責任原因ともなるが，最高裁は，重過失による監視・監督義務違反を認めている（最大判昭和 44・11・26 民集 23 巻 11 号 2150 頁な

ど)。責任の一部免除の制度は慎重に運用すべきである。

　役員等の任務懈怠責任は，役員等が職務を行うにつき善意かつ無重過失のときは，賠償責任額からつぎの額の合計額（最低責任限度額）を控除した額を限度として，株主総会の特別決議により免除することができる（425条1項・309条2項8号）。

　控除する額は，①役員等が在職中に会社から職務執行の対価として受け，または受けるべき財産上の利益の1年当たりの額に相当する額として法務省令で定める方法により算出される額に，代表取締役・代表執行役は6，取締役・執行役は4，社外取締役・会計参与，監査役・会計監査人は2を乗じた額，②役員等がその会社の新株予約権を有利な条件・金額で引き受けた場合における，新株予約権に関する財産上の利益に相当する額として法務省令で定める方法により算定される額である（425条1項1号2号）。

　法務省令で定める方法により算定される①の1年当たりの額は，使用人兼務の場合を含めた会社から受けた報酬等の額の事業年度ごとの合計額のうち最も高い額と，退職慰労金の額にその職に就いていた年数などを除して得た額の合計額である（会社則113条）。これにより，たまたま責任を追及する年度の報酬が少額である場合に問題が生じないことになる。

　②の額は，新株予約権の行使時の株式の1株当たりの時価から行使価額および新株予約権の払込金額の合計額の1株当たりの額を控除して得た額に，新株予約権行使により交付を受けた株式数を乗じた額，新株予約権を譲渡した場合は，譲渡価額から新株予約権の払込金額を控除した額に譲渡した新株予約権数を乗じた額である（会社則114条）。

　利益相反取引に関する責任も一部免除の対象となるが，利益相反取引のうち，取締役・執行役が自己のために会社と直接取引をした責任は対象から除かれる（428条2項）。

　会社法は，会計参与および会計監査人についても報酬等の2年分を最低限度額として定めている。会計参与・会計監査人も株主代表訴訟の対象とされたためである（847条）。

　取締役は，責任の一部免除の決議を行う株主総会において，①責任の原因となった事実および賠償責任額，②免除できる額の限度およびその算定の根拠，③責任を免除すべき理由および免除額，を開示しなければならな

い（425条2項）。株主総会が適切に判断を下すことができるようにするためである。また，監査役設置会社または委員会設置会社では，取締役・執行役の責任の一部免除議案を株主総会に提出するには，監査役または監査委員全員の同意を得なければならない（同条3項）。

会社が責任の一部免除後の決議後に，免除の対象となる役員等に対し退職慰労金，使用人兼務役員等の使用人としての退職手当を与えるときは，株主総会の承認を要する（425条4項前段，会社則115条）。在任中の報酬等を低めにして退職慰労金など増額することにより，免除できる額の計算における最低限度額を低くすることを防止するためである。免除の対象となる役員等が新株予約権を決議後に行使し，または譲渡するときも株主総会の承認を要する（425条4項後段）。免除の対象となる取締役等が新株予約権証券を所持するときは，遅滞なく，新株予約権証券を会社に預託しなければならない（同条5項前段）。

取締役が2人以上いる監査役設置会社または委員会設置会社は，役員等の任務懈怠責任について，役員等が職務を行うにつき善意かつ無重過失の場合，責任の原因となった事実の内容，役員等の職務の執行の状況その他の事情を勘案してとくに必要と認めるときは，損害を負うべき額から最低責任限度額を控除した額を限度として，責任を負う取締役を除く取締役の過半数の同意または取締役会決議によって免除できる旨を，定款で定めることができる（426条1項）。

取締役が1人の会社は，当該取締役が自らの責任の免除を判断することになるので，定款の定めによる責任の一部免除は認められない。また，利益相反取引のうち，取締役・執行役が自己のために会社と直接取引をした責任は対象から除かれる（428条2項）。定款の定めは登記事項である（911条3項23号）。

監査役・監査委員の同意は，取締役・執行役の責任を免除する定款の定めを設ける議案を株主総会に提出する場合，定款の定めにもとづく取締役・執行役の責任の免除について取締役の同意を得る場合，および責任の免除に関する議案を取締役会に提出する場合にも必要である（426条2項）。

定款の定めにもとづいて役員等の責任を免除する旨の同意・決議をしたときは，取締役は，遅滞なく，株主総会の決議による免除の場合の総会に

おける開示事項（425条2項），および，責任を免除することに異議がある場合は1か月を下らない一定の期間内に異議を述べる旨を公告し，または株主に通知しなければならない（426条3項）。公開会社ではない会社では，株主に通知することを要する（426条4項）。総株主の議決権の100分の3以上の議決権を有する株主が，一定の期間内に異議を述べたときは，会社は，定款の定めにもとづく責任の免除をすることはできない（426条5項）。100分の3はこれを下回る割合を定款で定めることができる（同項かっこ書）。責任免除後の退職慰労金の支払などには株主総会の承認を要する（426条6項）。

（c）責任限定契約　会社は，社外取締役，会計参与，社外監査役または会計監査人の任務懈怠責任について，社外取締役等が職務を行うにつき善意かつ無重過失のときは，定款に定めた額の範囲内であらかじめ会社が定めた額と報酬等の2年分の最低責任限度額とのいずれかの高い額を限度とする旨の契約を社外取締役等と締結することができる旨を定款で定めることができる（427条1項）。平成13年改正で人材確保のため社外取締役について認めていたものである。

会社法は，会計参与，社外監査役および会計監査人とも責任限定契約を締結できるものとしている。社外取締役でも，自己のために会社と直接に利益相反取引をした責任は契約の対象から除かれる（428条2項）。定款の定めは登記事項である（911条3項24号）。

責任限定契約をした社外取締役等が当該会社またはその子会社の業務を執行する取締役，執行役または支配人その他の使用人に就任したときは，契約は将来に向かって効力を失う（427条2項）。

定款を変更して定款の定めを設ける議案を株主総会に提出する場合，監査役・監査委員の同意を要する（427条3項）。また，契約を締結した会社が社外取締役等が任務を怠ったことにより損害を受けたことを知ったときは，その後最初に招集される株主総会において，①責任の原因となった事実および賠償責任額，②免除できる限度額およびその算定の根拠，③契約の内容およびその契約を締結した理由，④会社が受けた損害のうち，社外取締役等が賠償責任を負わないとされた額，を開示しなければならない（同条4項）。

責任免除後の退職慰労金の支払などは，責任限定契約によってその限度を超える部分について損害賠償する責任を負わないことになる場合に，株主総会の承認を要する（427条5項）。

Ⅱ　役員等の第三者に対する損害賠償責任

（1）　責任の一般的要件

役員等は会社に対し義務を負うにすぎないから，第三者に対しては，一般の不法行為責任（民709条）以外には，損害賠償責任を負わないはずである。しかし，会社法429条1項は，役員等，すなわち取締役，会計参与，監査役，執行役または会計監査人がその職務に行うについて悪意または重過失があったときは，当該役員等は，これによって第三者に生じた損害を賠償する責任を負うとしている。責任を負うべき者が複数いる場合は連帯責任となる（430条）。

会社法429条1項と同じ旧商法266ノ3第1項により第三者が取締役の損害賠償責任を追及する例は，非常に多かった。それは，わが国では小規模な非公開の株式会社が多く，そのような会社と取引した第三者が会社の無資力により満足を得られないときに，取締役の個人財産から回収を図るために，この規定を利用して責任を追及するためである。旧商法266条ノ3第1項は，株主が同時に取締役である小規模な非公開会社において，法人格否認法理の代替的機能を果していた。

旧商法266条ノ3第1項の責任の発生要件については，最高裁は，「取締役において悪意または重大な過失により右義務〔善管注意義務および忠実義務〕に違反し，これにより第三者に損害を被らせたときは，取締役の任務懈怠の行為と第三者の損害との間に相当の因果関係があるかぎり，会社がこれによって損害を被った結果，ひいて第三者に損害を生じた場合であると，直接第三者が損害を被った場合であるとを問うことなく，当該取締役が直接に第三者に対し損害賠償の責に任ずべきことを規定したのである」「以上のことは，取締役がその職務を行なうにつき故意または過失により直接第三者に損害を加えた場合に，一般不法行為の規定によって，その損害を賠償する義務を負うことを妨げるものではないが，取締役の任務懈怠により損害を受けた第三者としては，その任務懈怠につき取締役の悪

意または重大な過失を主張し立証さえすれば，自己に対する加害につき故意または過失のあることを主張し立証するまでもなく，商法266条ノ3の規定により，取締役に対し損害の賠償を求めることができる」と判示している（最大判昭和44・11・26民集23巻11号2150頁）。

上記最高裁判決には，旧商法266条ノ3第1項の責任は不法行為責任であって，悪意・重過失は第三者に対する加害について必要であり，責任は直接損害に限られ，取締役の責任を軽減するために，軽過失の場合に責任を負わないことを明らかにした規定と見る反対意見がある。しかし，第三者の犠牲において取締役の責任の軽減を認めるのは疑問となる。任務懈怠の責任と解し，間接損害・直接損害のいずれについても責任を認める多数意見を支持すべきである。

（2） 間接損害・直接損害と任務懈怠

役員等の第三者に対する責任は損害賠償責任であるから，役員等が責任を負うには，損害を与える違法な行為（任務懈怠）と第三者の損害（間接損害・直接損害）の発生がなければならない。判例には，第三者に損害が発生していないとして責任を否定したものがある（旧有限会社の取締役の責任につき，最判昭和47・10・31判時702号102頁）。

間接損害は，役員等の任務懈怠により会社に損害を与え，その結果として第三者が受けた損害である。取締役が放漫経営を行い，あるいは会社財産を横領したために，会社が倒産し，その結果，債権を回収できなくなった債権者が被る損害が，判例が認める間接損害の典型例である（大阪高判昭和44・7・9金法560号29頁，東京高判昭和58・3・29判時1079号92頁など）。直接損害は，会社が損害を受けたかどうかを問わず，第三者が直接に被った損害である。会社が倒産に瀕した時期に取締役が支払見込みのない契約を締結したり，支払見込みのない手形を振り出したことにより債権者が被る損害が，判例が認める直接損害の典型例である（最判昭和51・6・3金法801号29頁，東京高判昭和60・4・30判時1154号145頁，東京地判平成3・2・27判時1398号119頁など）。

任務懈怠については，放漫経営などのほか，監視・監督義務違反が問題とされることが多い。最高裁は，代表取締役が他の代表取締役その他の者に会社業務の一切を任せ切り，業務執行になんら意を用いることなくそれ

らの者の任務懈怠・不正行為を看過する場合には，自ら悪意・重過失による任務懈怠があるとしている（前掲最大判昭和44・11・26）。

取締役会を設置しない会社の取締役は，従来の有限会社と同じく，取締役は，業務執行権を有する（348条1項）。また，取締役は，代表取締役を定めた場合を除き，各自が会社を代表する（349条2項3項）。判例には，代表取締役が定められている旧有限会社につき，取締役の代表取締役に対する監視・監督義務は代表取締役が定められていない場合の取締役に比べて大幅に軽減されるとするものがある（東京高判昭和57・4・13下民32巻5〜8号813頁，東京高判昭和59・10・31判タ548号271頁）。また，取締役会の設置されていない有限会社では，取締役は代表取締役の日常の業務執行について監視する義務は負わないとするものがある（大阪判昭和59・5・24判時1146号144頁）。しかし，代表取締役が定められている場合は，他の取締役は代表権が制限されているだけである。また，定款でとくに取締役会を設置していない場合は，各取締役が業務執行機関をして代表取締役・取締役を監視・監督する義務を負う。代表取締役が定められていること，取締役会が設置されていないことは，取締役の監視・監督義務を軽減する理由とならない（青竹・続法規整187頁）。

直接損害の類型では，経営が悪化した状態でも，経営を立て直すために事業・取引を継続することがある。そこで，経営悪化時の第三者との取引行為につき，その行為が当該取締役などの利益のためにされたとか，その行為が明らかに経営者として不合理と認められるものとか，欺罔行為など違法な手段を用いたものでないかぎり，任務懈怠に当たらない，あるいは悪質・重過失による任務懈怠に当たらないとする判例がある（東京地判昭和57・9・30判タ486号168頁，東京地判平成4・6・29判タ815号211頁など）。会社の経営・資産状態からさらに会社の債務を拡大すれば第三者に損害を及ぼすことが予想される状況で，第三者と取引関係に入ることを任務懈怠と解することは可能である。なお，詐欺・欺罔行為に近い取引は，不法行為責任も認められよう。

（3）　悪意・重過失と相当因果関係

前述（268頁）の最高裁判決がいうように，責任の主観的要件である悪意・重過失は会社に対する任務懈怠について存在すれば足りる。任務懈怠

の責任を問ううえで通常問題となる重過失の有無は，役員等として一般に要求される能力・識見に応じた注意義務を基準に，客観的に判断されなければならない。

　役員等の任務懈怠と第三者の損害発生の間に相当因果関係が必要なことは，前述（268頁）の最高裁判決が明らかにしていたが，会社法429条1項は因果関係が必要なことを明文で明らかにしている。最高裁は，旧有限会社の代表取締役の監視義務違反の責任につき，第三者の損害が経営を任されていた取締役の悪意・重過失による任務懈怠により生じたものでない場合には，代表取締役に責任を負わせるのは条理上是認すべきではなく，代表取締役の任務懈怠と第三者の損害との間に相当因果関係を欠くとしている（最判昭和45・7・16民集24巻7号1061頁）。しかし，最高裁は，直接行為をした者が第三者に責任を負うべき場合に，取締役が第三者の損害発生を阻止できたかをあまり問題としていない（最判昭和48・5・22民集27巻5号655頁，最判昭和55・3・18判時971号101頁）。

（4）　第三者と株主

　会社法429条1項にいう第三者には株主は含まれるか。後述（275頁）の計算書類の虚偽記載などにより生じた直接損害については，株主は第三者または個人としての資格における損害として賠償を請求できる。これに対し，取締役の行為により会社が損害を受けた結果，株価の下落という形で受けた間接損害については会社法429条1項（旧商法266条ノ3第1項）によらず，代表訴訟（847条，旧商267条）によって会社の損害を回復すべきで，株主が直接受けた損害だけが第三者として賠償を請求できるとする見解が多い（大隅＝今井・中270頁，河本一郎「商法266条ノ3第1項の『第三者』と株主」服部古稀・商法学における論争と省察（商事法務研究会，1994）261頁，龍田・95頁，前田・422頁など）。また，下級審判例には，会社財産の減少による株式価値の低下という間接損害については，代表訴訟によるべきで，株主は旧商法266条ノ3第1項にもとづく請求はできないとするものがある（東京地判平成8・6・20判時1578号131頁，東京高判平成17・1・18金判1209号10頁）。しかし，取締役の責任の一部免除や代表訴訟における和解の制度（850条）が認められているから，代表訴訟によってすべての損害が回復されるとは限らない。また，市場価格のある株式につい

ては，会社に賠償されても株式の下落が回復するとは限らないし，下落後に市場で株式を売却した者の損害もある。株価の下落という形で株主が受けた損害についても，株主は賠償請求できると解すべきである。

（5） 名目的取締役の責任

取締役の第三者に対する責任は，名前だけ取締役になっている小規模な非公開会社の名目的取締役に対して，監視・監督義務違反を理由に追及されることが多い。最高裁は，地位・信用を利用させるために名前だけを貸して代表取締役に就任し，業務一般を他の代表取締役に任せ切りにしていた者の責任を善管注意義務・忠実義務違反を理由に認めているが（前掲最大判昭和44・11・26），代表取締役の他の代表取締役・業務担当取締役に対する監視・監督義務もまず取締役会の構成員たる地位（362条2項2号・416条1項2号）に求めるべきである。ただし，使用人に対する監視・監督義務については，業務執行者としての地位における善管注意義務・忠実義務違反が理由となる。

業務執行権のない取締役は取締役会の構成員としての監督・監督義務違反が理由となるが，最高裁は，会社の運営を代表取締役に任せ切りにしていた平取締役について，取締役会の構成員としての地位にもとづき，取締役会に上程された事柄にとどまらず，代表取締役の業務執行一般につき監視する義務があるとして，責任を認めている（前掲最判昭和48・5・22）。また，最高裁は，取締役が代表取締役の業務執行一般につき監視する義務があることは，会社の内部事情ないし経緯によって社外重役として名目的に就任した取締役でも同様であるとして，責任を認めている（前掲最判昭和55・3・18）。もっとも，下級審判例には，平取締役の取締役会の非上程事項についての監視義務を代表取締役の業務内容・職務違反行為を容易に知ることができる場合に限定し，それと，名目的にすぎず，経営・経理の知識を持っていないことなどを結び付けて，監視義務違反を認めないものがある（札幌地判昭和51・7・30判時840号111頁，大阪地判昭和55・3・28判時963号96頁など）。しかし，平取締役は非上程事項について不断の監視まで要求されていないことを認めるにしても，容易に知ることができる場合に限定すると，取締役会の不開催を助長することになりかねない。

下級審判例には，名目的取締役で，業務に関与していない，役員報酬を

受けていない，遠隔地に居住していることなどは，責任を否定する理由にならないとするものがある（大阪地判昭和57・9・24金判665号49頁，大阪地判昭和60・8・28判時1184号141頁，名古屋地判平成3・4・12判時1408号119頁など）。他方，悪意・重過失を否定する理由とするものがある（東京地判昭和53・3・16下民32巻5～8号511頁，東京高判昭和56・9・28判時1021号131頁，仙台高判昭和63・5・26判時1286号143頁，東京地判平成3・2・27判時1398号119頁など）。また，名目的取締役で，ワンマン代表取締役の違法行為を阻止することは困難であったことを理由に，相当因果関係を否定するものがある（大阪地判昭和59・8・17判タ541号242頁，東京高判昭和60・4・30判時1154号145頁など）。

　重過失の有無は，地位・担当業務により異なるが，怠けて防止しなかった者を免責すべきではない。名目的取締役であることを重過失を否定する理由にすると，職務に怠慢な取締役ほど責任を負わないことになる。報酬を受けていないこと，遠隔地に居住していることは，責任の有無と直接関係ない。重過失の有無は，通常の取締役を前提し，わずかの注意をしたなら防止できたかを基準に判断されなければならない。また，違法行為を阻止できたかどうかを具体的に問題にし，事実上影響力を及ぼすことができる取締役だけが責任を負うのでは，取り締まらない取締役の存在を肯定してしまう。相当因果関係の有無も，通常の取締役を前提に，会社の財産状況の報告を求めるなどの方策により損害の発生を阻止できたかどうかで判断されなければならない。

　なお，会社法は，取締役会を設置しない会社については取締役は1人でもよいことにしている（326条1項・331条4項）。そこで，名目的取締役の責任が追及されることは少なくなるのであろう。

（6）　登記簿上の取締役の責任

　小規模な非公開会社においては，選任決議を欠くにもかかわらず登記簿上だけ取締役になっている者がいる。登記簿上の取締役は会社法429条1項にいう取締役に当たらないから，責任は負わないはずである。これに対し，最高裁は，不実の登記に関する会社法908条2項（旧商14条）の規定を類推適用し，不実の就任登記に承諾を与えた者は，不実の登記の出現に加功したものといえるから，登記の不実なることをもって善意の第三者に

対抗できないとし，その結果として取締役の責任を負うとしている（最判昭和47・6・15民集26巻5号984頁）。

　しかし，会社法908条2項により登記の不実なことを第三者に対抗できなくなるのは，登記義務者である会社である。また，会社法429条1項の責任は契約責任ではないから，外観保護に関する会社法908条2項を類推適用することは疑問となる。かりに，類推適用を認めるにしても，就任登記ないし就任について承諾がないときは，不実登記への加功があったといえるかが疑問となる場合が多いし（帰責事由がないとして責任を否定した判例として，大阪高判昭和55・10・28判タ440号146頁，東京地判昭和56・10・30下民32巻5～8号807頁など），登記を見ないで登記簿上の外観と同じことを信じたことは，会社法908条2項により保護すべき信頼に当たらないと解すべきで，第三者が善意である場合は限定される。さらに，登記簿上の取締役に会社法908条2項の類推適用を認めても，その者は取締役でないことを第三者に対抗できないだけで，法律上，他の取締役などの業務執行を監視・監督する地位にないから，会社に対する任務懈怠を認めることはできないし，任務懈怠についての悪意・重過失および任務懈怠と第三者の損害との相当因果関係を認めることもできない（青竹・続法規整131頁以下）。

　最高裁は，取締役を辞任したにもかかわらず，登記を残存させていた場合にも，不実の登記を残存させることについて明示的に承諾を与えていたなどの特段の事情がある場合は，会社法908条2項（旧商14条）の類推適用により，取締役としての責任を負うとしている（最判昭和62・4・16判時1248号127頁）。この立場は，その後の最高裁判例に踏襲されている（最判昭和63・1・26金法1196号26頁）。会社法908条2項は不実登記を放置しているときも適用されるが（最判昭和55・9・11民集34巻5号717頁参照），最高裁判決は，退任登記未了の取締役の責任については，明示的な承諾を要件としている。辞任の登記がされていないことは，変更登記の遅滞であり，第三者に対抗できなくなるのは登記の消極的公示力を定める会社法908条1項（旧商12条）によると解される。しかし，登記義務者でもなく，契約上の責任でもなく，また取締役としての義務のもない者に，会社法908条1項を類推適用して会社法429条1項の責任を認めることは，

選任決議を欠く登記簿上の取締役の場合と同じく疑問である（前掲最判昭和62・4・16の原審判決である東京高判昭58・3・30判時1080号142頁は，これらの理由から責任を否定している）。

　選任決議を欠く登記簿上の取締役や辞任登記未了の取締役については，その者が第三者との関係で取締役であると評価されるべき者である場合，すなわち会社の業務執行に事実上関与している場合に，責任を認めるのが適切である。最高裁は，辞任した取締役が旧商法266条ノ3第1項にもとづく責任を負う特段の事情がある場合として，辞任しても積極的に取締役として対外的または内部的な行為をしていたときを挙げていたが（前掲最判昭和62・4・16，前掲最判昭和63・1・26），下級審判例には，対外的にも対内的にも重要事項について決定権を有する実質的経営者を事実上の取締役と認めて，会社を倒産させたことによる第三者に対する責任を認めたもの（東京地判平成2・9・3判時1376号110頁），監査役で親会社の代表取締役であり，また実質的所有者であることを事実上の取締役と認めて，監視義務違反の責任を認めたもの（京都地判平成4・2・5判時1436号115頁）がある。事実上の取締役として責任を負わせるためには，会社の業務執行に関与していることが必要であり，後者の判例のような支配の要件だけでは責任を認めることはできない（青竹・続法規整162頁）。

（7）　計算書類の虚偽記載等の責任

　会社法429条2項は，1項の責任の特則を定めている。

　取締役・執行役は，①株式，新株予約権，社債もしくは新株予約付社債を引き受ける者の募集をする際に通知しなければならない重要な事項についての虚偽の通知または募集のための会社の事業その他の事項に関する説明に用いた資料について虚偽の記載・記録，②計算書類，事業報告，および臨時計算書類に記載・記録すべき重要な事項についての虚偽の記載・記録，③虚偽の登記，④虚偽の公告をしたときは，これによって第三者に生じた損害を賠償する責任を負う（429条2項1号）。

　会計参与は，計算書類，その附属明細書，臨時計算書類および会計参与報告に記載・記録すべき重要な事項についての虚偽の記載・記録をしたときは，これによって第三者に生じた損害を賠償する責任を負う（429条2項2号）。

監査役・監査委員は，監査報告に記載・記録すべき重要な事項についての虚偽の記載・記録をしたときは，これによって第三者に生じた損害を賠償する責任を負う（429条2項3号）。

会計監査人は，会計監査報告に記載・記録すべき重要な事項についての虚偽の記載・記録をしたときは，これによって第三者に生じた損害を賠償する責任を負う（429条2項4号）。

会社法429条2項の役員等の責任は，直接損害の責任の1つの場合であるが，計算書類の虚偽記載等の危険性から，1項の責任と異なり，軽過失でも責任を負い，過失がないことを役員等の側で証明しなければ，免責されない（429条2項ただし書）。

判例には，2項の規定により保護されるのは，会社と直接取引した者，あるいは会社の株式・社債を市場などで取得した者などに限られ，手形の第三取得者は保護されないとするものがある（名古屋高判昭和58・7・1判時1096号134頁）。この判例は，2項の責任が無過失責任であることを前提としたものであり，昭和56年の改正以来，過失責任であることが明文で定められているので，第三者の範囲を限定する理由はなくなっている。

（8） 民法諸規定の適用

取締役の第三者に対する損害賠償責任について，最高裁は，とくに根拠条文を示さずに過失相殺を認めている（最判昭和59・10・4判時1143号143頁）。過失相殺は損害賠償責任に共通する制度であるから，過失相殺制度の一般的趣旨から認めても差し支えないであろう。

役員等の第三者に対する責任は不法行為責任と異なる会社法が認めた特別責任であるから，遅延損害金の起算点は，損害発生の時からではなく，履行の請求があった時（民412条3項）となる。また，この責任は商行為により生じた債務またはそれと同視すべき債務ではないから，利率は，民事法定利率の年5分（民404条）である（最判平成元・9・21判時1334号223頁参照）。消滅時効期間も，責任は不法行為責任でなく，また，加害者保護のために短期消滅時効（民724条）に服さしめる必要はないから，一般の債権と同じく（民167条1項）10年である（最判昭和49・12・17民集28巻10号2059頁参照）。

前述（268頁）の最高裁判決がいうように，一般不法行為の要件を満た

す場合には，第三者は，不法行為の責任規定（民709条）によっても責任を追及できる。

第9節　株主代表訴訟と違法行為差止請求・検査役の選任

I　株主代表訴訟

（1）　株主代表訴訟の意義

　会社が取締役の責任を追及する訴えを提起する場合には，監査役を設置していない会社では取締役・代表取締役が会社を代表するが，株主総会・取締役会で代表者と定めることができる（353条・364条）。監査役設置会社では監査役が会社を代表し（386条1項），委員会設置会社では取締役会・株主総会が定める者または監査委員が会社を代表する（408条1項）。しかし，役員間の仲間意識などから，会社が取締役の責任を追及することを怠ることがある。そこで，会社法は，一定の要件の下で，株主が原告となって，会社のために取締役に対し，訴えを提起することを認めている（847条以下）。

　この訴えにおいて，株主は実質上，会社の代表機関的地位に立つので，代表訴訟と呼ばれているが，会社の有する権利にもとづく訴えであるから，派生訴訟とか代位訴訟と呼ばれることもある。株主代表訴訟は，訴訟の形式上は，他人である会社の利益のために原告となり，受けた判決の効力が会社に及ぶ（民訴115条1項2号），第三者の訴訟担当の一場合である。

　株主代表訴訟制度の意義は，会社が受けた損害を回復させることである。しかし，取締役が違法な行為をすれば，代表訴訟によって責任を追及されることを取締役に認識させる，予防的な抑止効果も有する。

　平成5年改正前は，代表訴訟はほとんど利用されていなかった。訴え提起の手数料を請求権によって決める（民訴費3条1項参照）裁判実務が一般であったからである。同改正は，代表訴訟は財産上の請求にあらざる請求にかかる訴えとみなし（旧商267条5項），会社法に引き継がれている（847条6項）。その結果，訴訟の目的の額は一律5万円となり，請求額の

いかんにかかわらず8,200円，現在では13,000円でよいことになっている（民訴費4条2項）。この改正により，代表訴訟は増加しているが（ただし，会社と株主が意思を通じて，ただ申立手数料の節約を図ることを目的として株主代表訴訟を利用することは，制度の濫用で許されないとする判例として，東京地判平成8・6・20判時1578号131頁），原告株主が勝訴しても，訴訟賠償の支払を受けるのは会社であり，株主には経済的には代表訴訟を提起するインセンティブは乏しい。わが国では，市民運動的性格の代表訴訟あるいは株主と取締役との対立から提起される代表訴訟が少なくない。

（2）株主代表訴訟の対象と追及できる責任の範囲

株主代表訴訟の対象となるのは，取締役の責任に限定されない。対象となるのは，①発起人・設立時取締役・設立時監査役，取締役・会計参与・監査役・執行役・会計監査人および清算人の責任の追及，②違法な利益供与がされた場合の利益供与を受けた者に対する利益返還請求，③不公正な払込金額で募集株式・新株予約権を引き受けた者に対する公正な価額との差額支払請求である（847条1項本文）。

代表訴訟によって追及できる取締役の責任の範囲について，取締役が会社に対して負担する一切の債務であるとする見解が多い（鈴木＝竹内・300頁，田中誠・上702頁など）。下級審判例にも，土地の所有権移転登記の義務について，取締役間の特別な関係にもとづく訴えの提起懈怠の可能性は取締役の法令・定款違反の責任や資本充実責任と異なるところはないとして，代表訴訟を認めたものがある（大阪高判昭和54・10・30高民32巻2号214頁）。しかし，代表訴訟は会社が責任追及の訴えの提起が不適当と判断しても提起できるから（847条3項），全債務説は，代表訴訟を広く認めすぎであって，濫用のおそれが大きい。免除の困難な責任ないし一部免除しか認められない責任（423条・428条・465条）または免除が不可能な資本充実責任（52条・213条1項）に限定して認めるべきである。もっとも，取締役在任中に生じた責任については，退任しても代表訴訟による追及は免れることはできない。

（3）訴えの手続

代表訴訟を提起できる者は，6か月前から引き続き株式を有する株主である（847条1項本文）。6か月という期間は，定款で短縮できる（同条1

項かっこ書)。公開会社でない会社では，保有期間の要件は課されない(同条2項)。定款で権利行使できないと定めた単元未満株式の株主は除かれる(同条1項かっこ書)。

　株主が代表訴訟を提起するには，まず，会社に対し，書面または電磁的方法で，被告となるべき者，請求の趣旨および請求を特定するのに必要な事実を明らかにしなければならない(847条1項本文，会社則217条)。

　請求を受けた場合，監査役設置会社では監査役が会社を代表し(386条2項)，委員会設置会社では監査委員が会社を代表する(408条3項)。そして，請求があったにもかかわらず，会社が60日以内に訴えを提起しないときに，請求株主は，会社のため訴えを提起できる(847条3項)。ただし，株主が提訴請求をしていないとか，請求の宛先を誤っても，会社が訴訟参加(849条1項)または取締役側への補助参加(849条1項)により会社が責任を追及するまたは追及しない意思を表明していると見られる場合は，手続上の瑕疵を理由に訴えを不適法とすることはできないと解すべきである(東京地判昭和39・10・12下民15巻10号2432頁，大阪地判平成12・6・21判時1742号141頁参照)。また，60日を待っていたのでは時効が成立するなど会社に回復できない損害が生ずるおそれがある場合は，株主は会社に対する請求なしに直ちに代表訴訟を提起できる(847条5項)。責任追及等の訴えは，本店の所在地の地方裁判所の管轄に専属する(848条)。

　会社は，株主の請求の日から60日以内に責任追及等の訴えを提起しない場合において，提訴請求をした株主または発起人・設立時取締役・設立時監査役，取締役・会計参与・監査役・執行役・会計監査人および清算人から請求を受けたときは，その請求をした者に対し，遅滞なく，書面または電磁的方法で，①会社が行った調査の内容，②請求対象者の責任または義務の有無についての判断，③請求対象者に責任または義務があると判断した場合にもかかわらず提訴しないときはその理由，を明らかにして通知しなければならない(847条4項，会社則218条)。

　不提訴理由の通知請求は，会社法で設けられた制度である。訴えを提起しないことについて会社に十分に調査したうえで判断させるとともに，株主が代表訴訟を追行する必要な資料を収集することを可能とするためである。不提訴理由の通知請求を取締役などにも認めているのは，不提訴理由

の内容が被告にとって有利な場合が多いからである。

　会社が破産手続開始の決定を受けた後は，取締役に対する損害賠償請求権などは破産財団に属し，破産財団の管理・処分権は破産管財人に専属するから（破 34 条 1 項），株主は代表訴訟を提起することはできない。会社更生手続開始の決定があった場合および民事再生手続において管財人が選任された場合も，会社財産の管理・処分権は管財人に専属するから（会社更生 72 条 1 項，民再 66 条），同じく代表訴訟を提起できない。ただし，取締役が破産手続開始の決定を受けた場合は，取締役に対する損害賠償請求権は会社の破産債権である（破 97 条）。そして，株主代表訴訟は会社のため取締役などの責任追及等をすることを認める制度であるから，会社が破産債権の届出（破 111 条 1 項）をしないときは，株主が会社のため破産債権の届出をすることができ，破産管財人が異議を述べたときは，株主は破産管財人を相手方として，裁判所にその額についての査定の申立てをすること（破 126 条 1 項）ができる（蛇の目ミシン工業事件・東京地判平成 13・3・29 判時 1750 号 40 頁参照）。

　代表訴訟の継続中に，株式移転により完全親会社が新設された場合（774 条 1 項，旧商 364 条）に，原告は親会社の株主となり，株主としての地位を喪失し，代表訴訟の原告適格はなくなるとして，訴えを却下した判例があった（東京地判平成 13・3・29 判時 1748 号 171 頁，東京地判平成 15・2・6 判時 1812 号 143 頁，東京高判平成 15・7・24 判時 1858 号 154 頁など）。しかし，株式移転・株式交換の場合，完全親会社の株主として子会社に利害を有し続ける。

　会社法は，代表訴訟を提起した株主または共同訴訟人として訴訟に参加した株主が，訴訟係属中に株主でなくなった場合でも，①その者が当該会社の株式交換または株主移転により当該会社の完全親会社の株式を取得したとき，②その者が当該会社が合併により消滅する会社となる合併により，合併により設立する会社または合併後存続する会社もしくはその完全親会社の株式を取得したときは，訴訟を追行できるものとしている（851 条 1 項）。

　「完全親会社」とは，特定の会社の発行済株式の全部を有する会社その他これと同等のものとして法務省令で定める会社である（851 条 1 項 1 号

かっこ書)。法務省令で定める会社は，ある会社またはその完全子会社が特定の会社の発行済株式の全部を有する場合における当該ある会社である（会社則219条)。

原告・共同訴訟人が株式交換や合併により完全親会社や存続会社の株主となった後は，完全親会社・存続会社がさらに株式交換や合併をして株主でなくなった場合でも，訴訟を追行できる（851条2項3項)。株式交換や合併の対価が金銭などであるため，原告・共同訴訟人が完全親会社・存続会社の株主とならない場合は，訴訟を追行できない。適切な訴訟追行を期待できないからである。また，一般に親会社の株主が子会社の取締役などの責任を追及するために代表訴訟を提起することを認める，いわゆる二重代表訴訟は認められていない。

(4) 濫用的訴訟の防止

代表訴訟は1株を有している株主でも提起できるから，会社に損害を与える目的で，あるいは取締役などへの嫌がらせの目的で提起するなど，濫用のおそれがある。

会社法は，責任追及等の訴えが当該株主もしくは第三者の不正な利益を図り，または当該会社に損害が加えることを目的とする場合は，株主は，会社に対し提訴請求をすることはできないとしている（847条1項ただし書)。

訴えの提起を会社の利益の犠牲の下に，株主の資格とは関係のない純然たる個人的利益を追求する取引手段としてした場合に，権利の濫用に当たるとして，訴えを却下した判例がある（長崎地判平成3・2・19判時1393号138頁)。会社法847条1項ただし書は，権利の濫用に当たる場合を明示的に規定したものといえる。

会社法847条1項ただし書の要件に該当する場合は，提訴請求が無効となるため，株主は代表訴訟を提起できず（847条3項)，代表訴訟を提起した場合は，不適法な訴えとして却下される。

株主の不正な利益を図る場合としては，株主が会社に金銭を要求する目的で代表訴訟を提起しようとする場合などがある。会社に損害を加えることを目的とする場合としては，会社の信用を傷つける目的で代表訴訟を提起しようとする場合などがある。もっぱら取締役などへの嫌がらせ目的で

代表訴訟を提起しようとする場合は，権利の濫用として訴えを却下できるかの問題となる。

　判例の多くは，責任を追及しようとする取締役の違法事由が軽微で，違法行為によって生じた損害も少額で，取締役に対する嫌がらせを主眼としたものであるなど，特段の事情がないかぎり，権利の濫用として訴えを却下できないとするか（東京高判平成元・7・3金判826号3頁，東京高判平成8・12・11金判1105号23頁），株主代表訴訟は株主に直接の利益をもたらす性質のものではないから，自己の名前が広がることを望んだとしても，あるいはなんらかの個人的動機・意図を有しているとしても，それだけの理由で直ちに権利の濫用に当たるというべきではないとしている（東京地判平成3・4・18判時1395号144頁，東京地判平成13・3・29判時1750号40頁）。取締役などに対する嫌がらせ目的での濫訴の防止に対しては，担保提供の制度があるから，訴えの提起自体を権利濫用とするには慎重でなければならない。また，代表訴訟は株主と取締役との対立から提起されることが多く，なんらかの個人的動機・意図が含まれているのが通常である。個人的動機・意図があることだけで権利濫用というのでは，株主代表訴訟は成り立たない。会社の権利の実現と並んで，個人的動機・意図ないし個人的利益を有していたとしても，権利の濫用に当たるということはできない（青竹正一「判批」リマークス25号（2002）101頁）。

　被告取締役などが，代表訴訟の提起が悪意によるものであることを申立てれば，裁判所は，原告株主に対し，相当の担保を立てるべきことを命ずることができる（847条7項8項）。この「悪意」の意味について，裁判例では，被告を害する意図で提訴したことであるとするものがある（名古屋地決平成6・1・26判時1492号139頁）。しかし，最近の裁判例は，悪意を比較的広く認定し，①原告の請求が理由なく，原告がそのことを知って訴えを提起したか（不当訴訟要件），または，②原告が不当訴訟の成否とは無関係に，代表訴訟制度の趣旨を逸脱して不法不当な利益を得る目的があるか（不法不当目的），のいずれかを満たせばよいとし，請求理由がないとは，原告の主張自体が失当なこと，立証可能性がないこと，被告の抗弁成立の蓋然性が高いこと，をいうとするものが多い（蛇の目基準と呼ばれる東京地決平成6・7・22判時1504号121頁，東京高決平成7・2・20判タ895号252頁，

名古屋高決平成7・3・8判時1531号134頁，大阪高決平成9・11・18判時1628号133頁など)。また，過失により請求に理由がないことを知らずに提訴した場合でも悪意に当たるとする裁判例がある（前掲東京地決平成6・7・22）。

担保提供の制度は，代表訴訟の提起が不法行為になる場合に被告が取得する損害賠償請求権を担保させることにより濫訴を防止するものである（東京地判平成10・5・25判時1660号80頁参照）。そして，最高裁は，一般に訴訟の提起が不法行為となるのは，その請求が事実的・法律的根拠を欠き，かつそのことを知りまたは知り得たのに提訴するなど，裁判制度の趣旨に照らし著しく相当性を欠く場合に限られるとしている（最判昭和63・1・26民集42巻1号1頁）。また，担保を提供してまで訴訟を継続する者は少ないから，担保の提供が命じられてしまえば，事実上は訴訟を終結させる効果を生ずる。不当訴訟要件は慎重に運用されなければならない。過失による不当訴訟は「悪意」の範囲を超える。

（5）　訴訟参加・補助参加

株主または会社は，共同訴訟人として，または当事者の一方を補助するため，取締役などの責任追及等の訴えにかかる訴訟に参加することができる（849条1項本文）。すなわち，株主が代表訴訟を提起したときは会社または他の株主が，会社自身が取締役の責任を追及する訴えを提起としたときは株主が，原告側に訴訟参加することができる。訴訟参加を認めているのはなれ合い訴訟を防止するためであるが，後述（285頁）のように，平成13年改正以来，訴訟上の和解が認められているから，訴訟参加は取締役などに不当に有利な和解を防止するためにも意義を有する。この訴訟参加は，共同訴訟的当事者参加（民訴52条1項）と解すべきである。そのように解すると，参加人は請求の範囲を拡大でき，また，原告が訴えを取り下げても訴訟を継続できることになるからである（民訴45条2項参照）。

株主が代表訴訟を提起したときは，遅滞なく，会社に対し訴訟告知（民訴53条）をしなければならない（849条3項）。会社が，その告知を受けまたは会社自身が訴えを提起したときは，遅滞なく，その旨を告知しまたは株主に通知しなければならない（849条4項）。公開会社でない会社では，株主に通知することを要する（849条5項）。訴訟告知・公告・通知は，訴訟参加を容易にするためである。

訴訟参加は，それが不当に訴訟を遅延させることになるとき，または裁判所に対し過大な事務負担を及ぼすことになるときは，許されない（849条1項ただし書）。最高裁は，原審の第1回口頭弁論期日後にされた訴訟参加につき，参加申出は原告の不適切な訴訟追行を是正するためにされたから遅きに失したとはいえない，相当期間にわたる審理が必要になることはない，原告の不適切な訴訟行為により原告以外の株主に不利益が及ぶことを理由に，不当に遅延させることになるから参加は許されないとする原判決を破棄差戻している（最判平成14・1・22判時1777号151頁）。

会社が，監査委員以外の取締役，執行役，清算人およびこれらの者であった者を補助するため，責任追及等の訴えにかかる訴訟に参加するには，監査役設置会社では監査役，委員会設置会社では監査委員全員の同意を得なければならない（849条2項）。

会社が被告側に補助参加するには，会社が訴訟の結果に「利害関係」を有していなければならないのが原則である（民訴42条）。最高裁は，「取締役会の意思決定が違法であるとして取締役に対し提起された株主代表訴訟において，株式会社は，特段の事情がない限り，取締役を補助するため訴訟に参加することが許されると解するのが相当である。けだし，取締役の個人的な権限逸脱行為ではなく，取締役会の意思決定の違法を原因とする，株式会社の取締役に対する損害賠償請求が認められれば，その取締役の意思決定を前提として形成された株式会社の私法上又は公法上の法的地位又は法的利益に影響を及ぼすおそれがあるというべきであり，株式会社は，取締役の敗訴を防ぐことに法律上の利害関係を有するということができるからである」と判示し，会社の決算において粉飾決算を指示し，または粉飾を見逃がしたことを理由とする取締役の責任について，決算に関する計算書類は取締役会の承認を要するから，取締役会の意思決定が違法であるとして提起された代表訴訟であり，取締役が敗訴した場合は会社の計算関係に影響を与え，現在または将来の取引関係にも影響を及ぼすおそれがあるとして，補助参加を許可していた（最決平成13・1・30民集55巻1号30頁）。

会社法849条1項本文は，会社が当事者の一方を補助するため訴訟に参加できるとしている。そこで，会社法の下では会社が訴訟の結果に利害関

係を有しているかどうかにかかわらず，補助参加できることになる。

　補助参加において会社を代表する者は代表取締役・代表執行役と解されるが（386条・408条参照），会社が補助参加する場合，被告側に有利な資料・証拠だけが提出される可能性がある。最高裁は，信用金庫に損害を与えたと主張して理事の責任を追及する代表訴訟（信金39条）において，会員が信用金庫の所持する融資に際して作成された稟議書・意見書について，自己利用文書（民訴220条4号ニ）に当たるとして文書提出命令の申立てを却下している（最決平成12・12・14民集54巻9号2709頁）。最高裁の立場では，閲覧・謄写できる取締役会議事録（371条2項）とともに重要な，取締役会での配布資料などの内部文書の提出命令を申し立てても，却下されてしまう可能性がある。株主代表訴訟における訴訟資料・証拠提出の公平を図る立法の必要がある（青竹正一「株主代表訴訟における会社の被告側への補助参加(下)」判評511号（判時1752号）17～18頁）。

　（6）　和　解

　株主代表訴訟の継続中に訴訟上の和解がされることがある（たとえば，日本航空電子工業事件の東京地判平成8・6・20判時1572号27頁は，被告3名に合計12億円余の賠償を命ずる判決を下したが，高裁で合計1億円とする和解が成立し，大和銀行事件・大阪地判平成12・9・20判時1721号3頁は，被告11名に合計7億7500万ドルの賠償を命ずる判決を下したが，高裁で合計2億5000万円とする和解が成立している）。取締役などの責任免除は原則として総株主の同意が必要であるから（55条・120条5項・424条・462条3項・464条2項・465条2項，旧商266条5項），訴訟上の和解は，取締役などの責任を軽減するものであるかぎり，総株主の同意があって初めて行うことができると解する余地があった。

　平成13年改正は，取締役の責任を追及する訴訟において和解する場合でも，総株主の同意を要しないことにし（旧商268条5項），取締役などの責任追及等の訴えにかかる訴訟について会社法に引き継がれている（850条4項）。和解が取締役などに有利な内容でされることを防止する措置としては，訴え提起の公告または株主への通知が要求されている（849条4項5項）。しかし，この公告・通知は前述のように主として株主に訴訟参加を容易にするためのものであって，原告株主以外の株主に和解の内容を

公告・通知することは要求されていない。

　株主代表訴訟において和解がされる場合で，会社が和解の当事者でないときは，会社の承認がないかぎり，和解に確定判決と同一の効力は与えられない（850条1項）。会社が和解の当事者でないときは，裁判所は，会社に対し和解の内容を通知し，和解に異議があれば2週間以内に異議を述べるべき旨を催告しなければならない（850条2項）。この通知・催告を受ける場合，監査役設置会社では監査役，委員会設置会社では監査委員が会社を代表する（386条2項2号・408条3項2号）。会社が期間内に書面により異議を述べなかったときは，通知の内容で株主が和解をすることを承認したものとみなされる（850条3項）。

　和解については，不当な和解を裁判所は拒否できるという規定はない（調停につき，民調14条参照）。不当な和解をした代表取締役および不当な和解に異議を述べなかった監査役・監査委員は会社に対し損害賠償責任を負う（423条1項）と解すべきである。また，会社が当事者となる和解であるか否かを問わず，和解内容を公告または株主に通知し，異議を述べる機会を保障する規定を設ける必要がある。

（7）　判決の効果と再審の訴え

　代表訴訟において株主が勝訴または一部勝訴した場合に，株主は，調査費用など訴訟に必要な費用を支出したとき，または弁護士報酬を支払うべきときは，会社に対し，必要な費用または報酬額の範囲内で相当と認める額の支払を請求することができる（852条1項）。ただし，故意に少額の請求をして勝訴した場合は，支払請求は認められないと解すべきである。

　株主が敗訴した場合であっても，悪意があったときを除き，株主は会社に対し損害賠償責任を負わない（852条2項）。代表訴訟の制度を認める以上，過失の場合まで責任を負わせるのは酷となるからである。なお，代表訴訟において被告取締役などが勝訴した場合，応訴に要した費用は委任事務を処理するための費用として会社に求償できる（民650条1項）と解すべきである。

　取締役などの責任追及等の訴えの提起がされた場合において，原告と被告が共謀して訴訟の目的である会社の権利を害する目的をもって判決をさせたときは，会社または株主は，確定した終局判決に対し，再審の訴えを

もって，不服を申し立てることができる（853条1項）。なれ合い訴訟の弊害に対処できるようにするためである。株主が代表訴訟を提起したときは会社または他の株主が再審の訴えを提起できることになる。訴訟参加のほかに再審の訴えが認められるのは，代表訴訟の存在を知った者でも原告の訴訟追行を信頼して参加しないことがあるからである。再審の訴えが認められるのは，原告株主が故意に敗訴したり，故意に少額の請求をして勝訴したような場合である。

II 株主の違法行為差止請求

（1） 株主の違法行為差止請求の意義

6か月前から引き続き株式を有する株主は，取締役または執行役が会社の目的の範囲外の行為その他法令・定款に違反する行為をし，またはこれらの行為をするおそれがある場合において，その行為によって会社に著しい損害を生ずるおそれがあるとき，監査役設置会社・委員会設置会社では会社に回復できない損害を生ずるおそれがあるときは，その取締役または執行役に対し，その行為をやめることを請求できる（360条1項・422条1項）。6か月という期間は，定款で短縮できる（360条1項かっこ書・422条1項かっこ書）。公開会社でない会社では，保有期間の要件は課されない（360条2項・422条2項）。

取締役・執行役の法令・定款違反行為は，本来，会社が差し止めるべきで，監査役設置会社・委員会設置会社では，監査役・監査委員が差止めを請求できるとしている（385条1項・407条1項）。しかし，会社が差止請求を怠ることがある。そこで，個々の株主に差止めを請求する権利を認めたものである。会社による権利行使の懈怠に対する制度であるという点では，事前か事後かの違いはあるが，株主代表訴訟と同じである。

（2） 請求の方法と差止事由

差止請求は必ずしも訴えによる必要はなく，裁判外で請求できる。しかし，取締役・執行役がそれに応じて法令・定款違反行為を中止しないことがあるから，差止請求は，取締役・執行役を被告として会社のために差止めの訴えを本案とする，仮処分を求める方法（民保23条2項）によることが多い。この仮処分は，本案を実現する満足的仮処分である。

差止めが認められるのは，取締役・執行役の法令・定款違反行為によって，会社に著しい損害または回復できない損害が生ずるおそれがある場合である。監査役設置会社・委員会設置会社では，会社に回復できない損害が生ずるおそれとしている。これは，監査役設置会社・委員会設置会社では，著しい損害を生ずるおそれがあるときは監査役・監査委員が差止めを請求できること（385条1項・407条1項）からであろう。しかし，監査役・監査委員が差止請求を怠ることがあるから，著しい損害と回復できない損害を区別せず差止めを認めるべきである。

会社の目的の範囲外の行為は，定款に違反する行為の1例である。法令・定款に違反する募集株式の発行，自己株式の処分および新株予約権の発行については，別に会社に対する差止請求が認められている（210条1号・247条1号）。

差止めの対象となるのは，代表取締役・業務執行取締役・執行役の行為に限られ，取締役会の決議を差し止めることはできない。裁判例には，電力会社の代表取締役らを相手に，原子炉の運転継続を命ずるという業務執行行為が善管注意義務・忠実義務に違反することなどを理由に，その業務執行の差止めを請求し，さらに，それを本案として差止めの仮処分を申請した事案につき，代表取締役でない取締役については業務執行権を有しないことを理由に，代表取締役については資源エネルギー庁および原子力安全委員会の検討結果を信頼して原子炉の運転継続を命ずることは，特段の事情がないかぎり，善管注意義務・忠実義務に違反しないことを理由に，仮処分の申請を却下し，差止請求を棄却したものがある（東京電力福島第2原発運転差止請求事件・東京地決平成2・12・27判時1377号30頁，東京高判平成11・3・25判時1686号33頁）。

差止めを請求する訴えについて，訴訟参加，訴訟告知，株主への通知・公告，費用等の請求につきとくに規定はない。しかし，差止めの訴えも代表訴訟の1種であるから，代表訴訟の規定（849条・852条）を類推適用すべきである。

仮処分に違反して取締役・執行役が行為をした場合，会社に対する不作為義務違反となる。また，仮処分を無視しても行為の効力の影響がないとすると，仮処分は取締役の任意の履行を期待するものにすぎなくなり，ま

た，株主に差止請求権を認めた趣旨が没却されてしまう。仮処分が差止めの理由なしにされたことを明らかにしないかぎり，会社は，仮処分に違反する行為の無効を主張できると解してよいであろう。

III 検査役の選任

　検査役は，会社法が定めた場合に選任される臨時の機関である。検査役の資格は法定されてないが，弁護士・弁護士法人が選任されることが多い。
　検査役は，変態設立事項の調査（33条），募集株式発行の場合の現物出資の調査（207条），株主総会の招集手続・決議方法の調査（306条）のために選任されることがある。
　会社の業務執行に関し不正行為または法令・定款に違反する重大な事実があることを疑うに足りる事由があるときは，総株主の議決権の100分の3以上の議決権を有する株主または発行済株式の100分の3以上の株式を有する株主は，会社の業務・財産の状況を調査させるために，裁判所に，検査役の選任を申立てることができる（358条1項）。保有比率は定款で引き下げることができる（同項1号かっこ書・2号かっこ書）。
　この少数株主の請求にもとづく検査役の選任は，株主による取締役・執行役の責任追及の手段としての意義を有する。検査役選任の申立てがあった場合は，裁判所は，これを不適法として却下する場合を除き，検査役を選任しなければならない（358条2項）。
　検査役の選任が認められるためには，業務執行に関し不正行為または法令・定款に違反する重大な事実がなければならず，判例は，会社財産に影響を及ぼさない行為は選任事由に当たらないとしている（東京高決昭和40・4・27下民16巻4号770頁，仙台高秋田支決昭和54・1・12判タ387号139頁）。しかし，検査役選任請求権は，検査役の調査・報告により取締役の解任などの監督是正の手段をとることができるようにするために認められているのであるから，会社財産に直接影響を及ぼす行為に限定すべきではない。
　少数株主の請求にもとづき選任される検査役の調査対象は，会計の帳簿・資料に限定されない。検査役は，その職務を行うため必要があるときは子会社の業務・財産の状況も調査できる（358条4項）。検査役は，調査

の結果を裁判所に報告しなければならない（同条5項）。また，検査役は，会社および検査役の選任を申立てた株主に対し，調査の結果を記載した書面の交付または電磁的記録を提供しなければならない（同条7項）。

　裁判所は，検査役の報告があった場合に，必要があると認めるときは，取締役に対し，①一定の期間内に株主総会を招集すること，②検査役の調査の結果を株主に通知すること，の全部または一部を命じなければならない（359条1項）。株主総会を招集することを命じた場合は，取締役は，検査役の報告の内容をその総会において開示するとともに，検査役の報告の内容を調査し，その結果を総会に報告しなければならない（同条2項3項）。

　会社と検査役との関係は，準委任関係である。検査役の報酬は，裁判所が定めることができる（358条3項）。

第5章　募集株式の発行と新株予約権

第1節　募集株式の発行

I　募集株式発行の意義

　株式会社が事業活動を行うためには，資金を必要とする。株式会社は設立に際して株式を発行して資本金を形成するが，成立後の会社は，事業活動から得られる剰余金の留保などによって蓄積した内部資金を事業活動に用いる方法がある。しかし，内部資金だけでは事業の拡大に限界があるため，金融機関からの借入れ，募集株式の発行，社債の発行など外部から資金を調達する。

　募集株式の発行は，広くは，成立後の会社が発行可能株式総数のうち未発行部分の全部または一部につき新たに株式を発行する場合が含まれる。このうち，会社が新たな資金の調達を直接の目的としてするのが，通常の募集株式の発行である。通常の募集株式の発行では，新たな出資を受けて株式を発行するので，会社の資本金および資産の増加をもたらす。平成17年制定の会社法が「募集株式の発行等」の節で規定するものである。

　会社法は，募集株式の発行と自己株式の処分を併せて募集株式の発行等に統一している。市場売却が認められない，処分する自己株式の募集も「募集」に含まれるから（199条1項柱書），「募集」は，公募・縁故募集だけを意味するものではない。

　特殊な発行には，①取得請求権付株式・取得条項付株式・全部取得条項付種類株式の取得，②株式分割，③新株予約権の行使，④吸収合併，⑤吸収分割，⑥株式交換，における株式発行がある。これらの場合の多くは新たな出資を受けないので，会社資産が増加しないのが普通である。

　募集株式の発行によって調達した資金は会社の自己資本であり，会社の存続中は返済の必要はなく，剰余金が生じたときに分配すれば足りる。金

融機関からの借入金，買掛金および社債から成る他人資本と資本金・剰余金から成る自己資本で構成される総資本のうち，自己資本が占める割合を自己資本比率と呼ぶ。自己資本比率は会社の財務体質を測る基準とされ，一般に自己資本比率が高い会社ほど経営が安定しているといわれる。

II 募集株式発行の形態

（1） 株主割当て

既存の株主に募集株式の割当てを受ける権利を与えて募集株式を発行することを，株主割当てによる発行という。

募集株式を発行する際に，募集株式が既存の株主に割り当てられないと，既存株主の会社の発行済株式の中に占める持株比率が低下し，取締役の選任に関する支配権を失ったり，以前なら行使できた少数株主権を行使できなくなるなどの不利益を受ける。また，会社の利益にあずかる面でも不利益を受ける。さらに，非公開会社においては，既存株主の持株比率に変更をもたらす募集株式の発行は，株主相互の信頼関係をくつがえす可能性があり，しかも，証券市場などで株式を入手することにより持株比率を回復することはできない。株主割当ての場合，株主は，その持株数に応じて割当てを受ける権利を有するから（202条2項），株主割当てによると，支配面および経済面での不利益を受けない。

募集株式の発行に当たる新株の発行に際して，新株を優先して引き受けることができる権利を，新株引受権という。平成2年改正は，株式の譲渡制限を定めている会社の株主に法律上の新株引受権を認めていた（旧商280条ノ5ノ2第1項本文）。したがって，非公開会社では，株主割当以外の方法で発行することについて株主総会の特別決議がないかぎり，新株の発行は株主割当てによることにされていた（旧商280条ノ5ノ2第1項ただし書）。会社法では，株主割当てによるか否かは株主総会または取締役会の決議によることにしている（202条）。

新株引受権はそれ自体価値を有するから，新株発行決議において新株引受権を譲渡できると定めた場合は，新株引受権証券の交付により譲渡することができた（旧商280条ノ2第1項6号・280条ノ6ノ3第1項）。会社法は，新株引受権の譲渡は，新株予約権を無償で割り当て，新株予約権証券

を交付する制度に置き換えている（277条・255条）。

（2）第三者割当て

株主に募集株式を割り当てる権利を与えることなく，特定の者に募集株式を優先的に割り当てて募集株式を発行することを，第三者割当てによる発行という。株主が申込めば優先的に割当てを受けられる株主優先募入も，第三者割当てである。また，引受人を募集する場合でも，割当自由の原則を利用して特定の者にのみ募集株式を割り当てることにより，第三者割当てと同じ結果を得ることもできる。第三者割当ては，実際には，業務提携，株式持合いの形成，従業員持株制度の促進などのため，取引先，提携先，従業員などに割り当てる場合に行われることが多い。

第三者割当ては，業務提携などの目的を達成するため，時価以下の発行価額で行われることが多く，有利発行が問題となる。また，会社の支配権に変動を生じさせることがあり，後述（305頁）の不公正発行が問題となる。

（3）公　募

広く一般の投資家から引受人を募集して募集株式を発行することを公募による発行という。公募の場合，発行価額は，通常，市場の時価を基準に定められるので，時価発行とも呼ばれる。

公開会社が公募を行う場合には，一般に，証券会社に募集を委託する方法がとられ，発行会社は証券会社との間で引受契約を締結する。引受けの方法は，証券会社が発行会社の公募株式の全部または一部を自己名義で一括引受けしたうえ，これを募集株式の払込期日までに引受価額と同じ価額で一般投資家に売り出し，売れ残りの株式が生じたときは証券会社がそれを取得する，買取引受けという方法が最も利用される。

Ⅲ　募集株式発行の手続

（1）募集事項の決定機関

(a) **株主割当てによらない場合**　非公開会社では，募集事項の決定は，原則として株主総会の特別決議によらなければならない（199条2項・309条2項5号）。募集株式の払込金額が募集株式を引き受ける者にとくに有利な金額である有利発行の場合，取締役は株主総会において，とくに有利

な金額で引受人を募集することを必要とする理由を説明しなければならない（199条3項）。

　従来は，株式の譲渡制限会社が第三者割当てをすることについての特別決議（旧商280条ノ5ノ2第1項ただし書）と，株主以外の者に対して有利な発行価額で発行する場合の特別決議（旧商280条ノ2第2項）は別々に定められていた。そして，市場価格のない譲渡制限会社では有利発行であるかどうかの判断が難しいため，第三者割当てをする場合に両決議が必要となっていた。会社法は，両決議を一体化している。また，一体化されたため，払込金額も決議事項となり（199条1項2号。旧商280条ノ5ノ2第1項ただし書参照），株主には株主総会の目的事項があらかじめ通知されるので（298条1項2号・299条），募集事項の通知は不要となっている。

　募集株式の種類が譲渡制限株式であるときは，募集事項を決定する株主総会決議のほか，定款で決議を要しないと定めないかぎり，当該種類の種類株主による種類株主総会の特別決議を要する（199条4項本文・324条2項2号）。譲渡制限種類株主の持株比率の維持についての保護を図ったものである。

　非公開会社でも，株主総会の特別決議により，具体的な募集事項の決定を取締役，取締役会設置会社では取締役会に委任することができる（200条1項前段・309条2項5号）。その場合，委任にもとづいて決定することができる募集株式数の上限および払込金額の下限を定めなければならない（200条1項後段）。株主の利益を保護するために授権の範囲を制限したものである。払込金額の下限がとくに有利な金額である場合は，取締役に説明義務が課される（200条2項）。譲渡制限種類株主の種類株主総会の特別決議も要求される（200条4項本文）。また，株主総会の決議は，決議の日から1年以内の募集についてのみ効力を生ずる（200条3項）。

　公開会社では，有利発行の場合を除いて，募集事項の決定は取締役会の決議でできる（201条1項・199条3項）。そこで，公開会社では，発行可能株式総数（37条・113条）の枠内で取締役会の決議で募集株式の発行ができるという，授権資本制度は維持されている。

　公開会社が取締役会決議によって募集事項を決定したときは，払込期日または払込期間の初日の2週間前までに，株主に募集事項を通知しなけれ

ばならない (201条3項)。通知に代えて，公告によることも認められる (同条4項)。通知・公告は，抜打ち的に違法または不公正な募集株式の発行をすることを防止し，株主に募集株式発行差止めの請求 (210条) をするべきかの判断資料を与えるためである。

募集株式の募集の場合，募集株式の形式的な権利内容を知るだけでは，募集株式の投資価値を知ることはできない。そこで，証券取引法は，一般投資家を保護するために，原則として，発行価額または売出価額の総額が1億円以上で，50人以上の者に勧誘して募集株式を発行する場合に，募集株式の投資判断に必要な一定の情報を記載した有価証券届出書を内閣総理大臣に届け出なければならないとしている (証取2条3項1号・4条1項・5条1項，証取令1条の4)。そして，有価証券届出書が提出され15日を経過して届出書の効力が発生するまでは，募集株式を勧誘対象者に取得させることはできないとしている (証取15条1項・8条1項)。また，募集株式を取得させるに当たり，有価証券届出書とほぼ同一の内容を記載した目論見書を勧誘対象者に交付しなければならないとしている (証取15条2項)。上場会社の募集株式については，50人未満の者に勧誘する場合にも有価証券届出書の提出を要する (証取2条3項2号，証取令1条の7第1号)。また，上場会社が株主割当てにより募集株式を発行する場合，割当期日の25日前までに有価証券届出書を提出することを要する (証取4条3項)。

会社が募集事項について払込期日または払込期間の初日の2週間前までに，証券取引法4条1項または2項の有価証券届出書を提出している場合，または，証券取引法5条1項の届出書，23条の3第1項の発行登録書および23条の8第1項の発行登録追補書類，24条1項の有価証券報告書，24条の5第1項の半期報告書，24条の5第4項の臨時報告書の届出・提出がされている場合は，募集事項の通知・公告義務は課されない (201条5項，会社則40条)。

(b) 株主割当ての場合　　株主割当ての場合も，非公開会社では，募集事項の決定は原則として株主総会の特別決議によらなければならない (202条3項4号・309条2項5号)。公開会社では，取締役会の決議で決定できる (202条3項3号)。

従来は，株主割当ての場合は，株式の譲渡制限の有無にかかわらず，取

締役会の決議でできるものとしていた（旧商280条ノ2第1項9号）。会社法は，資力から引受けに応じられない既存の株主が不利益を受けることを考慮して，原則として株主総会決議を要求している。ただし，非公開会社でも，定款に定めることにより決定を取締役・取締役会がすることができる（202条3項1号2号）。

株主割当ての場合は，有利発行であるかによって決定機関は異ならない（202条5項）。したがって，公開会社では，有利発行の場合でも取締役会の決議で決定できる。また，非公開会社でも，種類株主総会の決議は不要である（202条5項）。ただし，ある種類の株式を募集する場合に，当該種類の種類株主に損害を及ぼすおそれがあるときは，種類株主総会の決議が必要となる（322条1項4号）。

（2） 有利発行

募集株式を株主割当てによらないで発行する場合，有利発行であれば，公開会社でも株主総会の特別決議を要する（201条1項・199条2項3項・309条2項5号）。特別決議を要求しているのは，有利発行の場合，既存株主の株式の経済的価値に影響を与えるからである。特別決議を要するのに特別決議を経ないと，法令違反として後述の募集株式発行差止めの理由となる（210条1号）

とくに有利な払込金額とは，一般に，公正な払込金額よりもとくに低い金額をいうが，市場価格のある株式の場合は，払込金額決定時の市場価格（時価）が原則として公正な払込金額である。市場価格のある株式の場合は，金額決定時の市場価格を基準として有利性を判断することになる。

しかし，公募の場合の時価発行でも，予定どおり資金を調達するため，払込金額（発行価額）を時価よりも低くすることが多い。払込期日または払込期間の初日の2週間前までに払込金額を通知・公告しなければならないため（201条3項・199条1項2号），申込期間中に株価が下落する可能性があること，および募集株式の発行が需給関係に影響を与え，株価を下げる原因となるからである。そして，最高裁は，新株（募集株式）を消化し資金調達の目的を達成することの見地からは，原則として発行価額を旧株の時価より多少引き下げる必要があり，この要請を無視できないとして，価額決定時に明らかな諸事項を考慮し，決定時の時価の約10％引きの価

額は，公正発行価額ということを妨げず，とくに有利な発行価額と同義の著しく不公正な発行価額（旧商280条ノ11第1項）に当たらないとしていた（最判昭和50・4・8民集29巻4号350頁）。しかし，有利発行につき総会の特別決議を要求しているのは既存株主の経済的利益を保護するためであるから，新株（募集株式）の消化可能性をあまり考慮すべきではない。もっとも，その後，発行価額を具体的金額で決定せず，決定時後である払込期日の10日ほど前の特定の日の市場終値に一定率を乗じた額を発行価額とする算式表示方式が導入されたこともあって，ディスカウント率は3％台まで縮小されている。さらに，平成13年改正は，市場価格のある株式を公正な価額で発行する場合は，取締役会では発行価額の決定方法のみを定め，その決定方法のみを公示すれば足りるものとし（旧商280条ノ2第5項・280条ノ3ノ2かっこ書），公正な価額による払込みを実現するために適当な払込金額の決定方法を定めることができるとする，会社法に引き継がれている（201条2項）。その決定方法は，一般には，証券会社が機関投資家などに対する需要状況調査を行い決定する，ブック・ビルディング方式による（日本証券業協会「有価証券の引受けに関する規則」7条の2参照）。

　市場価格のある株式の場合は，公正な払込金額は市場価格を基準に有利性を判断するが，第三者割当ての場合は，必ずしも金額決定時の市場価格が基準とされるわけではない。

　裁判例には，企業提携を目的として第三者割当てがされた場合に，発行価額（払込金額）決定時の市場価格の半額以下であっても著しく不公正な発行価額ではないとしたものがある（東京高判昭和48・7・27判時715号100頁）。また，特定の者の株式買占めにより株式の市場価格が高騰した場合に，投機の対象となって形成された株価は公正な価額を決定するうえで基準となりえないとして，決定時の株価を基準とせず，高騰前6か月平均の株価をもとに算出した発行価額は有利発行に当たらないとするものがある（大阪地決昭和62・11・18判時1290号144頁）。

　他方，株式買占めにより株式の市場価格が高騰した場合でも，株式が市場においてきわめて異常な程度まで投機の対象とされ，その市場価格が企業の客観的価値よりもはるかに高騰し，しかも，株式市場における一時的

現象にとどまる場合に限って，市場価格を公正な発行価額の算定基礎から排除できるとして，決定時の市場価格にはるかに乖離する発行価額を有利発行になるとするものがある（忠実屋・いなげや事件・東京地決平成元・7・25 判時 1317 号 28 頁など）。

異常な投機の対象となった場合，株価は会社の企業価値・株主価値と大きく乖離する。企業価値・株式価値と乖離する一時的な時価についての既存株主の利益は保護する必要はない。しかし，対象会社の経営を目指して株式の買占めがされている場合は，株価の高騰には株主価値・支配価値も反映しているといえる。この場合は，市場価格は排除できない（青竹正一「新株予約権の有利発行と不公正発行㊤──ニッポン放送事件決定の検討」判評 560 号（判時 1900 号）13 頁）。

最近の裁判例には，有利発行かどうかについて，「発行価額は，当該増資にかかる取締役会決議の直前日の価格に 0.9 を乗じた価額であること。ただし，直前日までの価格または売買高の状況等を勘案し，当該決議の日から発行価額を決定するために適当な期間（最長 6 か月）をさかのぼった日から当該決議の直前日までの間の平均価格に 0.9 を乗じた額以上の額にすることができる」という，証券業協会の自主ルールに沿っているかで判断するものがある（宮入バルブ事件・東京地決平成 16・6・1 判時 1873 号 159 頁，ニッポン放送事件・東京地決平成 17・3・11 判タ 1173 号 143 頁）。自主ルールに沿って判断する場合は，株価が高騰しているときの適当な期間の選択が重要になる。公正な払込金額（発行価額）の算定基準は公募と第三者割当とで区別する理由はないから，自主ルールのディスカウント率 10％を基準に有利発行がどうかを判断することは疑問である（青竹・前掲 13 頁）。

市場価格のない株式の場合は，理論上の株価を基準とするほかない。一般に，1 株当たりの予想配当額ないし収益額，1 株当たりの会社資産額のほか，業種，資本金構成などが類似する会社の株式で相場のあるものの価格を基準に算定する方法がある。

（3） 決定事項

株主総会・取締役・取締役会で決定する募集事項は，会社法 199 条 1 項に定められている。募集事項は，募集ごとに均等に定めなければならない

（199条5項）。

①　募集株式の数，種類株式発行会社では募集株式の種類および数（1号）　募集しようとする株式の数は，発行可能株式総数の範囲内でなければならない。公開会社では，会社設立時に少なくとも発行可能株式総数の4分の1を発行しなければならないので（37条3項本文），発行可能株式数はその残部である。定款の変更により発行可能株式総数を増加することができるが，発行済株式総数の4倍までに制限されている（113条3項本文）。取締役・取締役会に過大な発行権限を認めると，募集株式の発行により既存株主の持株比率を低下させ，現経営者または特定の株主の支配権の維持・確保を図るために利用されるおそれがあるからである。ただし，最高裁は，決定済みの新株（募集株式）発行の効力発生を条件として，新株発行後の発行済株式総数を基準として発行可能株式総数を4倍まで増加する定款変更も認められるとしている（最判昭和37・3・8民集16巻3号473頁）。

発行済株式総数の4倍までしか増加できないという制約は，非公開会社には適用されない（113条3項ただし書）。非公開会社では，募集事項の決定は原則として株主総会決議によるからである。

1回の募集決議において募集する種類株式は1種類に限定される。「種類ごと」ではなく，募集株式の種類および数とされているからである。

②　募集株式の払込金額またはその算定方法（2号）　払込金額は，募集株式1株と引換えに払い込む金銭または給付する金銭以外の財産の額である（199条1項2号かっこ書）。従来の発行価額は，払込金額に置き換えられている。実際に払い込む金額が募集事項に定めた払込金額を上回ることは差支えない。公開会社においては，市場価格のある株式の引受人を募集するときは，取締役会決議で払込金額を具体的に定めないで，公正な価額による払込みを実現するために適当な払込金額の決定方法を定めることができる（201条2項）。実務では，前述のように，ブック・ビルディング方式が多く用いられている。

③　金銭以外の財産を出資の目的とするときは，その旨ならびにその財産の内容および価額（3号）　会社を債務者とする金銭債権を現物出資の目的とする財産とすることも認められる。業績が悪化した会社の再建な

どのために用いられるもので，デット・エクイティ・スワップと呼ばれる。募集株式の発行に際しては，現物出資者の資格に制限はない。

④　金銭の払込みまたは現物出資財産の給付の期日またはその期間（4号）　会社法では，払込期日に代えて，払込期間または給付期間を定めることも認められている。期間を定めた場合は，その期間中に払込みまたは給付を行った日に株主となる（209条2号）。

⑤　増加する資本金および資本準備金に関する事項（5号）

そのほか，株主割当ての場合は，募集事項以外に，株主に募集株式の引受けの申込みをすることにより募集株式の割当てを受ける権利を与える旨，および，募集株式の引受けの申込期日を決定しなければならない（202条1項）。種類株式発行会社では，当該株主の有する種類株式と同一の種類のものの割当てを受ける権利のみが与えられる（同項1号かっこ書）。

会社自身は募集株式の割当てを受ける権利を有しない（202条2項本文かっこ書）。また，割当てを受ける募集株式の数に1株に満たない端数があるときは，切り捨てられる（同項ただし書）。

株主割当の場合に，会社は，募集事項などを決定したときは，株主に申込みをするか否かを判断させるために，申込期日の2週間前までに，株主に，募集事項，その株主が割当てを受ける募集株式の数，申込期日を通知しなければならない（202条4項）。割当ての通知である。

（4）　募集株式の割当て

会社法は，募集株式における募集事項の決定と募集株式の割当ての事項を分けて規定している。

株主割当てによらない場合は，会社は，募集に応じて募集株式の引受けの申込みをしようとする者に対し，会社の商号，募集事項，金銭の払込みをすべきときは払込みの取扱いの場所，発行可能株式総数，発行する全部の株式の内容として譲渡による取得につき会社の承認を要することを定めているときは株式の内容，種類株式を発行できることとしているときは種類株式の内容，単元株式の定めがあるときは単元株式数，株主名簿管理人を置く定めがあるときはその氏名・名称および住所ならびに営業所，などを通知しなければならない（203条1項，会社則41条）。この通知は，通知事項を記載した証券取引法2条10項に規定する目論見書を申込みをしよ

うとする者に交付している場合，目論見書に記載すべき事項を電磁的方法により提供している場合は，省略できる（203条4項，会社則42条）。

引受けの申込みをする者は，申込者の氏名・名称および住所，引き受けようとする募集株式の数を，書面または電磁的方法で，会社に交付・提供しなければならない（203条2項3項）。

会社は，申込者の中から割当てを受ける者を自由に定めることができるが，募集株式が譲渡制限株式である場合は，割当てを受ける者，およびその者に割り当てる株式数を，取締役会を設置していない会社では株主総会の特別決議，取締役会設置会社では取締役会決議で定めなければならない（204条1項前段・2項本文・309条2項5号）。ただし，定款で別段の定めをすることができる（204条2項ただし書）。

会社は，払込期日，払込期間を定めた場合はその期間の初日の前日までに，申込者に対し，その申込者に割り当てる株式数を通知しなければならない（204条3項）。

募集株式の申込みおよび割当てに関する規定は，募集株式を引き受けようとする者がその総数の引受けを行う契約を締結する場合には，適用されない（205条）。1人の者が総数を引き受けるか，複数の者が総数を引き受けるかによって異ならない。

株主に株式の割当てを受ける権利を与えた場合に，株主が申込期日までに申込みをしなかったときは，その株主は募集株式の割当てを受ける権利を失う（204条4項）。従来は失権株式の再募集に関する規定があったが（旧商280条ノ3ノ3第2項），会社法には規定がない。したがって，再募集は認められず，新たに第三者を引受人とする募集の手続が必要となる。

募集設立の株式引受けの場合と同じく，心裡留保による株式の引受けは引受人が悪意の場合も有効とされ，虚偽表示による引受けも有効とされる（211条1項）。また，募集株式の引受人は，株主となった日から1年を経過した後，またはその株式について権利を行使した後は，錯誤を理由に株式の引受けの無効を主張し，または詐欺もしくは強迫を理由に株式の引受けの取消しをすることはできない（同条2項）。

（5） 現物出資の調査

会社は，募集事項の決定後，遅滞なく，現物出資財産の価額を調査させ

るため，裁判所に検査役の選任の申立てをしなければならない（207条1項）。

　少額であること，あるいは評価の適正性に問題が生じないことから，検査役の調査を要しない場合を認めている（207条9項）。①現物出資者に割り当てる株式の総数が発行済株式総数の10分の1を超えない場合，②出資財産の価額の総数が500万円を超えない場合，③出資財産が市場価格のある有価証券であって，募集事項に定めた価額が有価証券の市場価格として法務省令で定める方法（会社則43条参照）により算定されるものを超えない場合，④出資財産について募集事項に定めた価額が相当であることについて弁護士・弁護士法人，公認会計士・監査法人または税理士・税理士法人の証明を受けた場合，出資財産が不動産であるときは不動産鑑定士の鑑定評価を受けた場合，⑤出資財産が会社に対する弁済期が到来している金銭債権であって，その金銭債権について募集事項に定められた価額がその金銭債権にかかる負債の帳簿価額を超えない場合，である（207条9項1号〜5号）。

　②③④は，設立の際の現物出資の場合にも認められているものである（33条10項1号〜3号）。⑤は，会社法において認められたものである。デット・エクイティ・スワップを容易にすること，および，履行期が到来したものを帳簿価額以下で出資する場合は適正性に問題がないことからである。債権が架空のものであれば，既存株主に不利益を及ぼすので，募集株式の発行による変更登記の申請書には，債権の存在を証する会計帳簿が登記の添付書類となっている（商登56条3号ニ）。

　裁判所は，検査役の報告により現物出資が不当と認めたときは，これを変更する決定をしなければならない（207条7項）。現物出資者は，現物出資財産の全部または一部が変更された場合には，その決定の確定後1週間以内に限り，その募集株式の引受けの申込みまたは総額引受けの申込みにかかる意思表示を取り消すことができる（207条8項）。

（6）出資の履行

　募集株式の引受人は，払込期日までにまたは払込期間内に，会社が定めた銀行等の払込みの取扱いの場所において，各募集株式の払込金額の全額を払い込まなければならない（208条1項）。

実際上は，会社は申込みの際に払込金額と同額の申込証拠金を払い込ませ，払込期日に払込みに充当するのが通例である。失権株式の確定が遅れ，募集株式の発行手続が遅滞することになるからである。最高裁は，株主割当ての場合に，資金計画を予定どおり達成するため，株主が新株引受権を行使する条件として申込みの際に払込金額と同額の申込証拠金を添えることを要求することは，不合理といえず，また，払込期日に払込金に充当されるまでの期間中に利息をつけないことにしても，その期間が短かく，かつ株主に通知されているから，いずれも違法ではないとしている（最判昭和 45・11・12 民集 24 巻 12 号 1901 頁）。

募集株式の払込みについては，払込取扱金融機関の払込金保管証明の制度（旧商 280 条ノ 14 第 1 項・189 条）は廃止されている。

現物出資者は，財産の給付期日までにまたは給付期間内に，各募集株式の払込金額の全額に相当する現物出資財産を給付しなければならない（208 条 2 項）。

募集株式の引受人は，払込みまたは給付をする債務と会社に対する債権を相殺することはできない（208 条 3 項）。したがって，会社からの相殺は禁止されない。

募集株式発行の場合にも，見せ金による払込みがされることがある（アイデン事件・最決平成 3・2・28 刑集 45 巻 2 号 77 頁参照）。また，募集株式発行の場合の払込みの仮装は，会社の自己資金によってもされている。判例は，役員・従業員を名義上の引受人とし，会社の預金をこれらの者に融資して払い込ませたという事案で，払込みが増資会社自身の資金でされたときは，形式的な払込手続があるにもかかわらず，会社の資本は増資によってなんら実質的に増加しないから，預合いや見せ金の場合と同様，仮装の払込みにほかならないとし，仮装払込みであるか否かは，会社資本の充実があるか否かにより決められるべきものとしている（東京高判昭和 48・1・17 高民 26 巻 1 号 1 頁）。会社資金による払込みの場合は，募集株式発行時に全く会社の資産は増加しないから，払込みは無効といわなければならないが，引受人が第三者である場合は，会社が融資した引受人の弁済能力いかんによって払込みの効力を判断すべきことになる（青竹・新展開 350 頁）。

出資の履行をすることにより募集株式の株主となる権利の譲渡は，会社

に対抗することができない（208条4項）。

募集株式の引受人は，出資を履行しないときは，募集株式の株主となる権利を失う（208条5項）。

（7） 株主となる時期

募集株式の引受人が株主となる時期は，払込期日または給付期日を定めた場合は，払込期日・給付期日である（209条1号）。払込期間または給付期間を定めた場合は，出資を履行した日である（同条2号）。

募集株式発行の効力が生じたときは，会社の発行済株式総数，資本金の額に変更が生ずるので，会社は，本店所在地において変更の登記をしなければならない（911条3項5号・9号・915条1項）。払込期間・給付期間を定めた場合は，登記は期間の末日から2週間以内に行えばよい（915条2項）。

Ⅳ　違法・不公正な募集株式発行の是正と責任

（1） 募集株式発行の差止め

(a) 差止事由　　会社法210条は，募集株式の発行が法令・定款に違反する場合，および，募集株式の発行が著しく不公正な方法により行われる場合において，株主が不利益を受けるおそれがあるときは，株主は，会社に対し，募集株式の発行をやめることを請求できるとしている。

募集株式発行の差止請求は，事前の救済措置であり，募集株式発行の効力が生ずる前に請求しなければならない。また，この差止請求は，取締役の違法行為の差止請求（360条）と異なり，会社に損害を生ずるおそれがなくても請求できるが，株主に直接の不利益が生ずるおそれがなければならない。

差止請求のうち，法令・定款に違反する場合は制限的に解する必要はない。会社が差止請求あるいは差止めの仮処分に応じて募集株式発行手続を中止した場合，法令・定款に違反する事項を是正して株式を発行すればよいからである。

法令・定款違反の例としては，定款所定の発行可能株式総数（37条1項）を超える発行，定款に定めのある種類（108条1項2項）以外の種類株式の発行，株主総会の適法な特別決議（199条2項・200条1項・201条1項

前段・202条3項4号）を欠く発行，取締役会の適法な決議（201条1項・202条3項3号）を欠く発行，株主割当ての場合の割当ての通知（202条4項）を欠く発行，公開会社における募集事項の通知・公告（201条3項4項）を欠く発行などがある。

(b) 不公正発行　差止事由のうち，著しく不公正な方法による募集株式の発行とは，一般に，不当な目的を達成する手段として募集株式を発行する場合をいう。

非公開会社・同族会社では，会社の支配をめぐり現経営者と株主に対立があるときに，募集株式を現経営者またはその縁故者・関係者に多数割当てて持株比率を引き上げ，支配権の維持・強化を図ろうとすることが多い。

最高裁は，原告らと代表取締役との間で会社の支配権をめぐって一族を2分する紛争が表面化し，原告らが代表取締役の退陣を求める状況に差しかかっていたときに，代表取締役が株主総会における自己の支配権を確立するために新株（募集株式）を発行し，新株を代表取締役およびその意を受けた第三者が引き受けたことを認めて，不公正発行に当たるとしている（最判平成9・1・28民集51巻1号71頁）。また，最高裁は，会社の発行済株式総数からすると多数の新株（募集株式）を発行することを決議して，新株を代表取締役に割り当て，その結果，原告らの持株は過半数を割り込み，他方，代表取締役の持株が過半数を上回ることになって，会社に対する支配権が逆転すること，新株発行当時，資金を緊急に調達する必要があったとはいえないことなどを認めて，不公正発行に当たるとしている（最判平成10・7・17判時1653号143頁）。

株主割当てによらない場合，募集株式の申込みがあれば誰に割り当てるかは，業務執行者により，または株主総会・取締役会の決議で定めることができる（204条1項前段・2項本文）。しかし，現経営者が自己の支配権を維持・強化するために，現経営者側だけに多数の募集株式を割り当てることは，募集株式発行の本来の目的からはずれた権限の濫用であって，不当な目的を達成する手段として募集株式を発行する場合といわなければならない。非上場会社を含めた非公開会社においては，会社に資金調達の必要性があったかどうかはとくに問題としなくてよい。非公開会社では，株式を入手して持株比率を維持することは難しいうえ，持株比率を侵害される

と，株主は支配権を失うだけでなく株主としての経済的利益も失うおそれがあり，持株比率の維持が重要となるからである。

　不公正発行に当たるかどうかで最近問題とされることが多いのは，上場会社において，会社の支配権をめぐり現経営者と株主あるいは株主間に争いがある時に，第三者割当てにより募集株式の発行が行われる場合である。

　裁判例の多くは，主要目的ルールによって不公正発行に当たるかを判断している。取締役会が新株（募集株式）発行を決定した種々の動機のうち，特定の株主の持株比率を低下させ，現経営者の支配権を維持するなどの不当な目的を達成するという動機が他の動機よりも優越し，それが主要な主観的要素であると認められる場合に差止めを認めるものである。しかし，主要目的ルールを採用する裁判例は，資金調達の必要性が認められれば，たとえ不当な目的が存在したとしても不公正発行に当たらないとしている（大阪地堺支判昭和48・11・29判時731号85頁，大阪地決昭和62・11・18判時1290号144頁，東京地決平成元・9・5判時1323号48頁，東京高決平成16・8・4金判1201号4頁など）。ただし，差止めを認めたものがあるが，株式の買占めにあった2社が相互に第三者割当てを行い，資金調達目的が希薄な事案（忠実屋・いなげや事件・東京地決平成元・7・25判時1317号28頁），および，資金調達目的の前提とする新規事業計画が机上のものにすぎない事案である（ネミック・ラムダ事件・東京地判平成10・6・11資料版商事173号192頁）。

　これに対し，最近の裁判例には，「会社の経営支配権に現に争いが生じている場面において，取締役会が，支配権を争う特定の株主の持株比率を低下させ，現経営者又はこれを支持して事実上の影響力を及ぼしている特定の株主の経営支配権を維持・確保することを主要な目的として新株等を発行することまで，これを取締役会の一般的権限である経営判断事項として無制限に認めているものではない」と判示し，被選任者である取締役に選任者である株主構成の変更を目的とする新株等の発行することを一般的に許容することは，商法が機関権限の分配を定めた法意に明らかに反するもので，誰を経営者としてどのような事業方針で会社を経営させるかは，株主総会において取締役選任を通じて株主が資本多数決によって決すべき問題であるというものがある（ニッポン放送事件・東京高決平成17・3・23

判時1899号56頁)。

　上記の決定は，取締役が株主の支配関係上の争いに介入する目的で新株（募集株式）を発行するときは，それが企業経営上合理的であるとしても，不公正発行になるとする，いわゆる会社機関の権限分配秩序説に依拠したものである。上記の決定は支持されてよい。取締役会の決議で募集株式の発行を可能にする制度は，取締役会に対し，募集株式の発行により株主の持株比率が低下するのを利用して，株主間の争いに直接に影響を与える権限まで認めたものと見ることはできないからである（青竹正一「新株予約権の有利発行と不公正発行(下)―ニッポン放送事件決定の検討」判評561号（判時1903号）12頁）。

　会社の経営支配権に現に争いが生じている時に，現経営者またはこれを支持し影響力を及ぼしている特定の株主の支配権を維持・確保することを目的として募集株式を発行することは，原則として，不公正発行になると解すべきである。資金調達の必要性は，支配権の争いが生じている時には，第三者割当てを正当化する事由とはならない。第三者割当てを正当化する例外的事由は，「著しく」不公正でないことの事由と見るべきであるが（青竹・新展開249頁，268頁），支配権に争いが生じている時の第三者割当て，敵対的企業買収の防衛策としての第三者割当ての場合の例外的事由は，買収者が支配権を取得すると会社に回復しがたい損害を及ぼすことが明らかな場合に限られる。

　(c)　請求の方法　募集株式発行の差止請求の方法についてはとくに定めがないから，株主は裁判外でも請求できる。しかし，会社がこれに応じて募集株式発行の手続の中止することはあまり考えられない。そこで，会社を相手に発行差止めの訴えを提起せざるをえないが，差止判決を得るまでに会社が募集株式を発行してしまうと，差止めができなくなってしまう。そこで，差止請求は，募集株式発行差止めの訴えを本案とする募集株式発行差止めの仮処分を求める方法によるのが通常である。この仮処分は，仮の地位を定める仮処分（民保23条2項）の1つであり，仮処分債権者には本案訴訟において勝訴したときと同じ地位が与えられるので，いわゆる満足的仮処分である。

(2) 募集株式発行の無効と不存在

(a) 募集株式発行無効の訴え　会社成立後の募集株式の発行がいったん効力が生じても，株式の発行に瑕疵がある場合は，募集株式発行の効力が問題となる。しかし，その無効を一般原則によって処理することは妥当でないため，会社法は，会社の組織に関する訴えの1つとして，募集株式発行の無効の訴えの制度を設けている（828条1項2号）。

(b) 無効原因　会社法は，無効原因について何も規定していない。そこで，募集株式発行のいかなる瑕疵が無効原因になるかは，募集株式発行に当たり遵守すべき法令・定款の趣旨より判断するほかない。募集株式発行の差止事由となる法令・定款違反と異なり，無効原因となる法令・定款違反は制限的に解さざるをえない。有効性を信頼して募集株式を引き受けた者や募集株式を譲り受けた者などの利益も考慮しなければならないからである。

法令・定款に違反する募集株式発行のうち，定款所定の発行株式総数（37条1項）を超える発行，定款に定めのある種類（108条1項2項）以外の種類株式の発行は重大な法令・定款違反であり，無効原因となる。また，株主割当ての場合の割当ての通知（202条4項）を欠くことも，株主が募集株式の割当てを受ける権利を行使する機会が奪われるから，無効原因になると解すべきである。同旨の判例もある（東京高判平成6・2・24金判956号20頁，東京高判平成12・8・7判タ1042号234頁）。

募集株式発行の無効原因になるかについて問題とされることが多いのは，つぎの場合である。

① 取締役会の決議を欠く発行　最高裁は，取締役会の適法な決議（旧商280条ノ2第1項）を欠く発行について，授権資本制の採用によって新株（募集株式）の発行権限が取締役会に委ねられているなどの点から，新株発行はむしろ業務執行に準ずるものであること，および，取締役会決議は会社内部の意思決定であって，株式申込人には決議の存否は容易に知ることができないことから，会社を代表する権限のある取締役が新株を発行した以上，有効であるとしている（最判昭和36・3・31民集15巻3号645頁）。そして，取締役会の適法な決議を欠いても有効であることは，その後の最高裁判例に踏襲されている（最判平成6・7・14判時1512号178頁）。

取締役会の適法な決議を欠く募集株式発行は無効原因にならないとする最高裁の立場は，決議は募集株式発行の内部的事項であって，株式の引受人および譲受人の保護の必要性から，支持してよい。

② **株主総会の特別決議を欠く発行**　最高裁は，株主総会の特別決議を欠く第三者に存する有利発行（旧商280条ノ2第2項）についても，①の場合と同様の理由で，無効原因にならないとしている（最判昭和40・10・8民集19巻7号1745頁，最判昭和46・7・16判時641号97頁）。

平成17年制定の会社法は，非公開会社の株主に法律上の新株引受権を認めない代わり，非公開会社が株主割当によらないで募集株式を発行する場合，株主総会の特別決議を要求している（199条2項・309条2項5号）。また，非公開会社では，株主割当ての場合でも，既存株主が不利益を受けることを考慮して，定款に別段の定めをしないかぎり，株主総会の特別決議を要求している（202条3項4号・309条2項5号）。非公開会社において株主総会の適法な特別決議を欠くことは，既存株主の利益に重大な影響を与えるから，無効原因になると解すべきである。

③ **募集事項の通知・公告を欠く発行**　最高裁は，新株発行事項の通知・公告（旧商280条ノ3ノ2）を欠く発行については，株主が新株発行差止請求権を行使する機会を保障することを目的として会社に義務づけたものであるから，通知・公告を欠くことは，新株発行差止請求をしたとしても差止めの事由がないためにこれが許容されないと認められる場合でないかぎり，無効原因になるとしている（最判平成9・1・28民集51巻1号71頁，最判平成10・7・17判時1653号143頁）。いわゆる折衷説の立場である。

これに対し，学説では，取引の安全を考慮しなければならないから，通知・公告義務違反は無効原因にならないとする有力説がある（河本・301頁）。また，折衷説をとると，会社が差止事由がないと考えると通知・公告を怠ることになってしまい，通知・公告が有名無実になってしまうこと，および，新株発行の無効の制限は，新株発行の無効が発行の日より一定期間内に訴えをもってのみ主張できる特別の制度で埋め合わせされていることを理由に，通知・公告を欠くことは差止事由の有無にかかわらず無効原因になるとする見解がある（田中誠・下976頁）。

新株発行事項の通知・公告に当たる募集事項の通知・公告（201条3項

4項)を欠く場合は，株主は事前の救済措置である差止請求権を行使する機会を奪われる可能性は高い。また，差止事由として固有な不公正発行については，公示を欠くことにより差止めの機会を奪われる株主の不利益は，募集株式発行の無効を認めなければ償われないおそれがある。有利発行につき総会の特別決議を欠く場合などと異なり，取締役の損害賠償責任を追及することは難しい。不公正発行による株主の支配面での不利益は，後述(318頁)のように，損害額を算定して賠償が認められる場合はあるが，かなり限定されるからである。したがって，募集株式発行を無効とする余地は認めるべきである。他方，通知・公告を欠いても，そのほかに法令・定款違反がなくまた不公正発行ではなく，別に差止事由がない場合は，株主の利益は実質的に害されたことにならない。最高裁の立場は支持されてよい。折衷説によると，差止事由がないことの立証責任は会社側にあることになる。差止事由がないことを立証しないかぎり無効原因になるとすると，折衷説によっても，会社の通知・公告懈怠を誘発することにならない。また，無効の制限は特別の制度で埋め合わされていることをいうと，株式の引受人・譲受人の利益も考慮しなければならない募集株式発行において，法令・定款違反のすべてが無効原因となりかねない。折衷説に対する批判は当たっていないといえる（以上につき，青竹・新展開205頁以下，233頁以下参照）。

④　差止めの仮処分を無視する発行　最高裁は，新株（募集株式）発行差止めの仮処分を無視する発行について，差止めの仮処分に違反したことが新株発行の効力に影響がないとすれば，株主の利益を保護するために差止請求権を株主の権利としてとくに認め，しかも，通知・公告により差止めの仮処分を得る機会を株主に与えることによって差止請求権の実効性を確保しようとした法の趣旨が没却されてしまうことになるとして，仮処分違反は無効原因になるとしている（最判平成5・12・16民集47巻10号5423頁）。

学説では，新株（募集株式）発行差止めの仮処分は株主と会社との間においてのみ効力を生ずるだけで，会社の発行権限を対世的に制約するものでないこと，あるいは，差止請求によって保護される株主の個人的利益をもって広く株式を取得する第三者の利益を無視することはできないとして，

仮処分を無視する新株発行は無効原因にならないとする見解がある（石井・下58頁，竹内昭夫「新株発行差止めの仮処分」竹内ほか・演習商法（有斐閣，1984）194頁）。

　差止めの仮処分は仮処分債権者である株主との関係で会社に不作為義務を負わせるものである。しかし，差止事由について裁判所の判断が示されているのに，裁判を無視しても募集株式発行の効力に影響がないとすると，株主に差止請求権を認めたことの意味はなくなってしまう。また，不公正発行を理由とする仮処分を無視した場合は，取締役の損害賠償責任によって償うことは難しい。仮処分無視についても，募集株式発行を無効とする余地を認めるべきである。ただし，仮処分の裁判は，口頭弁論を開かずに行うことができ（民保23条4項ただし書），また，証明を必要とせず疎明で足りる（民保13条2項）。しかも，差止めの仮処分があっても，それは，本案確定までの仮の関係を定めるものであって，差止事由があることを最終的に確定するものではない。そこで，実体法上差止めの事由がないことになれば無効原因にならなくなると解すべきである（青竹・課題と展開187頁）。最高裁の立場は，同じ株主の差止請求権の保障を理由とする③の場合と整合しない。④の場合も折衷説をとるべきである。

　⑤　不公正発行　　不公正発行自体が無効原因になるかについては，最高裁は，新株（募集株式）発行は会社の業務執行に準じて取り扱われるものであるから，会社を代表する権限のある取締役が新株を発行した以上，著しく不公正な方法により発行されるものであっても有効とし，また，新株発行が会社と取引関係に立つ第三者を含めて広い範囲の法律関係に影響を及ぼす可能性があり，効力を画一的に判断する必要があるから，発行を計画した取締役がその株式を引き受けて現に保有し，発行会社が小規模な非公開会社であるなどの事情があっても有効であるとしている（最判平成6・7・14判時1512号178頁）。そして，不公正発行自体は無効原因にならないとする立場は，その後の最高裁判例に踏襲されている（最判平成6・7・18最判集民172号967頁，最判平成9・1・28民集51巻1号71頁）。

　学説では，新株発行事項の通知・公告を欠くこと，差止めの仮処分を無視することを無効原因とせず，従来の株主を保護するため，不公正発行自体を無効原因とすべきとする見解がある（北沢・544頁）。また，もっぱら

不公正発行を無効原因とするかは別として，不公正発行は無効原因になるとする見解がある（鈴木竹雄「新株発行の差止と無効」商法研究Ⅲ（有斐閣，1971）223～224頁，鈴木＝竹内・428頁，龍田・189頁）。ただし，不公正発行は無効原因になるとする学説の多くは，取引の安全を考慮して，株式が不公正発行であることを知っている引受人または譲受人にとどまっている場合に限って無効になると解したり，株式が関係者である引受人の手を離れると無効原因は治癒されると解している（鈴木・前掲233頁，北沢・545頁）。

不公正発行は，募集株式発行の差止めの事由となる。また，募集事項の通知・公告を欠く発行，差止めの仮処分を無視した発行は募集株式発行の無効原因になるから，不公正発行を無効原因にしなければ株主の救済は不十分とは必ずしもいえない。さらに，もっぱら不公正発行を無効原因にすると，無効の訴えにおいて，株主は，募集株式が不当な目的を達成する手段として発行されたこと以外についても立証しなければならなくなる難点がある。前述（306頁）のように，会社の支配をめぐり争いがある時に募集株式を第三者に割り当てる場合，裁判例の多くは，他の動機とどちらが優越しているかという主要目的をとっている。したがって，裁判例の基準によると，株主は，会社に資金調達目的がないことまで立証しなければならなくなる可能性があるからである。これに対し，通知・公告義務違反，仮処分違反についての折衷説では，株主は，通知・公告がないこと，仮処分を無視したことを立証すればよい。不公正発行ではなく，通知・公告義務違反，仮処分違反を直接の無効原因とすべきである。

多数の者が引き受け，流通する可能性がある募集株式発行において，引受人または譲受人の個別的な善意・悪意を判断して効力を決定するのでは，募集株式発行の一体性を害することになる。募集株式発行の効力については，取締役会の承認のない取締役の利益相反取引の効力についての相対無効のような扱い（224頁）を認めるのは適切ではない。

(c) 無効の訴えの手続と判決の効果　募集株式発行の無効は，非公開会社では，発行の効力が生じた日すなわち払込期日・給付期日または出資の履行をした日から1年以内，公開会社では6か月以内に，訴えをもってのみ主張できる（828条1項2号）。訴えを提起できる者は，株主・取締役

または清算人，監査役設置会社ではそのほかに監査役，委員会設置会社ではそのほかに執行役に限られる（828条2項2号）。いずれも，募集株式発行に伴う法律関係を早期に確定する必要があるためである。被告は，会社である（834条2号）。

最高裁は，提訴期間経過後に新たな無効原因を追加主張することを認めていない（最判平成6・7・18裁判集民172号967頁）。ただし，最高裁は，期間経過後に新株（募集株式）発行差止めの訴えを新株（募集株式）発行無効の訴えに変更した場合に，訴え変更後の新請求にかかる訴えを当初の訴え提起時に提起されたものと同視できる特段の事情があるときは，出訴期間が遵守されたものと取扱うことができるとし，新株発行差止めの訴えの提起により，仮処分命令に違反して新株が発行された場合には新株発行の効力を争い，仮処分命令違反をその理由とする意思も表明していると認められるから，特段の事情があるとしている（最判平成5・12・16民集47巻10号5423頁）。しかし，特段の事情があるというには，会社が募集株式を秘密裡に発行して提訴期間が過ぎてしまったという事情を問題とすべきである（青竹・課題と展開201頁）。

募集株式発行を無効とする判決が確定すると，その判決は，訴訟当事者以外の第三者に対しても効力を生ずる（838条）。募集株式発行の効力を確一的に確定する必要があるためである。無効とする判決が確定したときは，募集株式は将来に向かってのみ効力を失う（839条）。したがって，判決確定までにされた募集株式に対する剰余金の配当，株式の譲渡などは影響を受けない。判決が確定すると，会社は，判決確定時の株主に対し，払込みを受けた金額または給付を受けた財産の給付の時における価格に相当する金銭を支払わなければならない（840条1項前段）。金銭の金額が判決確定時の会社財産の状況に照らし著しく不相当なときは，裁判所は，会社または株主の申立てにもとづき，会社が支払うべき金額の増減を命ずることができる（同条2項）。

(d) 募集株式発行の不存在　法定の募集株式発行の手続も株式の払込みも全くないなど，募集株式発行の実体がない場合は，募集株式発行は不存在である。代表取締役により募集株式発行のための取締役会を開催したものとして株式の発行が実施され，株式の払込みも行われている場合は，

不存在とはならない（東京高判平成15・1・30判時1824号127頁参照）。

募集株式発行の不存在は、誰でも、いつでも、どのような方法でも主張できる。株主総会決議がないのに、募集株式発行にかかる登記がされているなど何らかの外観があるため、判決により不存在である旨の確認を得る利益が認められる場合は、募集株式発行の不存在確認の訴えを提起できる（829条1号）。被告は、募集株式発行無効の訴えと同様、会社である（834条13号）。判決が確定すると、第三者に対しても効力を生ずる（838条）。遡及効は否定されない（839条かっこ書）。

最高裁は、新株発行（募集株式発行）の不存在は、これを前提とする訴訟においていつでも主張することができるから、出訴期間を制限しても新株発行の存否が終局的に確定することにはならないことを理由に、新株発行不存在確認の訴えに出訴期間の制限はないものと解するのが相当であるとしている（最判平成15・3・27民集57巻3号312頁）。会社法は、出訴期間の制限がないことを明らかにしている（829条柱書）。

最高裁がいう理由のほか、募集株式発行の不存在の場合は瑕疵が重大であることから、訴えの提起権者についても募集株式発行無効の訴えに準ずる取扱いを認めるべきではない。会社法も、提起権者を制限する規定を設けていない。

（3） 引受人・譲受人等の責任

（a） 不公正な払込金額で株式を引き受けた者の責任　取締役・執行役と通じて著しく不公正な払込金額で募集株式を引き受けた者は、会社に対し、払込金額と募集株式の公正な価額との差額に相当する金額を支払う義務を負う（212条1項1号）。著しく不公正な払込金額による募集株式の発行は、とくに有利な払込金額による募集株式の発行と同義である（最判昭和50・4・8民集29巻4号350頁参照）。

不公正な払込金額で募集株式を引き受けた者の責任については、株主代表訴訟が認められる（847条1項）。

株主総会の特別決議を経ずに株主以外の者にとくに有利な払込金額で募集株式を発行した場合は、違法であり、また、会社に損害が発生する。公正な金額で発行されていたならば、その分会社の資産は増えたはずであるからである。そこで、特別決議を経ずに有利発行を行った取締役・執行役

第5章 募集株式の発行と新株予約権

は，会社に対し，公正な価額との差額につき損害賠償責任を負う（423条1項）。

　株主も，第三者として，会社法429条1項にもとづき，取締役・執行役に損害賠償を請求できるか。これについては，前述（271頁）のように，会社財産の減少による株式価値の下落という形で受けた間接損害は株主代表訴訟（847条）によって会社の損害を回復すべきで，株主が直接受けた損害だけが第三者として賠償請求できるとする判例・学説が多い。しかし，株主総会の特別決議を経ずに行った新株（募集株式）の有利発行の場合，間接損害・直接損害を問わず，取締役の任務懈怠と相当因果関係のある損害であれば足りるとして，株価の下落による損害につき株主に会社法429条1項（旧商266条ノ3第1項）にもとづく賠償請求を認めた判例がある（東京地判昭和56・6・12判時1023号116頁，東京地判平成4・9・1判時1463号154頁）。

　有利発行の場合，株式の価値は水割りされ，既存株主は損害を受ける。その損害は会社に賠償されれば回復されることはあっても，価値の下落が完全に回復するという保証はない。株式価値の低下は直接損害と見てよく，株主は損害賠償を請求できると解すべきである。ただし，1株当たりの損害を算定するのは，市場価格のない株式については難しいが，判例には，価値の低下は，違法な新株（募集株式）発行の直前の株式価値と有利な発行価額（払込金額）による株式価値の低下との差額として算定するのが相当であるとし，非上場企業について純資産方式と類似比準方式の双方を用いて株価を算定して，新株発行の1株当たりの損害額を算定したものがある（大阪高判平成11・6・17判時1717号144頁）。

　(b)　財産価額てん補責任　　募集株式の株主になった時におけるその給付した現物出資財産の価額が募集事項に定められた価額に著しく不足する場合，募集株式の引受人は，会社に対し，その不足額を支払う義務を負う（212条1項2号）。ただし，引受人が，その現物出資財産の価額が募集事項に定められた価額に著しく不足することにつき善意・無重過失であるときは，募集株式の引受けの申込みまたは総額の引受けの申込みにかかる意思表示を取り消すことができる（同条2項）。責任が過酷にならないようにするためである。

引受人の財産価額てん補責任については，株主代表訴訟が認められている（847条1項）。

財産価額てん補責任は，引受人の募集に関する職務を行った業務執行取締役・執行役，株主総会または取締役会に議案を提案した取締役・執行役も負う（213条1項）。ただし，現物出資財産の価額について検査役の調査を受けた場合，取締役などがその職務を行うについて注意を怠らなかったことを証明した場合は，免責される（同条2項）。

取締役などと別に，現物出資財産について定められた価額が相当であることを証明または鑑定評価した弁護士や不動産鑑定士も財産価額てん補責任を負う（213条3項本文）。ただし，証明することについて注意を怠らなかったことを証明すれば免責される（同項ただし書）。

なお，新株発行の効力が生じ，変更の登記があったにもかかわらず，引受けのない株式および申込みが取り消された株式があるときは，取締役がその株式を引き受けたとみなされるとする，取締役の引受担保責任に関する規定（旧商280条ノ13第1項）は，廃止されている。発起人および設立時取締役の引受・払込担保責任を廃止したことと同様の理由からである。

(c) **不公正発行の責任**　募集株式発行の差止めの機会を失ったり，募集株式発行無効の訴えを提起する機会を失ったりした場合に，不公正発行により不利益を受けたとする株主が，発行を計画した取締役に対し，会社法429条1項（旧商266条ノ3第1項）または民法709条にもとづき損害賠償を求めることがある。

不公正発行について取締役に会社法429条1項の責任が発生するためには，取締役に任務懈怠がなければならないが（269頁），判例には，第三者割当てについて，支配権の争奪への介入を目的とする新株（募集株式）発行は不公正発行であって，取締役の公正な方法にもとづき新株を発行すべき義務に違反する任務懈怠に当たり，任務懈怠に悪意・重過失も認められるとして，責任を肯定するものがある（京都地判平成4・8・5判時1440号129頁）。また，原告グループ株が発行済株式の3分の1を下回るように新株（募集株式）の発行を計画し，被告および被告に賛同する者が株式の払込みをした場合に，原告の会社における経営支配権の侵奪を目的とした不公正発行であって，株主である原告に対する不法行為を構成するとして，

責任を肯定するものがある（千葉地判平成8・8・28判時1591号113頁）。他方，第三者割当てにより持株比率が低下したことにより株主である会社に損害が生じたとする取締役の責任について，前述（258頁）の経営判断原則を適用して責任を否定したものがある（東京地判平成10・9・24判時1665号119頁）。

　新株（募集株式）の発行が不公正発行に当たるというだけでは，任務懈怠または違法性を認めることはできない。他方，差止めの事由や無効の間接原因となる不公正発行と取締役の任務懈怠となる不公正発行とは同じに解する必要はない。任務懈怠と認めるべき不公正発行の場合は，取引の安全を考慮しなくてもよいからである。

　株主割当てによらない場合，現経営者である代表取締役や取締役またはその縁故者・関係者に募集株式を割り当て，支配権の維持・強化を図ることは，取締役はその地位を利用して自己の利益を図ってはならないとする，取締役の善管注意義務（330条，民644条）または忠実義務（355条）に違反する。したがって，現経営者側だけに募集株式を割り当てる場合は，取締役の任務懈怠は肯定される。また，株主の支配権を奪うに足りる募集株式を現経営者側に割り当てることは，株主の支配的利益を侵害するもので，違法性は肯定される。

　取引先などの第三者に割り当てる場合は，もっぱら現経営者の個人的利益を図るための募集株式の発行とはいい切れないから，直ちに取締役に任務懈怠があるとはいえない。取締役に善管注意義務・忠実義務があるかについては，経営判断原則が適用されるからである。しかし，会社の支配をめぐり争いがある時は，第三者割当ては現経営者の支配権の維持・確保を図るためにされることがあるから，取締役に善管注意義務・忠実義務違反がないというためには，第三者割当てを選択した判断に，会社・他の株主の利益を守るためにという合理性が認められなければならない。

　不公正発行の場合，通常は会社に損害は発生しない。不公正発行により株主に損害が発生しているとすると，それは直接損害ということになる。そこで，不公正発行により株主に損害が発生するか，発生しているとすると損害額はどのように算定するかが問題となる。

　判例には，支配的価値の低下による具体的損害額の算定はきわめて困難

であることを認めたうえ，新株（募集株式）の発行がなかったならば維持していたであろう株式の従前の時価と，有利発行による株価の計算上の低下との差額をもって，支配力低下，有利発行の競合による損害としたもの（前掲京都地判平成4・8・5），および，閉鎖的な中小会社においては，株主にとって株式は会社の資産を化体していたものと見ることができるとして，経営支配権の侵奪を目的とする不公正発行による株価の低下による損害の算定を，純資産方式による株価の算定方式によったものがある（前掲千葉地判平成8・8・28）。

　有利発行による株価の低下は，不公正発行に固有の損害ではない。また，不公正発行による株主の損害が直ちに純資産方式で算定した株価の下落分になるとはいえない。これに対し，不公正発行による損害といえるものがある。会社支配権の獲得を目的とする株式を買集め，株価が一時的に高騰しているときに，第三者割当てをする場合である。支配権を獲得するに足りる株式を買集め，支配的価値を含む株式を有する株主にとっては，不公正発行により支配権を失ってしまうと，従前の株価より高価な対価を支払って株式を取得した分は，不公正発行による損害といってよい。

　不公正発行のうち，現経営者側だけに多数の募集株式を割り当て，持株比率が逆転するような場合，反対派株主は株主総会における取締役の選任に関する支配権を失うおそれを生ずる。反対派株主が取締役であれば，解任決議によりその地位を失うおそれを生ずる。そして，取締役の選任・解任に関する支配権を失うことは，役員報酬を得る機会を失うことになり，それは同時に，株主としての経済的利益も失うことになりかねない。非上場会社を含めた非公開会社では，剰余金配当がされず，会社の剰余金が役員報酬として引き出されることが少なくないからである（非公開会社の役員が死亡したときの逸失利益の算定に当たり，役員報酬の中に配当部分が含まれているとして報酬金額を算定の基礎としていない，大阪地判平成5・10・28交民26巻5号1323頁，東京地判平成6・8・30判時1509号76頁参照）。会社の支配権，取締役の選任をめぐって現経営者と株主との間に具体的争いがある時に，株主総会の直前に反対派株主の支配権を奪うに足りる募集株式を現経営者側だけに割り当てるような場合は，取締役の選任に関する支配権を失うことにより，株主は役員報酬を得る機会を失い，損害を受けるこ

とはかなり確実といってよい。また，反対派株主が取締役であれば，解任によりその地位を失う場合は，それにより受けた損害（逸失利益）は，不公正発行についての取締役の任務懈怠行為と因果関係の認められる損害といえる。

役員報酬は，総会決議，取締役会の決定または報酬委員会の決定で具体化する。したがって，損害額を算定するのは難しい。それでも，反対派株主が持株比率を維持していたなら取締役に選任されたといえる場合は，それまでの当該会社の役員報酬の支給例から損害額を算定してよい。判例には，退任した取締役に退職慰労金を支給する，その金額などは取締役会に一任する旨の総会決議がされたのに，取締役会が支給を決定しない場合に，取締役の会社法429条1項（旧商266条ノ3第1項）の責任を認め，それまでの会社の支給例，内規により算出される額を損害額としたものがあるが（京都地判平成2・6・7判時1367号104頁，東京地判平成6・12・20判タ893号260頁），参考にしてよい。反対派株主が持株比率を維持していたなら取締役を解任されなかったといえる場合の損害額は，正当な理由なく解任された取締役に会社に対する損害賠償請求を認める規定（339条2項）により認められる損害額を参考にしてよい。当該取締役が解任されなければ残任期間および任期満了時に得られたであろう利益の喪失による損害である（以上につき，青竹・新展開279頁以下参照）。

第2節　新株予約権

I　新株予約権の意義

新株予約権とは，会社に対し行使することにより当該会社の株式の交付を受けることができる権利をいう（2条21号）。新株予約権を有する者（新株予約権者）があらかじめ定められた価額（権利行使価額）で会社に対しこれを行使すると，会社はその者に対して株式を発行することもできるし，会社の自己株式を移転することもできる。

新株予約権は，平成13年改正により設けられた制度である。それ以前は，取締役・使用人に対するインセンティブ報酬としてのストック・オプ

ションのみが認められていた。平成13年改正は，会社は，誰に対しても新株予約権を発行できることにし，数量や行使期間の制限も廃止した。

　平成17年制定の会社法は，新株予約権の発行手続について募集株式発行の手続とほぼ同様の整理をするとともに，新株予約権の譲渡や行使などについて会社法により改正された株式制度にならった制度を設けている。

　新株予約権は，新株予約権の目的となっている株式の時価が上昇するほど，新株予約権者は利益を得ることになる。新株予約権を引き受ける者を募集する募集新株予約権の発行は，従来どおり，取締役・使用人に対するインセンティブ報酬として利用されている。ストック・オプションは，子会社などの取締役・使用人の報酬，弁護士・監査法人などの報酬としても利用できる。

　募集新株予約権を有償で発行すれば，会社の新たな資金調達方法になる。しかし，新株予約権は，インセンティブ報酬としてのストック・オプションのほか，業務提携などのために提携先に発行する形で利用されることが多い。最近は，敵対的企業買収の防衛策として利用されている。

II　新株予約権発行の形態と新株予約権の内容

（1）　発行形態

　新株予約権を引き受ける者を募集して新株予約権を発行する場合には，募集株式の発行と同様，株主割当てによる発行，第三者割当てによる発行，公募による発行がある。

　新株予約権は，募集によらない場合でも，交付される。①取得請求権付株式の取得対価として交付する場合（107条2項2号ハニ），②取得条項付株式の取得対価として交付する場合（107条2項3号ホヘ）。③全部取得条項付種類株式の取得対価として交付する場合（171条1項1号ハニ），④新株予約権の無償割当てをする場合（277条），⑤持分会社から株式会社への組織変更の際に社員に対し交付する場合（746条7号ロハ），⑥合併，会社分割，株式交換または株式移転の際に株主・社員に対し交付する場合（749条1項2号ハニ・753条1項8号ロハ・758条4号ハニ・763条8号ロハ・768条1項2号ハニ・773条1項7号ロハ），⑦合併，会社分割，株式交換または株式移転に際して新株予約権者に対し交付する場合（749条1項4号

イ・753条1項10号イ・758条5号イ・763条10号イ・768条1項4号イ・773条1項9号イ），である。

（2） 新株予約権の内容

募集新株予約権を発行する場合は，募集新株予約権の内容をそれぞれの決定機関で定めなければならない（238条1項1号）。また，募集以外で新株予約権を交付する場合，新株予約権の内容は，定款（107条2項・108条2項），株主総会または取締役会の決議（171条・278条3項・783条1項・795条1項）で定める必要がある。

新株予約権の内容としなければならないのは，①新株予約権の目的である株式の数，種類株式発行会社では株式の種類および種類ごとの数，またはその算定方法，②新株予約権の行使に際して出資される財産の価額またはその算定方法，③金銭以外の財産を新株予約権の行使に際して出資の目的とするときは，その旨ならびに出資財産の内容および価額，④新株予約権を行使できる期間，⑤新株予約権の行使により株式を発行する場合における増加する資本金および資本準備金に関する事項，⑥譲渡による新株予約権の取得について会社の承認を要することとするときはその旨，⑦新株予約権について，会社が一定の事由が生じたことを条件としてこれを取得できるとするときは，一定の事由が生じた日に会社がその新株予約権を取得する旨およびその事由，会社が別に定める日が到来することをもって一定の事由が生じた日とするときはその旨，一定の事由が生じた日に新株予約権の一部を取得するとするときは，その旨および取得する新株予約権の一部の決定方法，新株予約権を取得するのと引き換えに会社の株式を交付するときは，その株式の数またはその算定方法，社債を交付するときは，社債の種類および種類ごとの各社債の金額の合計額またはその算定方法，他の新株予約権を交付するときは，新株予約権の内容および数またはその算定方法，新株予約権付社債を交付するときは，社債および新株予約権について定める事項，株式等以外の財産を交付するときは，財産の内容および数もしくは額またはそれらの算定方法，⑧合併，吸収分割，新設分割，株式分割および株式移転の場合に新株予約権を交付するときはその旨，⑨新株予約権を行使した新株予約権者に交付する株式の数に1株に満たない端数がある場合において，これを切り捨てるものとするときはその旨，⑩

新株予約権にかかる新株予約権証券を発行することとするときはその旨，⑪新株予約権者が記名式新株予約権証券と無記名式新株予約権証券の転換の請求の全部または一部をすることができないこととするときはその旨，である（236条1項1号～11号）。

①～④，⑦は登記事項である（911条3項12号）。また，会社法が定める新株予約権の行使の条件のほかに行使の条件を定めたときは，その条件も登記事項である（同項12号ハ）。

Ⅲ 募集新株予約権発行の手続

（1） 募集事項の決定機関

(a) 株主割当てによらない場合　非公開会社では，募集新株予約権の募集事項の決定は原則として株主総会の特別決議によらなければならない（238条2項・309条2項6号）。募集新株予約権と引換えに金銭の払込みを要しないとすることが当該者にとくに有利な条件であるとき，および，募集新株予約権の払込金額が当該者にとくに有利な払込金額であるときは，取締役は株主総会において，とくに有利な条件，とくに有利な払込金額で引受人を募集する理由を説明しなければならない（238条3項）。

募集新株予約権の目的である株式の種類の全部または一部が譲渡制限株式であるときは，定款で決議を要しないと定めないかぎり，当該種類の種類株主による種類株主総会の特別決議を要する（238条4項本文・324条2項3号）。

非公開会社でも，募集株式の発行の場合と同じく，株主総会の特別決議により，具体的な募集事項の決定を取締役・取締役会に委任できる（239条1項前段・309条2項6号）。その場合，委任にもとづいて決定できる募集新株予約権の内容および数の上限，募集新株予約権につき金銭の払込みを要しないこととする場合にはその旨，有償の場合には払込金額の下限を定めなければならない（239条1項後段）。金銭の払込みを要しないとすることが当該者にとくに有利な条件である場合，および，払込金額の下限がとくに有利な金額である場合は，取締役に説明義務が課される（239条2項）。譲渡制限種類株主の種類株主総会も要求される（239条4項）。また，株主総会決議は，割当日が決議の日から1年以内の募集についてのみ効力

を生ずる（239条3項）。

公開会社では，有利な条件，有利な払込金額で募集する場合を除いて，募集事項の決定は取締役会決議でできる（240条1項・238条3項）。公開会社では，証券取引法にもとづく有価証券届出書を提出している場合などを除き，募集事項の通知・公告義務が課される（240条2項～4項，会社則53条）。

(b) 株主割当ての場合　会社法は，募集新株予約権の発行の場合も，株主割当てによるか否かは，株主総会または取締役会の決議によることにしている。非公開会社では，株主割当ての場合，募集事項の決定は原則として株主総会の特別決議によらなければならない（241条3項4号・309条2項6号）。ただし，定款で定めることにより決定を取締役・取締役会がすることができる（241条3項1号2号）。公開会社では，取締役会の決議で決定できる（同項3号）。

(2) 有利発行

募集新株予約権を株主割当てによらないで発行する場合，無償発行ではとくに有利な条件であるとき，有償発行ではとくに有利な払込金額であるときは，公開会社でも株主総会の特別決議を要する（240条1項・238条2項・3項1号2号・309条2項6号・241条5項）。特別決議を要するのに特別決議を経ないと，法令違反として募集新株予約権の発行差止めの理由となる（247条1号）。

とくに有利な払込金額による有利発行について，新株予約権行使期間中における株式の時価の平均値を予測し，その合理的な予測額と新株予約権の発行価額（払込金額）と新株予約権の行使価額の合計額を比較し，後者が前者を大きく下回るときが有利発行に当たるとする見解がある（前田・687頁）。しかし，新株予約権発行時点における新株予約権の理論的な経済価値を算出し，新株予約権の理論価額と比較して新株予約権の発行価額（払込金額）が大きく下回るときが有利発行に当たるとする見解が一般となっている。平成13年改正により新株予約権の発行価額という概念が規定されたこと（旧商280条ノ20第2項3号），新株予約権はその行使により得られる株式の時価が行使期間内に権利行使価額を上回る期待がいくらかでも存在するかぎり何らかの経済的価値があり，権利の取得に公正な対価

が支払われなければ既存株主と新株予約権者の利害の公正を図れないことがその理由である。

裁判例にも，オプション評価理論にもとづき算出された新株予約権の発行時点における価額と新株予約権の発行価額を比較し，発行価額が大きく下回るときは新株予約権の有利発行に当たることを明らかにしたものがある（ニッポン放送事件・東京地決平成17・3・11判タ1173号143頁）。

権利行使価額が時価より低い新株予約権は価値が高く，その分を新株予約権の発行時に会社に取得させなければ，既存株主は不利益を受ける。また，行使価額が時価の平均値の予測額と一致しても，株価は変動する可能性があるから，新株予約権者は一定の利益を取得できることになる。この利益もあらかじめ会社に取得させた方が，既存株主の利益保護を図れることになる。多数説・裁判例を支持すべきであろう。

新株予約権の理論的な経済的価値は，現在のところ，基本的に，ブラック＝ショールズ・モデルによって算出される。このモデルは，オプションの経済的価値を，①権利行使価額，②現在の株価，③当該株式のボラティリティ（株価変動の標準偏差），④行使期間，⑤金利，を要素に算出するものである。これに加え，当該新株予約権の行使により発行済株式総数が増えることの影響，および，行使期間内の配当の影響が考慮される。

無償で発行される場合についても，新株予約権の経済的価値と比較してそれがとくに有利な条件である場合に有利発行となる。権利行使価額を高く設定するなどして新株予約権の価値をゼロに近づけておけば，無償でもとくに有利な条件による発行に当たらない（青竹正一「新株予約権の有利発行と不公正発行㈠―ニッポン放送事件の検討」判評560号（判時1900号）10頁）。

取締役・使用人に対するインセンティブ報酬としてのストック・オプションは無償で発行することが多いが，報酬債権をもってする相殺と見ることができるから（246条2項参照），有償発行として有利発行であるか否かを判断することができる。

（3） 決定事項

株主総会・取締役・取締役会が決定する募集事項は，①募集新株予約権の内容および数，②募集新株予約権を無償で発行する場合はその旨，③有

償で発行する場合は，払込金額またはその算定方法，④募集新株予約権の割当日，⑤募集新株予約権と引換えにする金銭の払込期日を定めるときはその期日，である（238条1項1号〜5号）。

⑤の払込期日は必ず定めなければならない事項となっていない。新株予約権にかかる払込みは，原則としてその行使が可能となる権利行使期間（236条1項4号）の初日の前日までに行われなければならない（246条1項）。したがって，払込期日は，行使が可能となる期間の前日以外の日までに金銭を払い込ませる場合に定めることになる。

そのほか，株主割当ての場合，募集事項以外に，株主に募集新株予約権の割当てを受ける権利を与える旨，および，募集新株予約権の引受けの申込期日を決定し，割当ての通知をしなければならない（241条1項・4項）。

会社自身は募集新株予約権の割当てを受ける権利を有しない（241条2項本文かっこ書）。また，割当てを受ける募集新株予約権の数に1に満たない端数があるときは，切り捨てられる（同項ただし書）。

（4） 募集新株予約権の割当て

株主割当てによらない場合の募集新株予約権の割当ての手続は，基本的に募集株式の割当ての手続と同じである（242条〜244条）。

募集新株予約権の目的である株式の全部または一部が譲渡制限株式である場合，および，募集新株予約権が譲渡制限新株予約権である場合は，定款に別段の定めがないかぎり，取締役会を設置していない会社では株主総会の特別決議，取締役会設置会社では取締役会決議で定めなければならない（243条2項・309条2項6号）。

募集新株予約権の発行が無償か有償かにかかわらず，新株予約権の割当てを受けた者は，割当日に新株予約権者となる（245条1項）。したがって，割当日からその新株予約権は新株予約権原簿の記載・記録の対象となり（249条），事業報告の内容となり（会社則119条4号・123条），登記事項となる（911条3項12号）。有償の場合も割当日に新株予約権者となることにしているのは，権利が設定された段階から開示対象とするためである。

（5） 募集新株予約権の払込み

新株予約権者は，その行使が可能となる権利行使期間の初日の前日までに，払込期日を別に定めた場合はその払込期日までに，会社が定めた銀行

等の払込取扱場所において，それぞれの募集新株予約権の払込金額の全額を払い込まなければならない（246条1項）。

新株予約権者は，会社の承諾を得て，金銭の払込みに代えて，払込金額に相当する金銭以外の財産を給付し，または会社に対する債権をもって相殺することができる（246条2項）。相殺についても，会社の承諾が要求される。払込みを金銭以外の財産で行うことについては，とくに募集事項の決定に際して決議することは要求されていない。また，検査役の調査も要求されていない。

有償発行の場合は，新株予約権者は，行使期間の初日の前日までに，払込期日を別に定めた場合はその払込期日までに，募集新株予約権の払込金額の全額の払込み，または金銭以外の財産の給付または会社に対する債権をもってする相殺をしないときは，当該募集新株予約権を行使することはできない（246条3項）。行使できなくなった新株予約権は，消滅することになる（287条）。

IV 新株予約権原簿と新株予約権の譲渡・質入れ

(1) 新株予約権原簿

会社は，新株予約権を発行した日以後遅滞なく，新株予約権原簿を作成し，法定事項を記載・記録しなければならない（249条）。

法定事項は，①無記名式の新株予約権証券が発行されている新株予約権については，新株予約権証券の番号ならびに無記名式新株予約権の内容および数，②無記名式の新株予約権証券が発行されていない新株予約権については，新株予約権者の氏名・名称および住所，新株予約権者の有する新株予約権の内容および数，新株予約権を取得した日，および，記名式新株予約権証券が発行されている新株予約権であるときは，新株予約権証券の番号，である（249条1号・3号）。

新株予約権証券が発行されない場合は，新株予約権者は，会社に対し，当該新株予約権者についての新株予約権原簿に記載・記録された新株予約権原簿記載事項を記載した書面の交付または記録した電磁的記録の提供を請求することができる（250条1項）。

会社は，株主名簿と同様に，新株予約権原簿を本店に備え置くか，株主

名簿管理人の営業所に備え置かなければならない（252条1項）。株主・会社債権者は，新株予約権原簿の閲覧・謄写を請求できるが，会社が請求を拒否できる事由について，株主名簿の場合と同様の規定が置かれている（252条2項3項）。

（2） 新株予約権の譲渡

新株予約権者は，新株予約権を譲渡できる（254条1項）。譲渡手続は，新株予約権証券が発行されているか否かで異なる。

新株予約権にかかる新株予約権証券を発行することとする旨は，新株予約権の内容とされ（236条1項10号），新株予約権証券を発行するか否かは，募集事項の決議で決定される（238条1項1号）。新株予約権証券は株券不発行会社においても発行することができる。株券の発行と新株予約権証券の発行は必ずしも関連性があるわけではないからである。

会社は，証券発行新株予約権を発行した日以後遅滞なく，新株予約権証券を発行しなければならない（288条1項）。ただし，新株予約権者から請求があるまで，発行しないことができる（288条2項）。新株予約権証券には，①会社の商号，②当該新株予約権にかかる証券発行予約権の内容および数，を記載しなければならない（289条）。新株予約権証券は，無記名式のほか，新株予約権原簿に新株予約権者の氏名・名称が記載・記録される記名式のものも認められている（249条3号イ）。記名式と無記名の証券は，とくにすることができないとされている場合を除き，いつでも，相互に転換請求することが認められる（290条・236条1項11号）。

新株予約権証券を喪失した場合は，新株予約権証券は，非訟事件手続法142条の公示催告手続によって無効とすることができる（291条1項）。そして，非訟事件手続法148条1項による除権判決を得た後でなければ，証券の再発行を請求することができない（同条2項）。

証券発行新株予約権の譲渡は，証券発行新株予約権にかかる新株予約権証券を交付しなければ，その効力を生じない（255条1項）。これに対し，証券が発行されていない場合は，当事者の意思表示のみで行われる。そのため，前述の新株予約権者に当該者について新株予約権原簿に記載した書面の交付などの請求が認められている。

新株予約権の譲渡が証券の交付によりされると，証券の占有者は当該証

券にかかる新株予約権についての権利を適法に有するものと推定される（258条1項）。証券の占有者は適法な権利者と推定されることから，新株予約権証券の善意取得が認められる（同条2項）。

記名式の新株予約権証券が発行されている場合は，新株予約権の譲渡は，その新株予約権の取得者の氏名・名称および住所を新株予約権原簿に記載・記録しなければ，会社に対抗することができない（257条2項）。

証券が発行されていない場合は，取得者の氏名・名称および住所を新株予約権原簿に記載・記録しなければ，会社その他の第三者に対抗することができない（257条1項）。取得者が新株予約権の名義書換えを請求するには，利害関係人の利害を害するおそれがないものとして法務省令で定める場合（会社則56条参照）を除き，新株予約権の取得者がその取得した新株予約権の権利者として新株予約権原簿に記載・記録された者またはその相続人その他の一般承継人と共同してしなければならない（260条2項）。また，取得者の新株予約権が譲渡制限新株予約権である場合は，会社が譲渡を承認した場合，または取得者が相続その他一般承継により取得した場合でなければ，共同での名義書換えを請求することはできない（261条）。

無記名式の新株予約権証券が発行されている場合は，証券の占有が会社その他の第三者に対する対抗要件となる（257条3項）。無記名式では，新株予約権の氏名・名称および住所が新株予約権原簿に記載・記録されないからである（249条1号）。

振替制度の対象となる振替新株予約権の場合は，権利の帰属は，振替口座簿の記載・記録により定まり，新株予約権の譲渡は，譲渡人の申請により譲受人が自己の口座の保有欄に増加の記載・記録を受けることによりその効力を生ずる（社債株式振替163条）。

（3）新株予約権の譲渡制限

譲渡による新株予約権の取得につき会社の承認を要することとする旨は，新株予約権の内容とされ（236条1項6号），募集事項の決議で譲渡を制限することができる（238条1項1号）。取締役・使用人にストック・オプションを付与する場合など，新株予約権を付与された者が行使しなければ付与の目的を達成できない場合があるからである。

譲渡制限新株予約権の譲渡承認機関は，取締役会を設けない会社では株

主総会，取締役会設置会社では取締役会である（265条1項本文）。ただし，定款に別段の定めがある場合はこの限りではない（同項ただし書）。

譲渡制限新株予約権の権利者は，その有する譲渡制限新株予約権を他人に譲渡しようとするときは，会社に対し，当該他人が譲渡制限新株予約権を取得することについて承認するか否かを決定することを請求できる（262条）。また，譲渡制限新株予約権を取得した者は，会社に対し，譲渡制限新株予約権を取得したことについて承認するか否かの決定をすることを請求できる（263条1項）。取得者からの請求の場合は，新株予約権原簿の名義書換えの手続と一体化され，原則として共同での請求が要求される（263条2項）。

譲渡制限新株予約権の承認請求については，譲渡制限株式の場合の買取人の指定請求（138条1号ハ・2号ハ）は認められない。新株予約権者は，権利を行使した後に株式を譲渡できる可能性があるからである。

会社は，承認するか否かを決定したときは，請求者に対し，決定の内容を通知しなければならない（265条2項）。請求の日から2週間以内に通知しなかった場合は，会社と請求者との合意により別段の定めをしないかぎり，譲渡・取得を承認したものとみなされる（266条）。2週間という期間は，定款でこれを下回る期間を定めることができる（266条かっこ書）。

（4）新株予約権の質入れ

新株予約権の質入れについては，株式の質入れと同様である。証券発行新株予約権の質入れは，証券の交付が効力要件であり（267条4項），新株予約権証券を占有していることが，質権の会社その他の第三者に対する対抗要件である（268条2項）。それ以外の質入れは，新株予約権原簿に質権者の氏名・名称および住所を記載・記録することが，会社その他の第三者に対する対抗要件である（268条1項）。

V 自己新株予約権

（1）自己新株予約権の取得・処分

会社が自己新株予約権を取得できる場合について，株式の場合のように列挙されていない。しかし，取得条項付新株予約権の取得（275条）や買取請求の行使による取得（118条など）のように会社法が認める場合以外

でも、新株予約権者との合意などで取得することは可能である。また、自己株式の処分は、募集株式の募集と併せて募集株式の発行とし、募集株式の募集と同様の規整をしているのに対し、新株予約権については、処分する自己新株予約権は募集新株予約権ではないとされている（238条1項柱書）。したがって、自己新株予約権の処分についてはとくに制約を受けない。

（2） 取得条項付新株予約権

当該新株予約権について、会社が一定の事由が生じたことを条件としてこれを取得することとすることは、新株予約権の内容となる（236条1項7号）。会社が一定の事由が生じたことを条件として新株予約権を強制的に取得するには、募集事項の決議で取得事由および取得対価を定めておくことを要する（238条1項1号）。取得対価として、会社の株式、社債、他の新株予約権その他の財産を交付することも認められる（236条1項7号ニ～チ）。

取得条項付新株予約権の内容として、会社が定めた一定の日が到来することをもって一定の事由が生じた日と定めた場合、および、一定の事由が生じた日に新株予約権の一部を取得すると定めた場合に取得条項付新株予約権を取得する手続は、取得条項付種類株式の取得の手続（168条～170条）と同様である（273条～275条）。

取得条項付新株予約権の取得対価が当該会社の株式である場合に、会社が取得条項付新株予約権を取得すると、無記名式の証券が発行されている取得条項付新株予約権の権利者も、当該会社の株主となる（275条3項1号）。取得条項付新株予約権を取得する場合、新株予約権証券を発行しているときは、新株予約権の取得が効力を生ずる日（275条参照）までに会社に対し新株予約権証券を提出しなければならない旨を公告・通知しなければならない（293条1項）。しかし、公告・通知が応じた無記名式の証券が提出されない場合は、無記名式の新株予約権についての権利者の氏名などは新株予約権原簿に記載・記録されないから、会社は、誰を新たな株主として扱えばよいか知ることができない。そこでその場合、会社は、対価として交付した株式についての株主の氏名・名称および住所を株主名簿に記載することを要せず、また、通知・催告をすることを要しない（294条

1項2項)。また，配当を受領していない場合には，株式の競売などをすることができる（197条）。

(3) 自己新株予約権の消却

会社法では，新株予約権の消却は自己新株予約権の消却のみとされている（276条1項本文）。消却する場合，消却する自己新株予約権の内容および数を定めなければならない（同項ただし書）。取締役会設置会社では取締役会で決定する（同条2項）。

VI 新株予約権の無償割当て

会社法は，株主に対して新たな払込みをさせないで会社の新株予約権を割り当てる，新株予約権の無償割当ての制度を設けている（277条）。株式の無償割当ての制度（185条）と同様の制度である。しかし，株式の無償割当ては，同じ種類の株式を分割する場合しか株式分割と呼べないのではないかという疑問から導入されたものであるのに対し，新株予約権の無償割当ては，会社法が新株引受権証券の制度（旧商280条ノ6ノ2）を廃止したことに伴い，新株予約権を無償で発行し，譲渡は新株予約権証券の交付によって行う方法とするために導入されたものである。

会社が新株予約権の無償割当てをするには，株主総会，取締役会設置会社では取締役会の決議を要する（278条3項本文）。ただし，定款で別段の定めをすることができる（同項ただし書）。決議事項は，①株主に割り当てる新株予約権の内容および数またはその算定方法，②無償割当てが効力を生ずる日，③種類株式発行会社では無償割当てを受ける株主の有する株式の種類である（同条1項1号・3号4号）。会社の有する自己株式は割当ての対象から除外される（同条2項）。

株主による申込みおよび会社による割当ての手続を要することなく，株主は，新株予約権の無償割当てが効力を生ずる日として決議で定めた日に，新株予約権の権利者となる（279条1項）。

VII 新株予約権の行使と消滅

(1) 新株予約権の行使

新株予約権は，新株予約権者の一方的意思表示により行使できるもので

あるが，その行使にかかる新株予約権の内容および数，新株予約権を行使する日を明らかにして行わなければならない（280条1項）。

証券発行新株予約権を行使しようとするときは，新株予約権者は，証券を会社に提供しなければならない（280条2項）。会社は，自己株式の場合と同じく，自己新株予約権を行使することができない（280条6項）。

金銭を新株予約権の行使に際してする出資の目的とするときは，新株予約権者は，会社が定めた払込取扱金融機関において，行使に際して払い込むべき金額の全額を払い込まなければならない（281条1項）。

新株予約権の行使の際にも金銭以外の財産を給付することを定めることができる（236条1項3号）。金銭以外の財産を行使に際してする出資の目的とするときは，新株予約権者は，新株予約権を行使する日に，新株予約権の行使にかかる金銭以外の財産を給付しなければならない（281条2項前段）。この場合，財産の価額が新株予約権の行使に際して出資する財産の価額に足りないときは，その差額に相当する金銭を払い込まなければならないとされ（同項後段），金銭以外の財産と金銭とを混合して出資することが認められている。

新株予約権者は，払込みまたは給付する債務と会社に対する債権を相殺することはできない（281条3項）。

新株予約権を行使した新株予約権者は，新株予約権を行使した日に，その新株予約権の目的である株式の株主となる（282条）。

新株予約権者が取得することになる株式の数は，発行可能株式総数から発行済株式総数を控除した数を超えてはならない（113条4項）。

新株予約権の行使による変更登記は，毎月まとめてすればよい（915条3項1号）。

会社は，金銭以外の財産が給付された場合，給付があった後遅滞なく，現物出資財産の価額を調査させるため，裁判所に対し，検査役の選任の申立てをしなければならない（284条1項）。検査役の調査が不要とされる場合は，募集株式発行の場合（207条9項）と同様である（284条9項）。

新株予約権を行使した新株予約権者に対する株式の数に1株に満たない端数が生ずる場合に，その端数を切り捨てることとする旨は，新株予約権の内容とされ（236条1項9号），募集事項の決議で切り捨てるものとする

ことができる。そのような内容としない場合は，端数について新株予約権者に市場価格のある株式か否かに応じて一定の金銭を交付しなければならない（283条）。

（2） 新株予約権の消滅

会社法は，新株予約権の消滅の制度を設けている。新株予約権の消却のほか，新株予約権者がその有する新株予約権を行使できなくなったときは，当該新株予約権は消滅する（287条）。

新株予約権が消滅するのは，従業員が退職した場合には権利を行使できなくなるという内容の新株予約権を付与しているような場合もある。

そのほか，合併，会社分割，株式交換・株式移転の場合にも，新株予約権が消滅することがある（750条4項・754条4項・759条5項・764条7項・769条4項）。

Ⅷ 違法・不公正な新株予約権発行の是正と責任

（1） 募集新株予約権発行の差止め

会社法247条は，募集新株予約権の発行が法令・定款に違反する場合，および募集新株予約権の発行が著しく不公正な方法により行われる場合において，株主が不利益を受けるおそれがあるときは，株主は，会社に対し，募集新株予約権の発行をやめることを請求できるとしている。募集株式発行の差止請求（210条）と同趣旨の制度である。

著しく不公正な方法による募集新株予約権の発行に当たるかは，基本的に，募集株式の場合と異ならない。新株予約権は，敵対的企業買収に対する防衛策として利用されている。主要目的ルールを採用して不公正発行に当たるかを判断することは適切ではない。

最近の裁判例は，上場会社において，会社の経営支配権をめぐり株主間に争いがある時に，一方の株主側に第三者割当てにより大量の新株予約権を発行する決定をした事案で，会社機関の権限分配秩序説に依拠し，「会社の経営支配権に現に争いが生じている場面において，株式の敵対的買収によって経営支配権を争う特定の株主の持株比率を低下させ，現経営者又はこれを支持し事実上の影響力を及ぼしている特定の株主の経営支配権を維持・確保することを主要な目的として新株予約権の発行がされた場合に

は，原則として……『著シク不公正ナル方法』による新株予約権の発行に該当する」と判示している。そして，株主全体の利益保護の観点から新株予約権の発行を正当化する特段の事情がある場合として，①株価をつり上げて高値で株式を会社関係者に引き取らせる目的で株式の買収を行っている，いわゆるグリーンメイラーである場合，②いわゆる焦土化経営を行う目的で株式の買収を行っている場合，③会社経営を支配した後に，会社の資産を買収者などの債務の担保や弁済原資として流用する予定で株式の買収を行っている場合，④会社経営を一時的に支配して，会社事業に当面関係しない高額財産を売却処分させ，その処分利益をもって一時的な高配当をさせるか株式の高価売り抜けをする目的で株式買収を行っている場合，を挙げている。また，誰に会社を経営させると企業価値を高めるかは，裁判所が判断するに適しないとし，結論的に不公正発行に当たるとしている（ニッポン放送事件・東京高決平成17・3・23判時1899号56頁）。

　権限の分配秩序説に依拠して不公正発行に当たるとした上記決定は，前述（307頁）のように正当である。特段の事情は，例外的に差止めが否定される抗弁事由であるから，会社側が疎明・立証責任を負う。特段の事情として挙げる①〜③は問題ないが，④は経営効率の悪い会社の効率性を改善する側面があり，会社に回復しがたい損害をもたらすことが明らかな場合とはいえない。誰に会社を経営させると企業価値を高めるかは，取締役に裁量の幅を認めて，決定内容の合理性を審査する，経営判断の原則を適用する根拠を欠く。上記決定は基本的に正当である（以上につき，青竹正一「新株予約権の有利発行と不公正発行(下)—ニッポン放送事件決定の検討」判評560号（判時1900号）13頁以下）。

　新株予約権は，敵対的企業買収の事前の防衛策としても利用されることがある。最近の裁判例は，上場会社において，株主割当てにより新株予約権を発行する決定をし，ある者が会社の発行済議決権付株式総数の20％以上の株式保有者となった場合に新株予約権を行使でき，また，必要があると認めたときは取締役会の決議で新株予約権は消却できるが，一定の場合は消却しない決議ができるとした事案で，会社の経営支配権に現に争いが生じていない場面においては，事前の防衛策としての新株予約権の発行は原則として株主意思にもとづいて行うべきで，取締役会の決議で発行を

行う場合は，防衛策としての新株予約権の発行に株主の意思が反映される仕組みになっていること，客観的な消却条件を設定するとか，独立性の高い社外者が消却の判断を行うなど，取締役会の恣意的判断が防止される仕組みとなっていること，買収と無関係の株主に不測の損害を与えるものではないことを挙げて，結論的に不公正発行に当たるとしている（ニレコ事件・東京地決平成17・6・1金判1218号8頁）。

事前の防衛策としての新株予約権の発行であって，それが新株予約権の行使を正当化する特段の事情がないにもかかわらず，現経営者の保身目的あるいは株主構成の変更目的で行使される内容となっている場合は，不公正発行に当たるといわなければならない。上記決定も，是認されてよい（青竹・前掲19頁以下）。

会社法は，一定の事由が生じたことを条件として会社が一部の新株予約権を取得し，対価として会社の株式を交付する内容の，取得条項付新株予約権を発行することを決定できるものとしている（236条1項7号ハニ）。この取得条項付新株予約権を防衛策として発行する場合，一定の事由は前述の裁判例が新株予約権の発行を正当化する特段の事情として挙げる①〜③の事由がある場合というように，取締役の保身目的で発行されないように制限的に解除する必要がある。現経営者の保身目的となるような取得事由となっている場合は，差止めの対象となる。

（2）　新株予約権発行の無効と不存在

会社法は，新株予約権発行の無効の訴えの制度を設けている。訴えの手続と判決の効果は，募集株式発行の無効の訴えと同様である（828条1項4号・2項4号・834条4号・838条・839条・842条）。ただし，訴えを提起できる者には，新株予約権者が含まれる（828条2項4号）。また，判決により不存在であることの確認を求める利益が認められる場合は，新株予約権発行の不存在確認の訴えを提起できる（829条3号）。

新株予約権発行の無効の訴えの無効原因としては，新株予約権の内容（236条1項）とすることができない内容の新株予約権の発行がある。また，募集株式の発行の場合と同じく，株主割当ての場合の割当ての通知（241条4項）を欠くこと，非公開会社において株主総会の適法な決議（238条2項）を欠くことは，無効原因になると解すべきである。募集事項の通

知・公告（240条2項）を欠くこと，差止めの仮処分を無視する発行は，会社が不公正発行に当たらないことを立証しないかぎり，無効原因になると解すべきである。不公正発行自体については，募集事項の通知・公告を欠くこと，差止めの仮処分を無視する発行を無効原因とすることにより株主は救済されることのほか，新株予約権の不公正発行は上場会社において問題されることが多く，広い範囲の法律関係に影響を及ぼすことを考慮すると，無効原因にならないと解すべきである。

なお，新株予約権の行使により発行された株式に無効原因があるときは，募集株式発行の無効の訴え（828条1項2号）の対象となる。

（3）引受人・取締役等の責任

新株予約権を行使した新株予約権者は，取締役・執行役と通じて，募集新株予約権と引換えに金銭の払込みをしないこととする場合において，無償とすることが著しく不公正な条件で引き受けたときは，新株予約権の公正な価額を支払う義務を負う（285条1項1号）。また，有償の場合において，取締役・執行役と通じて，著しく不公正な払込金額で引き受けたときは，払込金額と新株予約権の公正な価額との差額を支払う義務を負う（同項2号）。また，株主となった時におけるその給付した現物出資財産の価額が定められた価額に著しく不足する場合は，その不足額を支払う義務を負う（同項3号）。ただし，現物出資を給付した者が，その現物出資財産の価額が定められた価額に著しく不足することに善意・無重過失であるときは，新株予約権の行使にかかる意思表示を取り消すことができる（285条2項）。

財産価額てん補責任は，新株予約権の募集に関する職務を行った業務執行取締役・執行役，株主総会または取締役会に議案を提案した取締役・執行役も負う（286条1項）。ただし，現物出資財産の価額について検査役の調査を受けた場合，その職務を行うについて注意を怠らなかったことを証明した場合は，免責される（同条2項）。

第6章　社債と新株予約権付社債

第1節　社　　債

I　社債の意義

　会社法は，社債とは，会社法の規定により会社が行う割当てにより発生する当該会社を債務者とする金銭債権であって，社債の募集事項についての定めに従い償還されるものをいうと定義している（2条23号）。

　従来，社債とは，公衆に対する起債によって生じた株式会社に対する多数に分割された債務であって，それについて債券が発行されるものと解されていた。会社法により，公衆に対する起債をしない私募債も社債に含まれることになる。

　会社は，株式会社，合名会社，合資会社または合同会社というから（2条1号），合名会社・合資会社・合同会社も社債を発行できることが明らかになっている。そこで，会社法は，社債に関する規定を第4編に置いている。なお，有限会社は社債を発行できないものとされていた（旧有59条4項など参照）。会社法整備法は，特例有限会社に第4編の規定を適用除外とする特則を置かず，特例有限会社も社債を発行できるものとしている。

　社債の発行は，会社が発行時に定めた条件で元本の返済（償還）と利息の支払をしなければならない，借入行為の一種である。社債は会社の債務であるから，相殺の対象となる（最判平成13・12・18判時1773号13頁，最判平成15・2・21金判1165号13頁参照）。しかし，社債は，通常，債務が多数に分割されるので，募集株式の発行と同じく，多数の投資家から資金を調達することができる。償還の期限も任意であるが，比較的長く，安定した資金として自己資本に準ずる性質を持っている。

　株式会社においては，社債は一部の大企業しか発行できなかった。償還不能を防止するための措置が実務慣行として行われていたためである。現

在では，制限的な起債慣行は廃止され，社債を発行できる株式会社の範囲は拡大されている。そして，社債の償還の安全性を表現する格付制度が定着してきている。

以下では，株式会社が社債を発行する場合について述べることにする。

II 社債発行の形態

私募によらない社債の発行方法には，大別して，総額引受けと公募がある。総額引受けは，特定の者が発行会社との契約によって社債の総額を引き受ける方法である（679条参照）。総額引受けでは，発行会社は直ちに必要な資金を入手でき，引受人は後日機を見て社債を一般投資家に売り出せばよい。ただし，引受人は原則として証券会社に限られている（証取36条2項・65条1項本文・2条8項）。

公募は，一般投資家から社債を募集する方法である。会社法は，発行会社が直接に投資家から社債を募集する直接募集を中心に規定しているが，通常は，募集株式発行の場合と同じく，証券会社に募集を委託し，証券会社が社債の引受人になってそれを投資家に転売する，買取引受けの方法がとられる（証取2条6項1号）。買取引受けは，社債の総額を引き受けると，総額引受けとなる。ただし，後述（345頁）の社債管理者の銀行が社債募集の委託を受けて社債発行事務を行うことは禁止されていない（銀行10条2項7号）。

III 社債発行の手続

(1) 募集事項の決定機関

株式会社が社債を発行する場合，取締役会を設置しない会社では，社債の募集事項は，取締役が決定する（348条1項）。取締役が複数いる場合には，その過半数で決定するが（同条2項），いずれかの取締役に決定を委ねることは可能である（同条3項）。

委員会設置会社では，社債の募集事項の決定は，執行役に委任することができる（416条4項）。これに対し，委員会設置会社ではない取締役会設置会社では，社債の募集事項の決定は，取締役会の専決事項である（362条4項5号）。しかし，代表取締役などに委任できないのは，募集事項に

関する重要な事項である（362条4項5号）。

(2) 決定事項

決定しなければならない募集事項は，①募集社債の総額，②各募集社債の金額，③募集社債の利率，④募集社債の償還の方法および期限，⑤利息支払の方法および期限，⑥社債券を発行するときはその旨，⑦記名式と無記名式社債券間の転換の請求の全部または一部をすることができないとするときはその旨，⑧社債管理者が社債権者集会の決議によらずに社債全部についての訴訟行為・倒産手続の行為をすることができることとするときはその旨，⑨各募集社債の払込金額もしくはその最低金額またはこれらの算定方法，⑩募集社債と引換えにする金銭払込みの期日，⑪一定の日までに募集社債の総額について割当てを受ける者を定めていない場合において，募集社債の全部を発行しないとするときは，その旨およびその一定の日，⑫その他法務省令で定める事項，である（676条1項1号〜12号）。

⑫の法務省令で定める事項は，数回に分けて募集社債と引換えに金銭の払込みをさせるときは，その旨および各払込みの期日における払込金額，他の会社と合同して募集社債を発行するときは，その旨および各会社の負担部分，募集社債と引換えに金銭の払込みに代えて金銭以外の財産を給付する旨の契約を締結するときはその契約の内容，会社法に規定する社債管理者の権限以外の権限を定めるときはその権限の内容，などである（会社則162条）。

①の募集社債の総額は取締役会で決定しなければならない（362条4項5号）。③の募集社債の利率の決定は代表取締役などに委任することができ，取締役会は利率の上限を定めればよい（会社則99条3号）。⑨の募集社債の払込金額の決定も代表取締役などに委任することができ，取締役会は払込金額の総額の最低金額を定めればよい（会社則99条4号）。そこで，取締役会決議で募集社債の総額などを決定し，具体的な発行は，市場動向に応じて募集条件を変化させながら，決定し実行することが可能なことが明らかになっている。

従来，社債の種類の定義がなかったため，社債が数回にわたって発行された場合，発行ごとに社債は別の種類になると解されていた。会社法は，社債の種類の定義を置き，社債の発行時期のいかんにかかわらず，社債の

権利内容が同一であれば，社債の種類が同一になるものとしている。具体的には，募集事項の③～⑧のほか，他の会社と合同して募集社債を発行するときにその旨および各会社の負担部分，社債管理者を定めたときにその名称・住所および委託にかかる契約の内容，社債原簿管理人を定めたときにその氏名・名称・住所が同一であれば，社債の種類は同一となる（681条1号，会社則165条）。そして，募集事項を決定する際に既発行社債の社債と同一内容を定めて発行すると，同一銘柄の社債となる。そこで，一定期間を定めてその期間内に公衆に対し個別的に売り出す売出発行は，募集社債の総額を多額に決定しておいて，公衆が窓口で申込みをした時点で同一種類の社債の発行を決定し，実行することにより可能である。

社債は，券面額未満の発行も認められる（676条2号9号参照）。社債権者に償還すべき金額が券面券を超えるべきことを定めたときはその超過額は各社債につき同率でなければならないとする規定（旧商300条）は，廃止されている。社債の多様性を犠牲にしてまで割増償還の同率性を要求する必要性はないからである。

⑪は，打切り発行を原則とすることを意味する。従来，応募額が社債の総額に達しないときでも社債を成立させる打切り発行は，社債申込証の用紙に記載した場合にかぎりその効力が認められていた（旧商301条3項）。しかし，応募不足の場合に社債全部を不成立とする必要性はないから，募集株式の発行の場合と整合させ，一定の日までに募集社債の総額の割当てがされることを社債成立の条件とする旨を募集事項で定めた場合に社債全部が不成立とすることにしている。前に募集した社債総額の払込みをさせた後でなければさらに社債を募集することができないとする規定（旧商298条）は，廃止されている。

（3）募集社債の割当て

会社は，募集に応じて募集社債の引受けの申込みをしようとする者に対し，会社の商号，募集事項，社債管理者を定めたときはその名称・住所，社債原簿管理人を定めたときはその氏名・名称・住所，を通知しなければならない（677条1項，会社則163条）。

証券取引法は，社債についても，一般投資家を保護するため，50人未満の者に対して勧誘する場合，および適格機関投資家に対してのみ勧誘を

行う場合を除き（証取2条3項2号・4条1項2号，証取令1条の4～1条の7），有価証券届出書の内閣総理大臣への提出，目論見書の作成・交付を要求している（証取4条・5条・13条・15条）。募集事項などの通知は，通知事項を記載した証券取引法2条10項に規定する目論見書を申込みをしようとする者に交付している場合，目論見書に記載すべき事項を電磁的方法により提供している場合などには，省略できる（677条4項，会社則164条）。

募集社債の引受けの申込みをする者は，申込者の氏名・名称および住所，引き受けようとする募集社債の金額および金額ごとの数，会社が払込金額の最低金額を定めたときは希望する払込金額を記載した書面を会社に交付するか，電磁的方法で提供しなければならない（677条2項3項）。

会社は，申込者の中から募集社債の割当てを受ける者を定め，その者に割り当てる募集社債の金額および金額ごとの数を定めなければならない（678条1項）。会社は，払込期日の前日までに，申込者に対し，その申込者に割り当てる募集社債の金額および金額ごとの数を通知しなければならない（同条2項）。

募集社債の申込みおよび割当てに関する規定は，募集社債を引き受けようとする者がその総額の引受けを行う契約を締結する場合には，適用されない（679条）。

IV 社債原簿と社債の譲渡

（1） 社債原簿

会社は，社債を発行した日以後遅滞なく，社債原簿を作成し，法定事項を記載・記録しなければならない（681条）。社債原簿は，株主名簿や新株予約権原簿に相当するものである。

法定事項は，①社債の種類，②種類ごとの社債の総額および各社債の金額，③各社債と引換えに払い込まれた金銭の額および払込みの日，④無記名式の社債券が発行されている社債権者を除く，社債券者の氏名・名称および住所，⑤社債権者の氏名などが記載・記録される者が社債を取得した日，⑥社債券を発行したときは，社債券の番号，発行日，社債券が記名式か無記名式かの別および無記名式社債券の数，⑦その他法務省令で定める

事項である（同条1号～7号）。法務省令で定める事項は，金銭の払込みに代えて金銭以外の給付があったときはその財産の価額および給付の日，金銭の払込みをする債務と会社に対する債権とを相殺したときはその債権の額および相殺をした日，である（会社則166条）。

会社は社債原簿管理人を置くことができるが，株主名簿管理人と異なり，定款で定めず取締役会などの決定によって定めることができる（683条）。社債原簿管理人は株主の利益とかかわりがないことが多いからである。

会社は，株主名簿と同様に，社債原簿を本店に備え置くか，社債原簿管理人の営業所に備え置かなければならない（684条1項）。社債権者，社債発行会社の債権者・株主は，社債原簿の閲覧・謄写を請求できるが，会社が請求を拒否できる事由について，株主名簿の場合と同様の規定がある（同条2項3項，会社則167条）。

（2）　社債の譲渡

社債の譲渡手続は，社債券が発行されているか否かで異なる。社債券を発行する場合は，募集事項を決定する際にその旨を定めておかなければならない（676条6号）。

社債券は，社債権者の権利を表章する有価証券であり，会社は，社債券を発行する旨の定めがある社債を発行した日以後遅滞なく，社債券を発行しなければならない（696条）。記載事項は法定されている（697条）。社債券には記名式と無記名式のものとがあり，募集事項の決定の際に定めないかぎり，社債権者は，いつでも，相互の転換を請求できる（676条7号・698条）。公募債は，ほとんどが無記名式である。社債券を喪失した場合は，除権判決を得た後でなければ，証券の再発行を請求することはできない（699条）。

社債券を発行する旨の定めがある社債の譲渡は，社債にかかる社債券を交付しなければ，その効力を生じない（687条）。これに対し，社債券が発行されない場合は，当事者の意思の表示のみで行われる。そのため，社債権者は，会社に対し，当該者について社債原簿に記載した書面または電磁的記録の交付・提供を請求することが認められている（695条）。

社債の譲渡が社債券の交付により行われると，社債券の占有者は当該社債券にかかる社債についての権利を適法に有するものと推定される（689

条 1 項)。社債券の善意取得も認められる (同条 2 項)。

社債券を発行する旨の定めがある場合は，社債の譲渡は，その社債の取得者の氏名・名称および住所を社債原簿に記載・記録しなければ，会社に対抗することができない (688 条 2 項)。

社債券が発行されない場合は，取得者の氏名・名称および住所を社債原簿に記載・記録しなければ，会社その他の第三者に対抗することができない (688 条 1 項)。取得者の社債原簿の名義書換えは，利害関係人の利益を害するおそれがないものとして法務省令で定める場合 (会社則 168 条 1 項参照) を除き，取得者がその取得した社債の社債権者として社債原簿に記載・記録された者またはその一般承継人と共同してしなければならない (691 条 2 項)。

無記名式の社債券が発行されている場合は，社債券の占有が会社その他の第三者に対する対抗要件となる (688 条 3 項)。無記名式では，社債権者の氏名などが社債原簿に記載・記録されないからである (681 条 4 号)。

社債の質入れの効力要件，対抗要件については，株式の質入れと同様である (692 条・693 条)。

(3) 振替社債

「社債，株式等の振替に関する法律」の下で，振替制度の対象となる社債は，短期社債および募集事項の決定に際して同法の適用を受ける旨を定めた社債である (社債株式振替 66 条)。

「短期社債」とは，各社債の金額が 1 億円を下回らず，元本の償還について社債の総額の払込みがあった日から 1 年未満の日とする確定期限の定めがあり，分割払の定めがなく，利息の支払期限を元本の償還期限と同じとする社債である (社債株式振替 66 条 1 号)。

振替制度の対象となる社債の場合は，社債券は発行されない (社債株式振替 67 条)。社債発行時には，振替機関にある各加入者の口座に，発行会社から通知された振替社債の金額などが記載・記録される (同法 69 条)。振替社債の譲渡・質入れは，加入者の申請にもとづき，振替機関または口座管理機関が備える振替口座簿に記載・記録されることにより効力を生ずる (同法 73 条・74 条)。また，自己の口座に振替社債の増減の記載・記録を受けた加入者につき，善意取得が認められる (同法 77 条)。

V　社債の利払と償還

(1)　利息の支払

利息の定めのある社債（利付債）は，募集事項で定められた方法・期限により所定の利息の支払を受ける（676条5号）。

記名社債の場合は，利息は，社債原簿に記載・記録された社債権者に対し，社債原簿に記載・記録された住所において支払われる（685条1項，商516条1項，民484条）。

社債券には利札を付することができる（697条2項）。無記名式の場合は，社債券に利札を付しておいて，利払期に利札と引換えに支払うのが通常である。

利札は，各利払期における利息の支払請求権を表章する有価証券であり，通常は無記名式である。したがって，社債券から切り離して売却することができる。会社は，社債券が発行されている社債を期限前に繰上償還する場合に，利札が社債券から切り離されて別個に流通し，欠けているときは，利札に表示される社債の利息の請求額を償還額から控除しなければならない（700条1項）。対価を支払って利札を取得した利札所持人の利益を保護するためである。利札所持人は，いつでも，発行会社に対し控除額の支払を請求することができる（同条2項）。

会社が利息の支払を怠ったときは，社債権者集会の決議にもとづき，決議を執行する者は，会社に対し，一定の期間内に弁済をしなければならない旨，および期間内に弁済しないときは当該社債の総額について期限の利益を喪失する旨を通知または電磁的方法で提供することができる（739条1項2項）。一定の期間内に弁済しなかったときは，社債の総額について期限の利益を喪失する（同条3項）。

(2)　社債の償還

社債は，募集事項で定められた方法・期限により償還される（676条4号）。償還は，発行後一定期間据え置き，その後一定期日までに随時償還をするか，または，その後定期的に一定額またはそれ以上の額を抽選によって償還し，一定期日に全部の償還を終える方法によるのが通常である。

社債については，自己株式取得の場合のような制限は設けられていない

から，会社は，いつでも自己の社債を取得し消却する買入消却が認められる（690条1項1号参照）。

社債管理者は，社債権者のために償還を請求して，償還を受けることができ，必要があれば訴えを提起できる（705条1項）。しかし，社債管理者が設置されても，社債権者が発行会社に対し償還を請求することは妨げられない（大判昭和3・11・28民集7巻1008頁参照）。

社債の償還請求権の消滅時効期間は10年である（701条1項）。社債の継続性を考慮して，商事債権の消滅時効期間の5年（商522条）を伸長したものである。これに対し，社債の利息請求権の消滅時効期間は5年である（701条2項）。

VI 社債管理者

（1） 社債管理者の設置

株式会社が社債を発行する場合には，社債管理者を定め，社債権者のために，弁済の受領，債権の保全その他の社債の管理を行うことを委託しなければならない（702条本文）。社債権者のために社債を管理する者を置かないと，社債の元利金の支払について債務不履行などが生じた場合に，社債権者が自ら適切に対応することは難しいからである。発行地が日本国内か，国外かにかかわらず，日本の株式会社が会社法の規定により社債の割当てや償還が行われる場合は，社債管理者を設置しなければならない（2条23号参照）。他方，会社法は会社と外国会社を区別しており（2条33号・5条参照），外国会社が日本で社債という名称の債券を発行しても，社債管理者の設置義務を負わない。

各社債の金額が1億円以上である場合その他社債権者の保護に欠けるおそれがないものとして法務省令で定める場合は，社債管理者の設置義務を負わない（702条ただし書）。社債の金額が1億円以上である場合は，機関投資家向けの社債であるからである。法務省令で定める場合は，社債の総額を各社債の最低限で除した数が50を下回る場合である（会社則169条）。この場合は，社債権者が多数となることはなく，社債権者が自ら社債を管理できるからである。

社債管理者になれるのは，①銀行，②信託会社，③銀行・信託会社に準

ずるものとして法務省令で定める者である（703条）。
　法務省令で定める者は，担保付社債信託法5条1項の免許を受けた者，長期信用銀行，農林中央金庫，商工組合中央金庫，農業協同組合・農業協同組合連合会，信用協同組合・協同組合連合会，信用金庫・信用金庫連合会，労働金庫連合会，保険会社である（会社則170条）。会社以外の法人にも資格を与えているので，従来の社債管理会社は社債管理者に名称を変更している。証券会社は社債管理者になれない（証取36条1項）。
　社債管理者が辞任できるのは，①社債発行会社および社債権者集会の同意を得たとき，②社債管理契約の定めた事由があるときで，事務を承継する社債管理者の定めがある場合，③やむを得ない事由があるときで，裁判所の許可を受けた場合である（711条）。
　裁判所は，社債管理者がその職務に違反したとき，その事務処理に不適任であるときその他正当な理由があるときは，社債発行会社または社債権者集会の申立てにより，社債管理者を解任できる（713条）。
　社債権者の資格がなくなったときや，辞任・解任などで社債管理者がないときは，発行会社は，社債権者集会の同意または裁判所の許可を得て，事務を承継する社債管理者を定めなければならない（714条1項）。

（2）権　限

　社債管理者は，社債権者のために，社債にかかる債権の弁済を受け，または社債にかかる債権の実現を保全するために必要な一切の裁判上または裁判外の行為をする権限を有する（705条1項）。したがって，社債管理者は，社債の償還と利息の支払請求，そのための訴えを提起する権限を有する。社債管理者が弁済を受けた場合には，社債権者は，社債管理者に対し，社債の償還額および利息の支払を請求することができる（同条2項）。
　社債管理者は，社債権者集会の決議を経て，総社債についての支払の猶予，発行会社の債務不履行によって生じた責任の免除・和解をすることができる（706条1項1号）。また，募集事項で定めた場合は，総社債についてする訴訟行為または破産手続の手続に属する行為をすることができる（676条8号・706条1項ただし書・2号）。発行会社が債務不履行に陥った時に，迅速に訴訟行為・破産手続を行うことができるようにするためである。社債管理者が社債権者集会の決議によらずに訴訟行為・破産手続をしたと

きは，遅滞なく，その旨を公告し，かつ，知れている社債権者には各別に通知しなければならない（706条2項）。社債発行会社の公告が電子公告である場合は，公告は官報に掲載する方法によらなければならない（706条3項）。

社債管理者は，社債にかかる債権の弁済を受けたり，支払の猶予などをするために必要があるときは，裁判所の許可を得て，社債発行会社の業務・財産の状況を調査することができる（705条4項・706条4項）。

社債発行会社が資本金の減少などを行う場合に，社債権者が異議を述べるためには，社債権者集会の決議を要するのが原則である（740条1項）。しかし，発行会社が社債管理者にも催告を行ったうえで，社債管理委託契約に別段の定めがない場合は，社債管理者は，社債権者集会の決議を経ることなく異議を述べることができる（同条2項3項）。社債権者集会の決議を必要とすると，異議を述べることが事実上困難となるからである。

社債管理者は，社債権者集会を招集し，これに出席して意見を述べることができる（717条2項・729条1項本文）。また，発行会社の社債権者に対する不公正な行為の取消しの訴えを提起できる（865条1項）。

そのほか，募集事項を定める際に，社債管理者に法定の権限以外の権限を定めることができる（740条2項ただし書参照）。実務上，発行会社が財務上の特約条項に違反した場合に期限の利益の喪失を宣言する権限を定めることがある。

（3） 義務と責任

社債管理者と社債権者との間には直接の法律関係はない。しかし，会社法は，社債権者を保護するために，社債管理者は，社債権者のために，公平かつ誠実に社債の管理を行わなければならず，また，社債権者に対し，善良な管理者の注意をもって社債の管理を行わなければならないとしている（704条1項2項）。

公平義務は，多数の社債権者を公平に取扱う義務，誠実義務は，自己または第三者の利益を社債権者の利益を優先させない義務である。善管注意義務も誠実義務も実質は異ならない。約定権限の行使も社債の管理に当たるから，その行使に際しても社債管理者は，公平・誠実義務および善管注意義務を負う。

社債管理者は，会社法または社債権者集会の決議に違反する行為をしたときは，社債権者に対し，連帯して，これによって生じた損害を賠償する責任を負う（710条1項）。

　社債管理者は，社債発行会社が社債の償還・利息の支払を怠り，もしくは発行会社について支払の停止があった後，またはその前3か月以内に，つぎの行為をした場合には，社債権者に対し，損害を賠償する責任を負う（710条2項）。

　①社債管理者の債権にかかる債務について社債発行会社から担保の提供または債務の消滅に関する行為を受けること，②社債管理者と法務省令で定める特別の関係がある者に対して当該社債管理者の債権を譲り渡し，特別の関係のある者が当該債権にかかる債務について発行会社から担保の提供または債務の消滅に関する行為を受けること，③社債管理者が発行会社に対する債権を有する場合において，契約によって負担する債務をもっぱら当該債権をもってする相殺に供する目的で発行会社の財産の処分を内容とする契約を発行会社との間で締結し，または発行会社に対して債務を負担する者の債務を引き受けることを内容とする契約を締結し，かつ，これにより発行会社に対し負担した債務と当該債権とを相殺すること，④社債管理者が発行会社に対して債務を負担する場合において，発行会社に対する債権を譲り受け，かつ，当該債務と当該債権とを相殺すること，である（710条2項1号～4号）。

　②の法務省令で定める特別の関係のある者とは，法人の総社員または総株主の議決権の100分の50を超える議決権を有する支配社員・株主と被支配法人との関係，すなわち，親子関係，孫会社関係にある者である（会社則171条）。

　2項の損害賠償責任は，社債管理者が誠実にすべき社債の管理を怠らなかったこと，または損害が①～④の行為によって生じたものでないことを証明したときは，免責される（710条2項ただし書）。

　2項の損害賠償責任は，社債管理者の利益相反行為を防止するための特別の責任で，立証責任を転換して社債権者の保護を図ったものである。3か月以内に支払の懈怠・停止があった以上，社債管理者が発行会社から弁済期の到来した債務の返済を受けた場合も責任を負うと解すべきである。

また，誠実にすべき社債の管理を怠らなかったとは，社債管理者が発行会社から弁済を受けると同時に融資をした場合（債務の借換え）などに限定される。

なお，2項の損害賠償責任は，辞任した社債管理者にも追及することができる（712条）。

Ⅶ 社債権者集会

（1） 社債権者集会の意義

社債権者集会は，社債権者の重大な利害に関係する事項について，同種類の社債権者の意思を決定する臨時の会議体である。社債の発行時期のいかんにかかわらず，社債の種類ごとに社債権者集会を組織する（715条）。

社債発行会社が債務不履行に陥ったような場合，債権の一部を放棄して会社の倒産を避けた方が，社債権者全体にとって利益となる場合がある。しかし，債権の一部放棄の判断を個々の社債権者に委ねると，同意を得ることは困難となる。そこで，多数決でそれを可能とし，社債権者全体の利益を図るための制度が，社債権者集会である。

（2） 権　限

社債権者集会は，会社法に規定する事項および社債権者の利害に関する事項について決議することができる（716条）。

会社法が規定する事項は，①社債権者集会の代表者および執行者の選任・解任（736条1項・738条），②発行会社が利払または一部償還を怠った場合の社債の期限の喪失の決定（739条1項），③資本金減少・合併などに対する異議申立て（740条1項），④特別代理人の選任の申立て（707条）などである。

（3） 招集・議決権・決議

社債権者集会は，必要がある場合は，いつでも招集することができる（717条1項）。招集権者は，発行会社，社債管理者および社債総額の10分の1以上を有する社債権者である（717条2項・718条1項3項）。招集手続は株主総会に準ずるが（719条・720条），無記名の社債券を発行している場合には，社債権者集会の3週間前までに，社債権者集会を招集する旨および社債権者集会の目的である事項を公告することを要する（720条4項）。

社債権者集会においては，各社債権者は，その有する当該種類の社債の金額の合計額から償還済みの額を除いた金額に応じて議決権を有する（723条1項）。そこで，議決権の数を整数にするため社債の金額の均一性または整除の可能性を要求していた規定（旧商299条），は廃止されている。無記名式の社債券の所持人が議決権を行使するには，社債権者集会の1週間前までに，社債券を招集者に提示しなければならない（723条3項）。供託は要求されていない（旧商321条2項参照）。議決権の代理行使，書面および電磁的方法による議決権の行使も認められている（725条・726条・727条）。

　社債権者集会においては，発行会社・社債管理者は，その代表者または代理人を出席させ，または書面により意見を述べることができる（729条1項本文）。

　社債権者集会の決議は，出席した社債権者の議決権の総額の過半数の同意で成立するのが原則であるが（724条1項），社債の全部についての支払の猶予，債務の不履行によって生じた責任の免除・和解，訴訟行為・倒産手続などの事項を可決するには，社債権者の議決権総額の5分の1以上で，かつ，出席した社債権者の議決権総額の3分の1以上の同意が必要である（同条2項）。会社法は，特別決議について定足数を要件としていない。

　社債権者集会は，特別決議により，社債総額の1000分の1以上を有する社債権者の中から，1人または数人の代表者を選任し，決議事項の決定を委任することができる（736条1項）。社債権者集会をしばしば開催することは困難であり，また，社債権者集会は細目の決定に適しないからである。

（4）　決議の効力・執行

　社債権者集会の決議は，裁判所の認可を受けないと効力を生じない（734条1項）。決議の妥当性について裁判所の審査を受けさせることにより，社債権者を保護するためである。決議につき裁判所の認可を必要とするため，株主総会と異なり，決議取消しの訴え，無効・不存在確認の訴えの制度はない。

　裁判所の認可を受けるため，社債権者集会の招集権者は，決議のあった日から1週間以内に，裁判所に対し，決議の認可の申立てをしなければな

らない（732条）。

　裁判所は，①社債権者集会の招集の手続または決議の方法が法令に違反するとき，または社債の募集のための社債発行会社の事業その他の事項に関する説明に用いた資料に記載・記録された事項に違反するとき，②決議が不正の方法によって成立するに至ったとき，③決議が著しく不公正であるとき，④決議が社債権者の一般の利益に反するときは，決議を認可することができない（733条）。

　決議が執行を必要とする場合は，社債権者集会の決議で別に執行者を定めないかぎり，社債管理者，社債管理者がないときは代表社債権者が執行する（737条1項）。

Ⅷ　担保付社債

　担保付社債は，多数でかつ変動する社債権者に対し個々に担保を提供するのは困難なので，社債発行会社と社債権者の間に受託会社を置き，発行会社と受託会社の信託契約により，受託会社が担保権を取得し，それを総社債権者のために管理・実行するようになっている社債である（担信70条）。社債権者は，受益者として債権額に応じて平等に担保の利益を受ける（担信71条）。

　社債発行会社以外の者による担保提供および社債発行後の担保提供も可能である（担信2条1項）。担保にできる物権の種類は法定されている（担信4条）。企業担保法により認められる企業担保は，担保にできる（担信4条1項14号）。担保付社債は，社債の最高額を定めてこれに対してあらかじめ担保権を設定しておき，その額まで数回に分けて社債を発行し，各回に社債は同一の順位の担保権を享受できる，分割発行が認められている（担信21条）。

　受託会社は，担保権を保存・実行するだけでなく，社債の管理も担当する。社債の管理に際しては，受託会社は，公平・誠実に信託事務を処理する義務および委託者・社債権者に対して善管注意義務を負う（担信68条）ほか，担保付社債信託法に特別の規定がある場合を除き，会社法上の社債管理者と同一の権限を有し義務を負う（担信69条）。

　担保の変更および担保権の順位の変更などについては，担保の価額が未

償還の担保付社債の元利金を担保するに足るときを除き，担保付社債の社債権者集会の特別決議が必要となる（担信75条・32条）。受託会社は，社債権者集会を招集し，その決議を執行する権限を有する（担信31条・34条）。

第2節　新株予約権付社債

I　新株予約権付社債の意義

　新株予約権付社債は，新株予約権を付した社債である（2条22号）。新株予約権付社債は，潜在的株式なので，エクィティー・リンク社債と呼ばれている。

　従来の転換社債，すなわち，社債権者にあらかじめ定められた期間内に，一定数の株式に転換される権利を付した社債は，新株予約権社債にかかる社債を新株予約権の行使に際してする出資の目的とするもの（236条1項3号）として発行される。

　会社法は，新株予約権付社債について規定をまとめて置くことはせず，新株予約権社債については，「新株予約権」の章および「社債」の4編の規定がそれぞれ適用されるものとしている。

II　新株予約権付社債の発行手続

（1）　募集事項の決定

　新株予約権付社債の発行の決定は，株主割当てによらない場合は，非公開会社では株主総会の特別決議で行い（238条2項・239条・309条2項6号），公開会社では有利発行である場合を除き，取締役会決議で行う（240条1項・238条3項）。

　株主割当ての場合は，非公開会社では原則として株主総会の特別決議で行い（241条3項4号），公開会社では取締役会決議で行う（同項3号）。

　新株予約権付社債の有利発行についても，原則として，発行時点における新株予約権の経済価値を算出し，新株予約権付社債に付された新株予約権の払込金額が新株予約権の経済価値を大きく下回る場合が有利発行とい

うことになる。

決定事項は，募集新株予約権を発行する場合と同じ事項のほか，募集社債に関する事項が加わる（238条1項6号）。

新株予約権付社債に付された新株予約権の数は，当該新株予約権付社債についての社債の金額ごとに，均等に定めなければならない（236条2項）。新株予約権付社債権者の平等的取扱いのためである。

（2） 引受人の募集・割当て

新株予約権付社債を引き受ける者を募集して新株予約権付社債を割り当てる手続については，社債を引き受ける者の募集の手続に関する規定は適用が除外されている（248条）。したがって，募集新株予約権付社債の割当てに際して，社債の募集の際に定めるべきものとされている事項（676条）も同時に定めなければならない。

募集新株予約権が新株予約権付社債に付されたものである場合は，募集新株予約権の申込みをした者は，新株予約権を付した新株予約権付社債の申込みをしたものとみなされ（242条6項），新株予約権社債の新株予約権部分のみの申込みや割当てを行うことはできない。

申込者に対する通知は，新株予約権付社債についての社債の種類および各社債の金額の合計額も通知しなければならない（243条3項）。

新株予約権付社債の申込みをした者は，当該新株予約権付社債にかかる新株予約権の割当日に，当該新株予約権の新株予約権者と当該新株予約権付社債にかかる社債の社債権者となる（245条2項）。

Ⅲ　新株予約権付社債の譲渡

新株予約権付社債券を発行する場合は，社債券について記載しなければならない事項のほか，新株予約権の内容および数を記載しなければならない（292条1項）。新株予約権付社債券は，記名式のものも認められる（249条3号ホ）。

証券発行新株予約権付社債の譲渡は，証券を交付しなければ，その効力を生じない（255条2項）。記名式の新株予約権付社債については，その新株予約権部分についての会社への対抗要件は新株予約権原簿の記載・記録であり（257条2項），社債部分についての会社への対抗要件は社債原簿の

記載・記録である（688条2項）。

　新株予約権と社債とは分離して譲渡することはできない（254条2項3項）。そこで，譲渡制限のある新株予約権について会社の承認がない場合は，社債の譲渡も効力を生じない。

IV　新株予約権付社債の無償割当て

　新株予約権の無償割当ての制度（277条）により，新株予約権付社債を割り当てることも可能である。その場合，新株予約権付社債についての社債の種類および各社債の金額の合計額またはその算定方法も定めなければならない（278条1項2号）。無償で割り当てられる新株予約権に付される社債は1種類に限られる（278条1項2号）。

　株主は，新株予約権の無償割当てが効力を生ずる日として会社が定めた日に，新株予約権の権利者および新株予約権が付された社債の社債権者となる（279条1項）。

V　新株予約権の行使

　新株予約権付社債に付された新株予約権の行使は，行使にかかる新株予約権の内容および数，新株予約権を行使する日を明らかにして行わなければならない（280条1項）。証券が発行されている場合は，行使する際に証券を会社に提出しなければならない（同条3項）。

　金銭を新株予約権の行使に際して出資の目的とするときは，会社が定めた払込金融機関において，行使に際して払い込むべき金額の全額を払い込まなければならない（281条1項）。

　転換社債型の新株予約権付社債の場合は，社債金額の償還と引き換えに金銭以外の出資の給付があったことになる（281条2項前段）。ただし，社債の金額の償還に代えて払込みがあったものとしなければならない旨の規定（旧商341条ノ3第1項7号），および，社債の発行価額と新株予約権の行使価額が同額であることを要する旨の規定（旧商341条ノ3第2項）は，廃止されている。したがって，行使価額の一部を社債の償還金で出資し，残りを金銭で払い込むことが可能となっている（281条2項後段）。

　新株予約権付社債にかかる社債の償還をする場合に，当該新株予約権付

社債に付された新株予約権が消滅していないときは、新株予約権付社債を会社に提出してしまうと、新株予約権証券を表章する証券が新株予約権者の手元に残らなくなってしまう。そこで、会社は、新株予約権証券の提示を求めたうえで、当該新株予約権付社債券に社債の償還をした旨を記載することができるものとされている（292条2項）。

VI 違法・不公正新株予約権付社債の発行の是正と責任

新株予約権付社債についても、発行差止めの制度は認められている（247条）。新株予約権付社債発行の無効の訴え、不存在確認の訴えも認められている（828条1項4号・829条3号）。取締役・執行役と通じて不公正な条件・価額で新株予約権付社債を引き受けた者の責任、および取締役の財産価額てん補責任も、新株予約権の場合と同じである（285条・286条）。

第7章　計　　算

第1節　計算規定の目的と会計慣行・証券取引法会計

I　計算規定の目的

　会社法が株式会社の計算について規定を設けているのは、株主・会社債権者に会計情報を提供・開示させて、株主・会社債権者が会社のリスクを予測し、投資や取引をどうするかなどを自らの責任で判断できるようにすること、および、会社債権者の責任財産となるのが会社財産だけである株式会社における、株主に対する剰余金配当などの限度額を定めるためである。

　平成14年改正以来、計算書類の記載事項および記載方法などの様式については、法務省令に委ねている（435条2項）。また、資産の評価についても法務省令に委ねている（432条1項）。会計処理方法の変化に迅速に対応できるようにするためである。会社法の下では、法務省令に委ねている事項が増えている。

II　会計慣行

　会社法431条は、株式会社の会計は、一般に公正妥当と認められる企業会計の慣行に従うものとすると定めている。これは、会社法会計と企業会計を調整する趣旨で昭和49年改正で設けられた従来の規定（旧商32条2項）を引き継いだものである。

　従来の規定は、「商業帳簿の作成に関する規定の解釈」についてはと定めていたが、商業帳簿の作成に関する商法の規定の解釈についてだけ適用されるものではないと解されていた。「株式会社の会計」と改めている会社法の下では、会社法に規定がない事項についても会計慣行に従わなければならないことが明らかになっている。

従来の規定は,「斟酌すべし」と定めていた。しかし,斟酌するとは,単に参考にするという意味ではなく,特別の事情がないかぎり会計慣行に従うことを意味すると解されていた。「従う」という表現に改めている会社法の下では,会計慣行に従わない会計処理は認められないことが明らかになっている。

「公正妥当と認められる企業会計の慣行」は,企業会計審議会が定めた「企業会計原則」その他の会計基準が主たるものである。しかし,これらの会計基準に限られるわけではない。また,公正妥当な企業会計の慣行は1つに限られない。公正な会計慣行に合致する会計基準は複数存在することもありうるとする判例（大阪高判平成16・5・25判時1863号115頁),新たな会計処理の基準が導入された場合でも,従来の基準が全く排斥されるものではないとする判例（東京地判平成17・5・19判時1900号3頁）がある。

「企業会計原則」などの会計基準は,規模の大きい有価証券報告書提出会社を対象としている。企業会計の慣行は株式会社の規模,業種などで異なるから,中小企業の会計慣行は別の基準によるべきである。平成17年8月3日に日本税理士連合会,日本公認会計士協会,日本商工会議所および企業会計基準委員会は,「中小企業の会計に関する指針」を公表している。この指針は,中小企業が会計参与を置く場合に,会計参与が計算書類を作成するに当たっての会計慣行になって行くであろう。

企業の営業活動や資金調達活動の国際化に伴い,国際会計基準審議会（International Accounting Standard Board）が,国際的に承認されるものとすることを目的として国際会計基準を作成している。国際会計基準は直接には国内会計基準を拘束しないが,わが国の最近の会計基準の整備は国際会計基準の影響を受けている。

III 証券取引法会計

証券取引法は,公開会社などに有価証券届出書（証取5条),目論見書（同13条),有価証券報告書（同24条),半期報告書（同24条の5）などの提出・開示を要求している。それらに含まれる財務書類は,内閣府令で定める様式によらなければならない（証取193条)。

記載方法などは,「財務諸表等の用語,様式および作成方法に関する規

則」(財務諸表等規則)に定められている。財務諸表は，貸借対照表，損益計算書，利益処分計算書または損失処理計算書，キャッシュ・フロー計算書および附属明細書より構成されている。また，支配従属関係にある企業を単一の組織体とみなして作成する連結財務諸表の記載方法などは，「連結財務諸表の用語，様式及び作成方法に関する規則」(連結財務諸表規則)に定められている。連結財務諸表は，連結貸借対照表，連結損益計算書，連結剰余金計算書，連結キャッシュ・フロー計算書，連結附属明細書より構成されている。証券取引法上の財務諸表は，現在，連結財務諸表が中心となっている。また，1年決算の会社が半期報告書において中間会計期間の内容を開示するために作成する財務諸表の記載方法などは，「中間財務諸表等の用語，様式及び作成方法に関する規則」(中間財務諸表等規則)に定められている。これらの証券取引法上の財務諸表は，公認会計士または監査法人の監査証明を受けなければならない(証取193条の2)。

　証券取引法にもとづく会計の目的は，証券市場における投資者保護のための情報の提供・開示にあり，剰余金の配当限度額の算定目的を有していない。しかし，企業会計審議会が公表する会計基準は，証券取引法にもとづく財務諸表および連結財務諸表が従うべき「一般に公正妥当と認められる企業会計の基準」に該当する(財務規1条2項，連結財務規1条2項)。

　なお，株式会社の課税所得の算定は，当該会社の期間中の益金と損金の差額として計算される。そして，課税所得の算定のための収益および費用・損失は，一般に公正妥当と認められる会計処理の基準にしたがって計算される(法税22条4項)。また，法人の確定申告は，確定した決算にもとづいて行われる(法税74条1項)。したがって，企業会計原則を中心とした会計諸原則が税法上の課税所得計算の基礎となる。しかし，税務会計の目的は主として課税負担の公平にあるから，公正妥当と認められる会計処理の基準は法人税法上別段の定めがないかぎり依拠され(法税22条2項3項)，法人税法などに独自の損金・費用算入などに関する規定が置かれている。

第2節　会計帳簿

I　会計帳簿の作成

　会社は，法務省令で定めるところにより，適時に，正確な会計帳簿を作成しなければならない（432条1項）
　会計帳簿は適時に作成しなければならないから，納税申告時にまとめて記載することなどは認められない。会計帳簿の正確性は，株主・会社債権者の利益保護の点から当然のことである。
　会計帳簿は，一般に会社の事業上の財産およびその価額を記載した帳簿で，計算書類とその附属明細書の作成の基礎となる帳簿をいう。企業会計一般に用いられる複式簿記では，会計帳簿の主要簿は，日々の取引を発生順に記載した日記帳，日記帳に記載された取引を借方と貸方の両面に分けて勘定と金額を記載する仕訳帳，仕訳帳に記載された取引を資産，負債などの勘定別に転記した総勘定元帳から成る。そのほかに，補助簿として，仕入帳，売上帳などがある。
　法務省令は，会計帳簿に記帳すべき資産・負債の内容および評価について詳細に定めている（会社計算規5条〜10条）。また，会計帳簿に計上すべき株主資本その他の純資産について詳細に定めている（会社計算規36条以下）。

II　会計帳簿の保存・提出義務

　会社は，会計帳簿の閉鎖の時から10年間，その会計帳簿およびその事業に関する重要な資料を保存しなければならない（432条2項）。
　重要な資料とは，契約書，請求書，領収書など，将来の紛争に備えて事実関係や法律関係を証明するために重要となる資料である。
　裁判所は，申立てによりまたは職権で，訴訟の当事者に対し，会計帳簿の全部または一部の提出を命ずることができる（434条）。
　訴訟において証拠となりうる文書所持人の一般的提出義務は民事訴訟法に規定されているが，会社法は，訴訟当事者の有する会計帳簿について拒

否できる場合に当たるか否かを問わず提出義務を課し（民訴220条対照），また，当事者の申立てによらず職権をもって提出を命ずることができるとしている（民訴219条対照）。訴訟は商事に関するものであるかを問わない。

判例には，証券取引法および証券会社に関する省令により証券会社に作成が義務づけられる有価証券売買日記帳，有価証券勘定元帳は，証券会社が証券取引法および省令にもとづいて作成されたものであるから，提出命令の対象となる商業帳簿（会計帳簿）ではないとするものがある（東京高決昭和54・2・15下民30巻1〜4号24頁）。しかし，特別法によって作成が求められている帳簿であっても，会社の事業上の財産およびその価額を記載したものは会計帳簿というべきで，提出命令の対象になると解すべきである。

会計帳簿について特別の証拠力は定められていないので，その証拠力は一般原則に従い，裁判官の自由心証による（大判昭和17・9・8新聞4799号10頁参照）。裁判官の提出命令に従わないときは，裁判所は相手方の主張を真実と認めることができよう（民訴224条1項）。

Ⅲ　株主の会計帳簿閲覧権

（1）　株主の会計帳簿閲覧権の意義

総株主の議決権の100分の3以上の議決権を有する株主または発行済株式の100分の3以上の株式を有する株主は，会社の営業時間内は，いつでも，会計帳簿またはこれに関する資料，会計帳簿または資料が電磁的記録をもって作成されているときは記録された事項を表示したものの閲覧・謄写を請求することができる（433条1項）。議決権割合および株式数割合は定款で引き下げることができる（同項前段かっこ書）。

株主の会計帳簿閲覧権は，会社の業務・財産の状況の調査のための検査役選任請求権（358条）と同じく，株主が取締役・執行役の責任追及の手段として重要な意義を有する。ただし，金融機関については，預金者などの秘密保護のため，株主の会計帳簿閲覧権は認められていない（銀行23条，保険16条）。

会社の親会社の社員も，その権利を行使するために必要があるときは，裁判所の許可を得て，会計帳簿またはこれに関する資料の閲覧・謄写を請

求することができる（433条3項）。子会社を利用した取締役・執行役の不正行為などを防止できるようにするためである。

(2) 閲覧の対象となる会計帳簿・資料

閲覧請求の対象となるのは，会計帳簿またはこれに関する資料である。この会計帳簿とは，商法総則（商19条2項，旧商32条1項）にいう商業帳簿としての会計帳簿と解し，企業会計にいう仕分帳，総勘定元帳および現金出納帳，仕入帳，売上帳などの補助簿をいい，資料とは，会計帳簿に記入する際の材料となる伝票，受取証，契約書などの資料をいうとする見解がある（鈴木＝竹内・387頁，大隅＝今井・中504頁，北沢・613頁など）。そして，この立場から，法人税確定申告書控などは会計の資料に当たらないとする裁判例がある（東京地決平成元・6・22判時1315号3頁，横浜地判平成3・4・19判時1397号114頁，大阪地判平成11・3・24判時1741号150頁）。

少数株主権としての株主の会計帳簿閲覧権は，株主の権利の確保または行使に関する調査をするために認められるものである（433条2項1号参照）。また，会計帳簿・資料は，監査役および会計監査人の閲覧・謄写請求の対象となるが（389条4項・396条2項），そこでいう会計帳簿は商業帳簿としての会計帳簿に限定されない。したがって，株主の権利の確保・行使に関し調査のため必要であれば，商業帳簿としての会計帳簿に限定すべきではない。また，損益計算書には税引前純利益および法人税その他の税の額を記載することになっており（会社計算規123条・124条），法人税確定申告書控も会計の資料に含まれると解すべきである。

(3) 権利の行使と拒否事由

株主が会計帳簿閲覧権を行使するためには，請求の理由を明らかにしなければならない（433条1項柱書後段）。最高裁は，理由には，閲覧請求の目的を具体的に記載しなければならないとしている（最判平成2・11・8金判863号20頁，最判平成16・7・1民集58巻5号1214頁）。理由の記載により会社は閲覧請求に関連する帳簿・資料の範囲を判断できることになるから，可能なかぎり具体的に記載しなければならないといえる。しかし，書面に閲覧対象まで具体的に記載しなければならないと解すべきではない。株主としてはいかなる帳簿・資料がその請求の理由と関連するかを知ることができないのが通常であるからである。

最高裁は，理由は具体的に記載しなければならないが，その記載された請求の理由を基礎づける事実が客観的に存在することについての立証を要しないとしている（前掲最判平成16・7・1）。株主としては閲覧請求する時点では取締役・執行役に実際に違法・不当な行為があったかどうかは知ることができないのが通常であるから，違法性・不当性を調査するために閲覧する必要があるということで十分で，理由を基礎づける事実の立証までは必要ないと解すべきである。

　会計帳簿閲覧権は，株主の権利の確保または行使に関する調査をするために認められるものである。そうでない場合は認められるべきではない。しかし，会社が不当に拒否すると，株主の正当な権利行使を妨げることになる。そこで，会社法は，閲覧拒否事由を具体的に列挙している。①請求者がその権利の確保または行使に関する調査以外の目的で請求を行ったとき，②請求者が会社の業務の遂行を妨げ，または株主の共同の利益を害する目的で請求を行ったとき，③請求者が会社の業務と実質的に競争関係にある事業を営み，またはこれに従事するものであるとき，④請求者が会計帳簿・資料の閲覧・謄写によって知り得た事実を利益を得て第三者に通報するため請求を行ったとき，⑤請求者が過去2年以内において，会計帳簿・資料の閲覧・謄写によって知り得た事実を利益を得て第三者に通報したことがあるものであるとき，である（433条2項）。

　最高裁は，株式の譲渡制限会社において，譲渡の手続に適切に対処するため，相続により取得した株式の適正な価格を算定する目的でした会計帳簿の閲覧・謄写請求は，特段の事情がないかぎり，株主の権利行使の確保または行使に関し調査するために行われたものであって，①の拒否事由に該当しないとしている（前掲最判平成16・7・1）。譲渡制限株式については，株主が株式の適正な価格を知らなければ，譲渡に際して不利益を受ける可能性がある。譲渡制限株式の場合は，株式の譲渡を目的とした閲覧権の行使も拒否事由に当たらないと解すべきである。

第 3 節　計算書類等の作成と内容

I　計算書類等の作成

　会社は，成立の日における会計帳簿にもとづき，その成立の日における貸借対照表を作成しなければならない（435条1項，会社計算規90条）。また，会社は，法務省令で定めるところにより，各事業年度に関する計算書類，すなわち，貸借対照表，損益計算書その他会社の財産および損益の状況を示すために必要かつ適当なものとして法務省令で定めるもの，および事業報告とこれらの附属明細書を作成しなければならない（435条2項）。
　法務省令で定める計算書類は，株主資本等変動計算書および個別注記表である（会社計算規91条1項）。各事業年度にかかる計算書類およびその附属明細書の作成にかかる期間は，当該事業年度の前事業年度の末日の翌日から当該事業年度の末日までの期間であり，当該期間は原則として1年を超えることはできない（同条2項）。
　計算書類，事業報告および附属明細書は，電磁的記録をもって作成できる（435条3項）。会社は，計算書類を作成した日から10年間，当該計算書類とその附属明細書を保存しなければならない（435条4項）。裁判所は，申立てによりまたは職権で，訴訟の当事者に対し，計算書類およびその附属明細書の全部または一部の提出を命ずることができる（443条）。
　従来，利益処分または損失処理の議案は，計算書類の1つとされていた（旧商281条1項4号）。会社法は，株主に対する剰余金の配当は事業年度中に何回でも行うことができるものとし（454条1項），会社からの財産の流出を伴わない剰余金の計数変動を行うことを事業年度中に何回でも行うことができるものとしている（452条）。また，役員賞与については職務執行の対価として会社から受ける報酬等として取扱っている（361条1項）。そこで，利益処分または損失処理の議案は他の手続に吸収されるため，利益処分または損失処理の議案は会社法で廃止され，計算書類に含まれないことになっている。
　事業報告は，従来の営業報告書に当たるもので，会社法では，計算書類

に含まれないことが明らかになっている。

Ⅱ　計算書類等の様式

（1）　貸借対照表

　貸借対照表は，事業年度の末日における会社の財政状態を明らかにするため，すべての資産，負債および純資産を記載するものである。

　貸借対照表は，資産の部，負債の部および純資産の部に区分して表示しなければならない（会社計算規 105 条 1 項）。貸借対照表の表示方法についてはとくに定めがないが，資産の部を左側（借方）に，負債および純資産の部を右側（貸方）に対照させて記載する勘定様式が通常である。

　貸借対照表の資産の部は，流動資産，固定資産，繰延資産に区分され，固定資産は，有形固定資産，無形固定資産，投資その他の資産に区分する（会社計算規 106 条 1 項 2 項）。負債の部は，流動負債，固定負債に区分する（会社計算規 107 条 1 項）。純資産の部は，株主資本，評価・換算差額等，新株予約権に区分され，株主資本は，①資本金，②新株式申込証拠金，③資本剰余金，④利益剰余金，⑤自己株式，⑥自己株式申込証拠金に区分する（会社計算規 108 条 1 項 1 号・2 項）。⑥は控除項目となる（同条 2 項柱書）。評価・換算差額等は，その他有価証券評価差額金，繰延ヘッジ損益，土地再評価差額金などに細分する（会社計算規 108 条 7 項）。

　負債合計額が資産合計額を上回り，純資産額がマイナスとなる場合を債務超過という。純資産額は，会社が株主に剰余金の配当をすることができる限度額を計算する基礎となる。

（2）　損益計算書

　損益計算書は，会社の経営成績を明らかにするため事業年度に発生した利益とそれに対応する費用を記載するものである。会社の経営成績を明らかにする損益計算書の開示は，株主にとっても会社債権者にとっても重要である。

　損益計算書は，①売上高，②売上原価，③販売費および一般管理費，④営業外収益，⑤営業外費用，⑥特別利益，⑦特別損失に区分して表示しなければならない（会社計算規 119 条 1 項）。

　①の売上高の計上は，原則として実現主義がとられ，その事業年度内に

第7章 計　算

貸借対照表
（平成　年　月　日現在）

（単位：百万円）

資　産　の　部		負　債　の　部	
流動資産	××××	流動負債	××××
現金および預金	×××	支　払　手　形	×××
受　取　手　形	×××	買　　掛　　金	×××
売　　掛　　金	×××	短　期　借　入　金	×××
有　価　証　券	×××	未　　払　　金	×××
製　　　　　品	×××	未　払　費　用	×××
半製品・仕掛品	×××	前　受　収　益	×××
原材料・貯蔵品	×××	そ　の　他	×××
前　払　費　用	×××		
短　期　貸　付　金	×××		
そ　の　他	×××		
貸　倒　引　当　金	△×××		
固定資産	××××	固定負債	××××
（有形固定資産）	(×××)	社　　　　　債	×××
建築物・構造物	×××	長　期　借　入　金	×××
機　械・装　置	×××	退職給与引当金	×××
器　具・備　品	×××	引当金	×××
土　　　　　地	×××	特別修繕引当金	×××
（無形固定資産）	(×××)	負債合計	××××
工　業　所　有　権　等	×××	純　資　産　の　部	
投資その他の資産	××××	株主資本	
投　資　有　価　証　券	×××	資　　本　　金	××××
子会社株式・出資金	×××	資　本　剰　余　金	××××
長　期　貸　付　金	×××	資　本　準　備　金	×××
そ　の　他	×××	その他資本剰余金	×××
貸　倒　引　当　金	△×××	利　益　剰　余　金	××××
繰延資産	××××	利　益　準　備　金	×××
社　債　発　行　費	×××	別　途　積　立　金	×××
社　債　発　行　差　金	×××	自　己　株　式	×××
		評価・換算差額等	×××
		新株予約権	△××
		純資産合計	××××
資産合計	×××××	負債および純資産合計	×××××

（注）1．子会社に対する短期金銭債権　　×××百万円
　　　　子会社に対する長期金銭債権　　×××百万円
　　　　子会社に対する短期金銭債務　　×××百万円
　　　2．有形固定資産減価償却累計額　　×××百万円

　（略）

　　　6．1株当たり当期利益　　×円×銭

商品などの販売または役務の給付の行われたものが当該事業年度の売上高とされ，ただ，長期の未完成請負工事などについては，合理的に収益を見積り当該事業年度の収益とすることができる（「企業会計原則」第2の3B）。また，売上原価は，当該事業年度内売上高に対応する商品などの仕入原価または製造原価である（「企業会計原則」第2の3C）。⑥の特別利益には，固定資産売却益，前期損益修正益などがあり，⑦の特別損失には，固定資産売却損，減損損失，災害による損失，前期損益修正損などがある（会社計算規119条2項3項）。

①から②を減じて得た額は，売上総損益金額（売上総利益金額または売上総損失金額）として表示しなければならない（会社計算規120条）。売上総損益金額から③の合計額を減じて得た額は，営業損益金額（営業利益金額または営業損失金額）として表示しなければならない（会社計算規121条）。営業損益金額に④を加算した額から⑤を減じて得た額は，経常損益金額（経常利益金額または経常損失金額）として表示しなければならない（会社計算規122条）。会社の収益力を見るためには当該事業年度の経常利益金額と売上高の比率が重要である。

経常損益金額に⑥を加算した額から⑦を減じて得た額は，税引前当期純損益金額として表示される（会社計算規123条1項2項）。そこから，法人税，法人税等調整額を減じて得た額を，当期純損益金額（当期純利益金額または当期純損失金額）として表示しなければならない（会社計算規125条1項2項）。

法人税等調整額は，事業年度の損失として貸倒引当金を計上したことが企業会計上認められても，税法上は将来年度の損金としか認められない場合がある（法税52条参照）など，企業会計と税務会計とで損益の期間帰属が異なることがあるため，その差額を法人税の前払いとして期間配分により控除することが認められるものである。税効果会計と呼ばれる（会社計算規2条3項25号参照）。

（3）　株主資本等変動計算書

株主資本等変動計算書は，資本金・準備金を減少することによる剰余金の増加や自己株式の処分による剰余金の減の減少など，いわゆる損益取引以外の取引が行われることにより，資本の部の計数が変動する場合に，純

資産の部の計数の変動を明らかにするものである。株主資本等変動計算書は，株式資本，評価・換算差額等，新株予約権の項目に区分して表示しなければならない（会社計算規127条2項1号）。

(4) 個別注記表

個別注記表は，従来，貸借対照表または損益計算書に注記すべきものとされていたものをまとめて記載するものである。

個別注記表は，①継続企業の前提に関する注記，②重要な会計方針にかかる事項，③貸借対照表に関する注記，④損益計算書に関する注記，⑤株主資本等変動計算書に関する注記，⑥税効果会計に関する注記，⑦リースにより使用する固定資産に関する注記，⑧関連当事者との取引に関する注記，⑨1株当たり情報に関する注記，⑩重要な後発事象に関する注記，⑪連結配当規制適用会社に関する注記，⑫その他の注記，に区分して表示しなければならない（会社計算規129条1項）。ただし，会計監査人設置会社以外の会社では，①③④，⑥〜⑪は表示する必要はない（同条2項1号）。

(5) 事業報告

事業報告は，会社の状況に関する重要な事項を内容としなければならない（会社則118条1項）。法務省令は，事業報告への記載事項に新たな項目を加えている。

公開会社の場合は，①会社の現況に関する事項，②会社役員に関する事項，③会社の株式に関する事項，④会社の新株予約権等に関する事項，を事業報告の内容としなければならない（会社則119条）。また，公開会社が社外役員を選任した場合は，当該社外役員が他の会社の業務執行取締役などであるときは，その事実および当該会社と他の会社との関係，社外役員が他の会社の社外役員を兼任しているときはその事実，取締役会への出席の状況，なども事業報告の記載事項である（会社則124条）。社外取締役・社外監査役の独立性を開示させるためである。

会社の財務および事業の方針の決定を支配する者の在り方に関する基本方針を定めている場合は，①基本方針の内容，②会社の財産の有効な活用，適切な企業集団の形成その他の方針の実現に資する特別な取組みの具体的内容，基本方針に照らして不適切な者によって会社の財務・事業の方針の決定が支配されることを防止するためのいわゆる買収防衛策の具体的内容，

③特別な取組み，防衛策が基本方針に沿うものであること，会社の価値または株主の利益を損なうものでないこと，当該会社の役員の地位の維持を目的とするものでないことについての取締役・取締役会の判断およびその理由は，事業報告の記載事項である（会社則127条）。買収防衛策についての株主・投資家および買収者の予見可能性を高めるためである。

なお，内部統制システムに関する事項を決定・決議した場合は，その決定・決議の内容を事業報告の内容としなければならない（会社則118条2項）。

（6）附属明細書

附属明細書は，有形固定資産・無形固定資産の明細，引当金の明細，販売費および一般管理費の明細などのほか，計算書類の内容を補足する重要な事項を表示しなければならない（会社計算規145条）。なお，公開会社の場合は，事業報告の附属明細書は，他の会社の業務執行取締役などを兼ねる役員についての兼務の状況の明細，第三者との取引であってその会社と役員または支配株主との利益が相反するものの明細を内容としなければならない（会社則128条）。

Ⅲ　資産・負債と評価

（1）資　産

(a) 流動資産と固定資産　貸借対照表の資産は，会社が保有する物，権利その他の財産的価値のあるものである。資産は，前述のように，流動資産，固定資産，繰延資産に区分される（会社計算規106条1項）。

流動資産は，現金，1年以内に期限が到来する預金，1年以内に弁済を受けることができる受取手形・売掛金，売買目的有価証券および1年以内に満期の到来する有価証券，商品・製品・半製品・原材料などの棚卸資産，前払費用で1年以内に費用となるべきものなどである（会社計算規106条3項1号）。

固定資産は，長期にわたって利用され，あるいは保有される資産である。固定資産は，建物・機械・土地などの有形固定資産，営業権・特許権などの無形固定資産，関係会社の株式その他流動資産に属しない有価証券，出資金，長期貸付金などの投資その他の資産に区分される（会社計算規106

条2項・3項2号〜4号）。

　(b) 繰延資産　繰延資産は，会社がすでに代価の支払をし，それに対応する役務の提供を受けている場合に，当該支出により会社の収益への貢献が次期以降にわたると予想されるときに，当該支出のうち次期以降の収益に対応する部分について，当該事業年度の費用として計上せず，貸借対照表上，資産の部に計上し，次期以降に費用計上を繰り延べるものである。繰延資産は，繰延資産として計上することが適当であると認められるものに限られる（会社計算規106条3項5号）。

　（2）　資産の評価

　会計帳簿に計上すべき資産は，企業の継続を前提として取得原価によることを原則としている（会社計算規5条1項）。したがって，会社の保有資産の処分価額が示されているわけではない。しかし，市場価格のある金融資産については，時価評価できることを認めている（同条6項2号）。市場価格のある金融資産は，市場で売却して利益を実現するのが普通であるからである。

　償却すべき資産については，原則として事業年度の末日に相当の償却をしなければならない（会社計算規5条2項）。減価償却である。貸借対照表には，有形固定資産に対する減価償却累計額は，各資産科目に対する控除科目として表示するか，取得原価から直接控除して表示する（会社計算規110条）。

　減価償却は，当該資産の耐用期間にわたり，資産の取得価額を各事業年度に配分し，費用計上することである。すなわち，取得価額のうち当期の利用に対応する額のみが減価償却費として当期費用に算入し，残額は貸借対照表の資産の部に計上し，次期以降の利用に応じて資産から費用に切り替えることである。企業会計原則は，減価償却の方法として，①毎期均等額の減価償却費を計上する定額法，②毎期期首未償却残高に一定率を乗じた減価償却費を計上する定率法，③一定の額を算術級数的に逓減した減価償却費を計上する級数法，④資産の毎期の利用量を総利用量に対する割合に応じて減価償却費を計上する生産高比例法，を認めている（「企業会計原則注解」注20）。

　事業年度の末日における時価が取得原価より著しく低い資産は事業年度

の末日における時価を付し，事業年度の末日に予測することができない減損が生じた資産または減損損失を認識すべき資産は取得原価から相当の減額をしなければならない（会社計算規5条3項）。

　取立不能のおそれのある債権については，事業年度の末日に取り立てることができないと見込まれる額を控除しなければならない（会社計算規5条4項）。取立不能見込額は，一般債権については過去の貸倒実績率にもとづき算定し，債務の弁済に重大な問題が生じているなどの特定の債務者に対する債権については，担保の処分見込額などを考慮して算定する（「金融商品に係る会計基準」第4）。貸借対照表には，取立不能見込額はその金銭債権が属する科目ごとにその見込額を控除項目（貸倒引当金）として記載するのが原則であるが，取立不能見込額を控除した額のみを表示してもよい（会社計算規109条）。

　満期まで保有する債権については，その取得原価が債権金額と異なる場合その他相当の理由がある場合には，適正な価格を付することができる（会社計算規5条5項）。

　事業年度の末日における時価が取得原価より低い資産，子会社・関連会社の株式等ならびに満期保有目的の債権を除く市場価格のある資産，その他事業年度の末日において時価または適正な価格を付することが適当な資産は，事業年度の末日における時価または適正な価格を付することができる（会社計算規5条6項）。

　デリバティブ取引にもとづく債権などの市場価格のある債権につき時価を付するものとした場合における評価差額は，純資産として計上することができる（会社計算規85条）。

　外貨建ての金銭債権については，履行期までの期間の長さにかかわらず，決算時の為替相場による円換算額で評価する（「外貨建取引等会計処理基準」1の2(1)）。換算差損益は，当期の為替差損益として処理される（同基準1の2(2)）。

（3）負　債

　貸借対照表の負債は，原則として法律上の債務である。負債は，流動負債と固定負債に区分される（会社計算規107条1項）。

　流動負債と固定負債の区分の基準は，流動資産と固定資産の区分の基準

に対応する。流動負債は，支払手形，買掛金，受注工事・受注品等に対する前受金，1年以内に使用される引当金，前受収益などである（会社計算規107条2項1号）。

引当金は，将来の費用または損失の発生に備えて，その合理的な見積もり額のうち当該事業年度の負担に属する金額を費用または損失として繰り入れることにより計上するものである（会社計算規6条2項1号）。前受収益は，契約の相手方から先に支払を受け，翌期以降に財産の引渡しまたは役務を提供する債務である（「企業会計原則注解」注5）。

固定負債は，社債，長期借入金，1年を超えて使用される引当金などである（会社計算規107条2項2号）。

（4） 負債の評価

会計帳簿に計上すべき負債は，原則として債務額を付さなければならない（会社計算規6条1項）。

使用人に退職一時金，退職金などの支給をする場合における事業年度の末日に繰り入れるべき引当金，販売の際の価額による買戻しにかかる特約を結んでいる場合における事業年度の末日において繰り入れるべき引当金，その他の引当金は，事業年度の末日においてその時の時価または適正な価格を付することができる（会社計算規6条2項1号）。企業会計原則が例示する引当金には，製品保証引当金，工事保証引当金，修繕引当金，債務保証損失引当金，損害保証損失引当金などがある（「企業会計原則注解」注18）。負債にかかる引当金がある場合には，貸借対照表は，引当金ごとに他の負債と区分される（会社計算規117条2項1号ニ・2号ハ）。

払込みを受けた金額が債務額と異なる社債についても，時価または適正な価格を付することができる（会社計算規6条2項2号）。

第4節　計算書類等の監査・提供・承認・公開

I　監　査

（1）　監査の対象

監査役設置会社では，計算書類，事業報告およびこれらの附属明細書に

ついて，監査役の監査を受けなければならない（436条1項）。

会計監査人設置会社では，計算書類とその附属明細書について，監査役・監査委員会および会計監査人の監査を受けなければならず，事業報告とその附属明細書については，監査役・監査委員会の監査を受けなければならない（436条2項）。

取締役会設置会社では，計算書類，事業報告およびこれらの附属明細書について，取締役会の承認を受けなければならない（436条3項）。監査機関を設置している会社では，監査機関の監査を受けた後に取締役会の承認を受ける（同項かっこ書）。

（2） 会計監査人設置会社以外の会社の監査

監査役は，計算関係書類を受領したときは，つぎの事項を内容とする監査報告を作成しなければならない（会社計算規150条）。

①監査の方法およびその内容，②計算関係書類が会社の財産および損益の状況をすべての重要な点において適正に表示しているかどうかについての意見，③監査のため必要な調査ができなかったときは，その旨およびその理由，④追記情報，⑤監査報告を作成した日，である（会社計算規150条1項）。④の追記情報は，継続企業の前提にかかる事項，正当な理由による会計方針の変更，重要な偶発事象，および重要な後発事象その他の事項のうち，監査役の判断に関して説明を付す必要がある事項または計算関係書類の内容のうち強調する必要があるとする事項，である（同条2項）。

監査役会は，監査役の監査報告にもとづき，監査役会監査報告を作成しなければならない（会社計算規151条1項）。監査役会監査報告は，監査役の監査報告の作成事項と同じであり，監査役会監査報告の内容が監査役の監査報告と異なる場合には，その旨を監査役会監査報告に付記できる（同条2項）。監査役会監査報告を作成する場合には，監査役会は1回以上，報告の内容を審議しなければならない（同条3項）。

特定監査役は，各事業年度にかかる計算書類およびその附属明細書についての監査報告を，①計算書類の全部を受領した日から4週間を経過した日，②附属明細書を受領した日から1週間を経過した日，③特定取締役および特定監査役が合意により定めた日があるときはその日，のいずれか遅い日までに特定取締役に対し，監査報告の内容を通知しなければならない

（会社計算規152条1項1号）。特定取締役は，監査報告の通知を受ける者と定められた者，定めていない場合は監査を受けるべき計算関係書類の作成に関する職務を行った取締役である（同条4項）。特定監査役は，監査報告の内容を通知すべき監査役と定められた者，定めていない場合はすべての監査役である（同条5項）。

監査役は，事業報告およびその附属明細書を受領したときは，つぎの事項を内容とする監査報告を作成しなければならない（会社則129条）。

①監査役の監査の方法およびその内容，②事業報告・附属明細書が法令・定款に従い会社の状況を正しく示しているかどうかについての意見，③取締役の職務の遂行に関し不正の行為または法令・定款に違反する重大な事実があったときは，その事実，④監査のため必要な調査ができなかったときは，その旨およびその理由，⑤内部統制システムに関する決定・決議がある場合において，その決定・決議事項の内容が相当でないと認めるときは，その旨およびその理由，⑥会社の財務および事業の方針の決定を支配する者のあり方に関する基本方針に関する事項が事業報告の内容となっているときは，当該事項についての意見，⑦監査報告を作成した日，である（会社則129条1項）。

（3） 会計監査人設置会社の監査

会計監査人は，計算関係書類を受領したときは，つぎの事項を内容とする会計監査報告を作成しなければならない（会社計算規154条）。

①会計監査人の監査の方法およびその内容，②計算関係書類が会社の財産および損益の状況をすべての重要な点において適正に表示しているかどうかについての意見，③意見がないときは，その旨およびその理由，④追記情報，⑤会計監査報告を作成した日，である（会社計算規154条1項）。②の意見は，監査の対象となった計算関係書類が一般に公正妥当と認められる企業会計の慣行に準拠して，計算関係書類にかかる期間の財産および損益の状況をすべての重要な点において適正に表示していると認められる旨，監査の対象となった計算関係書類が除外事項を除き一般に公正妥当と認められる企業会計の慣行に準拠して，計算関係書類にかかる期間の財産および損益の状況をすべての重要な点において適正に表示していると認められる旨ならびに除外事項，あるいは，監査の対象となった計算関係書類

が不適正である旨およびその理由，を記載する（同項2号イ～ハ）。

　会計監査人設置会社の監査役は，計算関係書類および会計監査報告を受領したときは，つぎの事項を内容とする監査報告を作成しなければならない。

　①監査役の監査の方法およびその内容，②会計監査人の監査の方法または結果を相当でないと認めたときは，その旨およびその理由，③重要な後発事象，④会計監査人の職務の遂行が適正に実施されることを確保するための体制に関する事項，⑤監査のため必要な調査ができなかったときは，その旨およびその理由，⑥監査報告を作成した日，である（会社計算規155条）。

　監査役会の監査報告の内容は，監査役の場合と同様である（会社計算規156条）。また，監査委員会の監査報告の内容も，監査役の場合と同様である（会社計算規157条）。

　会計監査人が特定監査役および特定取締役に対し会計監査報告を通知する期限は，会計監査人設置会社以外の会社の特定監査役の特定取締役に対する通知期限と同様である（会社計算規158条1項）。また，特定監査役が特定取締役・会計監査人に監査報告・監査役会報告を通知する期限は，会計監査報告を受領した日から1週間を経過した日または特定取締役および特定監査役の間で合意で定めた日があるときはその日，のいずれか遅い日である（会社計算規160条1項1号）。

　会計監査人は，特定監査役に対する会計監査報告の内容の通知に際して，つぎの事項を通知しなければならない。

　①独立性に関する事項その他監査に関する法令および規程の遵守に関する事項，②監査，監査に準ずる業務およびこれらに関する業務の契約の受任および継続の方針に関する事項，③会計監査人の職務の遂行が適正に行われることを確保するための体制に関するその他の事項，である（会社計算規159条）。これらの通知は，会計監査人の独立性に関連する事項を開示させるために要求されているものである。

　事業報告およびその附属明細書についての監査役会・監査委員会の監査の内容は，会計監査人設置会社以外の監査役の場合と同様である（会社則130条・131条）。

Ⅱ　計算書類等の提供・備置き

（1）提　供

　取締役会設置会社では，取締役は，定時株主総会の招集通知に際して，株主に対し，監査役・会計監査人設置会社以外の会社では，取締役会の承認を受けた計算書類および事業報告，会計監査人設置会社以外の監査役設置会社では，そのほかに監査役・監査役会の監査報告，会計監査人設置会社では，そのほかに会計監査報告および委員会設置会社の監査委員会の監査報告を提供しなければならない（437条，会社則133条1項・会社計算規161条1項）。計算書類等が書面で作成されている場合は書面で，電磁的記録で作成されている場合は記録された事項を記載した書面で提供しなければならないが，電磁的方法により提供することもできる（会社則133条2項，会社計算規161条2項）。

（2）備置き

　会社は，各事業年度に関する計算書類，事業報告およびこれらの附属明細書，監査機関の監査を受ける会社では，そのほかに監査報告および会計監査報告を，定時株主総会の日の1週間前，取締役会設置会社では2週間前から5年間，本店に備え置かなければならない（442条1項1号）。また，計算書類等の写しを支店に備え置く必要がある（同条2項本文）。ただし，その期間は3年であり，計算書類等が電磁的方法で作成され，写しを備え置かなくても支店において閲覧・交付を請求できる措置をとっているときは，写しを備え置く必要はない（同項ただし書・2号）。

　株主および債権者は，会社の営業時間内は，いつでも，計算書類等の書面・書面の写しまたは電磁的記録に記録された事項の閲覧を請求し，または，会社の定めた費用を支払ってその謄本・抄本の交付または電磁的記録に記録された事項の提供を請求することができる（442条3項）。会社の親会社社員も，その権利を行使するため必要があるときは，裁判所の許可を得て，その会社の計算書類等について同様の請求が認められる（同条4項）。

III　計算書類の承認

　取締役は，監査役の監査を受けた計算書類および事業報告，監査役会・監査委員会および会計監査人の監査を受けた計算書類および事業報告，取締役会の承認を受けた計算書類および事業報告，監査・承認を受けない会社では計算書類および事業報告を定時株主総会に提出・提供して，計算書類については定時株主総会の承認を受けなければならない（438条1項2項）。また，取締役は，提出・提供された事業報告の内容を定時株主総会に報告しなければならない（同条3項）。

　会計監査人設置会社では，取締役会の承認を受けた計算書類が法令・定款に従い会社の財産および損益の状況を正しく表示しているものとして法務省令で定める要件に該当する場合は，定時株主総会の承認は必要ない（439条前段）。法務省令で定める要件は，①会計監査人の監査報告の内容に，監査の対象となった計算関係書類は一般に公正妥当と認められる企業会計の慣行に準拠して，当該計算書類にかかる期間の財産および損益の状況をすべての重要な点において適正に表示していると認められる旨の意見があること，②会計監査報告にかかる監査役，監査役会または監査委員会の監査報告の内容として，会計監査人の監査の方法または結果を相当でないと認める意見がないこと，③監査役会または監査役委員会の監査報告に付記された内容が②の意見でないこと，④特定監査役が通知すべき日までに監査報告の内容を通知しないため通知すべき日に計算書類が監査役・監査委員会の監査を受けたものとみなされたものでないこと，および，⑤取締役会を設置していること，である（会社計算規163条）。その場合，取締役は，計算書類の内容を定時株主総会に報告しなければならない（439条後段）。

IV　計算書類の公開

　会社は，定時株主総会の終結後遅滞なく，貸借対照表，大会社では貸借対照表および損益計算書を公告しなければならない（440条1項）。ただし，特例有限会社については，決算公告義務は課されない（会社法整備法28条）。

公告をする場合に，当該事業年度にかかる注記表に表示した，①継続企業の前提に関する注記，②重要な会計方針にかかる事項に関する注記，③貸借対照表に関する注記，④税効果会計に関する注記，⑤関連当事者との取引に関する注記，⑥1株当たり情報に関する注記，⑦重要な後発事象に関する注記，⑧当期純損益金額，を公告において明らかにしなければならない（会社計算規164条1項）。

電子公告を公告の方法とせず，官報または時事に関する事項を掲載する日刊新聞紙を公告方法とする会社は，その要旨を公告することで足りる（440条2項）。公開会社の貸借対照表の要旨は，やや詳しいものが要求されている（会社計算規167条3項4項）。

会社は，法務省令で定めるところにより，定時株主総会の終結後遅滞なく，貸借対照表，大会社では貸借対照表および損益計算書の内容である情報を，定時株主総会の終結の日後5年間を経過するまでの間，継続して電磁的方法により不特定多数の者が提供を受けることができる状態に置く措置をとることができる（440条3項前段）。この場合は，決算公告を省略することができる（同項後段）。

法務省令で定める方法は，電子公告と同じく，インターネット上のホームページに貸借対照表・損益計算書の内容を表示する方法である（会社計算規175条）。提供を受けるためのホームページのアドレスなどは登記しなければならない（911条3項27号，会社則220条）。

証券取引法24条1項の規定により有価証券報告書を提出しなければならない会社は，決算公告，インターネット上の公開も必要ではない（440条4項）。有価証券報告書を提出する会社は，有価証券報告書およびその添付書類である計算書類等をインターネット上で公開しているためである。

インターネットによる貸借対照表・損益計算書の公開は，平成13年改正で認められたものである。会社と取引関係に立とうとする者にとって重要な貸借対照表の公告は，小規模な非公開会社ではほとんど守られていなかった。インターネットによる公開は，守られていない貸借対照表の公告の改善になることが期待される。

第5節　臨時計算書類と連結計算書類

I　臨時計算書類

　臨時計算書類は，会社法が認めた制度である。会社は，最終事業年度に属する一定の日におけるその会社の財産の状況を把握するため，臨時決算日における貸借対照表，および臨時決算日に属する事業年度の初日から臨時決算日までの期間の損益計算書を作成することができる（441条1項）。臨時計算書類の作成にかかる期間は，当該事業年度の前事業年度の末日の翌日から臨時決算日までの期間である（会社計算規92条1項）。

　会社法の下では，剰余金の配当を事業年度中に何回も行うことができ，剰余金配当の分配可能額は決算日基準ではなく配当時基準となる（461条2項）。臨時決算をすれば，分配可能額の計算において，臨時決算日の属する事業年度の初日から臨時決算日までの間の期間損益および同期間中に自己株式を処分した場合の対価の額を分配可能額に加算することができる（461条2項2号ロ）。

　臨時決算日は最終事業年度の直後の事業年度に属する一定の日でなければならないから，前記事業年度の計算書類の確定が未了である間は，当期事業年度に属する日を決算日とする臨時計算書類を作成することはできない。

　監査役設置会社または会計監査人設置会社では，臨時計算書類は，監査役または会計監査人，委員会設置会社は監査委員会および会計監査人の監査を受けなければならない（441条2項）。監査機関の監査を受けた後に，取締役会設置会社では取締役会の承認を受けなければならない（同条3項）。監査の方法は計算書類の場合と同じである（会社計算規149条〜160条）。

　監査機関の監査および取締役会の承認を受けた臨時計算書類，監査・承認を受けない会社では臨時計算書類について，株主総会の承認を受けなければならない（441条4項）。ただし，臨時計算書類が法令・定款に従い会社の財産および損益の状況を正しく表示しているものとして法務省令で定

める要件に該当する場合（会社計算規163条参照）は，株主総会の承認は必要ない（同項ただし書）。

臨時計算書類は，備置きおよび閲覧・謄写の対象となる（442条1項2号・2項2号・3項）。公告の対象とはならない（440条）。

II 連結計算書類

連結計算書類は平成14年改正で導入された制度で，会社法に引き継がれている。会計監査人設置会社は，法務省令で定めるところにより，各事業年度に関する連結計算書類を作成することができる（444条1項）。

連結計算書類とは，当該会計監査人設置会社およびその子会社から成る企業集団の財産および損益の状況を示すために必要かつ適当なものとして法務省令で定めるものをいう（444条1項かっこ書）。法務省令で定めるものは，①連結貸借対照表，②連結損益計算書，③連結株主資本等変動計算書，④連結注記表である（会社計算規93条）。連結貸借対照表は，連結会計年度に対応する期間にかかる連結会社の貸借対照表の資産，負債および純資産の金額を基礎として作成しなければならない（会社計算規97条）。連結損益計算書は，連結会社の損益計算書の収益，費用，利益または損失の金額を基礎として作成しなければならない（会社計算規98条）。連結計算書類は電磁的方法をもって作成できる（444条2項）。

連結計算書類は，もっぱら情報提供を目的としており，剰余金配当限度額の算定は，連結配当規制適用会社（会社計算規2条3項72号・186条4号参照）を除き，単体の貸借対照表を基準とする。

事業年度の末日において大会社であって，証券取引法24条1項の規定により有価証券報告書を提出しなければならない会社は，当該事業年度に関する連結計算書類を作成しなければならない（444条3項）。

連結計算書類は，監査役・監査委員会および会計監査人の監査を受けなければならない（444条4項）。会計監査人設置会社が取締役会設置会社である場合は，監査を受けた連結計算書類は取締役会の承認を受けなければならない（同条5項）。監査の方法は計算書類の場合と同様である（会社計算規149条～160条）。

会計監査人設置会社が取締役会設置会社である場合は，取締役は，定時

株主総会の招集通知に際して，株主に対し，取締役会の承認を受けた連結計算書類を提供しなければならない（444条6項）。

取締役は，取締役会の承認を受けた連結計算書類，監査役・監査委員会および会計監査人の監査を受けた連結計算書類を，定時株主総会に提出・提供して，連結計算書類の内容および監査の結果を報告しなければならない（444条7項）。

第6節 資本金と準備金

I 株主資本の部の構成

貸借対照表の株主資本の部は，前述のように資本金，資本剰余金，利益剰余金などからなる（会社計算規108条2項）。資本剰余金は，資本準備金およびその他資本剰余金からなる（同条3項）。その他資本剰余金は，発起人・株主の財産価額てん補責任の履行により会社に支払われた額などである（会社計算規44条など）。利益剰余金は，利益準備金およびその他利益剰余金からなる（会社計算規108条4項）。資本準備金と利益準備金を総称して準備金という。

資本金と準備金は，剰余金配当の分配可能額を算定する際の剰余金の算定において，純資産からの控除項目となり（446条1号ニ），剰余金配当の限度を画するうえで重要な意味を持つ。資本金および準備金に相当する財産をどのような形で保有しているかは問題とならない。

II 資本金・準備金・剰余金の算定

（1） 資本金

資本金の額は，会社法の規定により算定される。その額は，会社法に別段の定めがある場合を除き，設立または株式の発行に際して株主となる者が会社に対して払込みまたは給付をした財産の額である（445条1項）。

何をもって払込みまたは給付した額であるかは，会計帳簿に計上すべき額による。会社成立後に行う株式の交付により資本金増加の限度額となる株主となる者が会社に対して払込みまたは給付した財産の額のうち，募集

株式を引き受ける者を募集する場合は，①引受人により払込みを受けた金銭の金額，給付を受けた金銭以外の財産の給付期日における価額，および払込み・給付を受けた財産の払込み・給付した者における払込み・給付の直前の帳簿価額の合計額を合計し，それから，②募集にかかる費用として会社が資本金増加限度額から減ずるべき額と定めた額を減じた額に，株式発行割合を乗じた額から，③募集に際して処分した自己株式の帳簿価額から，①の額から②の額を減じた額に自己株式処分割合を乗じた額を減じて得た額が，資本金増加の限度額となる（会社計算規37条1項）。株式発行割合は，募集に際して発行する株式の数を募集に際して発行する株式の数および処分する自己株式の数の合計数で除して得た割合である（同項柱書）。

払込みまたは給付にかかる額の2分の1を超えない額は，資本金として計上しないことができ，計上しない額は資本準備金として計上しなければならない（445条2項3項）。

合併，吸収分割，新設分割，株式交換または株式移転に際して資本金として計上すべき額は，別に法務省令で定められている（会社計算規58条～69条・76条～83条）。

資本金の額は，定款の記載事項ではないが，登記事項である（911条3項5号）。

（2） 準備金

(a) 資本準備金　　資本準備金は，性質は資本に近い。前述のように，払込みまたは給付にかかる額のうち資本金に計上しないこととした額は，資本準備金として計上しなければならない（445条3項）。

合併，吸収分割，新設分割，株式交換または株式移転に際して資本準備金として計上すべき額は，別に法務省令で定められている（会社計算規58条～69条・76条～83条）。

(b) 利益準備金　　利益準備金は，将来会社の経営が悪化したときに取り崩して資本の欠損にあてることができるように，剰余金の配当を行う際に剰余金の一部を積み立てることが要求される準備金である。会社は，資本金の4分の1に達するまで，剰余金の配当により減少する剰余金の額に10分の1を乗じた額を資本準備金または利益準備金として計上しなけれ

ばならない（445条4項）。

　剰余金配当後の資本準備金または利益準備の額は，剰余金配当直前の資本準備金または利益準備金の額に，つぎの額を加算した額である。①剰余金を配当した日における準備金の額が資本金の額に4分の1を乗じた額（基準資本金額）以上である場合は，ゼロ，②基準資本金額未満である場合は，基準資本金額から準備金を減じた額と，最終事業年度に剰余金の配当をした場合における剰余金配当の配当財産の帳簿価額などの合計額に10分の1を乗じた額のいずれか小さい額に，剰余金配当の配当財産の帳簿価額などの合計額のうち，会社がその他資本剰余金から減ずるべきと定めた額を，剰余金配当の配当財産の帳簿価額などの合計額で除して得た割合を乗じた額である（会社計算規45条1項2項）。

　資本金の4分の1に達すれば，それ以上の積み立てはできないと解するべきである。準備金も剰余金の算定において純資産からの控除項目となり，株主が受けることができる剰余金配当を減少させることになるからである。

　平成13年改正前は，資本準備金の積立額とかかわりなく，資本金の4分の1に達するまで利益準備金を積み立てることを要求していた（改正前旧商288条）。しかし，多額の資本準備金を有する会社では，資本金の欠損のてん補は十分に確保されている。そこで，平成13年改正は，多額の資本準備金を有する会社にさらに利益準備金の積立てを要求しないことにし，会社法に引き継がれている。株主の利益を考慮すると，妥当な改正といえる。なお，金融機関については，利益準備金の積立額は一般の会社より多く定められている（銀行18条，保険14条，信託業12条）。

（3）　剰余金

　剰余金は，配当の分配可能額を算定するときの基礎となるものである。剰余金は，貸借対照表上の純資産額から資本金と準備金の額を控除した額になるはずである。しかし，会社法の下では，剰余金配当の分配可能額を決算日ではなく，剰余金の配当が効力を生ずる日を基準に算定し（461条2項），決算日後の剰余金の変動も入れるため，剰余金の額を会社法で定めている。

　剰余金の額は，つぎの①〜④を加算し，⑤〜⑦を減算した額である（446条）。加算する額は，①資産の額，自己株式の帳簿価額の合計額から，

負債の額，資本金および準備金の額の合計額，その他法務省令で定める各勘定科目に計上した額の合計額を減じた額，②最終事業年度の末日後に自己株式を処分した場合における当該自己株式の対価の額から当該自己株式の帳簿価額を控除して得た額，③最終事業年度の末日後に資本金の額の減少をした場合における当該減少額，④最終事業年度の末日後に準備金の額を減少した場合における当該減少額である（同条1号～4号）。減算する額は，⑤最終事業年度の末日後に自己株式の消却をした場合における当該自己株式の帳簿価額，⑥最終事業年度の末日後に剰余金の配当をした場合における，剰余金配当の配当財産の帳簿価額，現物配当の場合に金銭分配請求権を行使した株主に交付した金銭の額の合計額および現物配当の場合に基準未満株式の株主に支払った金銭の合計額，⑦法務省令で定める各勘定科目に計上した額の合計額である（同条5号～7号）。

①は最終事業年度の末日（決算日）の剰余金である。②から⑥は，いずれも，期中に剰余金の変動をもたらす項目である。①の法務省令で定める合計額は，資産の額，自己株式の帳簿価額の合計額から，負債の額，資本金および準備金の額の合計額，その他資本剰余金の額，その他利益剰余金の額を減じた額である（会社計算規177条）。また，⑦の法務省令で定める合計額は，最終事業年度の末日後に生ずる控除額である（会社計算規178条）。

Ⅲ　資本金・準備金の減少と増加

（1）　資本金・準備金の減少

(a)　資本金の減少　　会社は，資本金の額を減少することができる（447条1項）。資本金を減少する場合には，株主総会の決議によって，①減少する資本金の額，②減少する資本金の額の全部または一部を準備金とするときは，その旨および準備金とする額，③資本金の額の減少がその効力を生ずる日，を定めなければならない（同項1号～3号）。

①の額から②の額を控除した額は，剰余金の増加額となる（446条3号）。

従来は，資本金減少の決議事項には，株主に払戻しを行うときは払戻額，株式の消却を行うときは株式の種類・数，消却方法，欠損てん補にあてる場合は欠損てん補額が含まれていた（旧商375条1項）。会社法は資本金の

額の計数の変動と計数の変動に伴う株主への財産の交付を分離しているので，従来の会社財産を払い戻すための実質上の資本減少は，資本金の額の減少と剰余金の配当として別々の手続によることになる。株式消却を伴う資本減少は，資本金の額の減少と自己株式の取得・消却によって行われる。

②の減少する資本金の額を準備金に組み入れることは，従来は認められていなかった。株主資本の部の計数変動を自由にするために会社法において新たに認められている。

株主総会の決議要件は原則として特別決議であるが，定時株主総会において資本金の額の減少を決議する場合であって，資本金の額の減少を行った後に分配可能額が増加しない場合は，普通決議でよい（309条2項9号イロ，会社則68条）。損失処理として資本金を減少するものであるからである（旧商283条1項参照）。

①の減少する資本金の額は③の資本金の額の減少が効力を生ずる日における資本金の額を超えてはならない（447条2項）。これは，資本金の額がマイナスとならないかぎり，減少する額は制限されないということである。したがって，100％減資も許される。最低資本金制度が廃止されたからである。また，決議する時点ではなく，効力発生日における資本金の額を限度として資本金の額を減少することができる。

会社が株式の発行と同時に資本金の額を減少する場合に，株式の発行により増加する資本金の範囲内で資本金の額を減少させる場合は，株主総会の決議ではなく，取締役の決定または取締役会の決議で行うことができる（447条3項）。

(b) 準備金の減少　会社は，準備金の額を減少することができる（448条1項）。準備金を減少する場合は，株主総会の普通決議によって，①減少する準備金の額，②減少する準備金の額の全部または一部を資本金とするときは，その旨および資本金とする額，③準備金の額の減少がその効力を生ずる日，を定めなければならない（同項1号～3号）。利益準備金を減少して資本金を増加することはできない（会社計算規48条1項1号）。

①の額は③の日における準備金の額を超えてはならない（448条2項）。準備金が資本金の4分の1に相当する額を下回る減少はできないとする規定（旧商289条2項）は廃止されている。

株式の発行と同時に準備金を減少する場合の扱いは，資本金の減少の場合と同じである（448条3項）。

減少した準備金の額のうち資本金とされなかった額は剰余金の額となり（446条4号），純資産からの控除項目でなくなる。

平成13年改正前は，準備金を減少し，それに対応して会社資産を株主に直接分配することは認められていなかった。他方，資本金の減少は可能であり，減少した資本金の額だけ株主に資産を払い戻すこともできた。資本金についてさえ減少できることからすると，準備金を減少して対応する資産を株主に払い戻す途がないのは，資本金の取扱いと均衡を失していた。そのうえ，平成10年の時限立法である「株式の消却の手続に関する商法の特例に関する法律」は，公開会社に限っていたが，消却目的の自己株式の取得に際して資本準備金を用いることができるものとしていた。しかし，この特例法は，財源を資本準備金に限る点，対象を公開会社に限る点など，法の不備が指摘されていた。平成13年改正は，これらの批判に応えて，制度の整合性を図り，会社法に引き継がれている。

(c) 債権者保護手続　資本金の額または準備金の額の減少は会社の責任財産の基準となる資本金・剰余金を減少させるから，会社債権者の利益に重大な影響を及ぼす。そこで，資本金・準備金を減少する会社の債権者は，会社に対し，資本金・準備金の減少について異議を述べることができる（449条1項本文）。

減少する準備金の額の全部を資本金とする場合は除かれる（449条1項本文かっこ書）。また，準備金の額のみを減少する場合であって，①定時株主総会において準備金の額の減少に関する決定事項を定め，②減少する準備金の額が定時株主総会の日における欠損の額として法務省令で定める方法により算定される額を超えない場合は，異議を述べることができない（同項ただし書・1号2号）。

②は，準備金の減少後，分配可能額が増加しない場合である（会社計算規179条）。欠損てん補のため準備金の使用について債権者保護手続を不要としていた従来の扱い（旧商289条1項4項）を引き継いだものである。

債権者が異議を述べることができる場合は，会社は，①資本金・準備金の額の減少の内容，②会社の計算書類に関する事項として法務省令で定め

る事項，②債権者が1か月を下らない一定の期間内に異議を述べることができる旨を，官報に公告し，かつ，知れている債権者には各別に催告しなければならない（449条2項）。法務省令で定める事項は，貸借対照表またはその要旨につき官報で公告しているときは，官報の日付および当該公告が掲載されている頁，日刊新聞紙で公告しているときは，日刊新聞紙の名称および当該公告が掲載されている頁，電子公告により公告しているときはインターネット上のホームページなどである（会社計算規180条）。

　公告を，官報のほか，定款所定の日刊新聞紙による公告または電子公告でするときは，知れている債権者に対する各別の公告を省略できる（449条3項）。

　各別に催告しなければならない「知れている債権者」とは，債権者が誰であり，その債権がいかなる原因にもとづきいかなる内容のものであるか，の大体を会社が知っている場合をいう。そのような債権者であれば，会社がその債権の存在を争い訴訟が係属中であっても，知れている債権者でないとはいえないとするのが，判例である（大判昭和7・4・30民集11巻706頁）。債権の額だけ争っている場合があるからである。しかし，会社が債務の不存在を確信して争っており，そのように確信するのが当時の状況から合理的と認められる場合は，知れている債権者とはならない。また，知れている債権者は，金銭債権者に限られないが，判例は，電力の継続的供給債権者も含まれるとしている（大判昭和10・2・1民集14巻75頁）。しかし，異議を述べた債権者に対する措置は弁済・担保提供・弁済用財産の信託であるから（449条5項），これらの措置で対応できない非金銭債権者は知れている債権者に含まれないと解さざるをえない。

　期間内に異議を述べなかった債権者は，資本金・準備金の額の減少を承認したものとみなされる（449条4項）。社債権者が異議を述べる場合は，社債権者集会の決議によることを要する（740条1項）。債権者が異議を述べたときは，資本金・準備金を減少してもその債権者を害するおそれがないときを除き，弁済をするか，相当の担保を供するか，またはその債権者に弁済を受けさせることを目的として信託会社などに相当の財産を信託することを要する（449条5項）。

　債権者を害するおそれがないかは，その債権者の債権額・弁済額などと

資本金・準備金の減少による影響を考慮して判断することになる。その判断が争われれば，債権者を害するおそれのないことの立証責任は，会社にある。

(d) 資本金・準備金の減少の効力発生日　資本金の額・準備金の額の減少は，株主総会または取締役・取締役会が定めた資本金・準備金の額の減少が効力を生ずる日にその効力を生ずる（449条6項）。ただし，債権者保護手続を終了していないときは，効力を生じない（同項ただし書）。会社は，株主総会または取締役・取締役会が定めた資本金・準備金の減少が効力を生ずる前に，いつでもその日を変更することができる（同条7項）。債権者保護手続に時間がかかる場合があるからである。

資本金の減少は登記事項の変更であるから，変更登記をしなければならない（911条3項5号・915条1項）。ただし，変更登記は，資本金減少の効力発生とは関係ない（旧有限会社の場合につき，最判昭和42・2・17判時481号124頁参照）。

(e) 資本金減少の無効　株主総会決議に取消し・無効の原因がある，債権者保護手続を欠くなど，資本金減少の手続に重大な瑕疵がある場合に，その無効は訴えをもってのみ主張できる（828条1項5号）。訴えは，資本金減少の効力が生じた日から6か月以内に限り提起できる（同項同号）。訴えを提起できる者は，株主・取締役・清算人のほか，監査役設置会社では監査役，委員会設置会社では執行役，および破産管財人，資本金減少を承認しなかった債権者である（同条2項5号）。

資本金減少の総会決議に取消原因があるときと資本金減少無効の訴えとの関係については，前述した（181頁）。資本金減少を承認しなかった債権者には，催告を受けなかったため異議申述の機会を失い，異議を述べなかった者も含む。債権者は，株主などと異なり，債権者保護手続を欠いたことを理由としてのみ訴えを提起できると解するべきである。また，訴えの提起後に弁済などを受けたときは，訴えの利益を欠くことになるから，訴えは却下される。

資本金減少無効の訴えは，会社の本店所在地の裁判所の管轄に専属する（835条1項）。株主・債権者が訴えを提起した場合に，会社が訴えの提起が悪意によるものであることを疎明して申立てたときは，裁判所は相当の

担保の提供を命ずることができる（836条）。

　資本金減少を無効とする判決が確定すると，その判決は，第三者に対しても効力を生ずる（838条）。資本金減少を無効とする判決については，遡及効が否定される（839条）。

（2）　資本金・準備金の増加

　会社は，剰余金の額を減少して，資本金の額を増加することができる（450条1項前段）。資本金の額を増加する場合には，①減少する剰余金の額，②資本金の額の増加がその効力を生ずる日を，株主総会の決議によって定めなければならない（同条1項後段・2項）。

　資本金の増加は，従来の配当可能利益の資本組入れ（旧商293条ノ2）に相当するものであるが，定時株主総会に限らず決議することができる。資本の部の計数の変動として，期中いつでも行うことができるようにするためである。

　①の額は②の効力を生ずる日における剰余金の額を超えてはならない（450条3項）。

　会社は，剰余金の額を減少して，準備金の額を増加することができる（451条1項前段）。準備金の額を増加する場合には，①減少する剰余金の額，②準備金の額の増加がその効力を生ずる日を，株主総会の決議によって定めなければならない（同項1項後段・2項）。

　減少する剰余金を準備金に組み入れることは，会社法において認められたものである。

　①の額は②の効力を生ずる日における剰余金の額を超えてはならない（451条3項）。

（3）　剰余金についてのその他の処分

　会社は，株主総会の決議によって，剰余金を減少させて資本金・準備金を増加させること，剰余金の配当その他会社の財産を処分することを除き，損失の処理，任意積立金の積立てその他の剰余金の処分をすることができる（452条前段）。この場合，当該剰余金の処分の額，増加・減少する剰余金の項目，処分する各剰余金の項目にかかる額を定めなければならない（452条後段，会社計算規181条1項）。

　剰余金のその他の処分は，財産の流出を伴わずに剰余金を構成する各科

目の計数を変動することである。従来，利益処分案や損失処理案の中に含まれていた事項を期中に何回もできるようにしたものである。剰余金のその他の処分は，定款の定めによってもすることができる（会社計算規181条2項）。

　会社は，剰余金のすべてを配当するわけではない。配当可能額のうち，どれだけの比率を株主に分配するか，どれだけを会社に留保するかの配当政策は，株主の長期的な利益が最大になるように立案することが求められる。配当金額を高くすることが必ずしも株主の利益となるとは限らない。任意積立金として社内に留保し，新規の設備投資にあてた方が将来の配当増につながることもあるからである。他方，留保した利益を非効率的な投資にあてた場合は，株式の価値を低下させてしまう。実際には，わが国では，株式の券面額に対する一定比率の配当を維持する会社が多かった。額面株式制度の廃止は，株主還元の見直しを迫ることになる。

　任意積立金は，通常は使途を特定するが，別途積立金のようにとくに使途を特定しないものもある。任意積立金をその目的に使用するときは，取締役会の決議で取り崩すことができる。定められた目的外に使用するときや別途積立金を取り崩すときは，その積立ての根拠に応じ，定款変更または総会決議を要する。

第7節　剰余金の配当

I　剰余金の配当手続

（1）　一般的手続

　会社は，その株主に対し，剰余金の配当をすることができる（453条）。自己株式に対しては剰余金の配当をすることはできない（同条かっこ書）。

　剰余金の配当には，資本金または準備金の減少に伴い発生した剰余金（446条3号4号）を原資として，その効力発生後に株主に余剰金の配当をすることも含まれる。

　会社は，剰余金を配当するときに，その都度，株主総会の決議によって，①配当財産の種類および帳簿価額の総額，②株主に対する配当財産の割当

てに関する事項，③当該剰余金の配当がその効力を生ずる日，を定めなければならない（454条1項）。

　会社法の下では，事業年度中にいつでも回数の制限なく，株主総会の決議によって剰余金の配当をすることができる。分配可能額の範囲内で行うかぎり，配当の回数を制限する理由はないからである。また，配当として金銭以外の財産を株主に交付すること，すなわち現物配当を行うことができることが明らかになっている。

　剰余金の配当に関して内容の異なる2以上の種類の株式を発行しているときは，その種類の株式の内容に応じ，株主に対する配当財産の割当てに関する事項として，①ある種類の株式の株主に対して配当財産の割当てをしないこととするときは，その旨およびその株式の種類，②そのほか，配当財産の割当てについて株式の種類ごとに異なる取扱いをするときは，その旨および当該異なる取扱いの内容，を定めることができる（454条2項）。

　株主に対する配当財産の割当てに関する事項についての定めは，株主の有する株式の数に応じて配当財産を割り当てる内容とするものでなければならない（454条3項）。したがって，事業年度の途中で募集株式の発行があった場合に募集株式には日割りで配当する日割配当は，会社法の下では禁止される。剰余金の配当に関する株主平等原則は，剰余金の配当について内容の異なる株式を発行している場合は適用されず，定められた内容と数に応じて割り当てる（同項かっこ書）。

　（2）　現物配当

　配当財産が金銭以外の財産である場合は，会社は，株主総会の決議によって，①株主に対して配当財産に代えて金銭を交付することを会社に対して請求する権利を与えるときは，その旨および金銭分配請求権を行使することができる期間，②一定数未満の数の株式を有する株主に対して配当財産の割当てをしないこととするときは，その旨および，その数を定めることができる（454条4項）。①の期間の末日は，剰余金の配当がその効力を生ずる日以前の日でなければならない（同項ただし書）。

　現物配当を行う場合の配当に関する事項の決定は，原則として株主総会の特別決議による（309条2項10号）。現物配当を望まない株主がいることと，受領した株主において即時に換価できるかという問題が生ずるから

である。株主に対し①の金銭分配請求権を与える場合は普通決議で足りる（同号かっこ書）。

②の定めは，現物配当を行う場合には，財産の価額や単位によって株式につき配当すべき財産について端数が生ずる可能性があり，一定数に満たない株式を有する株主に金銭を支払う必要が生ずるからである。

株主に対して①の金銭分配請求権を与える場合は，会社は，金銭分配請求権を行使することができる期間の末日の30日前までに，株主に対し，金銭分配請求権を与える旨およびその権利を行使できる期間を通知しなければならない（455条1項）。会社は，金銭分配請求権を行使した株主に対し，株主が割当てを受けた配当財産に代えて，当該配当財産の価額に相当する金銭を支払わなければならない（同条2項前段）。その場合，配当財産が市場価格のある財産である場合は，市場価格として法務省令で定める方法（会社計算規182条参照）により算定される額，それ以外の場合は，会社の申立てにより裁判所が定める額が配当財産の価額となる（455条2項後段）。

②の基準株式数を定めた場合は，会社は，基準株式数に満たない株式を有する株主に対し，基準株式数の株式を有する株主が割当てを受けた配当財産の価額として定めた額に当該基準株式の数の基準株式数に対する割合を乗じた額に相当する金銭を支払わなければならない（456条）。

（3） 決定機関の特則

会社が会計監査人設置会社であること，取締役の任期が1年を超えないこと，監査役会設置会社であること，または委員会設置会社であることを要件として，会社は，剰余金の配当に関する事項を株主総会ではなく，取締役会が定めることができる旨を定款で定めることができる（459条1項4号）。ただし，配当財産が金銭以外の財産であり，かつ，株主に対して金銭分配請求権を与えないこととする場合は除かれる（同項4号ただし書）。

なお，特定の者からの取得を除く自己株式の有償取得，欠損てん補のための資本金減少，財産流出を伴わない剰余金の処分も，同じ要件の下で，取締役会が定めることができる旨を定款で定めることができる（459条1項1号～3号）。

定款の定めは，最終事業年度にかかる計算書類，すなわち定時株主総会

または取締役会の承認を受けた場合における当該事業年度のうち最も遅い年度（2条24号）にかかる計算書類が法令・定款に従い，会社の財産および権益の状況を正しく表示しているものとして法務省令で定める要件に該当する場合にかぎり，その効力を有する（459条2項）。

　法務省令で定める要件は，①会計監査人の会計監査報告の内容が監査の対象となった計算関係書類は一般に公正妥当と認められる企業会計の慣行に準拠して，当該計算書類にかかる期間の財産および損益の状況をすべての重要な点において適正に表示していると認められる旨の意見であること，②会計監査報告にかかる監査役会または監査委員会の監査報告の内容として，会計監査人の監査の方法または結果を相当でないと認める意見がないこと，③監査役会または監査委員会の監査報告に付記された内容が②の意見でないこと，④特定監査役が通知すべき日までに監査報告の内容を通知しないため通知すべき日に計算関係書類が監査役・監査委員会の監査を受けたものとみなされたものでないこと，である（会社計算規183条）。

　剰余金の配当に関する事項を取締役会が定めることができる旨の定款の定めがある場合に，剰余金の配当に関する事項の決定を株主総会の決議によって定めない旨を定款で定めることができる（460条1項）。この定款の定めも，最終事業年度にかかる計算書類が法令・定款に従い，会社の財産・損益の状況を正しく表示しているものとして会計監査報告の意見および監査役会・監査委員会の意見がある場合などにかぎり，その効力を有する（460条2項，会社計算規183条）。

　剰余金の配当に関する事項を取締役会が定めることができる旨の定款の定めを設けていない会社でも，取締役会設置会社は，1事業年度の途中において1回に限り取締役会の決議によって剰余金の配当をすることができる旨を定款で定めることができる（454条5項）。現物配当をする場合は除かれる（同項かっこ書）。

　1回に限り取締役会の決議によって剰余金の配当をすることができる定款の定めは，従来の期中の金銭の分配である中間配当について取締役会の決議で定めることを認めていた制度を引き継いだものである。ただし，事業年度を1年とする会社に限定されない（旧商293条ノ5第1項参照）。

第7章 計　算

（4）配当財産の交付の方法

　配当財産は，株主名簿に記載・記録した株主の住所または株主が会社に通知した場所において交付しなければならない（457条1項）。配当財産の交付に要する費用は会社が負担するが，株主の責めに帰すべき事由によってその費用が増加したときは，その増加額は株主が負担する（同条2項）。これらの規定は，日本に住所等を有しない株主に対する配当財産の交付については適用されない（同条3項）。

　剰余金配当の交付を受ける株主は本来は決議時における株主名簿上の株主であるが，多くの会社では，決算日を基準日として，剰余金配当はその基準日現在の株主名簿上の株主に帰属すると定めている（124条参照）。

II　剰余金配当の制限

（1）純資産額からの制限

　会社はその株主に対し剰余金の配当をすることができるなどの規定（453条〜457条）は，会社の純資産額が300万円を下回る場合には適用しない（458条）。したがって，純資産額が300万円を下回る場合は，剰余金の配当をすることはできない。

　会社法は最低資本金制度を廃止している。その代わりに，会社債権者を保護するために設けられた制度である。300万円という額は，従来の有限会社の最低資本金額である（旧有9条）。

（2）分配可能額からの制限

　剰余金の配当により株主に対して交付する金銭等の帳簿価額の総額は，剰余金の配当がその効力を生ずる日における分配可能額を超えてはならない（461条1項・8号）。株主に対する金銭等の交付については，従来の利益配当・中間配当のみならず，資本金・準備金の減少に伴う株主に対する払戻しも含まれる。

　なお，株主に対して交付する金銭等の交付の分配可能額からの制限は，自己株式の有償取得の場合なども含まれる（461条1項1号〜7号）。

　分配可能額は，つぎの①②を加算し，③〜⑥を減算した合計額である（461条2項）。加算する額は，①剰余金の額，②臨時計算書類につき株主総会または取締役会の承認を受けた場合における臨時決算日に属する事業

年度の初日から臨時決算日までの期間の利益として法務省令で定める各勘定科目に計上した額の合計額，その期間内に自己株式を処分した場合における当該自己株式の対価の額，である（同項1号2号）。減算する額は，③自己株式の帳簿価額，④最終事業年度の末日後に自己株式を処分した場合における当該自己株式の対価の額，⑤②の場合におけるその期間内の損失の額として法務省令で定める各勘定科目に計上した額の合計額，⑥③，④および⑤のほか，法務省令で定める各勘定科目に計上した額の合計額，である（同項3号〜6号）。

　分配可能額は，決算日ではなく，随時計算される剰余金の額を基礎として，剰余金配当時を基準に算定される。

　②の法務省令で定める合計額は，臨時計算書類の損益計算書に計上された当期純損益金額と，設立時または設立後の株式の交付に伴う義務が履行されて増加したその他資本剰余金の額の合計額である（会社計算規184条・44条）。⑤の法務省令で定める合計額は，ゼロから臨時計算書類に計上された当期純損益金額を減じた額である（会社計算規185条）。⑥の法務省令で定めるその他減ずる額では，貸借対照表の資産の部に計上したのれんの額を2で除した額および繰延資産の部に計上した額の合計額（のれん等調整額）が資本金および準備金の合計額（資本金等金額）およびその他資本剰余金の合計額を超えている場合は，のれん等調整額から資本金等金額を減じた額またはその他資本余剰金の額および繰延資産の部に計上した額の合計額が控除される（会社計算規186条1項）。また，連結配当規制適用会社（会社計算規2条3項72号参照）について，子会社の財務状況が悪化している場合を反映させる控除科目が定められている（会社計算規186条4号）。

Ⅲ　違法な剰余金配当の責任と欠損てん補責任

（1）　違法な剰余金配当の責任

　剰余金の分配可能額を超えて剰余金の配当をした場合には，剰余金の配当により金銭等の交付を受けた者，ならびに，配当に関する職務を行った業務執行取締役・執行役その他業務執行取締役・執行役の行う業務執行に職務上関与した者，および，剰余金の配当の決定にかかる株主総会の議案

提案取締役，取締役会の議案提案取締役は，会社に対し，連帯して，その金銭等の交付を受けた者が交付を受けた金銭等の帳簿価額に相当する金銭を支払う義務を負う（462条1項・6号）。

　違法な剰余金の配当は無効とならない（463条1項参照）。株主の負う返還義務は，法定の特別責任である。この義務は，株主が分配可能額を超えることについて善意・悪意を問わず負うと解される（463条1項参照）。業務執行者・議案提案取締役が負う義務は，多数の株主から返還させるのは実際上は困難なので，資本充実の必要性から課された法定の特別責任である。

　なお，同様の責任は，自己株式の有償取得などについても課される（462条1項1号～5号）。

　株主が配当として金銭以外の財産の交付を受けた場合でも，帳簿価額に相当する金銭を支払わなければならない。また，株主および業務執行者・議案提案取締役が支払うべき金銭は，会社に与えた損害ではなく，交付を受けた額である。

　業務執行者および議案提案取締役の違法配当の責任は過失責任であって，業務執行者・議案提案取締役がその職務を行うについて注意を怠らなかったことを証明したときは，支払義務を負わない（462条2項）。

　業務執行者および議案提案取締役の違法配当の責任は，免除することができない（462条3項本文）。会社債権者を保護するためである。ただし，配当時における分配可能額を限度として免除することについて総株主の同意があれば，免除できる（同項ただし書）。したがって，分配可能額を超えて配当した部分については，総株主の同意による免除は認められない。

　剰余金の配当により株主に交付した金銭等の帳簿価額が配当が効力を生ずる日における分配可能額を超えることにつき善意の株主は，その株主が交付を受けた金銭等について，責任を果たした業務執行者・議案提案取締役からの求償の請求に応ずる義務を負わない（463条1項）。

　会社債権者は，支払義務を負う株主に対し，その交付を受けた金銭等の帳簿価額，その価額がその債権者が会社に対して有する債権額を超える場合は債権額，に相当する金銭を支払わせることができる（463条2項）。

　会社債権者の株主に対する返還請求は，従来の規定（旧商290条2項）

と異なり，債権者代位権（民 423 条）の特則として，会社債権者自身への支払請求を認めるものである。また，債権者代位権と異なり，会社の無資力を要件としていない。会社が無資力でもないのに会社債権者自身への支払請求を認める必要はないであろう。

（2） 欠損てん補責任

　会社が剰余金の配当をした場合において，配当をした日の属する事業年度，その事業年度の直前の事業年度が最終事業年度でないときはその事業年度の直前の事業年度にかかる計算書類につき定時株主総会または取締役会の承認を受けた時における分配可能額を超えるときは，配当に関する職務を行った業務執行者は，会社に対し，連帯して，その超過額を支払う義務を負う（465 条 1 項・10 号）。ただし，その超過額が，期中に剰余金を配当した場合の配当財産の帳簿価額の総額，金銭分配請求権を行使した株主に交付した金銭の合計額，および基準未満株式の株主に支払った金銭の合計額を超える場合は，その合計額を限度として支払う義務を負う（同項 10 号）。

　この責任は，中間配当について事後的に期末に欠損が生じたときのてん補責任（旧商 293 条ノ 5 第 5 項）を引き継いだものであるが，責任の有無は，事業年度の末日ではなく，計算書類が承認された時である。その事業年度の直前の事業年度が最終事業年度でないときとは，配当をした日が事業年度が開始して間もない時期である場合である。支払義務を負うのは配当に関する職務を行った業務執行者であるから，配当に関する職務を担当していない取締役は責任を負わない。定時株主総会にもとづく剰余金配当および資本金・準備金の減少に伴う剰余金配当の場合は，欠損てん補責任は生じない（465 条 1 項 10 号イ〜ハ）。

　業務執行者の欠損てん補責任は過失責任であって，業務執行者がその職務を行うについて注意を怠らなかったことを証明した場合は，支払義務を負わない（465 条 1 項柱書ただし書）。

　業務執行者の欠損てん補責任は，総株主の同意がなければ，免除することができない（465 条 2 項）。

第 8 章　定款の変更

第 1 節　定款変更の意味

　定款の変更は，会社の根本規則である定款の内容を変更することである。定款の作成というときは，根本規則である定款とその規則を記載または記録した書面・電磁的記録を指すが，定款の変更というときは，前者のみを指し，書面などは定款変更の効力発生後に業務執行機関により変更されるにすぎない。

第 2 節　定款変更の手続

　定款の変更には，株主総会の特別決議を要する（466条・309条 2 項11号）。定款の定めにより，定款変更の決議要件を加重することは可能である（309条 2 項前段かっこ書）。
　定款を変更して会社が発行する全部の株式を取得条項付株式とする定めを設け，または定款に定める事項を変更するときは，株主全員の同意を要する（110条）。発行する全部の株式の内容として譲渡による取得につき会社の承認を要する旨を定める定款の変更を行う場合などには，株主総会の特殊決議を要する（309条 3 項 1 号・ 4 項）。他方，取締役会決議で定款を変更できる場合がある（184条 2 項・195条 1 項）。
　種類株式発行会社が定款を変更する場合，定款の変更がある種類の株主に損害を及ぼすおそれがあるときは，株主総会決議のほか，損害を受けるおそれのある種類の株式の種類株主総会決議を要する（322条 1 項 1 号）。また，種類株主の全員の同意を要する場合がある（111条 1 項・164条 2 項・322条 4 項）。
　定款の変更には，設立時の場合と異なり，公証人の認証（30条 1 項）は必要ではない。定款の変更が登記事項の変更となるときは，変更の登記を

しなければならない（915条1項）。

第 9 章　組織再編

第 1 節　総　説

　一般に，企業グループ内での事業の移転などが企業の再編と呼ばれているが，企業の買収・提携も含めて企業の再編と呼ばれることもある。本章では，第 5 編に規定する組織変更，合併，会社分割，株式交換および株式移転と，会社法 467 条以下に規定する事業譲渡等を組織再編行為として述べることにする。

　これらの組織再編行為は，株主の利害に重大な影響を与えるため，原則として，株主総会の特別決議で決定することを要求している。また，反対株主に株式買取請求権を認め，多くの場合について事前・事後の開示を求め，債権者保護手続を要求している。また，効力発生日を法定するとともに，無効の訴えの制度を設けている。

　後述のように，会社法の下では，組織変更については，持分会社が株式会社に組織変更することを認めている。合併については，すべての種類の会社間での合併が認められている。吸収合併では，株式会社・持分会社のどちらも存続会社になることができ，新設合併でも，株式会社・持分会社のどちらも新設会社とすることができる。会社分割については，株式会社・合同会社は分割会社となることができ，承継会社にはすべての種類の会社がなることができる。株式交換については，合同会社は株式交換における完全親会社となる会社となることができる。

　以下では，組織変更については株式会社が持分会社に組織変更する場合，事業譲渡等，合併，会社分割，株式交換，株式移転については，株式会社間の場合と新設会社が株式会社の場合について述べることにする。

第2節　組織変更

I　組織変更の意義

　組織変更とは，会社がその法人格の同一性を維持しつつ，他の種類の会社に変わることをいう。すでに存在する会社を解散し，改めて他の種類の会社を設立する二重の手続を回避させる，企業維持の要請にもとづく制度である。

　組織変更については，従来は，社員の責任などの点で相互に類似する性格を有する会社間に限る類似主義をとり，合名会社・合資会社間および株式会社・有限会社間においてのみ認められていた。会社法は，株式会社が持分会社に組織変更することを認めている（743条・2条26号イ）。また，持分会社が株式会社に組織変更することを認めている（743条・2条26号ロ）。

II　組織変更の手続

（1）　組織変更計画

　株式会社が持分会社に組織変更する場合には，組織変更計画を作成しなければならない（743条後段）。

　組織変更計画においては，①組織変更後の持分会社が合名会社，合資会社または合同会社であるかの別，②持分会社の目的，商号および本店の所在地，③持分会社の社員の氏名・名称および住所，社員が無限責任社員または有限責任社員であるかの別，社員の出資の価額，④その他の持分会社の定款に定める事項，⑤持分会社が組織変更に際して組織変更する株式会社の株主に対しその株式に代わり社債を交付するときは，社債の種類および種類ごとの各社債の金額の合計額またはその算定方法，社債以外の財産を交付するときは，財産の内容および数もしくは額またはこれらの算定方法，⑥組織変更する株式会社の株主に対する社債，社債以外の財産の割当てに関する事項，⑦組織変更する株式会社が新株予約権を発行しているときは，持分会社が組織変更に際して新株予約権者に対して交付する新株予

約権に代わる金銭の額またはその算定方法，⑧新株予約権者に対する金銭の割当てに関する事項，⑨組織変更がその効力を生ずる日，を定めなければならない（744条1項）。

(2) 開示と株主の同意

組織変更する株式会社は，組織変更計画についての総株主の同意を得た日，新株予約権を発行しているときは組織変更する旨の通知または公告の日のいずれか早い日，および，債権者の異議を催告する通知または公告のいずれか早い日，のうちいずれか早い日の組織変更計画備置開始日から組織変更計画に定めた組織変更の効力発生日までの間，組織変更計画の内容その他法務省令で定める事項を記載・記録した書面または電磁的記録をその本店に備え置かなければならない（775条1項）。法務省令で定める事項は，組織変更する株式会社が新株予約権を発行しているときの組織変更計画の定めの相当性に関する事項，組織変更後持分会社の債務の履行の見込みに関する事項などである（会社則180条）。

組織変更する株式会社は，効力発生日の前日までに，組織変更計画について，総株主の同意を得なければならない（776条1項）。また，組織変更する株式会社は，効力発生日の20日前までに，その登録株式質権者および登録新株予約権者に対し，組織変更する旨を通知または公告しなければならない（同条2項）。なお，新株予約権を発行している株式会社が持分会社へ組織変更する場合は，組織変更が効力を生ずると新株予約権は消滅する（745条5項）。新株予約権に代わり交付される金額に不満の新株予約権者は，会社に対し，自己が有する新株予約権を公正な価格で買い取ることを請求できる（777条1項）。

(3) 債権者保護手続

組織変更する株式会社は，債権者保護手続を行わなければならない。会社は，組織変更をする旨，組織変更する会社の計算書類に関する事項として法務省令で定めるもの（会社則181条参照），および債権者が1か月を下らない一定の期間内に異議を述べることができる旨を官報に公告し，かつ，知れている債権者には各別に催告しなければならない（779条2項）。公告を，官報のほか，定款所定の日刊新聞紙による公告または電子公告するときは，知れている債権者に対する催告は省略できる（同条3項）。

期間内に異議を述べなかった債権者は，組織変更について承認したものとみなされる（779条4項）。異議を述べたときは，組織変更をしてもその債権者を害するおそれがないときを除き，会社は，債権者に対し，弁済するか，相当の担保を供するか，またはその債権者に弁済を受けさせることを目的として信託会社などに相当の財産を信託することを要する（同条5項）。

（4） 組織変更の効力発生

債権者保護手続を終了していない場合または組織変更を中止した場合を除き，組織変更する株式会社は，組織変更計画に定めた組織変更の効力発生日に持分会社となり，組織変更計画の定めに従い，定款の変更をしたものとみなされる（745条1項2項）。また，組織変更する株式会社の株主は，効力発生日に，組織変更計画の定めに従い，組織変更後の社員となるのが原則であるが（同条3項），組織変更の対価としてその持分会社の社債を定めたときは，効力発生日に，組織変更の定めに従い，その社債の社債権者となる（同条4項）。

株式会社が組織変更したときは，その効力を生じた日から2週間以内に，その本店の所在地において，株式会社については解散の登記，組織変更後の持分会社については，設立の登記をしなければならない（920条）。組織変更については会社の解散も設立もないから，解散と設立の登記を行うのは，登記の技術的処理にもとづくものである。

Ⅲ　組織変更の無効

組織変更の手続に瑕疵がある場合に，従来は，組織変更の無効の訴えに関する規定がなく，判例は，設立無効の訴えに関する規定を準用していた（最判昭和46・6・29民集25条4号711頁）。会社法は，組織変更の無効の訴えの制度を設けている。

組織変更の無効は，組織変更の効力が生じた日から6か月以内に，訴えをもって主張できる（828条1項6号）。訴えを提起できる者は，組織変更が効力を生じた日における組織変更をする会社の株主・取締役・清算人のほか，監査役設置会社では監査役，委員会設置会社では執行役，組織変更後の会社の社員・清算人，および破産管財人と組織変更について承認しな

かった債権者である（同条2項6号）。被告は，組織変更後の会社である（834条6号）。

組織変更無効の訴えは，被告となる会社の本店所在地の管轄に専属する（835条1項）。株主・債権者が訴えを提起した場合に，被告会社が訴えの提起が悪意によるものであることを疎明して申立てたときは，裁判所は相当の担保の提供を命ずることができる（836条）。訴えを提起した原告が敗訴した場合に，原告に悪意・重過失があったときは，原告は，被告会社に対し，連帯して損害を賠償する責任を負う（846条）。

組織変更を無効とする判決が確定すると，その判決は，第三者に対しても効力を生ずる（838条）。組織変更を無効とする判決については，遡及効が否定される（839条）。ただし，設立の無効と異なり，会社は清算されるのではなく，将来に向かって組織変更前の株式会社に復帰する。

第3節　事業譲渡等

I　事業譲渡の意義

事業譲渡は，会社が取引行為として事業を他に譲渡する行為である。事業譲渡の場合は，合併と異なり，譲渡会社は当然には解散しない。

譲渡会社は，譲渡契約にもとづき，譲受会社に対して，事業を構成する各種の財産を移転する義務を負う。とくに一部の財産を除外する特約がないかぎり，事業を構成する一切の財産が移転する。事業譲渡の場合は，合併と異なり，包括的に権利義務が移転するわけではないから，譲渡会社は，財産移転の義務を履行するために個別的な移転手続をしなければならない。

債務を承継させる場合は，債務引受け，債務者交替による更改（民514条）など，譲渡会社がその債務を免れるための行為が必要となる。債務引受けや更改については債権者の個別的な同意が必要となる。なお，債務を移転しない場合でも，譲受会社が債務を弁済しなければならない場合がある（22条1項・23条1項）。

事業譲渡は，会社の再編・提携の手段として利用されるが，事業の移転を含む事業再編と業務提携のために交わされた，各当事者は第三者との間

で基本合意の目的と抵触する取引にかかる情報提供や協議を行わないとする独占交渉権条項の効力が問題となった裁判例がある（最決平成16・8・30民集58巻6号1763頁）。

　会社法は，従来の「営業」の譲渡（旧商245条1項）という文言を「事業」の譲渡に置き換えている。これは，他の法人における用語と統一を図り，また，個人商人が複数の営業を営む場合に各営業につきそれぞれ別個の商号を有することができる（商登43条1項3号参照）のに対し，会社は全体として1個の商号しか有することができないことから，個々の営業と区別するため事業に改めたものである。しかし，営業活動により形成される財産を意味することに変わりはない。

II　事業の譲渡・譲受けの手続

（1）　承認手続

　株式会社は，①事業の全部の譲渡，②事業の重要な一部の譲渡，③他の会社の事業の全部の譲受けをする場合には，その行為が効力を生ずる日の前日までに，株主総会の決議によって，その行為にかかる契約の承認を受けなければならない（467条1項）。書面投票・電磁的方法による投票を行う会社では，招集通知を発する際に交付・提供する株主総会参考書類に事業譲渡・譲受けを行う理由，契約の内容の概要などを記載しなければならない（会社則92条）。決議要件は特別決議である（309条2項11号）。

　③の他の会社の事業の全部の譲受けをする場合に，譲受ける資産に自己株式が含まれているときは，取締役は，株主総会において，その株式に関する事項を説明しなければならない（467条2項）。他の会社の事業の全部を譲り受ける際に自己株式を取得する場合（155条10号），自己株式の取得に関する手続を経ないからである。

　②の事業の重要な一部の譲渡については，譲渡する資産の帳簿価額が当該会社の総資産額の5分の1を超えない場合は，株主総会の決議は不要である（467条1項2号かっこ書）。総資産額は，契約締結日における資本金・資本準備金・利益準備金の額，剰余金の額，最終事業年度末における評価・換算差額等にかかる額，最終事業年度末に負債の部に計上した額，最終事業年度の末日後に吸収合併・吸収分割による他の会社の事業にかか

る権利義務の承継または他の会社の事業全部の譲受けをしたときはこれらの行為により承継した負債の額，および新株予約権の帳簿価額の合計額から，自己株式および自己新株予約権の帳簿価額の合計額を減じた額である（会社則134条1項）。

　5分の1という割合は，定款で厳格化することは可能である（467条1項2号かっこ書）。5分の1という基準は，簡易吸収分割の場合の基準と同じである（784条3項・805条）。

　①②③について，契約の相手方が事業の譲渡・譲受けをする会社の特別支配会社である場合は，株主総会の決議は不要である（468条1項）。特別支配会社とは，ある株式会社の総株主の議決権の10分の9以上を他の会社および当該他の会社が発行済株式の全部またはその持分の全部を有する株式会社・法人が有している場合における他の会社をいう（468条1項かっこ書，会社則136条）。10分の9という割合は，定款で厳格化することは可能である（468条1項かっこ書）。株主総会決議を不要としているのは，契約の相手方が特別支配会社である場合は，承認される可能性が高く，総会の開催を要求する必要性が乏しいからである。合併などの場合も相手方が特別支配会社である場合は株主総会の決議を不要としている（784条1項・796条1項）。

　③の他の会社には外国会社も含まれるが（467条1項3号かっこ書），他の会社の事業の全部の譲受けについて，譲受会社が事業の全部の対価として交付する財産の帳簿価額の合計額の当該会社の純資産額に対する割合が5分の1を超えないときは，株主総会の決議は不要である（468条2項）。純資産額は，契約締結日における資本金・資本準備金・利益準備金の額，剰余金の額，最終事業年度の末日における評価・換算等にかかる額，および新株予約権の帳簿価額から，自己株式および自己新株予約権の帳簿価額の合計額を減じた額である（会社則137条1項）。ただし，その額が500万円を下回る場合は500万円である（同項柱書かっこ書）。

　総会決議が不要になる基準は従来よりも緩和されている（旧商245条ノ5第1項参照）。ただし，5分1という割合は，定款で厳格化することは可能である（468条2項かっこ書）。総会決議を不要としているのは，対価が会社の純資産から見て少額なため，譲受会社の株主の利益に重大な影響を

及ぼさないからである。簡易合併などの場合も同様の基準で株主総会の決議を不要としている（796条3項）。

　他の会社の事業の全部の譲受けについて対価が少額なため総会決議が不要な場合でも、会社は、株主に譲受けの効力発生日の20日前までに事業の譲受けをする旨を通知または公告しなければならない（469条3項4項）。そして、法務省令で定める数の株式を有する株主が通知・公告の日から2週間以内に譲受けに反対する旨を会社に通知したときは、会社は、効力発生日の前日までに、株主総会の決議によって、譲受けにかかる契約の承認を受けなければならない（468条3項）。

　法務省令で定める数の株式は、総株主の議決権の6分の1、定款の定めにより特別決議の定足数を変更した場合に（309条2項柱書かっこ書参照）決議の成立を阻止できる議決権割合、または定款で定めた数、のいずれか小さい数である（会社則138条）。

　（2）　株主総会決議を要する事業譲渡の意味

　株主総会の特別決議を要する事業譲渡（営業譲渡）は何かについて、最高裁は、会社法21条以下（旧商24条以下）の事業譲渡（営業譲渡）と同じであると解している。すなわち、「商法245条1項1号によって特別決議を経ることを必要とする営業の譲渡は、同法24条以下にいう営業譲渡と同一意義であって、営業そのものの全部または重要な一部を譲渡すること、詳言すれば、一定の営業目的のため組織化され、有機的一体として機能する財産（得意先関係等の経済的価値のある事実関係を含む。）の全部または重要な一部を譲渡し、これによって、譲渡会社がその財産によって営んでいた営業的活動の全部または重要な一部を譲受人に受け継がせ、譲渡会社がその譲渡の限度に応じ法律上当然に同法25条に定める競業避止義務を負う結果を伴うものをいう」と判示し、その理由として、法解釈の統一性、安定性、および譲渡会社の運命に重大な影響を及ぼす営業用財産の譲渡と解すると、譲渡が無効かどうかが相手方にわからない事情に左右される結果となり、法律関係の明確性、取引の安全を害することを挙げている（最大判昭和40・9・22民集19巻6号1600頁）。

　上記の最高裁判決には、営業目的のために組織的一体をなす財産の譲渡であればよく、重要な個別的な営業用財産の譲渡も営業の重要な一部の譲

渡に当たるとする反対意見があるが，多数意見の立場は，その後の最高裁判決に踏襲されている（最大判昭和41・2・23民集20巻2号302頁，最判昭和46・4・9判時635号149頁）。

　会社が事業の全部または重要な一部の譲渡に総会の特別決議を要求しているのは，株主の利益保護のためである。営業活動の承継をするか否かは譲受人側の自由であり，また，譲渡会社が競業避止義務を負わない場合でも，事業の縮小・廃止をせざるをえなくなるなど，株主の利害に重大な影響を及ぼすことがある。他方，個別的な営業用財産の譲渡は，重要な財産の処分として取締役会の決議が必要になる（362条4項1号）ことはあっても，総会の特別決議が必要な事業の重要な一部の譲渡とはいえない。個別的な財産の経済的価値を超える組織化された有機的一体として機能する財産の譲渡であれば，得意先の移転を伴わなくても，また，競業避止義務を負うか否かを問わず，総会の特別決議を要すると解するべきである（青竹正一「判批」ジュリ687号（1979）130頁）。

（3）　反対株主の株式買取請求

　事業の譲渡・譲受けをする場合は，反対株主は，それらの行為をする会社に対し，自己の有する株式を公正な価格で買い取ることを請求することができる（469条1項本文）。ただし，事業の全部を譲渡する場合において，株主総会決議と同時に会社解散の総会決議（471条3号）がされたときは，株式買取請求権は認められない（469条1項ただし書）。会社を解散すれば，株主は残余財産の分配を受けることができるからである。

　反対株主とは，事業の譲渡・譲受けをするために株主総会の決議を要する場合は，総会に先立って事業の譲渡・譲受けに反対する旨を会社に通知し，かつ，総会において事業の譲渡・譲受けに反対した株主，その総会において議決権を行使できない株主，株主総会の決議を要しない場合は，すべての株主である（469条2項）。したがって，株主総会決議が不要となる場合でも，株式買取請求権は認められる。

　反対株主が買取請求する場合の買取価格は株式の「公正な価格」であり，従来の「決議なかりせばその有すべかりし公正な価格」（旧商245条ノ2第1項）ではない。したがって，反対株主も事業の譲渡・譲受けによる相乗効果（シナジー効果）の分配を受けることができることになる。

事業の譲渡・譲受けをしようとする会社は，効力発生日の20日前までに，株主に対し，事業の譲渡・譲受けをする旨，および，株主総会において自己株式に関する事項を説明しなければならない場合は自己株式に関する事項を通知しなければならない（469条3項）。会社が公開会社である場合，または，株主総会決議によって事業の譲渡・譲受けにかかる契約の承認を受けた場合は，通知を公告をもって代えることができる（同条4項）。

　反対株主の買取請求は，効力発生日の20日前の日から効力発生日の前日まで，株式買取請求にかかる株式の数を明らかにしてしなければならない（469条5項）。買取請求した株主は，会社の承諾を得た場合にかぎり，その請求を撤回することができる（同条6項）。事業の譲渡・譲受けを中止したときは，買取請求はその効力を失う（同条7項）。

　買取請求があった場合，株式の価格の決定について株主と会社との間に協議がととのったときは，会社は，効力発生日から60日以内にその支払をしなければならない（470条1項）。効力発生日から30日以内に協議がととのわない場合は，当事者は，その期間の満了の日後30日以内に，裁判所に対し，価格の決定の申立てをすることができる（同条2項）。効力発生日から60日以内に申立てがないときは，その期間の満了後は，株主は，いつでも，買取請求を撤回することができる（同条3項）。

　（4）　手続違反の効果

　株主の利益を保護しようとする会社法の規定の趣旨からすると，株主総会の特別決議を欠く事業の譲渡・譲受けは無効となる。ただし，譲渡会社が営業譲渡契約が有効であることを前提に債務を負担し，しかも契約締結後20年余経て無効を主張することは，信義則に反し許されないとする判例がある（最判昭和61・9・11判時1215号125頁）。

　学説には，取引の安全保護のため，特別決議を要する場合であることを知らず，かつ知らないことに重過失のない譲受人に対しては譲渡会社は無効を主張できないとする見解がある（鈴木竹雄「株式会社と取引の安全」商法研究II（有斐閣，1971）52頁，大隅＝今井・中103頁，北沢・746頁）。しかし，個別的な財産の価値を超える事業の譲渡については，譲渡会社の株主保護のため，相対的無効の扱いを認めるべきではない。

III 事業の賃貸等

会社が事業全部の賃貸，事業全部の経営の委託，および他人と事業上の損益全部を共通にする契約その他これに準ずる契約の締結，変更または解約をする場合も，株主総会の特別決議を要する（467条1項4号）。これらの行為も，会社の事業全部について行われると，会社の事業経営が基本的に変わるからである。契約の相手方が特別支配会社である場合は，株主総会の決議は不要である（468条1項）。反対株主には株式買取請求権が認められる（469条1項）。

IV 事後設立

発起設立または募集設立の方法により設立した会社が，会社の成立後2年以内における，その成立前から存在する財産であって，その事業のために継続して使用するものを取得する場合も，株主総会の特別決議を要する（467条1項5号）。ただし，他の会社の事業の全部の譲受けの場合と同じく，譲受財産の対価として交付する財産の帳簿の合計額の会社の純資産に対する割合が5分の1を超えないときは，株主総会の決議は不要である（同項ただし書）。

事後設立における株主総会の決議は発起設立または募集設立の方法により設立した場合に限られるから，新設合併，新設分割または株式移転によって設立された株式会社がその成立後2年以内に財産を譲り受ける場合は，決議は不要である。また，従来は，事後設立については検査役の調査を要求していた（旧商246条1項）。会社法は，検査役の調査が企業の再編・買収の過度の規制になることから廃止している。

第4節 合　　併

I 合併の意義

合併は，2つ以上の会社が1つの会社に合体することである。合併には，合併当事会社の1つが存続して，他の会社が消滅して存続会社に吸収され

る吸収合併（2条27号）と，当事会社のすべてが消滅し，それと同時に設立する新会社に吸収される新設合併（2条28号）がある。実際には，吸収合併が利用されることが多い。新設合併では，消滅会社の受けていた営業の許認可および証券取引所の上場資格が消滅し，再申請が必要になること，登録免許税が高くつくこと（登税別表第一の19㈠ホ・ヘ参照）などがあるからである。

合併の結果，当事会社の一部または全部が解散によって消滅するので，合併も消滅会社にとっては解散の1場合である（471条4号）。合併の場合は，その他の解散の場合（475条1号参照）と異なり，消滅会社の財産・債務は存続会社または新設会社に包括的に承継され，消滅会社の株主は存続会社または新設会社の株主などとなるため，清算手続は行われない。

株式会社は，他の株式会社と合併し，株式会社が存続会社または新設会社となるのが通常である。会社法の下では，株式会社が持分会社と合併して持分会社が存続会社となること，および株式会社が株式会社または持分会社と新設合併する場合に持分会社を新設会社とすることが認められている（748条・751条1項・755条1項）。

清算中の会社も，存立中の会社を存続会社として合併を行うことは認められている（474条1号）。債務超過会社を消滅会社とする合併も，無増資合併であれば，消滅会社の株主が存続会社に収容されることはないから認められると解してよい（795条2項参照）。存続会社の株主・債権者の救済は，株式買取請求権（785条・797条）および債権者保護手続（789条）によって図ることは可能である。

独占禁止法は，競争制限などとなる合併を禁止し，一定規模以上の合併には公正取引委員会への届出を義務づけ，届出を行った会社は，届出受理の日から30日を経過するまでは合併を行ってはならないとしている（独禁15条）。また，銀行業など一定の事業を営む会社の合併は，主務大臣の認可を受けなければ効力を生じないものとされている（銀行30条1項，保険153条1項3号など）。

Ⅱ　合併の手続

(1)　合併契約

(a)　**吸収合併の合併契約**　　株式会社が合併する場合，合併をする会社は，合併契約を締結しなければならない（748条後段）。吸収合併をする場合，吸収合併後存続する会社が株式会社であるときは，各合併当事会社の株式会社間の吸収合併契約において，つぎの事項を定めなければならない（749条1項）。

①存続会社および消滅会社の商号・住所，②存続会社が吸収合併に際して株式会社である消滅会社の株主に対してその株式に代わり金銭その他の財産（金銭等）を交付する場合，その金銭等が存続会社の株式であるときは，当該株式の数またはその数の算定方法ならびに存続会社の資本金・準備金の額に関する事項，存続会社の社債であるときは，当該社債の種類および種類ごとの各社債の金額の合計額またはその算定方法，存続会社の新株予約権であるときは，当該新株予約権の内容および数またはその算定方法，存続会社の新株予約権付社債であるときは，当該社債の種類および種類ごとの社債の金額の合計額またはその算定方法と新株予約権の内容および数またはその算定方法，存続会社の株式・社債・新株予約権（株式等）以外の財産であるときは，当該財産の内容および数またはこれらの算定方法，③存続会社の金銭等を交付するときの消滅会社の株主に対する金銭等の割当てに関する事項，④消滅会社が新株予約権を発行しているときは，存続会社が吸収合併に際して新株予約権者に対して新株予約権に代わり存続会社の新株予約権を交付するときは，当該新株予約権の内容および数またはその算定方法，消滅会社の新株予約権が新株予約権社債に付された新株予約権であるときは，存続会社が社債にかかる債務を承継する旨ならびにその承継にかかる社債の種類および種類ごとの各社債の金額の合計額またはその算定方法，新株予約権者に対して金銭を交付するときは，当該金銭の額または算定方法，⑤消滅会社の新株予約権者に対する存続会社の新株予約権または金銭の割当てに関する事項，⑥吸収合併がその効力を生ずる日，である（749条1項1号～6号）。

②は，合併の対価に関する事項である。従来は，消滅会社の株主に交付

する対価は存続会社の株式でなければならず，例外として，合併比率が複雑になる場合に，合併比率の調整のため合併交付金を交付することが認められていた（旧商409条2号・4号）。会社法の下では，対価の柔軟化が認められ，金銭等，すなわち存続会社の株式のほか，新株予約権，社債，新株予約権付社債，および株式等以外の財産を交付することを定めることができる。そこで，金銭のみを交付する交付金合併（キャッシュ・アウト・マージャー）が可能となる。また，存続会社がその親会社の株式を交付する合併，いわゆる三角合併も可能となる。存続会社となる子会社が対価として交付する親会社株式を有していない場合は，例外として，三角合併に使用する株式数の範囲内で親会社株式を取得することが認められている（800条1項）。ただし，対価の柔軟化の改正の施行日は，会社法の施行日の1年後である（附則4条）。

合併の対価として存続会社の株式を交付する場合，消滅会社の株主に対し，その所有する1株につき存続会社の株式を何株割当てるかという合併比率は，各当事会社の株主にとって最も重要な事項である。合併比率は，各当事会社の1株の経済的価値により決まる。消滅会社の株主が従来有していた株式よりも経済的価値の低い株式を同じ比率で割り当てられると，消滅会社の株主は不利益を受ける。また，消滅会社の株主が経済的価値の高い株式を同じ比率で割り当てられると，存続会社の株主は不利益を受ける。市場価格のある株式の経済的価値は，直近何か月間の市場価格の終値の平均により算出することが多い。

なお，存続会社は，株式の発行に代えて，自己株式を交付することも認められる。

存続会社が消滅会社の株主に株式を交付することに伴い，資本金・準備金の額に関する事項を定めなければならない。

合併に際して，存続会社が承継する財産の全部の取得原価を消滅会社の株主に交付する財産の時価その他存続会社が承継する財産を適切に算定する方法をもって測定する，いわゆるパーチェス方式による会計処理が認められる。その場合に，資産または負債としてのれんを計上することができる（会社計算規12条1項）。

パーチェス方式による場合，対価の全部または一部が存続会社の株式で

あるときは，存続会社の資本金額は，①合併直前の資本金額と，②株主払込資本変動額，すなわち，消滅会社の株主に交付する存続会社の株式の時価その他適切な方法により算定された価額から交付財産として処分する自己株式の帳簿価額を減じた額，の範囲内で存続会社が合併契約の定めに従い定めた額，の合計額である（会社計算規58条1項1号・2条3項37号）。資本準備金額は，①合併直前の資本準備金額と，②株主払込資本変動額から資本金額を算定する際の②を減じた額，の範囲内で存続会社が合併契約の定めに従い定めた額，の合計額である（会社計算規58条1項2号）。利益準備金額は，合併直前の利益準備金額である（同項4号）。

　共通支配下関係にある場合（会社計算規2条3項31号参照）における合併および子会社との合併の資本金額等の算定は，別に定められている（会社計算規59条・60条）。

　合併に際して，合併直前の帳簿価額および消滅会社の合併直前の資本金額を引き継ぐ，いわゆるプーリング方式の会計処理も認められる。その場合，存続会社の資本金額は，直前の資本金額と直前の消滅会社の資本金額の合計額である（会社計算規61条1項1号）。資本準備金額は，直前の資本準備金額と直前の消滅会社の資本準備金額の合計額である（同項2号）。利益準備金額は，直前の利益準備金額と消滅会社の利益準備金額の合計額である（同項4号）。

　合併契約の③の金銭等の割り当てに関する事項についての定めは，消滅会社の株主の有する株式の数に応じて金銭等を交付することを内容とするものでなければならない（749条3項）。自己株式となる割当てをすることはできない（同項かっこ書）。したがって，存続会社が消滅会社の株式を有する場合，それに株式を割り当てることはできない。消滅会社が種類株式発行会社であるときは，存続会社・消滅会社は，消滅会社の発行する種類の株式の内容に応じて，金銭等の割当てについて異なる取扱いを定めることができる（同条2項）。

　割当ては消滅会社の株主の有する株式の数に応じてしなければならないから，対価が金銭その他の財産である場合，多数の株主を有する消滅会社においては金銭その他の財産は金額や数量によって容易に価値を判断できるものに限定されることになる。

合併契約の④は，消滅会社が新株予約権を発行している場合の取扱いである。会社法は，新株予約権の内容として，組織再編を行う際に新株予約権の新株予約権者に他の株式会社の新株予約権を交付することとするときは，その旨および条件を定めることができるものとしている（236条1項8号）。そして，消滅会社の新株予約権の新株予約権者に存続会社の新株予約権を交付する場合と，金銭を交付する場合に分けて，合併契約において定める内容となっている。新株予約権の内容の定めに従った取扱いがされない場合は，新株予約権者には新株予約権買取請求権が認められる（787条1項）。

消滅会社が新株予約権付社債を発行している場合も，存続会社が社債にかかる債務を承継することが認められる。

⑥の効力発生日が合併契約で定める事項とされているのは，会社法は，従来と異なり，吸収合併は登記の時ではなく，合併契約において定めた日に効力を生ずるものとしているからである（750条1項）。

(b) 新設合併の合併契約　新設合併により設立する会社が株式会社であるときは，各当事会社の株式会社間の新設合併契約において，①消滅会社の商号・住所，②新設会社の目的，商号，本店の所在地および発行可能株式総数，③その他の新設会社の定款で定める事項，④新設会社の設立時取締役の氏名，⑤新設会社が会計参与設置会社である場合は設立時会計参与の氏名・名称，監査役設置会社である場合は設立時監査役の氏名，会計監査人設置会社である場合は設立時会計監査人の氏名・名称，⑥新設会社が新設合併に際して消滅会社の株主に対して交付する新設会社の株式の数またはその数の算定方法ならびに新設会社の資本金・準備金の額に関する事項，⑦消滅会社の株主に対する株式の割当てに関する事項，⑧新設合併に際して新設会社の株式に代わり社債等を交付する場合，その社債等が新設会社の社債であるときは，当該社債の種類および種類ごとの各社債の金額の合計額またはその算定方法，新株予約権であるときは，当該新株予約権の内容および数またはその算定方法，新株予約権付社債であるときは，当該社債の種類および種類ごとの社債の合計額またはその算定方法と新株予約権の内容および数またはその算定方法，⑨消滅会社の株主に対する社債等の割当てに関する事項のほか，消滅会社が新株予約権，新株予約権付

社債を発行しているときの吸収合併契約の場合と同様の事項を定めなければならない（753条1項1号〜11号）。

新設合併の場合，吸収合併と異なり，消滅会社の株主に金銭を交付することは認められないが，社債，新株予約権，新株予約権付社債を交付することは認められている。株式，社債等の割当てに関する事項は，消滅会社の株主の有する株式の数に応じて交付する内容とするものでなければならない（753条3項4項）。

(2) 事前の開示

存続会社は，合併契約備置開始日から合併が効力を生ずる日後6か月を経過する日までの間，消滅会社は合併が効力を生ずる日まで，合併契約の内容その他の事項を記載・記録した書面または電磁的記録を，その本店に備え置かなければならない（782条1項，794条1項・803条1項）。

備置開始日は，合併契約について株主総会の決議によって承認を受けなければならないときはその総会の日の2週間前の日，株主・新株予約権者に対して通知・公告を行うときは通知または公告のいずれか早い日，債権者保護手続をしなければならないときは通知または公告のいずれか早い日，これら以外の場合は合併契約の締結の日から2週間を経過した日，のうちいずれか早い日である（782条2項・794条2項・803条2項）。

消滅会社・存続会社の株主および債権者は，会社に対し，その営業時間内は，いつでも，合併契約の内容その他の事項を記載・記録した書面または電磁的記録の閲覧を請求し，また，会社の定めた費用を支払ってその謄本・抄本または電磁的記録の提供・交付を請求することができる（782条3項・794条3項・803条3項）。

事前の開示が要求されているのは，株主が株主総会で合併を承認するか，株式買取請求権を行使するかを判断し，また，会社債権者が異議を述べるべきかを判断する資料を提供するためである。

開示の対象は合併契約の内容のほか，①消滅会社の株主に金銭等を交付する場合の合併契約の定めおよび金銭等の割当てに関する合併契約の定めの相当性に関する事項，②交付する金銭等の全部または一部が存続会社・新設会社の株式であるときは存続会社・新設会社の定款の定め，③消滅会社が新株予約権を発行しているときの合併契約の定め，④最終事業年度に

かかる計算書類等の内容，⑤臨時計算書類等があるときはその内容，⑥存続会社・消滅会社において最終事業年度の末日後に重要な財産の処分，重大な債務の負担その他の会社財産の状況に重要な影響を与える事象が生じたときはその内容，⑦合併が効力を生ずる日以後における存続会社・新設会社の債務の履行の見込みの有無に関する事項，などである（会社則182条・191条・204条）。

　（3）承認手続

　吸収合併の消滅会社は，効力発生日の前日までに，株主総会の決議によって，吸収合併契約の承認を受けなければならない（783条1項）。書面投票・電磁的方法による投票を行う会社では，招集通知を発する際に交付・提供する株主総会参考書類に，吸収合併を行う理由，契約の内容の概要などを記載しなければならない（会社則86条）。

　決議要件は，原則として特別決議である（309条2項12号）。合併により消滅する会社が公開会社であり，合併の対価の全部または一部が譲渡制限株式および取得対価が譲渡制限株式である取得条項付株式または取得条項付新株予約権であるときは，特殊決議が必要となる（309条3項2号・783条1項，会社則186条）。また，消滅会社が種類株式発行である場合に，対価の全部または一部が譲渡制限株式および取得対価が譲渡制限株式である取得条項付株式または取得条項付新株予約権であるときは，株主総会の特別決議のほか，割当てを受ける株式の株主の種類株主総会の特殊決議が必要となる（783条3項・324条3項2号，会社則186条）。

　合併の対価の柔軟化に伴う手続については，会社法施行規則の施行後1年を目途としてさらに見直すことが予定されている（会社則附則9条）。

　消滅会社は，効力発生日の20日前までに，その登録株式質権者および登録新株予約権質権者に対して，吸収合併をする旨を通知または公告しなければならない（783条5項）。

　吸収合併の存続会社は，効力発生日の前日までに，株主総会の決議によって，吸収合併契約の承認を受けなければならない（795条1項）。

　決議要件は，原則として特別決議である（309条2項12号）。存続会社が承継する債務の額，すなわち，合併直後に存続会社の貸借対照表の作成があったものとする場合における貸借対照表の負債の部に計上すべき額か

ら，合併直前に貸借対照表の作成があったものとする場合における負債の部に計上すべき額を減じた額が，存続会社が承継する資産の額，すなわち，合併直後に存続会社の貸借対照表の作成があったものとする場合における貸借対照表の資産の部に計上すべき額から，合併直前に貸借対照表の作成があったものとする場合における資産の部に計上すべき額を減じた額を超える場合，および，存続会社が消滅会社の株主に交付する株式等を除く金銭その他の財産の帳簿価額が承継資産額から承継債務額を控除した額を超える場合は，取締役は，株主総会においてその旨を説明しなければならない（795条2項，会社則195条）。いわゆる合併差損が生ずる場合であり，会社法は，合併差損を生じる合併も認められることを明らかにしている。合併差損を生ずる合併は，簡易手続の要件に合致する場合でも，株主総会の決議を要する（796条3項ただし書）。

　承継する消滅会社の資産に自己株式が含まれているときも，取締役は，株主総会において自己株式に関する事項を説明しなければならない（795条3項）。

　存続会社が種類株式発行会社である場合，消滅会社の株主に存続会社の株式を交付するときは，存続会社の種類株式の株主の種類株主総会の特別決議が必要となる（795条4項・324条2項6号）。

　新設合併の消滅会社の承認手続は，吸収合併の消滅会社における手続と同じである（804条・309条3項3号・324条3項2号）。

（4）　略式手続・簡易手続

　吸収合併の存続会社が消滅会社の特別支配会社である場合は，消滅会社の株主総会の決議は不要である（784条1項本文）。また，吸収合併の消滅会社が存続会社の特別支配会社である場合は，存続会社の株主総会の決議は不要である（796条1項本文）。総会決議の省略が認められるのは，事業の譲渡・譲受けをする会社の相手方が特別支配会社である場合（468条1項）と同様である。

　ただし，合併の対価の全部または一部が譲渡制限株式であり，消滅会社が公開会社で，かつ，種類株式発行会社でないときは，消滅会社の総会決議は省略できない（784条1項ただし書）。また，消滅会社の株主に交付する金銭等の全部または一部が存続会社の譲渡制限株式である場合であって，

存続会社が公開会社でない場合は，存続会社の総会決議は省略できない（796条1項ただし書）。

総会決議が不要となる場合でも，合併が法令・定款に違反し，または会社の財産の状況その他の事情に照らして著しく不当であって，消滅会社または存続会社の株主が不利益を受けるおそれがあるときは，株主は，消滅会社・存続会社に対し，合併をやめることを請求することができる（784条2項・796条2項）。会社法において新しく認められた株主の差止請求権制度である。

吸収合併において，消滅会社の株主に対して交付する対価の帳簿価額の合計額の存続会社の純資産に対する割合が5分の1を超えないときは，存続会社の株主総会の決議は不要である（796条3項本文）。総会決議は不要となる基準は従来よりも緩和されている（旧商413条ノ3第1項参照）。総会決議が不要となるのは，他の会社の事業の全部の譲受けについて対価が会社の純資産から見て少額の場合（468条2項）と同様である。

ただし，合併差損を生ずる場合，消滅会社の株主に対して交付する金銭その他の財産の全部または一部が存続会社の譲渡制限株式である場合であって，存続会社が公開会社でない場合，総会決議は省略できない（796条3項ただし書）。

対価が少額なため総会決議が不要な場合でも，会社は，株主に，効力発生日の20日前までに，吸収合併する旨および消滅会社の商号・住所を通知または公告しなければならない（789条3項）。そして，法務省令で定める数の株式を有する株主が（会社則197条参照）通知・公告の日から2週間以内に合併に反対する旨を会社に通知したときは，効力発生日の前日までに，株主総会の決議によって，合併契約の承認を受けなければならない（796条4項）。

（5）　反対株主の株式買取請求

合併をする場合，反対株主は，消滅会社・存続会社に対し，自己の株式を公正な価格で買い取ることを請求することができる（785条1項・797条1項・806条1項）。

反対株主とは，合併をするために株主総会の決議を要する場合は，総会に先立って合併に反対する旨を消滅会社・存続会社に対し通知し，かつ，

総会において合併に反対した株主，その総会において議決権を行使できない株主，株主総会決議を要しない場合はすべての株主である（785条2項・797条2項・806条2項）。したがって，合併につき議決権を行使できない株主も，株式買取請求権が認められる。また，略式手続・簡易手続による場合も，株式買取請求権が認められる。

反対株主が買取請求する場合の買取価格は株式の「公正な価格」であり，従来の「決議なかりせばその有すべかりし公正な価格」（旧商408条ノ3第1項）ではない。裁判例は，旧商法408条ノ3の下で，市場価格のある株式については，合併計画公表前の一定期間の株価の平均により算定している（東京地決昭和58・2・10判時1068号110頁，東京地決昭和60・11・21判時1174号144頁）。また，裁判例は，合併計画公表後に株式を取得した者に株式買取請求権を認めているが，その価格は，合併を前提として形成される市場価格によるべきであり，また，取得時の価格を超えることはないものとしている（東京地決昭和58・10・11下民34巻9～12号968頁）。

合併によって株価が下落した場合は，合併がなければ有していたであろう公正な価格を保障すべきである。しかし，合併計画発表後に株価が下落した時点で株式を取得した者には，発表前の高い価格をもって保障する必要はない。他方，会社法の下では，合併による相乗効果（シナジー効果）の分配を受けることができることになる。そこで，合併直前に公開買付けが行われ，公開買付けが成功した後に株価が下落したような場合，合併によるシナジー効果は公開買付価格に反映されているはずであり，その後の株価の下落は買収の成功による買収者の支配権取得による影響と考えられるから，公開買付け前に株式を取得した者の株式の公正な価格は，公開買付価格を基準として考えるべきである。

消滅会社・存続会社は，効力発生日の20日前までに，株主に対し，吸収合併・新設合併する旨，および，存続会社・消滅会社・新設会社の商号・住所を通知しなければならない（785条・797条3項・806条3項）。

消滅会社・存続会社が公開会社である場合，または，消滅会社・存続会社が株主総会の決議によって吸収合併の承認を受けた場合は，通知は公告をもって代えることができる（785条4項・797条4項）。新設合併の場合は，とくに制限はなく，公告をもって代えることができる（806条4項）。

反対株主の買取請求は，効力発生日の20日前から効力発生日の前日までの間に，株式買取請求にかかる株式の数を明らかにしてしなければならない（785条5項・797条5項・806条5項）。買取請求した株主は，会社の承諾を得た場合にかぎり，その請求を撤回できる（785条6項・797条6項・806条6項）。とりあえず請求権を行使しておいて，その後の動向を見たうえで，市場で売却する方が有利の場合などに，請求を取り下げるということが行われることがあるからである。合併を中止したときは，買取請求はその効力を失う（785条7項・797条7項・806条7項）。

　買取請求があっ場合，株式の価格の決定について株主と会社との間に協議がととのったときは，会社は，効力発生日から60日以内にその支払をしなければならない（786条1項・798条1項・807条1項）。効力発生日から30日以内に協議がととのわない場合は，株主または会社は，その期間の満了の日後30日以内に，裁判所に対し，価格の決定の申立てをすることができる（786条2項・798条2項・807条2項）。効力発生日から60日以内に申立てがないときは，その期間の満了後は，株主は，いつでも，買取請求を撤回することができる（786条3項・798条3項・807条3項）。株式買取請求にかかる株式の買取りは，合併の効力発生日にその効力を生ずる（786条5項・798条5項・807条5項）。

　なお，合併に際し新株予約権の内容に従った取扱いがされない場合には，新株予約権者にも新株予約権買取請求権が認められている（787条1項・808条1項）。新株予約権付社債に付された新株予約権の新株予約権者は，別段の定めがないかぎり，新株予約権付社債についての社債を買い取ることも請求しなければならない（787条2項・808条2項）。

（6）　債権者保護手続

　合併は，相手方会社の資産状態により他方の会社債権者に重大な影響を及ぼす。そこで，各当事会社は，債権者保護手続を行わなければならない。

　消滅会社・存続会社は，①吸収合併・新設合併をする旨，②存続会社・消滅会社・新設会社の商号および住所，③消滅会社・存続会社の計算書類に関する事項として法務省令で定めるもの（会社則188条参照），④債権者が1か月を下らない一定の期間内に異議を述べることができる旨，を官報に公告し，かつ，知れている債権者には各別に催告しなければならない

(789条2項・799条2項・810条2項)。公告を，官報のほか，定款所定の日刊新聞紙による公告または電子公告でするときは，知れている債権者に対する催告は省略できる (789条3項・799条3項・810条3項)。

　期間内に異議を述べなかった債権者は，合併について承認したものとみなされる (789条4項・799条4項・810条4項)。異議を述べたときは，合併をしてもその債権者を害するおそれがないときを除き，債権者に対し，弁済するか，相当の担保を供するか，またはその債権者に弁済を受けさせることを目的として信託会社などに相当の財産を信託することを要する (789条5項・799条5項・810条5項)。

（7） 合併の効力発生

　吸収合併の場合，存続会社は合併契約で定めた効力発生日に，消滅会社の権利義務を承継する (750条1項)。従来は，存続会社が合併による変更の登記をすることにより効力を生ずるとしていた (旧商416条1項・102条)。会社法は，合併契約で定めた効力発生日に効力が発生するものとしている。ただし，債権者保護手続が終了していない場合または吸収合併を中止した場合は，効力を生じない (750条6項)。消滅会社は存続会社との合意により，効力発生日を変更することができる (790条1項)。債権者保護手続に時間がかかる場合があるからである。変更する場合は，消滅会社は，変更前の効力発生日の前日までに，変更後の効力発生日を公告しなければならない (790条2項)。

　消滅会社の吸収合併による解散は，吸収合併の登記後でなければ，これをもって第三者に対抗することができない (750条2項)。したがって，第三者との関係では，消滅会社の解散は，合併登記がされるまでの間は，第三者の善意・悪意を問わず，対抗することができない。

　吸収合併の登記は，効力発生日から2週間以内に，会社の本店の所在地において，吸収合併によって消滅する会社については解散の登記をし，存続する会社については変更の登記をしなければならない (921条)。

　新設合併の場合は，新設会社はその成立の日に，消滅会社の権利義務を承継する (754条1項)。新設合併の登記は，株主総会の決議の日，株主・新株予約権者に通知・公告した日から20日を経過した日，債権者保護手続が終了した日，消滅会社が合意により定めた日のいずれか遅い日から2

週間以内に，新設合併により消滅する会社については解散の登記をし，新設する会社については設立の登記をしなければならない（922条1項）。新設合併は，設立登記により成立し，効力を生ずる（814条1項かっこ書・49条）。

合併が効力を生ずると，存続会社・新設会社は消滅会社の権利義務を承継するが，この承継は包括承継であり，消滅会社の権利義務は一括して法律上当然に存続会社・新設会社に移転する。したがって，各個の権利義務について個別の移転行為を要せず，また，合併契約または総会決議によって消滅会社の財産の一部を除外する旨を定めても無効である（大判大6・9・26民録23輯1498頁参照）。

合併の効力発生の時に存在する消滅会社の財産はすべて存続会社・新設会社に承継されるから，得意先関係などの財産的価値のある事実関係も一体として移転する。労働契約，賃貸借契約などの消滅会社との継続的法律関係も原則として承継する。消滅会社を相手に提起された民事訴訟も原則として承継する（民訴124条1項2号）。

消滅会社の権利義務は包括的に移転するが，その移転につき対抗要件の具備を必要とするものについては，個別にその手続をとらなければ第三者に対抗することはできない。不動産や船舶の移転（民177条，商687条）などである。債権のように「譲渡」に対抗要件を要するもの（民467条）については，対抗要件を具備することを要しないとするのが判例である（大判昭和12・4・22民集16巻487頁）。しかし，対抗要件について移転と譲渡を区別する理由はとくにない。

消滅会社の株主は，合併が効力を生じた日に，存続会社・新設会社の株主となる（750条3項・754条2項），消滅会社の新株予約権は，効力発生日に消滅する（750条4項・754条4項）。

なお，新設合併の場合，原則として株式会社の設立の規定は適用されない（814条1項）。新設会社の定款は消滅会社が作成する（同条2項）。

(8) 事後の開示

存続会社・新設会社は，効力発生後遅滞なく，吸収合併・新設合併により存続会社・新設会社が承継した消滅会社の権利義務その他の吸収合併・新設合併に関する事項として法務省令で定める事項を記載・記録した書面

または電磁的記録を作成しなければならない（801条1項・815条1項）。

法務省令で定める事項は，①合併が効力を生じた日，②債権者保護手続の経過，③合併により消滅した会社から承継した重要な権利義務に関する事項，④消滅会社が備え置いた書面または電磁的記録に記載・記録された事前開示事項，⑤存続会社の変更の登記をした日，⑥その他の合併に関する重要な事項である（会社則200条）。新設合併では，④⑤を除いた事項である（会社則211条）。

存続会社・新設会社は，効力発生日から6か月間，上記の書面または電磁的記録を本店に備え置かなければならない（801条3項1号・815条3項1号）。

存続会社・新設会社の株主および債権者は，存続会社・新設会社に対し，その営業時間内は，いつでも，事後開示の書面または電磁的記録の閲覧を請求し，また，会社の定めた費用を支払ってその謄本・抄本または電磁的記録の提供・交付を請求することができる（801条4項・815条4項）。

事後の開示は，平成9年改正で吸収合併の報告総会，新設合併の創立総会を廃止したことに伴い導入され，会社法に引き継がれたものである。事後の開示は，株主または会社債権者が合併無効の訴えを提起するかどうかを判断する資料を提供させるためでもある。

III 合併の無効

合併が効力を生じても，合併の手続に瑕疵がある場合は，合併の無効が問題となる。しかし，その無効を一般原則によって処理することは妥当でないため，会社法は，合併無効の訴えの制度を設けている。

合併の無効原因については何も規定していないが，合併契約の内容が違法である，合併の承認決議に取消し・無効原因がある，債権者保護手続がされていないなどの合併の手続に重大な瑕疵がある場合は，無効原因となる。判例は，合併比率が不当であるとしても，合併承認会議に反対した株主は会社に対し株式買取請求権を行使できるから，合併比率の不当または不公正自体は無効原因にならないとしている（東京高判平成2・1・31資料版商事77号193頁およびそれを支持する最判平成5・10・5資料版商事116号197頁）。しかし，株式買取請求権は，株主として会社にとどまりながら不

利益の是正を望む者の救済にならない。他方，合併比率が合併契約に記載され，株主総会の承認決議がされた以上，合併比率の不当・不公正自体を無効原因とすることはできない。合併の相手会社の株主が決議に加わり議決権を行使して著しく不当な合併条件の決議がされた場合に，合併承認決議の取消事由（831条1項3号）として，合併無効原因になると解すべきである。

　なお，判例は，不当な合併比率による合併であっても，合併前の各会社の資産・負債はすべて合併後の会社に引き継がれ，他への資産の流出や新たな債務負担はないから，株主間の不公平が生じるだけで，合併後の会社自体に損害が生じることはないとして，取締役の会社に対する責任を追及する株主代表訴訟を棄却している（東京高判平成7・6・14資料版商事143号161頁およびそれを支持する最判平成8・1・23資料版商事143号158頁）。

　合併の無効は，合併の効力が生じた日から6か月以内に，訴えをもってのみ主張できる（828条1項7号8号）。訴えを提起できる者は，効力が生じた日における消滅会社の株主・取締役・清算人・監査役・執行役であった者，存続会社・新設会社の株主・取締役・清算人・監査役・執行役・破産管財人，および合併について承認しなかった債権者である（828条2項7号8号）。被告は，存続会社または新設会社である（834条7号8号）。合併が効力を生じてしまうと，存続会社・新設会社を相手とするほかないからである。

　訴えの専属管轄，悪意の株主・債権者の担保提供などは，組織変更無効の訴えと同様である（835条1項・836条・846条）。

　合併を無効とする判決が確定すると，その判決は，第三者に対しても効力を生ずる（838条）。判決が確定すると，裁判所書記官が本店の所在地を管轄する登記所に嘱託し，存続会社については変更の登記，新設会社については解散の登記，消滅会社については回復の登記をする（937条3項2号3号）。

　合併を無効とする判決があっても，その判決は，存続会社・新設会社，その株主および第三者の間にすでに生じた権利義務に影響を及ぼさず，遡及効は否定される（839条）。その結果，判決が確定すると，将来に向かって，合併によって消滅した会社は復活し，新設した会社は消滅し，発行し

た株式は無効となる。消滅会社が合併当時有していた財産・債務で存続会社・新設会社に現存するものは，復活した消滅会社に帰属する。合併後に存続会社・新設会社が負担した債務については，各合併当事会社が連滞して弁済する責任を負う（843条1項）。合併後に取得した財産は，各当事会社の共有に属する（843条2項）。連帯債務の負担部分と共有財産の持分は，各当事会社の協議によって定めるが，協議がととのわないときは，裁判所が，各会社の申立てにより，合併時における各会社の財産の額その他一切の事情を考慮して決定する（843条4項）。

第5節　会社分割

I　会社分割の意義

会社分割は，会社の事業の全部または一部を他の会社に承継させるために，1つの会社を2つ以上の会社に分けることである。会社分割には，会社の事業を既存の他の会社に承継させる吸収分割（2条29号）と，新たに設立する会社に承継させる新設分割（2条30号）がある。なお，2つ以上の会社が共同で分割会社となり，新設分割することも可能である（762条1項前段）。

会社分割は，経営効率化のため，事業の一部を独立化させたり，他の会社の同じ部門と合弁化することを容易にするため，平成12年の改正で導入された制度であり，会社法に引き継がれている。

吸収分割・新設分割は，株式会社および合同会社が分割会社になることができるが，合名会社および合資会社は分割会社となることができない（757条・2条29号・762条1項・2条30号）。

会社分割は，事業を現物出資して株式の割当てを受けることに類似する。しかし，検査役の調査を要しない。また，分割の対象となる事業は承継会社・新設会社に承継され，個別の移転行為を要しない。そして，会社分割の手続は，合併に類似した手続によっている。ただし，合併と異なり，分割会社は分割後も存続する。

分割の対象となる事業については，会社法はとくに規定していない。会

社法467条でいう事業と別意に解する理由はないから，同様の意味に解してよい。ただし，会社法467条の場合と異なり，事業の一部であればよく，重要な一部である必要はない。

Ⅱ　会社分割の手続

（1）　分割契約・分割計画

(a)　吸収分割の分割契約　　株式会社が吸収分割をする場合，会社がその事業に関して有する権利義務の全部または一部を当該会社から承継する承継会社との間で吸収分割契約を締結しなければならない（757条後段）。

承継会社が株式会社であるときは，吸収分割契約において，つぎの事項を定めなければならない（758条1項）。

①分割会社および承継会社の商号・住所，②承継会社が分割により分割会社から承継する資産・債務・雇用契約その他の権利義務，③分割により分割会社または承継会社の株式を承継会社に承継させるときは，当該株式に関する事項，④承継会社が吸収分割に際して分割会社に対してその事業に関する権利義務の全部または一部に代わり金銭等を交付する場合に，その金銭等が承継会社の株式であるときは，当該株式の数またはその数の算定方法ならびに承継会社の資本金・準備金の額に関する事項，承継会社の社債であるときは，当該社債の種類および種類ごとの各社債の金額の合計額またはその算定方法，承継会社の新株予約権であるときは，当該新株予約権の内容および数またはその算定方法，承継会社の新株予約権付社債であるときは，当該社債の種類などと新株予約権の内容など，承継会社の株式等以外の財産であるときは，当該財産の内容および数またはこれらの算定方法，⑤承継会社が吸収分割に際して分割会社の新株予約権の新株予約権者に対して当該新株予約権に代わり承継会社の新株予約権を交付するときは，承継会社の新株予約権の交付を受ける分割会社の新株予約権の新株予約権者の有する新株予約権の内容，新株予約権者に交付する承継会社の新株予約権の内容および数またはその算定方法，分割会社の新株予約権が新株予約権付社債に付された新株予約権であるときは，承継会社が社債にかかる債務を承継する旨ならびに承継にかかる社債の種類および種類ごとの各社債の金額の合計額またはその算定方法，⑥分割会社の新株予約権者

に対する承継会社の新株予約権の割当てに関する事項，⑦吸収分割がその効力を生ずる日，⑧分割会社が効力発生日に全部取得条項付種類株式の取得，および，剰余金の配当をするときはその旨，である（758条1号〜8号）。

　②の事項を定めることにより，承継会社はどのような権利を取得し，どのような義務を負うかが明らかになり，他方，分割会社に残存する権利義務が明らかになる。個々の権利義務を個別的に特定する必要はないが，帰属先が承継会社か，それとも分割会社かが分かる程度の記載は必要となる。債務の記載は，それが免責的に承継会社に承継されるか，重畳的に承継されるのか，それとも分割会社の債務として残存するのかを明らかにしなければならない。企業担保権が担保する債務を分割により承継させることはできない（企業担保8条の2）。なお，分割差損が生ずるような場合にも，吸収分割することが認められる（795条2項）。

　雇用契約も分割計画の記載に従い承継会社に承継させることができる。しかし，使用者がいずれの会社になるかは，労働者の重大な利害にかかわるので，雇用契約の承継に関しては，分割会社は，労働者に分割契約を承認する株主総会の日の2週間前までに法定の事項を通知して，労働者と協議しなければならない（平成12年改正商附則5条1項，分割労働承継2条）。承継対象の事業に主として従事している労働者の雇用契約が分割契約に記載されていない場合には，その労働者は異議を述べることができ，異議を述べたときはその雇用契約は承継される（分割労働承継4条）。承継対象の事業に主として従事している労働者以外の労働者の雇用契約が分割契約に記載された場合には，その労働者は異議を述べることができ，異議を述べたときはその雇用契約は承継されない（同法5条）。

　③は，承継する事業の中に分割会社の株式または自己株式が含まれている場合に定めるべき事項である。

　④は，承継会社が分割会社に交付する対価に関する事項である。対価の柔軟化により，吸収分割の際も承継会社の株式に限定されていない。また，会社法は金銭その他の財産を分割会社に対して交付することについてのみ定め，従来の承継会社の株式を分割会社の株主に割り当てる事項（旧商374条ノ17第2項2号・6号）を削除している。いわゆる人的分割の廃止で

ある。その代わり、⑧により、契約で定めれば、分割会社に交付された対価を剰余金の配当という形で株主に交付することが認められる。剰余金の配当は配当財産の承認会社の株式に限られ（758条8号ロかっこ書）、この場合は、剰余金配当の制約を受けない（792条2号）。

承継会社が分割会社に承継会社の株式を交付する場合の承継会社の資本金・準備金として計上すべき額は、吸収合併の場合と同様である（会社計算規63条～67条）。

⑤は、会社分割の場合も分割会社の新株予約権者に承継会社の新株予約権の交付を認めるものである。

(b) 新設分割の分割計画　株式会社が新設分割をする場合、新設分割計画を作成しなければならない（762条1項後段）。2以上の会社が共同して新設分割するときは、2以上の会社は、共同して新設分割計画を作成しなければならない（同条2項）。

新設分割により設立する会社が株式会社であるときは、新設分割計画において、つぎの事項を定めなければならない（763条1項）。

①新設会社の目的、商号、本店の所在地および発行可能株式総数、②その他の新設会社の定款で定める事項、③新設会社の設立時取締役の氏名、④新設会社が会計参与設置会社である場合は設立時会計参与の氏名・名称、監査役設置会社である場合は、設立時監査役の氏名、会計監査人設置会社である場合は設立時会計監査人の氏名・名称、⑤新設会社が新設分割により分割会社から承継する資産・債務・雇用契約その他の権利義務、⑥新設会社が新設分割に際して分割会社に対して交付するその事業に関する権利義務の全部または一部に代わる新設会社の株式の数またはその数の算定方法ならびに新設会社の資本金・準備金に関する事項、⑦2以上の株式会社が共同して新設分割するときは、分割会社に対する株式の割当てに関する事項、⑧新設会社が新設分割に際してその事業に関する権利義務の全部または一部に代わり新設会社の社債等を交付するときは、当該社債、新株予約権、新株予約権付社債の種類・内容・金額・数など、⑨2以上の株式会社が共同して新設分割するときは、社債等の割当てに関する事項、⑩分割会社が新株予約権、新株予約権付社債を発行しているときの吸収分割契約の場合と同様の事項、⑪新設会社の新株予約権の割当てに関する事項、⑫

分割会社が新設会社の設立の日に全部取得条項付種類株式の取得，および剰余金の配当をするときはその旨，である（763条1号～12号）。

新設分割の場合は，吸収分割の場合と異なり，分割会社に金銭を交付することは認められない。契約で定めれば，分割会社に交付された対価を剰余金の配当という形で株主に交付することが認められるのは，吸収分割の場合と同じである。

（2） 事前の開示

分割会社・承継会社（新設会社）は，分割契約・分割計画の備置開始日から分割が効力を生ずる日後6か月を経過する日までの間，分割契約・分割計画の内容などを記載・記録した書面または電磁的記録を，その本店に備え置かなければならない（782条1項・794条1項・803条1項）。分割会社は分割後も存続するから，分割が効力を生じた後も開示が求められる。

分割会社・承継会社（新設会社）の株主および債権者は，会社に対し，その営業時間内は，いつでも，分割契約・分割計画の内容などを記載・記録した書面または電磁的記録の閲覧などを請求することができる（782条3項・794条3項・803条3項）。

開示の対象は，分割契約・分割計画の内容のほか，①分割会社に金銭等を交付する場合の分割契約・分割計画の定めの相当性に関する事項，②分割会社が効力発生日に全部取得条項付種類株式を取得するときは取得に関する株主総会の決定事項，③効力発生日に剰余金の配当をするときは，配当財産の種類および配当財産の割当てに関する事項，④分割会社が新株予約権を発行しているときの分割契約・分割計画の定めの相当性に関する事項，⑤最終事業年度にかかる計算書類等の内容，⑥臨時計算書類等があるときはその内容，⑦承継会社・分割会社において最終事業年度の末日後に重要な財産の処分，重大な債務の負担その他の会社財産の状況に重要な影響を与える事象が生じたときはその内容，⑧会社分割が効力を生ずる日以後における分割会社・承継会社の債務の履行の見込みの有無に関する事項，などである（会社則183条・192条・205条）。

（3） 承認手続

吸収分割の分割会社は，効力発生日の前日までに，株主総会の特別決議によって，吸収分割契約の承認を受けなければならない（783条1項・309

吸収分割の承継会社は，効力発生日の前日までに，株主総会の特別決議によって，吸収分割契約の承認を受けなければならない（795条1項・309条2項12号）。

新設分割の分割会社は，株主総会の特別決議によって，新設分割計画の承認を受けなければならない（804条1項・309条2項12号）。

吸収分割の承継会社が分割会社の特別支配会社である場合，および分割会社が承継会社の特別支配会社である場合，分割会社・承継会社の株主総会の決議は不要である（784条1項本文・796条1項本文）。

吸収分割において，吸収分割により承継会社に承継させる資産の帳簿価額の合計額が分割会社の総資産額の5分の1を超えない場合は，分割会社の株主総会決議は不要である（784条3項）。新設分割により新設会社に承継させる資産の帳簿価額の合計額が分割会社の総資産額の5分の1を超えない場合は，分割会社の株主総会決議は不要である（805条）。

なお，会社分割をする場合にも，反対株主は，分割会社・承継会社に対し，自己の株式を公正な価格で買い取ることを請求することができる（785条1項・797条1項・806条1項）。ただし，吸収分割において，簡易分割として株主総会の決議が不要とされる場合は，買取請求権は認められない（785条1項2号）。分割によって株主に影響を与えることはあまりないからである。

（4）債権者保護手続

会社分割は，債権者の責任財産となる会社財産の帰属の変更を生ずるから，会社債権者に影響を及ぼす。そこで，債権者保護手続を行わなければならないが，分割会社は承継会社・新設会社から株式等の交付を受け，総資産額に変動がないので，分割後に分割会社に対して債務の履行またはその債務の保証人として承継会社・新設会社と連帯して負担する保証債務の履行を請求できる債権者については，保護手続を要しない（789条1項2号・810条1項2号）。株主に剰余金の配当をする場合は分割会社の財産は減少するので，保護手続を省略できない（789条1項2号かっこ書・810条1項2号かっこ書）。

分割会社は債権者の全部または一部が異議を述べることができる場合に，

承継会社は常に，①吸収分割・新設分割をする旨，②承継会社・分割会社・新設会社の商号および住所，③分割会社・承継会社の計算書類に関する事項，④債権者が1か月を下らない一定の期間内に異議を述べることができる旨，を官報に公告し，かつ，知れている債権者には各別に催告しなければならない（789条2項・799条2項・810条2項）。公告を官報のほか，定款所定の日刊新聞紙による公告または電子公告でするときは，知れている債権者に対する催告は省略できる（789条3項・799条3項・810条3項）。ただし，合併の場合と異なり，分割会社の不法行為債権者に対しては各別の催告を省略できない（789条3項かっこ書・810条3項かっこ書）。

　異議を述べなかった場合，異議を述べた場合の取扱いは，合併の場合と同様である（789条4項5項・799条4項5項・810条4項5項）。ただし，異議を述べることができるにもかかわらず，各別の催告を受けなかった分割会社の債権者，および，官報のほか日刊新聞紙による公告または電子公告をしたときは各別の催告を受けなかった不法行為債権者は，分割契約または分割計画において債権者とされなかった者も，分割会社に対しては，吸収分割の効力発生または新設分割の新設会社の成立日に有していた財産を限度に，承継会社・新設会社に対しては，承継した財産を限度として，その債務の履行を請求することができる（759条2項3項・764条2項3項）。異議を述べる機会がないのに債務者が交替したり，債務者の責任財産が減少したりする債権者の不利益を考慮したものである。とくに，各別の催告が強制される不法行為債権者は，この責任により保護されやすくなっている。

（5） 会社分割の効力発生

　吸収分割の場合は，承継会社は分割契約で定めた効力発生日に，分割会社の権利義務を承継する（759条1項）。登記の効力についての特則は設けられていない。会社分割では，分割後も分割会社は存続するからである。吸収分割の登記は，効力発生日から2週間以内に，本店の所在地において分割会社および承継会社の変更の登記をしなければならない（923条）。

　新設分割の場合は，新設会社はその成立の日に，分割会社の権利義務を承継する（764条1項）。新設分割の登記は，株主総会の決議の日などの日から2週間以内に，分割会社については変更の登記，新設会社については

設立の登記をしなければならない（924条）。新設会社は，設立登記により成立し，効力を生ずる（814条1項かっこ書・49条）。

　承継会社・新設会社の権利義務の承継は，個々の権利義務につき個別の移転行為を要しない。ただし，権利の移転に対抗要件を要するものについては，対抗要件を具備しなければ，第三者に対抗することはできない。

　なお，元本確定前の根抵当権について根抵当権者または債務者の分割があった場合に，それが担保する範囲などが民法で定められている（民398条の10）。

（6）事後の開示

　吸収分割の場合，分割会社は，効力発生日後遅滞なく，承継会社と共同して，吸収分割により承継会社が承継した分割会社の権利義務その他の吸収分割に関する事項として法務省令で定める事項を記載・記録した書面または電磁的記録を作成しなければならない（791条1項）。

　新設分割の場合，分割会社は，新設会社の成立の日後遅滞なく，新設会社と共同して，新設分割により新設会社が承継した分割会社の権利義務その他の新設分割に関する事項として法務省令で定める事項を記載・記録した書面または電磁的記録を作成しなければならない（811条1項）。

　法務省令で定める事項は，①会社分割が効力を生じた日，②債権者保護手続の経過，③分割会社から承継した重要な権利義務に関する事項などである（会社則189条・209条）。

　分割会社・承継会社・新設会社は，効力発生日または成立の日から6か月間，上記の書面または電磁的記録を本店に備え置かなければならない（791条2項・801条3項・815条3項）。株主および債権者は，事後開示の書面または電磁的記録の閲覧などを請求することができる（791条3項・801条4項・815条4項）。

Ⅲ　会社分割の無効

　会社法は，会社分割無効の訴えの制度を設け，会社分割の無効は，会社分割の効力が生じた日から6か月以内に，訴えをもってのみ主張できるものとしている（828条1項9号10号）。

　会社分割の無効原因については規定していないが，分割手続に重大な瑕

疵がある場合は，無効原因となる。判例には，旧商法の会社分割に特有な事前開示事項である，各当事会社が負担すべき債務の履行の見込みがあることおよびその理由を記載した書面（旧商374条ノ2第1項3号）の作成後2か月余後に，新設会社の設立登記日からは12日後に，分割会社の民事再生手続の開始の申立てがされ，破産宣告を受けたため，分割の無効を求めた事案で，債務の履行の見込みは備え置き時点ではなく，会社分割時に，弁済期における支払について存在することを要するとして，無効確認を認めたものがある（名古屋地判平成16・10・29判時1881号122頁）。

訴えを提起できる者は，各当事会社の株主・取締役・清算人・監査役・執行役・破産管財人，および分割を承認しなかった債権者である（828条2項9号10号）。被告は，各当事会社である（834条9号10号）。

会社分割を無効とする判決が確定すると，その判決は，第三者に対しても効力を生ずる（838条）。分割を無効とする判決は，遡及効が否定される（839条）。その結果，判決が確定すると，将来に向かって，新設会社は消滅する。分割後に承継会社・新設会社が負担した債務については各当事会社が連帯して弁済する責任を負う（843条1項）。分割後に帰属した財産は，各当事会社の共有に属する（843条2項）。

第6節　株式交換・株式移転

I　株式交換・株式移転の意義

株式交換・株式移転は，完全親会社を創設するための制度である。株式交換は，完全子会社となる会社の株式を親会社となる会社に移転して，完全親会社を形成することである（2条31号）。株式移転は，完全子会社となる会社のすべての株式を新設する完全親会社に移転して，完全親会社を形成することである（2条32号）。2以上の会社が共同で株式移転することも可能である（772条1項前段）。

株式交換・株式移転は，平成9年に持株会社を解禁する独占禁止法の改正（独禁9条1項2号）を契機に，平成11年改正で導入され，会社法に引き継がれている。株式交換は，既存の子会社の完全子会社化などに利用さ

れ，株式移転は，企業グループを持株会社に統合するためなどに利用されている。

株式交換・株式移転については，合名会社・合資会社は株式交換における完全親会社となる会社になることができず，持分会社は株式移転における完全親会社となる新設会社になることができない（767条・772条）。

株式交換・株式移転は，完全子会社となる会社の株主がその株式を完全親会社に現物出資する場合，または現物出資して完全親会社を設立する場合に類似するが，検査役の調査を要しない。そして，株式交換・株式移転の手続は合併に類似する手続によっている。ただし，株式交換・株式移転においては，既存の会社は存続するので，合併における消滅会社の財産・債務の承継の問題は生じない。また，完全子会社となる会社については，債権者保護手続は行われない。完全子会社となる会社については，株主の構成が変わるだけであるからである。完全親会社となる会社については，新株予約権付社債を承継する場合と，株式交換において完全親会社となる会社の株式以外のものを対価として交付する場合に限って，会社債権者保護手続が要求されている（789条1項3号・810条1項3号・799条1項3号）。

株式交換・株式移転が行われると，完全子会社となる会社の株主は，従前の会社に対しては，親会社を通じて間接的に株主権を行使できるだけである。そこで，親会社の株主を保護するために，親会社の株主は，権利を行使するために必要なときは裁判所の許可を得て，子会社の株主総会・取締役会の議事録，会計帳簿・資料，計算書類などを閲覧・謄写できるものとしている（318条5項・371条5項・433条3項・442条4項）。

II 株式交換・株式移転の手続

（1）　株式交換契約・株式移転計画

(a) 株式交換契約　　株式会社が株式交換をする場合，発行済株式の全部を取得する完全親会社との間で，株式交換契約を締結しなければならない（767条後段）。

株式会社が株式交換をする場合，完全親会社が株式会社であるときは，株式交換契約において，つぎの事項を定めなければならない（768条1項）。

①完全子会社および完全親会社の商号・住所，②完全親会社が株式交換

に際して完全子会社の株主に対してその株式に代わり金銭等を交付する場合，その金銭等が完全親会社の株式であるときは，当該株式の数またはその数の算定方法ならびに完全親会社の資本金・準備金の額に関する事項，完全親会社の社債であるときは，当該社債の種類および種類ごとの各社債の合計額またはその算定方法，完全親会社の新株予約権であるときは，当該新株予約権の内容および数またはその算定方法，完全親会社の新株予約権付社債であるときは，当該社債の種類などと新株予約権の内容など，完全親会社の株式等以外の財産であるときは，当該財産の内容および数またはこれらの算定方法，③完全子会社の株主に対する金銭等の割当てに関する事項，④完全親会社が株式交換に際して完全子会社の新株予約権の新株予約権者に対して当該新株予約権に代わり完全親会社の新株予約権を交付するときは，完全親会社の新株予約権の交付を受ける完全子会社の新株予約権の新株予約権者の有する新株予約権の内容，完全親会社の新株予約権の内容および数またはその算定方法，完全子会社の新株予約権が新株予約権付社債に付された新株予約権であるときは，完全親会社が社債にかかる債務を承継する旨ならびに承継にかかる社債の種類および種類ごとの各社債の金額の合計額またはその算定方法，⑤完全子会社の新株予約権者に対する完全親会社の新株予約権の割当てに関する事項，⑥株式交換がその効力を生ずる日，である（768 条 1 項 1 号～6 号）。

②にあるように，株式交換についても，吸収合併および吸収分割の場合と同様に，対価の柔軟化を認めている。

資本金・準備金を計上するに当たり，パーチェス方式による会計処理が認められている（会社計算規 68 条）。

④は，新株予約権・新株予約権付社債の承継に関する事項である。完全子会社の発行する新株予約権の承継を認めているのは，株式交換後に完全子会社となる会社に新株予約権が残存していると，新たな株主が現われて，完全親子関係が崩れてしまうからである。株式交換，株式移転の場合，従来は新株予約権の承継のみが定められていたが，会社法は，債権者保護手続を要求したうえで，完全子会社が発行している新株予約権付社債を完全親会社となる会社が承継することも認めている。

(b) 株式移転計画　　株式会社が株式移転をする場合，株式移転計画を

作成しなければならない（772条1項後段）。2以上の会社が共同して株式移転をする場合には、2以上の会社は、共同して株式移転計画を作成しなければならない（同条2項）。

　株式会社が株式移転をする場合は、株式移転計画において、つぎの事項を定めなければならない（773条1項）。

　①完全親会社の目的、商号、本店の所在地および発行可能株式総数、②その他の完全親会社の定款で定める事項、③完全親会社の設立時取締役の氏名、④完全親会社が会計参与設立会社などである場合に、完全親会社の設立時会計参与の氏名・名称など、⑤完全親会社が株式移転に際して完全子会社の株主に対して交付するその株式に代わる完全親会社の株式の数またはその額の算定方法ならびに完全親会社の資本金・剰余金の額に関する事項、⑥株式の割当てに関する事項、⑦完全親会社が株式移転に際して完全子会社の株主に対してその株式に代わり完全親会社の社債等を交付するときは、当該社債、新株予約権、新株予約権付社債の種類・内容・金額・数など、⑧社債等の割当てに関する事項、⑨完全子会社が新株予約権、新株予約権付社債を発行しているときの株式交換の場合と同様の事項、⑩完全親会社の新株予約権の割当てに関する事項、である（773条1項1号～10号）。

　（2）　事前の開示

　株式交換完全子会社・完全親会社、株式移転完全子会社は、株式交換契約・株式移転計画の備置開始日から株式交換・株式移転が効力を生ずる日後6か月を経過するまでの間、株式交換契約・株式移転計画の内容などを記載・記録した書面または電磁的記録を、本店に備え置かなければならない（782条1項、794条1項、803条1項）。

　株主および債権者は事前開示の書面または電磁的記録の閲覧などを請求することができる（782条3項・794条3項・803条3項）。

　開示の対象は、株式交換契約・株式移転計画の内容のほか、①完全親会社が完全子会社に金銭等を交付する場合の株式交換契約・株式移転計画の定めおよび金銭等の定めの相当性に関する事項、②完全親会社の新株予約権を交付するときおよび割当てに関する事項を定めたときの株式交換契約・株式移転計画の定めの相当性に関する事項、③最終事業年度にかかる

計算書類等の内容，④臨時計算書類等があるときはその内容，⑤完全親会社・完全子会社において最終事業年度の末日後に重要な財産の処分，重大な債務の負担その他の会社財産の状況に重要な影響を与える事象が生じたときはその内容，などである（会社則184条・193条・206条）。

(3) 承認手続

株式交換の完全子会社は，効力発生の前日までに，株主総会の特別決議によって，株式交換契約の承認を受けなければならない（783条1項・309条2項12号）。

株式交換をする会社が公開会社であり，その株主に対して交付する金銭等の全部または一部が譲渡制限株式であるときは，特殊決議が必要となる（309条3項2号・783条3項）。また，完全子会社が種類株式発行会社である場合に，対価の全部または一部が譲渡制限株式であるときは，株主総会の特別決議のほか，割当てを受ける種類の株式の株主の種類株主総会の特殊決議が必要となる（783条3項・324条3項2号）。

株式交換の完全親会社は，効力発生日の前日までに，株主総会の特別決議によって，株式交換契約の承認を受けなければならない（783条1項・309条2項12号）。

完全親会社が種類株式発行会社である場合に，完全子会社の株主に完全親会社の株式を交付するときは，完全親会社の種類株式の株主の種類株主総会の特別決議が必要となる（795条4項・324条2項6号）。

株式移転の完全子会社は，株主総会の特別決議によって，株式移転計画の承認を受けなければならない（804条1項・309条2項12号）。

株式交換の完全親会社が完全子会社の特別支配会社である場合，および完全子会社が完全親会社の特別支配会社である場合は，完全子会社・完全親会社の株主総会の決議は不要である（784条1項本文・796条1項本文）。

株式交換において，完全子会社の株主に交付する対価の帳簿価額の合計額の完全親会社の純資産に対する割合が5分の1を超えないときは，完全親会社の株主総会の決議は不要である（796条3項本文）。

なお，株式交換・株式移転をする場合にも，反対株主には，株式買取請求権が認められている（785条1項・797条1項・806条1項）。

（4） 株式交換・株式移転の効力発生

　株式交換の場合は，完全親会社は，株式交換契約で定めた効力発生日に，完全子会社の発行済株式の全部を取得する（769条1項）。完全親会社が有する完全子会社の株式を取得することはない（同項かっこ書）。完全親会社がすでに有していた完全子会社の株式は移転がないからである。完全子会社の株式が譲渡制限株式である場合，親会社が株式を取得したことについて完全子会社が承認したものとみなされる（同条2項）。

　株式移転の場合は，完全親会社はその成立の日，すなわち設立の登記をした日に，完全子会社の発行済株式の全部を取得する（774条1項・49条）。株式移転の登記は，株主総会の決議の日などの日から2週間以内に，株式移転により設立する株式会社について，本店の所在地において，設立の登記をする（925条）。

（5） 事後の開示

　株式交換の場合，完全子会社は，効力発生日後遅滞なく，完全親会社と共同して，株式交換により完全親会社が取得した完全子会社の株式の数その他株式交換に関する事項として法務省令で定める事項を記載・記録した書面または電磁的記録を作成しなければならない（791条1項）。

　株式移転の場合は，完全子会社は，親会社の成立の日後遅滞なく，完全親会社と共同して，株式移転により完全親会社が取得した完全子会社の株式の数その他の株式移転に関する事項として法務省令で定める事項を記載・記録した書面または電磁的記録を作成しなければならない（811条1項）。

　法務省令で定める事項は，①株式交換・株式移転が効力を生じた日，②債権者保護手続の経過，③完全親会社に移転した完全子会社の株式の数などである（会社則190条・210条）。

　株式交換の完全子会社・完全親会社および株式移転の完全子会社・完全親会社は，効力発生日または成立の日から6か月間，上記の書面または電磁的記録を本店に備え置かなければならない（791条2項・801条3項・811条2項・815条3項）。

　株主および債権者は，事後開示の書面または電磁的記録の閲覧などを請求することができる（791条3項・801条4項・811条3項・815条4項）。

III　株式交換・株式移転の無効

　会社法は，株式交換・株式移転無効の訴えの制度を設け，株式交換・株式移転の無効は，効力が生じた日から6か月以内に，訴えをもってのみ主張できるものとしている（828条1項11号12号）。

　訴えを提起できる者は，各当事会社の株主・取締役・清算人・監査役・執行役・破産管財人および株式交換・株式移転を承認しなかった債権者である（828条2項11号12号）。被告は，各当事会社である（834条11号12号）。

　株式交換・株式移転を無効とする判決が確定すると，その判決は，第三者に対しても効力を生ずる（838条）。株式交換・株式移転を無効とする判決は，遡及効が否定される（839条）。株式移転を無効とする判決が確定した場合，完全親会社は清算される（475条3号）。

　株式交換・株式移転により完全親会社となった会社は，株式交換・株式移転により取得した株式を完全子会社の株主に交付しなければならない（844条1項）。

第10章　解散と清算

第1節　解　　散

I　解散の意義

　解散は，会社の法人格の消滅をもたらす原因となる法律事実のことである。会社の法人格は，合併の場合を除いて，解散によって直ちには消滅せず，清算手続または破産手続の終了によって消滅する。

II　解散事由

　株式会社は，以下の事由によって解散する（471条）。
① 　定款で定めた存続期間の満了（1号）
② 　定款で定めた解散事由の発生（2号）
③ 　株主総会の決議（3号）　　事業の全部を譲渡しても会社は当然には解散せず，解散するには解散の総会決議が必要となる。決議要件は特別決議である（309条2項11号）。判例は，解散の時期を期限にかからしめる解散決議を認めているが（大判大正2・6・28民録19輯530頁），会社の存立時期に関する定款変更がされたものとして，その効力が認められると解すべきである。
④ 　株式会社が消滅する合併（4号）　　合併によりすべての当事会社が解散するわけではなく，吸収合併の場合の吸収会社は存続する。解散会社は清算手続を経ることなく直ちに消滅する。
⑤ 　破産手続開始の決定（5号）　　株式会社においては，支払不能のほか，債務超過も破産原因である（破16条1項）。破産手続開始の決定によって解散した会社は，破産手続による清算の目的の範囲内において，破産手続が終了するまで存続する（破35条）。
⑥ 　解散を命ずる裁判（6号）　　解散を命ずる裁判には，解散命令と

解散判決がある。

　解散命令は，会社の存立が公益上許されない場合に，裁判所が解散を命ずるものである。裁判所は，会社の設立が不法な目的にもとづいて設立された場合，会社が正当な理由がないのにその成立の日から1年以内に事業を開始せず，または引き続き1年以上その事業を休止した場合，業務執行取締役・執行役が法令・定款で定める会社の権限を逸脱しもしくは濫用する行為または刑罰法令に触れる行為をした場合において，法務大臣から書面による警告を受けたにもかかわらず，なお継続的にまたは反覆して当該行為をした場合，法務大臣または株主・債権者その他の利害関係人の申立てにより，公益を確保するため会社の存立を許すことができないと認めるときは，解散を命ずることができる（824条1項）。

　解散判決は，少数株主の利益保護のため認めているものである。総株主の議決権の10分の1以上の議決権を有する株主または発行済株式の10分の1以上の株式を有する株主は，つぎの場合において，やむを得ない事由があるときは，訴えをもって解散を請求することができる（833条1項）。

　①会社が業務の執行において著しく困難な状況に至り，その会社に回復することができない損害が生じ，または生ずるおそれがあるとき，②会社の財産の管理または処分が著しく失当で，会社の存立を危うくするとき，である（833条1項1号2号）。

　議決権割合，持株割合は定款で軽減できる（833条1項柱書かっこ書）。被告は，会社である（834条20号）。

　①の解散事由は，各50％の議決権を有する二派の対立により，会社の意思決定ができず，そのまま放置すれば会社の資産状態が深刻化するような場合であり，判例には，そのような場合に解散請求を認めたものが多い（大阪地判昭和35・1・22下民11巻1号85頁，東京地判平成元・7・18判時1349号148頁，東京高判平成3・10・31金判899号8頁，高松高判平成8・1・29判タ922号281頁，東京高判平成12・2・23金判1091号40頁）。

　②の解散事由は，取締役が会社の財産を不当に流用し，しかも取締役が過半数の議決権を保有するため，非行を是正することができないような場合である。判例には，会社を休眠状態のまま放置していた場合に認めたものがあるにとどまる（大阪地判昭和57・5・12判時1058号122頁）。

①または②の事由に該当しても，解散という結果を得るには，さらに「やむを得ない事由」があることが必要である。したがって，解散以外の打開手段がある場合は，解散請求は認められないが，株式会社における解散判決の制度は，とくに小規模な非公開会社の少数株主が投下資本を回収する方法として重要な意義を有する。そこで，やむを得ない事由の存否については，他の救済方法があるということから形成的に判断するのではなく，取締役の解任ないし改選，違法行為の差止請求などが実効性があるか，また，当該会社の株式は譲渡制限株式であるかなどの点から，申立株主と他の株主その他の利害関係人の利益を具体的に判断して決定する必要がある（青竹・法規整284頁，297〜298頁）。

　そのほかに，最後の登記後12年間会社に関する登記をしていない休眠会社は，法務大臣が休眠会社に対し本店の所在地を管轄する登記所に事業を廃止していないことの届出をする旨を官報に公告した場合に，2か月以内に届出をしないかぎり，2か月を経過した日に解散したものとみなされる（472条）。事業を廃止した実体のない会社が登記簿上存在するのを放置すると，登記の信頼を害し，また，他人の商号選択の自由を妨げることになるからである。

Ⅲ　解散の効果

　会社が解散したときは，合併と破産手続開始決定の場合を除いて，清算手続に入る（475条1項1号）。

　解散事由のうち，前述の①②③によって解散した場合は，清算が結了するまで，株主総会の特別決議によって，会社を継続し，将来に向かって解散前の状態に復帰することができる（473条・309条2項11号）。休眠会社の整理により解散したものとみなされた場合は，解散したものとみなされた後3年以内にかぎり，会社を継続することができる（473条かっこ書）。

　株式会社が解散した場合には，自らが存続会社の吸収合併，および吸収分割による他の会社の事業に関する権利義務の承継はすることはできない（474条）。清算する会社は，清算の目的の範囲内で存続するものであるからである（476条）。

　①②③の解放事由で解散した場合は，2週間以内に，本店の所在地にお

いて解散の登記をしなければならない（926条）。

第2節 清　算

I　清算の意義

　清算は，解散した会社の法律関係の後始末として，債権の取立て，債務の弁済などを行い，株主に残金財産を分配する手続である。

　破産によって解散した場合は，破産法による破産手続が行われるため，会社法が規定する清算手続は行われない。ただし，会社が破産手続開始の決定とともに同時破産廃止の決定（破216条）によって破産手続が終了した後，会社に財産が残っている場合は，清算手続が行われる（475条1号かっこ書）。設立無効の訴えにかかる請求を認容する判決が確定した場合，株式移転の無効の訴えにかかる請求を認容する判決が確定した場合にも，清算しなければならない（475条2号3号）。

　株式会社の清算は，常に法定清算の手続によらなければならない。株式会社においては，会社財産だけが責任財産となる債権者を保護する必要があること，および，すべての株主への平等な残余財産の分配を確保する必要があることからである。

　法定清算には，通常清算と特別清算がある。特別清算は，清算の遂行に著しい支障を来すべき事情があるとき，または，債務超過の疑いがあるときに，裁判所の監督の下に行われるもので（510条以下），倒産処理手続の1つである。

II　清算会社の権利能力

　清算する会社は，清算の目的の範囲内において，清算が結了するまではなお存続するものとみなされる（476条）。清算会社は，解散前の会社と同一の法人格を有しつつ，その権利能力は清算の目的の範囲内に制限される。清算会社は，営業取引をする権利能力を有しない。判例は，清算中の会社は清算の目的の範囲内においてのみ権利能力を有するにとどまるから，貸付けなどを継続して行うことはできないとしている（最判昭和42・12・15

清算会社は，剰余金の配当をすることはできない（509条1項2号）。株主は残余財産の分配という形で会社財産の分配を受けるべきであるからである。株主に対する会社財産の払戻しである自己株式の取得も，無償取得，解散前の買取請求に応ずる取得，解散前の株式会社が消滅会社となる合併に際しての買取請求に応ずる取得などを除き，することはできない（509条2項，会社則151条）。資本金・準備金・剰余金の額の減少や増加もすることができない（509条1項2号）。株式移転・株式交換もすることはできない（509条1項3号）。

　これ対し，募集株式の発行，社債の発行は，清算の目的の範囲内であるかぎり，行うことができる（487条2項1号・489条6項5号）。

Ⅲ　清算会社の機関

　会社が清算手続に入ると，取締役はその地位を失い，清算人が清算事務を担当する。清算会社は，1人または2人以上の清算人を置かなければならない（477条1項）。

　清算人は，解散前の取締役がなるのが原則である（478条1項1号）。判例は，解散前に取締役の任期を満了したが後任者の選任がないため取締役の権利義務を有していた者（346条1項）は，解散と同時に清算人の権利義務を有するとしている（最判昭和43・3・28民集23巻3号645頁）。

　定款または株主総会の決議で取締役以外の者を清算人に選任することができる（478条1項2号3号）。また，解散を命ずる裁判により解散した場合は利害関係人もしくは法務大臣の申立てにより職権で，設立無効の訴えにかかる請求を認容する判決または株式移転無効の訴えにかかる請求を認容する判決が確定した場合は利害関係人の申立てにより，裁判所が清算人を選任する（同条3項4項）。

　清算人の欠格事由は，取締役と同様である（478条6項・331条1項）。清算人の任期の定めはなく，定款または株主総会の決議でとくに定めないかぎり，清算の結了までが任期となる。清算人は，裁判所が選任した者を除き，株主総会の普通決議でいつでも解任できる（479条1項）。重要な事実があるときは，裁判所が選任した者を含め，6か月前から引き続き総株

主の議決権の100分の3以上を有する株主の申立てにより，裁判所が解任することができる（479条2項）。

清算人会は，定款の定めにより置くことができる（477条2項）。解散前に取締役会を置く旨の定款の定めがあっても，清算に際して清算人会を置く旨の定款の定めがなければ，清算人会を置くことはできない（同条6項）。監査役会を置く旨の定款の定めがある清算会社は，清算人会を置かなければならない（同条3項）。清算人会を置く場合，清算人は3人以上でなければならない（478条6項・331条4項）。

清算人会が置かれない場合は，清算人が清算会社の業務を執行する（482条1項）。清算人が2人以上いる場合に，清算人の過半数をもって決定しなければならない事項は，取締役会を置かない場合の事項と同様である（同条2項3項）。

清算人会が置かれない場合は，清算人が清算会社を代表する（483条1項本文・2項）。ただし，定款，定款にもとづく清算人の互選または株主総会の決議によって，代表清算人を定めることができる（同条3項）。

清算人会が置かれた場合は，清算人会が清算人設置会社の業務執行の決定，清算人の職務執行の監督，および代表清算人の選定・解職を行う（489条2項）。清算人会が清算人に委任できない事項は，取締役会を置いている場合の事項と同様である（同条6項）。また，清算人会の運営方法は，取締役会の場合と同様である（490条）。

清算人会設置会社の業務執行は，代表清算人および清算人会の決議によって業務を執行する清算人として選定された者が当たる（489条7項）。

清算人と会社との関係については，取締役に関する規定が準用され，清算人は会社に対し善管注意義務を負う（478条6項・330条，民644条）。また，忠実義務，競業取引・利益相反取引，報酬に関する規定が準用されている（478条6項・355条・356条・361条）。したがって，清算人も競業避止義務を負う。清算人の責任は株主代表訴訟の対象となる（847条1項）。

清算人の会社および第三者に対する責任も，取締役と同様である（486条・487条）。剰余金の配当に関する責任に関する規定は定められていない。清算会社は剰余金の配当を行わないからである。

株主総会および監査役は清算会社にも置かれる。清算人会を設けた会社

の株主総会の権限は，取締役会設置会社の株主総会の権限と同様である（491条・295条2項）。株主が1000人以上の清算会社は，書面投票の採用が義務づけられる（491条・298条2項）。

　監査役は，定款の定めによって置くことができる（477条2項）。清算の開始原因が生じた時に公開会社または大会社であった清算会社は，監査役を置かなければならない（同条4項）。社外監査役あるいは常勤監査役を置く必要はない。清算会社の監査役には任期がない（480条2項）。監査役会は，定款の定めによって置くことができる（477条2項）。

　清算会社は，会計参与，会計監査人および委員会を置くことはできない。委員会設置会社であった会社が清算中に監査役を置かなければならないときは，監査委員が監査役となる（477条5項）。

Ⅳ　清算事務

　清算事務を開始するに当たって，清算人は，就任後遅滞なく，会社財産の現況を調査し，清算の開始原因が生じた日における財産目録および貸借対照表を作成して，株主総会の承認を受けなければならない（492条1項・3項）。

　財産目録に計上すべき財産については，清算の開始原因が生じた日における処分価格を付するのが原則である（会社則144条2項）。財産目録は，①資産，②負債，③正味財産に区分して表示しなければならない（会社則144条3項）。貸借対照表は，財産目録にもとづき作成しなければならない（会社則145条2項）。貸借対照表は，①資産，②負債，③純資産に区分して表示しなければならない（会社則145条3項）。

　また，清算会社は，清算の開始原因が生じた日から始まる各1年間の各清算事務年度にかかる貸借対照表，事務報告およびこれらの附属明細書を作成しなければならない（494条1項）。

　貸借対照表は，各清算事務年度にかかる会計帳簿にもとづき作成しなければならない（会社則146条1項）。事務報告には，清算にかかる事務の執行の状況にかかる重要な事項を内容としなければならない（会社則147条1項）。

　清算会社は，各清算事務年度にかかる貸借対照表・事務報告および附属

明細書を，定時総会の日の1週間前の日から清算結了の登記の時までの間，その本店に備え置かなければならない（496条1項）。株主・債権者は，貸借対照表・事務報告および附属明細書の閲覧・謄写などを請求することができる（同条2項）。

　清算人は，貸借対照表・事務報告を定時株主総会に提出・提供して，株主総会の承認を受けなければならない（497条1項2項）。決算公告は行われない。

　清算人が行う主たる職務は，以下のものである（481条）。
　① 現務の結了　　解散前から継続している業務を完了することである。
　② 債権の取立て　　債権の取立てには，弁済の受領のほか，代物弁済の受領，和解なども含まれる。債務の弁済，残余財産の分配をするために，会社財産の換価もすることができる。
　③ 債務の弁済　　債務を弁済するために，清算会社は，清算の開始原因が生じた後，遅滞なく，清算会社の債権者に対し，2か月を下らない一定の期間内にその債権を申し出るべき旨を官報に公告し，かつ，知れている債権者には各別に催告しなければならない（499条1項）。公告には，債権者が期間内に申出をしないときは清算から除斥される旨を付記しなければならない（同条2項）。従来の3回の公告（旧商421条1項）は廃止され，公告は1回で足りる（499条1項）。会社は申出期間内は原則として債務の弁済をすることはできない（500条）。

　清算事務の迅速化のため，清算会社は弁済期前の債務も弁済することができる（民136条2項）。弁済額は，条件付債権のように不確定な債権については，裁判所の選任した鑑定人の評価額である（501条1項2項）。

　知れている債権者を除き，期間内に債権の申出をしなかった債権者は清算から除斥され，除斥された債権者は，まだ分配されてない残余財産に対してのみ弁済を請求することができ，一部の株主に対しすでに分配した場合は，他の株主に対しても同じ割合で分配するのに必要な財産には請求できない（503条）。

　④ 残余財産の分配　　清算会社は，会社の債務を弁済した後でなければ，その財産を株主に分配することができない（502条本文）。これに違反して財産を分配したときは，会社は，分配を受けた者に対しその返還を請

求できるとするのが, 判例である (大判昭和 11・2・17 新聞 4081 号 15 頁)。ただし, その存否または額につき争いのある債務についてその債務の弁済に必要と認められる財産を留保して, 残余の財産を分配することは差し支えない (502 条ただし書)。清算事務の迅速化のためである。争いのある債務とは, 訴訟係属中の債務のようにいまだその存否または額が確定していない会社の債務である。

清算会社は, 清算人の決定または清算人会の決議によって, 残余財産の種類, 株主に対する残余財産の割当てに関する事項を決定しなければならない (504 条 1 項)。残余財産の分配について内容の異なる 2 以上の種類株式を発行しているときは, 異なる取扱いの内容などを定めることができる (同条 2 項)。残余財産の割当てに関する事項の定めは, 株主の有する株式の数, 各種類の株式の数に応じて残余財産を割り当てることを内容とするものでなければならない (同条 3 項)。金銭以外の財産を残余財産として分配する場合は, 株主には当然に当該財産に代えて金銭を交付することを請求する金銭分配請求権が与えられる (505 条 1 項)。

V 清算の終了

清算事務が終了したときは, 清算会社は, 遅滞なく, 決算報告を作成しなければならない (507 条 1 項)。決算報告は, ①債権の取立て, 資産の処分その他の行為によって得た収入の額, ②債務の弁済, 清算にかかる費用の支払その他の行為による費用の額, ③残余財産の額, ④ 1 株当たりの分配額, を内容とするものでなければならない (会社則 150 条 1 項)。

清算人は, 決算報告を株主総会に提出・提供し, その承認を受けなければならない (507 条 3 項)。承認決議があると, 清算人の職務執行に関し不正行為があった場合を除き, 任務懈怠による清算人の損害賠償責任は, 免除されたものとみなされる (同条 4 項)。

総会の決算報告の承認により清算が終了すると, その日から 2 週間以内に, 本店の所在地において清算結了の登記をしなければならない (929 条)。清算結了の登記は, 会社の登記としての一般的効力を有するにとどまり, 会社の法人格を消滅させる効力を有するものではない。したがって, 清算結了の登記がされても, 現務の結了がなかったり, 残余財産の分配が未了

であれば，会社は消滅せず，清算会社として存続する（大判大正5・3・17民録22輯364頁，最判昭和36・12・14民集15巻11号2813頁参照）。

清算人は，清算結了の登記の時から10年間，清算会社の帳簿ならびにその事業および清算に関する重要な資料を保存しなければならない（508条1項）。裁判所は，利害関係人の申立てにより，清算人に代わって帳簿資料を保存する者を選任することができる（同条2項）。

帳簿資料の閲覧・謄写に関しては規定していない。最高裁は，清算結了後の帳簿資料については閲覧・謄写の請求について規定がないこと，および，清算結了後に保存が義務づけられる帳簿資料にも会社または第三者の重要秘密に関する情報が存在しうることを理由に，利害関係人は保存者に対し，帳簿資料の閲覧・謄写を請求できないとしている（最判平成16・10・4民集58巻7号1771頁）。清算結了後は会社は消滅しているから，会社または第三者の営業秘密の存在はあまり理由とはならない。しかし，帳簿資料などの閲覧・謄写の請求は，それを認める明文の規定がないかぎり，否定せざるをえないであろう。

VI 特別清算

特別清算は，清算中の株式会社の破産を予防することを目的に通常の清算手続を厳格化した清算手続である。

特別清算は，会社の清算に著しい支障を来すべき事情があるとき，または債務超過の疑いがあるときに，債権者，清算人，監査役または株主の申立てにより，裁判所の特別清算開始の命令によって開始する（510条・511条1項）。債務超過の疑いがあるときは，清算人は特別清算開始の申立てをしなければならない（511条2項）。

裁判所は，特別清算開始の申立てがあった場合に，必要があると認めるときは，破産開始の決定がされていない場合に破産手続の中止，一般の先取特権その他一般の優先権がある債権にもとづくものを除く，会社財産に対する強制執行，仮差押え，または仮処分の手続の中止を命ずることができる（512条1項）。

裁判所は，裁判清算開始の申立てがあった場合に，特別清算によっても清算を結了する見込みがないことが明らかであるとき，特別清算によるこ

とが債権者の一般の利益に反することが明らかであるときなどを除き，特別清算開始の命令をする（514条）。特別清算開始命令があったときは，破産手続開始の申立て，清算会社の財産に対する強制執行，仮差押え，仮処分または財産開示手続の申立てはすることはできず，清算会社の財産に対してすでにされている強制執行の手続などは中止する（515条1項本文）。ただし，一般の先取特権その他一般の優先権のある債権にもとづく強制執行の手続などは除かれる（同項ただし書）。

　特別清算開始命令があったときは，清算は，裁判所の監督に属する（519条1項）。裁判所は，いつでも，会社に対し，清算事務および財産の状況の報告を命じ，その他清算の監督上必要な調査をすることができる（520条）。

　特別清算開始時に清算人であった者はそのまま清算人となるが，重要な事由があるときは，債権者・株主の申立てによりまたは職権で裁判所は清算人を解任することができる（524条1項）。清算人が欠けたとき，または増員の必要があるときは，裁判所が清算人を選任する（同条2項3項）。特別清算の清算人は，会社に対してのみでなく，株主および債権者に対しても公平かつ誠実に清算事務を行う義務を負う（523条）。

　裁判所は，清算会社の業務・財産の管理を監督する監督委員を選任することができる（527条1項・528条）。また，裁判所は，清算会社の業務・財産の状況を調査する調査委員を選任することができる（533条・522条）。

　特別清算会社が，①財産の処分，借財，訴えの提起，和解・仲裁合意，権利の放棄，その他裁判所の指定する行為，②事業の全部の譲渡，事業の重要な一部の譲渡をするには，裁判所の許可を得なければならない（535条1項・536条1項）。①については，裁判所は，監督委員に裁判所の許可に代わり同意する権限を付与することができる（527条1項）。許可・同意を得ないでされた行為は無効であるが，善意の第三者に対抗することができない（535条3項・536条2項）。事業の譲渡には株主総会の特別決議は不要であり，反対株主の株式買取請求権も認められない（536条3項）。

　裁判所は，会社の財産の処分禁止の仮処分その他の必要な保全処分，役員等の財産に対する保全処分，役員等の責任の免除の取消しなどをすることができる（540条・542条・544条）。

債務の弁済は，債権額の割合に応じてしなければならないが（537条1項），特別清算の場合は，清算の遂行のため，債権者の譲歩が必要となる。そこで，清算会社は，債権者集会に対し，協定の申出をすることができる（563条）。債権者集会は，特別清算の遂行上必要があるときに招集される集会である（546条1項）。

　協定では，協定債権者の権利の全部または一部の変更に関する条項を定めなければならず，変更する条項には，債務の免除，期限の猶予その他の権利の変更の一般的基準を定めなければならない（564条1項2項）。ただし，精算会社の財産につき担保権を有する債権者の権利は協定の対象外である（564条1項かっこ書）。協定の変更の内容は，協定債権者の間では平等でなければならない（565条）。

　申出がされた協定を債権者集会で可決するには，出席した議決権者の過半数の同意または議決権者の議決権の総額の3分の2以上の議決権を有する者の同意がなければならない（567条1項）。後者の議決権額要件は，会社法において緩和されている（旧商450条1項参照）。

　協定が可決されたときは，清算会社は，裁判所に対し，協定の許可の申立てをしなければならない（568条）。裁判所は，原則として許可決定をするが，特別清算の手続または協定が法律に違反し，その不備を補正することができないものであるとき，協定が遂行される見込みがないとき，協定が不正の方法によって成立したとき，協定が債権者の一般の利益に反するときは，不認可の決定をする（569条1項2項）。

　特別清算が結了したとき，または特別清算の必要がなくなったときは，清算人，監査役，債権者，株主または調査委員の申立てにより，裁判所は，特別清算終結の決定をする（573条）。これに対し，協定の見込みまたは協定実行の見込みがないとき，または，特別清算によることが債権者の一般の利益に反するときは，裁判所は，職権で，破産手続開始決定をしなければならず（574条1項），協定が否決されたとき，または協定の不認可の決定が確定したときは，破産手続開始決定をすることができる（574条2項）。

第3編

持分会社

第1章　合名会社

第1節　総　説

　合名会社，合資会社または合同会社を総称して持分会社という（575条1項かっこ書）。

　合名会社は，会社債権者に対し直接に連帯して無限の責任を負う社員だけで構成される会社である（576条2項）。社員の地位すなわち持分を譲渡するには他の社員全員の承諾を必要とする（585条1項）。また，会社の重要事項の決定には社員の全員一致が要求される（637条など）。合名会社は，社員の個性，人的信頼関係が重視され，組合的色彩が濃い会社である。合名会社は，人的会社の典型である。

第2節　設　立

　合名会社は，社員となろうとする者が，定款を作成し，設立の登記をすることによって成立する。

　定款の絶対的記載事項は，①目的，②商号，③本店の所在地，④社員の氏名・名称および住所，⑤社員が無限責任社員である旨，⑥社員の出資の目的およびその価額または評価の標準である（576条1項）。

　②の商号には合名会社という文字を用いなければならない（6条2項）。④の社員は1人でもよい。合名会社の社員が1人となった場合には解散するという規定（旧商94条4号）は廃止されている。また，会社は合名会社や合資会社の無限責任社員となることができないとする規定（旧商55条）は廃止され，法人も合名会社の社員となることができる（576条1項4号・598条）。⑤の事項として合名会社は社員の全部を無限責任社員とする旨を記載・記録しなければならない（576条2項）。⑥の出資の目的として，金銭出資・現物出資のほか，労務出資および信用出資も認められる（576

条1項6号かっこ書)。労務出資は，技術者として労務を提供することなどを出資すること，信用出資は，会社のために保証することなどを出資することである。現物出資または労務・信用出資についても，その価額または評価の標準を定めなければならない。損益分配および残余財産の分配は，原則として出資の価額に応じて定められるからである (622条・666条)。

　④と⑥の記載・記録により，社員とその出資が確定され，機関も具備することになる。社員は原則として業務執行および会社を代表する権限を有するからである (590条1項・599条1項)。また，社員が会社債権者に対し無限責任を負うため，設立の段階で出資を履行させることは要求されてない (578条対照)。したがって，定款の作成により会社の実体は完成する。

　設立の登記は，定款の作成後，本店の所在地でしなければならない (912条)。社員の氏名・名称および住所は登記事項である (同条5号)。設立登記により，会社は成立する (579条)。

　合名会社の設立に瑕疵があれば設立無効の訴えが認められることは，株式会社の場合と異ならない (828条1項1号)。合名会社の場合は，設立に参画した社員が意思無能力であるとか，意思表示に錯誤があるなどの主観的瑕疵も無効原因となる。合名会社では，社員の個性が重視されるため，個々の社員の設立行為が無効で，その者が会社から離脱すれば，成立した会社自体を無効とするのが適切であるからである。提訴権者は，社員または清算人に限られる (828条2項1号)。

　合名会社においては，個々の社員の設立行為に取消原因がある場合，債権者詐害設立の場合に，設立取消しの制度が認められている (832条)。

　合名会社においては主観的原因による設立の無効および設立取消しが認められるため，一部の社員の主観的原因により無効・取消しの判決が確定した場合に，無効・取消しの原因のない社員の一致をもって会社を継続することができる (845条前段)。会社を継続したときは，設立無効・取消しの原因のある社員は退社したものとみなされる (同条後段)。

第3節　社員の地位と変動

I　社員の地位の特色

　合名会社の法律関係には，①会社と社員との関係，②会社と第三者との関係が存在する。しかし，合名会社は社員の個性が重視される人的会社なので，③社員相互の関係，④社員と第三者と関係も存在することに特色がある。①③は会社の内部関係，②④は会社の外部関係である。内部関係は，社員の利益だけに関係するので原則として任意規定である。合資会社・合同会社と共通するところが多い。外部関係は，第三者の利益に関係するので強行規定である。

　合名会社における社員の地位は持分と呼ばれるが，細分化された割合的単位の形をとらず，各社員は出資の価額に応じて内容の異なる1個の持分を有する。この点は，株式会社の株式と異なる。

II　社員の義務と責任

　社員は，会社に対し出資義務を負うが，出資は設立の段階で履行する必要はなく，いつ，どの程度出資するかは，通常の業務執行の方法（590条2項）により決められる。

　判例は，社員の出資義務の履行期が定款の定めや会社の請求によって到来するまでは，出資義務は具体化せず，履行期到来前に退社したときは，出資義務も消滅し，退社員の会社に対する持分払戻請求権は成立しないとしている（合資会社に関する最判昭和62・1・22判時1223号136頁）。社員が具体化した出資義務を履行しないときは，損害賠償または弁済責任を負う（582条）ほか，除名または業務執行権・代表権の消滅の事由となる（859条1号・860条1号）。

　合名会社の各社員は，会社債権者に対し直接に連帯して無限の責任を負う（580条1項）。この責任は，会社債務の全額に対するものであり，会社財産から弁済を受けることができない部分についてのみ負うものでない（大判大正13・3・22民集3巻185頁参照）。しかし，会社債権者が社員の責

任の履行を求めるためには，会社財産による会社債務の完済不能，または会社に対する強制執行の不奏功の事実があることを要する（580条1項2号）。社員は，会社に弁済の資力があり，かつ容易に執行できることを証明すれば，責任を免れる（580条1項2号かっこ書）。また，社員は，会社がその債権者に主張できる抗弁をもって会社債権者に対抗することができ（580条1項），会社が債権者に相殺権，取消権または解除権を有しているときは，社員は，その者に対する履行を拒むことができる（580条2項）。社員が会社の債務を履行したときは，会社に対し求償権を取得する（民500条）とともに，他の社員に対しその負担部分につき求償権を取得する（民442条）。

なお，社員でない者が自己を無限責任社員であると誤認させる行為をしたときは，その者は，誤認にもとづいて会社と取引をした者に対し無限責任社員と同一の責任を負う（589条1項）。

Ⅲ 持分の譲渡

社員がその持分の全部または一部を他人に譲渡するには，他の社員全員の承諾を要する（585条1項）。定款で別段の定めをすることは可能である（同条4項）。他人に譲渡するときは，他の社員に譲渡する場合を含む。

持分の全部を譲渡した社員は，その旨の登記をする前に生じた会社の債務について，従前の責任の範囲内で弁済する責任を負う（586条1項）。合名会社は，自己持分の取得は認められず，取得した場合は，その持分は消滅する（587条1項2項）。

社員は死亡によって退社するため（607条1項3号），相続人は当然には社員の地位を承継しない。合名会社では社員の個性が重視されるからである。ただし，定款で，相続人が持分を承継する旨を定めることができる（608条1項）。

相続人が数人ある場合は，権利行使者を定めなければならない（608条5項）。権利行使者を定めなければならないことは，共同相続人の全員が社員であるときでも異ならない（最判平成4・1・24民集46巻1号28頁参照）。

持分の質入れおよび差押えは可能であるが，持分の換価に際して他の社

員全員の承諾を要するから，その承諾がないかぎり，質権や差押えの効力は，将来具体化される利益配当または持分払戻しの請求権に及ぶだけということになる（611条7項，民350条・304条）。そこで，持分差押権者が会社および債務者である社員に対する6か月前の予告をもって事業年度の終わりにその社員を退社させることを認め（609条1項），差押債権者が社員の持分払戻請求権の転付を受けて債権の満足を受けることができるようにしている。退社の予告は，社員が弁済をしまたは相当の担保を提供したときはその効力を失う（609条2項）。差押債権者の承諾を伴わない担保物権設定または保証契約の単なる申込みは相当の担保を供したときに当たらないとするのが，判例である（最判昭和49・12・20判時768号101頁）。

Ⅳ 社員の加入と退社

会社成立後の社員の加入は，定款の絶対的記載事項（576条1項4号）の変更として，総社員の同意を要する（604条2項・637条）。加入社員は，その加入前に生じた会社債務についても責任を負う（605条）。

合名会社においては，会社の存続中に特定の社員の社員としての地位が絶対的に消滅する退社の制度が認められている。定款で存続期間を定めなかった場合，またはある社員の終身間会社が存続することを定款で定めた場合は，各社員は，6か月前までに会社に退社の予告をして，事業年度の終了の時に退社することができる（606条1項）。また，各社員は，やむを得ない事由があるときは，いつでも退社することができる（同条3項）。やむを得ない事由がある場合として，判例では，社員が営業の中心とする所から転居したため社員として関与できなくなった場合がある（大阪地判昭和7・12・20新聞3509号9頁）。

法定退社事由として，①定款で定めた事由の発生，②総社員の同意，③死亡，④合併，⑤破産手続開始の決定，⑥解散，⑦後見開始の審判を受けたこと，⑧除名，がある（607条1項）。会社は，⑤〜⑦の全部または一部によって退社しない旨を定めることができる（同条2項）。

合名会社の各社員は会社債権者に対して無限責任を負う。また，社員の地位の譲渡は容易ではない。そこで，社員の意思にもとづき会社からの離脱を認め，投下資本の回収を保障する任意退社の制度は，合名会社では重

要な意義を有する。任意退社は，その条件を社員に不利益に変更できないと解すべきである。判例は，やむを得ない事由による退社に類似する，組合員の脱退権に関する規定（民687条）につき，同規定は強行規定であり，やむを得ない事由があっても任意の脱退を許さない旨の組合契約における約定は，効力を生じないものとしている（最判平成11・2・23民集53巻2号193頁）。

法定退社事由のうち，②の総社員の同意については，数人の社員が同時に退社の申出をした場合に，申出者を除く社員の同意で足りるか，それとも各申出者ごとにその者を除く他のすべての社員の同意を要するかについて，判例は，後者によるべきとしている（最判昭和40・11・11民集19巻8号1953頁）。しかし，個人的理由で退社の申出をした者に同時に退社を申し出た他の社員につき同意権を留保させる必要はないから，申出者を除く社員の同意で足りると解すべきである。

⑧の除名は，社員の意思に反して社員としての地位を剥奪するものであるから，除名の事由を一定の重要な義務違反または不正行為があることに限定し，かつ，他の社員の過半数の決議にもとづき，訴えをもって請求できるものとしている（859条）。

定款で除名事由を追加・除外できるかについて，判例は，追加を否定している（大決昭和13・12・13民集17巻2318頁）。信頼関係の維持を図るために除名の制度を認めている趣旨から，除名事由の除外は認められないと解すべきである。他方，意思に反して会社から排除される社員の不利益も無視できない。除名事由の追加も否定すべきである。除名手続も同様に解すべきであり，判例には，他の社員の過半数の決議だけで除名できるとする定款の定めを無効とするものがある（合資会社に関する東京地判平成9・10・13判時1654号137頁）。

退社により，退社した社員と会社との間で財産関係の処理が行われる。すなわち，出資の種類を問わず，退社当時の会社財産の状況に従って，持分の払戻しを受けることができる（611条1項2項）。退社した社員の持分は，出資の種類を問わず，金銭で払い戻すことができる（同条3項）。ただし，除名による退社の場合は，除名の訴えが提起された時における会社財産の状況に従って計算する（同条5項）。持分計算の基礎となる会社財

産の価額の評価は，帳簿価額ではなく，事業の継続を前提として，なるべく有利にこれを一括譲渡する場合の価額を標準とし，財産の時価以下の過少評価は許されないとするのが，判例である（協同組合の脱退組合員に関する最判昭和 44・12・11 民集 23 巻 12 号 2447 頁，合資会社の退社員に関する名古屋高判昭和 55・5・20 判時 975 号 110 頁。なお，収益方法を併用したものとして，合資会社の退社員につき東京地判平成 7・4・27 判時 1541 号 130 頁）。

社員が退社した場合は，会社は，その社員が退社した時に，その社員にかかる定款の定めを廃止する定款の変更をしたものとみなされる（610 条）。

退社員は，退社の登記（912 条 5 号）前に生じた会社債務について責任を負う（612 条 1 項）。

第 4 節　業務執行と会社代表

各社員は，原則として会社の業務を執行するが，定款の定めにより，一部の社員のみ業務執行社員とすることができる（590 条 1 項）。また，社員の除名事由に該当するような事由があれば，訴えをもって特定の社員の業務執行権を消滅させることができる（860 条）。

業務執行社員を定款で定めた場合には，各社員は，会社の業務を執行する権利を有しないときであっても，会社の業務の財産の状況を調査することができる（592 条 1 項）。裁判所の許可は不要である（旧商 153 条 2 項参照）。この調査権について定款で別段の定めをすることができるが，定款によっても，社員が事業年度の終了時または重要な事由があるときに調査することを制限する旨を定めることができない（同条 2 項）。

法人が業務執行社員である場合は，その法人は，業務執行社員の職務を行うべき者を選任し，その氏名および住所を他の社員に通知しなければならない（598 条 1 項）。

社員が 2 人以上いる場合は，会社の業務は，定款に別段の定めがある場合を除き，社員の過半数をもって決定する（590 条 2 項）。

定款で業務執行社員を定めた場合，業務執行社員が 2 人以上いる場合は，会社の業務は，定款に別段の定めがある場合を除き，業務執行社員の過半数をもって決定する（591 条 1 項）。支配人の選任・解任は，とくに業務執

行社員を定めた場合でも，社員の過半数で決定する（同条2項）。これらの場合に，定款に別段の定めがないかぎり，会議を開く必要はない。会社法が他の社員の過半数による決定を要求している場合（595条1項・601条など）も，同様である。また，会議を開くときも，社員に対し相当の期間前に議題を通知する必要はない（合資会社に関する最判昭和33・5・20民集12巻7号1086頁参照）。

　社員が2人以上いる場合でも，日常業務は各社員または各業務執行社員が単独で行うことができる（590条3項・591条1項）。

　定款で業務執行社員を定めた場合は，業務執行社員は，正当な事由がなければ辞任することができない（591条4項）。また，業務執行社員は，正当な事由がある場合にかぎり，他の社員の一致によって解任することができる（同条5項）。辞任・解任については，定款で別段の定めをすることができる（同条6項）。

　業務執行社員は，原則として会社を代表する（599条1項）。業務執行社員が2人以上いる場合は，各自が会社を代表する（同条2項）。

　会社は，定款または定款の定めにもとづく社員の互選によって，業務執行社員の中から会社を代表する社員を定めることができる（同条3項）。合名会社を代表しない社員がいる場合は，代表社員の氏名・名称は登記しなければならない（912条6号）。

　代表社員の代表権は，会社の業務に関する一切の裁判上または裁判外の行為に及ぶ包括的なもので，代表権を制限しても会社は善意の第三者に対抗することができない（599条4項5項）。会社・社員間の訴えにおいても，原則として代表社員が会社を代表するが，1人だけの代表社員が訴訟当事者である場合のように会社を代表する社員がいないときは，他の社員の過半数をもって会社を代表する者を定めることができる（601条）。退社員の持分払戻請求訴訟は，社員が会社に対し訴えを提起する場合に当たらない（最判昭和58・4・7判時1078号137頁参照）。

　業務執行社員は，会社に対し善管注意義務および忠実義務を負う（593条1項2項）。業務執行社員は，会社または他の社員の請求があるときは，いつでもその職務執行の状況を報告し，その職務を終了した後は，遅滞なくその経過および結果を報告しなければならない（同条3項）。

業務執行社員は，他の社員の全員の同意を受けなければ，競業取引および同種の事業を目的とする会社の取締役，執行役または業務執行社員となることができない（594条1項）。また，他の社員の過半数の承認を受けなければ，利益相反取引をすることができない（595条1項）。これらの義務については，定款で別段の定めをすることができる（594条1項ただし書・595条1項ただし書）。

　業務執行社員は，その任務を怠ったときは，会社に対し，連帯して，これによって生じた損害を賠償する責任を負う（596条）。会社は，代表社員その他の代表者がその職務を行うについて第三者に加えた損害を賠償する責任を負う（600条）。

　社員が会社に対して社員の責任を追及する訴えの提起を請求した場合において，会社がその請求の日から60日以内に訴えを提起しないときは，その請求した社員は，その訴えについて会社を代表することができる（602条本文）。ただし，当該社員もしくは第三者の不正な利益を図り，または会社に損害を加えることを目的とする場合は，代表することができない（同条ただし書）。

　この社員の責任を追及する制度は，株主代表訴訟に類似するが，原告は会社であり，代表権を社員が行使するものである。

第5節　計　　算

　合名会社においても，会計帳簿の適時・正確な作成が義務づけられている（615条1項）。また，その成立の日における貸借対照表，各事業年度にかかる計算書類を作成しなければならない（617条1項2項）。計算書類は，貸借対照表のほか，損益計算書，社員資本等変動計算書および個別注記表である（会社計算規103条1項1号）。社員は，計算書類の閲覧・謄写などを請求できる（618条1項）。

　合名会社は，損失のてん補のため，資本金の額を減少することができる（620条1項）。減少する資本金の額は，ゼロから資本金の額を減少する日における資本剰余金の額および利益剰余金の額の合計額を減じて得た額，または，資本金の額を減少する日における資本金の額，のいずれか少ない

額を超えることはできない（620条2項，会社計算規190条）。

　合名会社においても，その得た利益を社員に分配する。他方，その被った損失は，各社員が負担する。社員は，会社に対して，利益の配当を請求することができる（621条1項）。貸借対照表上の純資産額と社員の財産出資の総額とを比較し，前者が後者を超える額を利益とし，後者が前者を超える額を損失とするのが原則である。しかし，合名会社では，社員が会社債権者に対して無限責任を負い，会社財産の充実維持を図る必要性は少ないから，利益配当を請求する方法その他の利益配当に関する事項を定款で定めることができる（621条2項）。

　損益分配の割合について定款の定めがないときは，その割合は，各社員の出資の価額に応じて定める（622条1項）。利益の全部または一部を積立金として会社に留保することができ，その場合は，各社員の持分がそれだけ増加する。他方，損失の分担により，各社員の持分は減少するが，社員は追出資として現実に損失をてん補する必要はない。増減した社員の持分は，社員の退社または会社の清算によって社員関係が終了するときに現実化し，そのときに持分が積極的ならば会社に対しその額の支払を請求することができ，持分が消極ならば会社に対しその額を支払わなければならない。

　社員は，会社に対し，すでに出資として払込・給付した金銭等の払戻しを請求することができる（624条1項前段）。出資が金銭以外の財産であるときは，その財産の価額に相当する金銭の払戻しを請求できる（同項後段）。出資の払戻しを請求する方法その他の払戻しに関する事項を定款で定めることができる（同条2項）。

第6節　定款変更・組織変更

　合名会社の定款の変更は，総社員の同意を要するが，定款の変更は会社の内部関係に属するから，定款で多数決にするなど別段の定めをすることができる（637条）。

　持分会社間の会社の種類の変更は，組織変更ではなく，社員の責任を変更する定款の変更により生ずる（638条）。合名会社が合同会社になるのは，

社員の全部を有限責任社員とする定款の変更をする場合である（638条1項3号）。合同会社の社員は出資の全額払込義務を負うため（578条），社員に未履行の出資の払込みまたは給付の義務が課せられる（640条）。

　合名会社は，総社員の同意により，株式会社に組織変更をすることができる（2条26号は・781条1項）。株式会社に組織変更する場合は社員の責任の変更があるので，債権者保護手続を要し，知れている債権者への各別の催告は省略することができない（781条2項・779条）。

第7節　解散と清算

I　解　散

　合名会社は，①定款で定めた存続期間の満了，②定款で定めた解散事由の発生，③総社員の同意，④社員が欠けたこと，⑤合併，⑥破産手続開始の決定，⑦解散判決・解散命令，によって解散する（641条）。

　⑥の破産手続開始原因は，債務超過を含まず，支払不能だけである（破15条・16条）。合名会社の社員は会社債権者に対し無限責任を負うからである。

　⑦の合名会社の解散判決は，やむを得ない事由があるときに，各社員が請求することができる（833条2項）。判例において，やむを得ない事由があると認められているのは，社員間の不和対立により会社の目的達成または存続が困難と認められる事情がある場合である（合資会社につき，東京地判大正10・8・20新聞1917号21頁，神戸地判昭和8・12・11新聞3659号18頁など）。また，社員の除名などによって現在の難局を打開できるとして，請求を認めない判例が多い（合名会社につき，山形地酒田支判昭和60・1・31判時1158号235頁，合資会社につき，最判昭和33・5・20民集12巻7号1077頁など）。これに対し，不和対立により会社の業務執行が困難となっていない場合でも，業務執行が多数派社員によって不公正かつ利己的に行われ，少数派社員が不利益を受けている場合には，これを打開する手段がないかぎり解散事由があるとし，また，打開の手段はいかなる手段でもよいというべきではなく，退社による持分払戻請求権の実現に困難を伴い，しかも，

原告に社員間に不和対立が生じたことにつき帰責事由がないときは，退社は公正かつ相当な打開方法ではないとして，解散請求を認める判例がある（最判昭和61・3・13民集40巻2号229頁）。この判例の立場は，人的会社の解散判決制度の趣旨から，正当というべきである（青竹・続法規整228頁）。

Ⅱ　清　算

　合名会社では，定款または総社員の同意をもって会社財産の処分方法を定める任意清算が認められている（668条1項）。合名会社に任意清算が認められているのは，社員が対外的に無限責任を負い，内部的にも社員間に人的信頼関係があるからである。ただし，前述の④～⑦の事由によって解散した場合は，任意清算は認められない（同項）。

　任意清算を行う場合は，会社は，解散の日から2週間以内に，解散の日における財産目録および貸借対照表を作成し，また，債権者保護手続をとらなければならない（669条・670条）。債権者保護手続に違反して財産を処分したときは，会社債権者は，違法処分取消しの訴えを提起できる（863条1項）。また，社員の持分を差し押さえた者があるときは，会社は，任意清算につきその者の同意を要する（671条1項）。同意を得ることなく財産を処分したときは，持分差押権者は，会社に対し差押持分に相当する金額の支払を請求でき（671条2項），処分取消しの訴えを提起することもできる（863条1項）。

　任意清算の方法によらないときは，⑤⑥の事由によって解散した場合を除き，法定清算の手続によらなければならない（644条）。法定清算では，原則として解散前の業務執行社員が清算人となる（647条1項1号）。清算人は，清算事務を執行し，会社を代表する（650条・655条）。

　清算人は，①現務の結了，②債権の取立て，③債務の弁済，④残余財産の分配を主たる職務とする（649条）。②の債権の取立てについては，会社に現存する財産が会社の債務を完済するのに不足するときは，清算人は，出資の全部または一部を履行していない社員に出資させることができる（663条）。③の債務の弁済については，社員が無限責任を負うため，会社債権者に対する催告や債権の除斥手続は必要ない。④の残余財産の分配は，各社員の出資の価額に応じてされるが，定款で別段の定めをすることがで

きる (666条)。
　なお，社員の責任は，解散の登記後5年間は消滅しない (673条)。

第2章　合資会社

第1節　総　説

　合資会社は，無限責任社員と有限責任社員とで構成される会社である（576条3項）。合資会社の無限責任社員の地位は合名会社の社員と同じであるが，有限責任社員は，会社債権者に対し直接に責任を負うが，出資額を限度とする責任しか負わない（580条2項）。合資会社は，無限責任社員の企業に有限責任社員が資本的に参加する会社形態である。しかし，合資会社も，合名会社と同じく，社員の人的信頼関係が重視される会社であり，人的会社に属する。

第2節　合資会社に特有な法規整

I　設　立

　合資会社に特有な法規整は，合資会社に有限責任社員が存在することから生ずる。

　合資会社では，社員は2人以上いなければならない。設立に際して，定款には各社員の責任が無限か有限かを記載・記録しなければならず，その社員の一部を無限責任社員とし，その他の社員を有限責任社員としなければならない（576条1項5号・3項）。無限か有限かの区別は登記事項である（913条6号）。

　有限責任社員は，資本の提供者として，金銭その他の財産のみを出資の目的とすることができ，労務出資および信用出資は認められない（576条1項6号かっこ書）。有限責任社員の出資の目的，その価額および履行した額は登記しなければならない（913条7号）。

II　社員の責任と変動

　有限責任社員は，その出資の価額を限度として会社の債務を弁済する責任を負う（580条2項）。有限責任社員にとって，出資の価額が会社の事業活動について負担する危険の限度額を示す。そして，出資を履行すれば，その分だけ責任の限度が減少し（580条2項かっこ書），会社債権者に対し責任を履行すれば，その分だけ出資義務が減少する。会社に利益がないのに配当を受けたときは，実質的には出資の返還となるから，その配当額は出資の履行分から控除される（623条2項）。

　有限責任社員は，定款の変更により出資の価額を減少した場合であっても，登記前に生じた会社債務について従前の責任を免れない（583条2項）。また，有限責任社員が無限責任社員と誤認させる行為をしたときは無限責任社員と同一の責任を負い，責任の限度を誤認させる行為をしたときは誤認させた責任の範囲内で会社の債務を弁済する責任を負う（588条1項2項）。

　有限責任社員は，損失の負担についても出資の価額を限度するから，持分が消極になっても，消極持分を現実に支払う必要はない。

　業務を執行しない有限責任社員は，業務執行社員全員の承諾があるときは，その持分の全部または一部を他人に譲渡することができる（585条2項）。業務を執行しない有限責任社員の持分の譲渡に伴い定款の変更を生ずるときは，定款の変更は，業務執行社員の全員の同意によってすることができる（同条3項）。

III　業務の執行と会社代表

　有限責任社員は，会社の業務を執行し，会社を代表する権限を有しないものとされていた（旧商156条）。会社法は，社員の責任と業務の執行・会社代表を切り離し，合名会社と同じく，原則として社員に業務執行権を認め，定款でその制限を認めることにしている（590条1項）。また，業務執行社員は原則として会社を代表する（599条1項）。

　業務を執行する有限責任社員は，その職務を行うについて悪意・重過失があったときは，連帯して，これによって第三者に生じた損害についても

賠償する責任を負う（597条）。

IV　定款変更・組織変更

　合資会社から合名会社・合同会社への変更は，定款の変更により生ずる（638条2項）。合資会社において，無限責任社員または有限責任社員の全部が退社などでいなくなっても，合名会社または合同会社として存続する（638条2項1号2号）。

　合資会社は，総社員の同意により，株式会社に組織変更をすることができる（781条1項）。株式会社に組織変更する場合は，社員の責任の変更があるので，債権者保護手続を要し，知れている債権者への各別の催告は省略することができない（781条2項・779条）。

第3章 合同会社

第1節 総　説

　合同会社は，会社法によって認められた新しい種類の会社である。会社の内部関係については，合名会社・合資会社と共通する。しかし，合同会社は，有限責任社員だけで構成される会社である（576条4項）。そのため，合同会社に特有な規定が設けられている。

　合同会社は，アメリカのLLCで認められている構成員課税を受けることを前提に導入されたものであるが，当面は，構成員課税は認められないことになっている。そこで，構成員課税を受けることができる組織形態として有限責任事業組合が導入され，施行されている。有限責任組合は，法人格を有しない。また，複数の構成員が必要で，すべての構成員が業務執行に関与する（有限組合37条2号・13条1項2項）。

第2節　合同会社に特有な法規整

I　設　立

　設立に際して，定款には社員の全部を有限責任社員とする旨を記載・記録しなければならない（576条4項）。合同会社においても，社員の氏名・名称および出資の価額は定款の絶対的記載事項であるが（576条1項4号・6号），登記事項ではない。

　社員は金銭その他の財産のみを出資の目的とすることができ（576条1項6号かっこ書），社員になろうとする者は，定款の作成後，設立の登記をするまでに，その出資にかかる金銭の全額の払込み，または財産の全部の給付をしなければならない（578条本文）。

II　社員の責任と変動

　合同会社の社員は全員が有限責任社員であるため，その出資の価額を限度として会社の債務を弁済する責任を負う（580条2項）。合同会社では出資の全額払込主義をとっているため，結果的には，株主と同様，間接有限責任となる。

　持分の譲渡については，業務を執行しない社員は業務執行社員全員の承諾があれば認められる（585条2項）。

III　業務執行と会社代表

　合名会社・合資会社の場合と同じく，各社員は，原則として会社の業務を執行するが，定款の定めにより一部の社員のみ業務執行社員とすることができる（590条1項）。また，業務執行社員は原則として会社を代表するが，定款の定めにより会社を代表する社員を定めることができる（599条1項・3項）。合同会社には，株式会社と異なり，株主総会・取締役会のような機関や会計監査人の設置は義務づけられていない。

　合同会社の業務執行社員の義務，会社に対する責任は，合名会社・合資会社の業務執行社員と同じであり（593条〜596条），第三者に対する責任は，合資会社の業務を執行する有限責任社員と同じである（597条）。

IV　計　算

　合同会社の債権者は，会社の営業時間内は，いつでも，作成した日から5年以内の計算書類の閲覧・謄写などを請求することができる（625条）。すべての社員が有限責任であることから，債権者にも認めたものである。合同会社では，決算公告の義務はない。

　合同会社においては，損失のてん補のためだけでなく，出資の払戻しのために資本金の額を減少することが認められている（626条1項）。減少する資本金の額は，出資の払戻しにより社員に交付する金銭等の帳簿価額から出資の払戻しをする日における剰余金を控除した額を超えてはならない（同条2項）。剰余金額は，①資産の額から，②負債の額，③資本金の額，④そのほか法務省令で定める各勘定科目に計上した額の合計額（会社計算

規192条参照），の合計額を減じた額である（626条3項）。資本金の減少に際して債権者保護手続が要求される（627条）。

　合同会社は，利益配当に関する事項は定款で自由に定めることができるが（621条2項），株式会社の場合と同様，利益配当により社員に交付する金銭等の帳簿価額が利益配当する日における利益額を超える場合は，利益配当をすることができない（628条）。違法な利益配当をした場合に，利益配当にかかわった業務執行社員，利益配当を受けた社員について，株式会社における違法な剰余金配当の場合と同様の責任を負う（629条）。配当を受けた社員への求償，債権者の支払請求も，同様である（630条）。

　利益配当をした場合に，利益配当をした日の属する事業年度の末日に欠損額が生じたときは，利益配当にかかわった業務執行社員は，配当を受けた社員と連帯して，欠損額を支払う義務を負う（631条1項）。

　合同会社の社員は，定款を変更してその出資の価額を減少する場合を除き，出資の払戻しの請求（624条1項）をすることができない（632条1項）。出資の払戻しにより社員に交付する金銭等の帳簿価額が，出資の払戻しを請求した日における剰余金額，出資の払戻しのために資本金額を減少した場合はその減少後の剰余金額，または定款変更による出資の価額の減少額のいずれか少ない額を超える場合は，出資の払戻しをすることができない（632条2項）。違法な払戻しを行った場合に，業務執行社員および払戻しを受けた社員は，違法な利益配当の場合と同様の責任を負う（633条）。

　合同会社の退社員に対しては剰余金を超える場合であっても払い戻さなければならないが，持分の払戻しにより退社員に交付する金銭等の帳簿価額が，持分の払戻しをする日における剰余金額を超える場合は，債権者は，会社に対し，持分の払戻しについて異議を述べることができる（635条1項）。

　会社は，①剰余金額を超える持分の払戻しの内容，②債権者が1か月または2か月を下らない一定の期間内に異議を述べることができる旨を，官報に公告し，かつ，知れている債権者には各別に催告しなければならない（635条2項）。官報のほか，日刊新聞紙による公告または電子公告をした場合は，催告を省略できるが，払戻額が当該合同会社の純資産額，すなわち，資本金・資本剰余金・利益剰余金の額および最終事業年度の末日にお

ける評価・換算差額等にかかる額の合計額を超える場合は，省略できない(635条3項，会社計算規194条)。債権者保護手続を経ないで払戻しを行った場合は，業務執行社員は違法な利益配当の場合と同様の責任を負う(636条)。

V　組織再編と清算

　合同会社から株式会社への組織変更は，社員の責任の変更を伴わないので，債権者保護手続において知れている債権者への各別の催告を要しない(781条2項かっこ書)。

　合同会社は，他の種類の会社と合併できるが，書面等の備置・閲覧の手続は必要ない(793条2項・791条参照)。

　合同会社は，合同会社もしくは株式会社を相手方とする吸収分割，合同会社もしくは株式会社を新設する新設分割，株式会社を完全子会社とする株式交換を行うことができる(751条・762条・767条)。合同会社を完全子会社とする株式交換，合同会社が当事者となる株式移転は認められない(767条・772条)。

　合同会社の清算は株式会社の清算と同様であり，任意清算は認められない。ただし，残余財産の分配については定款自治が認められる(666条)。

第4編

外国会社

第 1 章　外国会社の意義と認許

　外国会社とは，外国の法令に準拠して設立された法人その他の外国の団体であって，会社と同種のものまたは会社に類似するものをいう（2条2号）。すなわち，日本法以外の法令に準拠して設立された会社と同種・類似の団体である。

　設立準拠法にもとづき設立された外国会社は，日本においてもその法人格は認許され，日本において成立する会社と同一の私権を有する（民36条1項2項）。

　会社法は，外国会社についてとくに規定を設けている（817条以下）。これは，主として外国会社と取引する日本国内の債権者を保護するためである。外国会社についてそれ以外の会社法の規定が適用される場合については，とくに明記している（5条・6条1項・8条・9条・10条〜24条・135条2項1号）。

第2章　外国会社に対する法規整

第1節　代表者の選任と登記

　外国会社が日本において取引を継続してしようとするときは，日本における代表者を定めなければならない（817条1項前段）。日本における代表者のうち1人以上は，日本に住所を有する者でなければならない（同項後段）。

　日本における代表者を定めることを要求しているのは，日本国内に取引上の紛争の処理などに応ずる相手方がいるようにし，また，外国会社を相手方とする訴えの提起を日本国内でできるようにするためである。

　日本における外国会社の代表者は，その外国会社の日本における業務に関する一切の裁判上または裁判外の行為をする権限を有し，その権限に制限を加えても善意の第三者に対抗することができない（817条2項3項）。

　代表者は外国会社の登記をしなければならず，登記するまでは，日本において取引を継続してすることができない（818条1項）。これに違反して取引をした者は，相手方に対し，外国会社と連帯して，取引によって生じた損害を弁済する責任を負う（同条2項）。

　外国会社の登記においては，日本における同種の会社または最も類似する会社の種類に従って登記しなければならない（933条2項柱書）。そのほかに，会社の設立の準拠法，日本における代表者の氏名・住所，および株式会社と同種・類似のものについては貸借対照表の公告方法などを登記しなければならない（933条2項1号〜7号）。外国会社の登記の申請書には，本店の存在を認めるに足りる書面，日本における代表者の資格を証する書面，外国会社の定款などを添付しなければならない（商登129条）。

　外国会社は，日本において取引を継続してしようとするときでも，日本に営業所を設けることは義務づけられていない。電子商取引の発展により，外国会社が日本において継続して取引をするために営業所は必ずしも必要

ではなくなっているからである。外国会社が営業所を設けたときは，登記しなければならない（936条）。

第2節　貸借対照表の公告

　日本の株式会社と同種または類似の外国会社は，定時株主総会における承認と同種または類似する手続の終結後遅滞なく，貸借対照表に相当するものを日本において公告しなければならない（819条1項）。営業所設置義務を課さない代わりに，国内債権者保護の措置として日本の株式会社と同様の貸借対照表の公告を求めたものである。公告方法が官報または日刊新聞紙に掲載して行う場合は，貸借対照表に相当するものの要旨の公告で足りる（同条2項）。また，公告に代えて，インターネット上のウェブサイトに表示することが認められる（同条3項）。

第3節　全代表者の退任と債権者保護手続

　登記した外国会社の日本における代表者の全員が退任しようとするときは，その外国会社の債権者に対し，その退任に異議があれば1か月を下らない一定の期間内に述べることができる旨を官報に公告し，かつ，知れている債権者に各別に催告する，債権者保護手続をとらなければならない（820条1項）。退任は，債権者保護手続の終了後に退任の登記をすることにより効力を生ずる（同条3項）。外国会社が未払債務を残したまま，日本国内に紛争処理の相手方がいなくなり，また，日本における裁判籍を失って，債権者が不利益を受けることがないようにするためである。

第4節　取引継続の停止・営業所閉鎖命令

　裁判所は，法務大臣または株主・社員・債権者その他の利害関係人の申立てにより，日本の会社に対する解散命令（824条）と同様の要件の下で，外国会社に対し，日本において取引を継続してすることの禁止または日本に設けられた営業所の閉鎖を命ずることができる（827条）。

取引継続の停止・営業所閉鎖命令があった場合，または，外国会社が日本において取引を継続してすることをやめた場合には，裁判所は，利害関係人の申立てによりまた職権で，日本にある外国会社の財産の全部について清算の開始を命ずることができる（822条1項）。清算手続については，株式会社の清算および特別清算の規定が準用されている（同条3項）。外国会社が取引継続をやめる場合の代表者全員の退任については，債権者保護手続に関する規定は適用されない。清算手続の中で債権者保護が図られるからである。

第5節　疑似外国会社

　日本に本店を置き，または日本において事業を行うことを主たる目的とする外国会社は，日本において取引を継続してすることができない（821条1項）。これに違反して取引をした者は，相手方に対し，外国会社と連帯して，その取引によって生じた債務を弁済する責任を負う（同条2項）。さらに，設立の登録免許税額に相当する過料に処せられる（979条2項）。日本法の適用を回避するために外国法に準拠して設立された疑似外国会社が，日本において事業を行うことにより債権者が不利益を受けないようにするためである。

　従来は，疑似外国会社は日本法に準拠された会社と同一の規定に従わなければならないとしていた（旧商482条）。そして，判例は，「同一の規定」に設立に関する規定も含むとしていた（大判大正7・12・16民録24輯2326頁）。そこで，判例の立場では，疑似外国会社は日本法に準拠して設立し直さなければならなかった。会社法の下では，疑似外国会社であることから直ちに法人格が否定されるわけではない。

事項索引

〈あ〉

預合い …………………………… 65

〈い〉

委員会設置会社 …………… 48, 155
　　　──の取締役 …………… 248
　　　　　──の選任 ………… 249
　　　──の取締役会 ………… 249
　　　　　──の運営 ………… 251
異議催告公告 …………………… 148
一人会社 ………………………… 9, 119
委任状の勧誘 …………………… 168
違法な自己株式取得 …………… 134
違法な剰余金配当 ……………… 394

〈う〉

打切り発行 …………………… 66, 340
売出発行 ………………………… 340
売主追加請求権 ………………… 129

〈え〉

エクィティ・リンク社債 ……… 352

〈お〉

親会社 …………………………… 48
親会社社員 …………………… 175, 360

〈か〉

開業準備行為 …………………… 59
会計監査人
　　　──の解任 ……………… 246
　　　──の職務・権限 ……… 247
　　　──の任期 ……………… 246
　　　──の報酬 ……………… 248
会計監査報告 …………………… 373
会計監査人設置会社 …………… 47
会計参与
　　　──の解任 ……………… 233
　　　──の権限・職務 ……… 234
　　　──の資格 ……………… 232
　　　──の任期 ……………… 233
　　　──の報酬 ……………… 236
会計参与報告 …………………… 234
会計帳簿 ………………………… 359
外国会社 ……………………… 48, 477
解散判決 ……………………… 441, 465
解散命令 ………………………… 441
会　社
　　　──の継続 …………… 442, 456
　　　──の住所 ……………… 57
　　　──の損害賠償責任 …… 210
　　　──の不存在 …………… 74
会社の組織に関する訴え ……… 74
会社分割
　　　──の開示事項 ……… 429, 432
　　　──の効力発生 ………… 431
　　　──の承認 ……………… 429
会社分割無効の訴え …………… 432
買取引受け ……………………… 293
合　併
　　　──の開示事項 ……… 415, 422
　　　──の効力発生 ………… 421
　　　──の承認 ……………… 416
　　　──の対価の柔軟化 …… 412
合併差損 ………………………… 417
合併比率 ………………………… 412
合併無効の訴え ………………… 423

株　券 ……………………100, 146
　──の記載事項 ………………147
　──の効力発生時期 …………148
　──の善意取得 ………………100
　──の提出 ……………………148
　──の発行 ……………………146
株券喪失登録制度 ………………149
株券喪失登録簿 …………………150
株券発行前の株式譲渡 …………101
株券不所持制度 …………………149
株　式
　──の大きさ（出資単位）……78
　──の共有 ………………………77
　──の共有と権利の行使 ……107
　──の質入れ …………………124
　──の譲渡性 ……………………99
　──の譲渡制限 ………………114
　──の譲渡担保 ………………124
　──の譲渡方法 ………………100
　──の相互保有 ………………165
　──の内容 ………………………82
　──の払込みの仮装 ……………65
　──の引受け ……………………63
　──の評価 ……………………117
　──の振替制度 ………………109
　──の分割 ……………………140
　──の併合 ……………………139
　──の無償割当て ……………143
　──の割合的単位 ………………76
　──の割当て ……………………63
株式移転
　──の開示事項 …………436, 438
　──の効力発生 ………………437
　──の承認 ……………………437
株式移転計画 ……………………435
株式移転無効の訴え ……………439
株式買取請求権 ………79, 82, 407, 418

株式交換
　──の開示事項 …………436, 438
　──の効力発生 ………………437
　──の承認 ……………………437
株式交換契約 ……………………434
株式交換無効の訴え ……………439
株式等 ……………………………89
株　主
　──の違法行為差止請求 ……287
　──の会計帳簿閲覧権 ………360
　──の提案権 …………………163
株主資本 …………………………364
株主資本等変動計算書 …………366
株主総会
　──の議事録 …………………174
　──の議長 ……………………172
　──の決議事項 ………………156
　──の決議要件 ………………175
　──の招集権者 ………………157
　──の招集の決定事項 ………157
　　　──時期・場所 …………159
　──の招集方法 ………………159
株主総会決議
　──の省略 ……………………177
　──の無効 ……………………185
　──の不存在 …………………185
株主総会決議取消しの訴え ……178
　──と訴えの利益 ……………182
　──と取消原因 ………………178
株主総会参考書類 ………………162
株主代表訴訟 ……………………277
　──と再審の訴え ……………286
　──と濫用的訴訟の防止 ……281
　──と和解 ……………………285
株主平等の原則 ……………………94
株主名簿 ……………………………96
　──の備置き ……………………97

事項索引

　　──の名義書換え ………… 102
　　　　　──の効力 ………… 103
株主名簿管理人 ……………… 97
株主優待制度 ………………… 95
株主割当て …………………… 292
仮取締役 ……………………… 193
監査委員 ……………………… 253
監査委員会 …………………… 252
監査費用 ……………………… 243
監査報告 ……………………… 372
監査役
　　──の員数 ………………… 237
　　──の解任 ………………… 239
　　──の会計監査 …………… 242
　　──の業務監査 …………… 240
　　──の資格 ………………… 236
　　──の選任 ………………… 238
　　──の任期 ………………… 238
　　──の報酬 ………………… 243
監査役会
　　──の権限 ………………… 243
　　──の運営 ………………… 244
間接損害 ……………………… 269
監査役会設置会社 …………… 47
監査役設置会社 ……………… 47
間接取引 ……………………… 223
完全親会社 ……………… 280, 433
完全子会社 ……………… 281, 433
監督委員 ……………………… 450
監督是正権 …………………… 79

〈き〉

企　業
　　──の社会的責任 ………… 44
　　──の所有と経営の分離 … 80, 153
企業会計原則 ………………… 357
議決権

　　──の代理行使 …………… 166
　　──の不統一行使 ………… 168
議決権行使書面 ……………… 162
議決権拘束契約 ……………… 169
議決権信託 …………………… 170
議決権制限株式 ……………… 87
擬似外国会社 ………………… 480
擬似発起人 …………………… 73
基準日 ………………………… 106
吸収合併 ……………………… 410
吸収合併契約 ………………… 411
吸収分割 ……………………… 425
吸収分割契約 ………………… 426
休眠会社 ……………………… 442
共益権 ………………………… 79
競業避止義務 ……………… 29, 214
拒否権付与種類株式 ………… 91
業務執行社員 ………… 461, 469, 472
業務執行取締役 ……………… 210
金庫株 ………………………… 126
金銭等 ………………………… 412
金銭分配請求権 ……………… 390

〈く〉

繰延資産 ……………………… 369

〈け〉

経営者支配 …………………… 153
経営判断の原則 ……………… 258
計算書類 ……………………… 363
決算報告 ……………………… 448
欠損てん補責任 ……………… 396
契約による株式譲渡の制限 … 121
減価償却 ……………………… 369
検査役 ………………………… 289
原始定款 ……………………… 57
現物出資 ………………… 58, 299, 332

──の調査 ……………58, 301, 331
現物配当 ……………………390

〈こ〉

公開会社 ………………………46
公告方法 ………………………61
公示催告手続 ……………149, 327
公証人の認証 …………………57
公正妥当と認められる企業会計の慣行
　………………………………357
公正な価格 ……………83, 407, 419
公正な払込金額 ………………296
合同会社 …………………6, 471
合同発行 ………………………339
交付金合併 ……………………412
公平・誠実義務 ………………347
公　募 ………………………293
子会社 …………………………48
──による親会社株式の取得 ……138
子会社調査権 ……………241, 247
固定資産 ………………………368
固定負債 ………………………371
個別注記表 ……………………367

〈さ〉

債権者集会 ……………………451
債権者保護手続 …385, 401, 420, 430
財産価格てん補責任 ……70, 315, 336
財産引受け ……………………59
最終事業年度 …………………47
最低資本金 ……………………58
最低責任限度額 ………………265
裁量棄却 ………………………182
参加的優先株式 ………………86
三角合併 ………………………412
残余財産の分配 ……………7, 447

〈し〉

自益権 …………………………79
事業譲渡 …………………32, 403
──の承認 ……………………404
事業全部の譲受け ……………404
事業の賃貸 ……………………409
事業報告 ………………………367
自己株式 ………………………126
──の子会社からの取得 ………129
──の市場取引による取得 ……129
──の消却 ……………………137
自己資本比率 …………………292
自己新株予約権 ………………329
──の取得 ……………………329
──の消却 ……………………331
事後設立 ………………………409
資産 ……………………………368
事実上の取締役 …………84, 275
市場価格のある株式 ……99, 140, 412
執行役
──の解任 ……………………255
──の権限 ……………………255
──の選任 ……………………255
──の任期 ……………………255
失念株 …………………………105
指定買取人 ……………………118
支配人 ……………………23, 196
──の営業禁止 ………………24
資本維持の原則 ………………44
資本金 …………………………380
──の減少 ……………………383
──の効力発生日 ……………387
──の増加 ……………………388
資本金減少無効の訴え ………387
資本充実の原則 ………………44
資本準備金 ……………………381

事項索引

資本剰余金 …………………380
事務報告 ……………………446
指名委員会 …………………251
社員資本等変動計算書 ……463
社外監査役 …………………237
社外取締役 …………………204
社 債
　──の種類 ………………339
　──の償還 ………………344
　──の譲渡 ………………342
　──の利払 ………………344
社債管理者 …………………345
　──の権限 ………………346
　──の責任 ………………347
　──の設置 ………………345
社債券 ………………………342
社債権者集会 ………………349
社債原簿 ……………………341
従業員持株制度 ……………121
授権資本制度 ………………294
受託会社 ……………………351
出資の履行 ……………64, 302
取得条項付種類株式 …………89
　──の取得 ………………131
取得条項付新株予約権 ……329
取得請求権付種類株式 ………89
　──の取得 ………………130
種類株式 ………………………84
種類株式発行会社 ……………84
種類株主総会 …………92, 177
純資産 ………………………364
準則主義 ………………………54
準備金 ………………………380
　──の減少 ………………384
　──の増加 ………………388
常勤監査役 …………………238
商 号 …………………………19

──の続用 ……………………32
上場会社 ………………………46
少数株主権 ……………………80
譲渡制限種類株式 ……………87
使用人 …………………………23
使用人兼務取締役 …………187
賞 与 …………………………226
除権判決 ………………149, 327
所在不明株主 …………………98
剰余金
　──の処分 ………………388
　──の配当 …………… 7, 389
除 名 …………………………460
書面決議 ……………………177
書面による議決権の行使 …168
知れている債権者 …………386
新株予約権
　──の行使 ………………331
　──の譲渡 ………………327
　　──の制限 ……………328
　──の消滅 ………………333
　──の内容 ………………321
　──の不公正発行 ………333
　──の無償割当て ………331
　──の有利発行 …………323
新株予約権買取請求権 …82, 401, 414
新株予約権原簿 ……………326
新株予約権証券 ……………326
新株予約権付社債 …………352
新株予約権付社債券 ………353
新株予約権発行無効の訴え …335
新設合併 ……………………410
新設合併契約 ………………414
新設分割 ……………………425
新設分割計画 ………………428
人的会社 ………………………5

〈す〉

ストック・オプション ………227, 320

〈せ〉

税効果会計 ………………………366
清算人 ……………………………444
　──の職務 ……………………447
清算人会 …………………………445
政治献金 …………………………16
責任限定契約 ……………………267
説明義務 …………………………177
設　立
　──の登記事項 ………………69
設立関与者
　──の会社に対する責任 ……71
　──の第三者に対する責任 …71
設立時監査役 ……………………67
設立時取締役 ……………………67
設立中の会社 ……………………56
設立取消しの訴え ………………456
設立費用 …………………………60
設立無効の訴え …………………74
全員出席総会 ……………………162
善管注意義務 ……………212, 235, 256
全部譲渡制限株式 ………………82
全部取得条項付株式 ……………84
全部取得条項付種類株式 ………90
　──の取得 ……………………132
全部取得請求権付株式 …………83

〈そ〉

総会検査役 ………………………164
総会屋 ……………………………171
総額引受け ………………63, 300, 340
総株主通知 ………………………113
相続人等に対する売渡請求 ……123

創立総会 …………………………67, 69
組織変更 …………………………400
　──の効力発生 ………………402
組織変更計画 ……………………400
組織変更無効の訴え ……………402
訴訟告知 …………………………283
訴訟参加 …………………………283
損益計算書 ………………………364

〈た〉

大会社 ……………………………46
第三者割当て ……………………293
退　社 ……………………………459
賃借対照表 ………………………364
退職慰労金 ………………………228
　──の不支給 …………………230
代表権の濫用 ……………………209
代表執行役 ………………………256
代表取締役 ………………………207
　──の解職 ……………………207
　──の権限 ……………………207
　──の選定 ……………………207
代理商 ……………………………28
　──の留置権 …………………30
妥当性監査 ………………………198
棚卸資産 …………………………368
短期社債 …………………………343
単元株式 …………………………78, 144
単元未満株式 ……………………144
　──の売渡請求 ………………145
　──の買取請求 ………………145
単独株主権 ………………………80
担保付社債 ………………………351

〈ち〉

中間配当 …………………………392
忠実義務 …………………………213, 256

事項索引

直接損害 …………………… 269
直接取引 …………………… 220

〈つ〉

通常清算 …………………… 443

〈て〉

定　款 ……………………… 56
　──の絶対的記載事項 ……… 57
　──の相対的記載事項 ……… 58
　──の任意的記載事項 ……… 61
　──の変更 ………………… 397
定款自治 ………………… 5,45
定時総会 …………………… 159
敵対的企業買収 …………… 334
適法性監査 ………………… 240
デット・エクィティ・スワップ …… 300
電子公告 …………………… 61
電子署名 …………………… 57
電磁的記録 ………………… 56
電磁的方法 ………………… 61
　──による議決権の行使 …… 168
　──による決議 …………… 177

〈と〉

登　記 ……………………… 35
　──の消極的公示力 ……… 36
　──の積極的公示力 ……… 37
登記簿上の取締役 ………… 273
　──の責任 ………………… 273
同族会社 …………………… 46
登録質 ……………………… 124
特殊決議 ……………… 176,177
特定監査役 ………………… 373
特定取締役 ………………… 373
特別決議 ……………… 175,178
特別支配会社 ……… 405,417,430

特別取締役 ………………… 204
特別清算 …………………… 449
特別利害関係人 …………… 202
特例有限会社 ……………… 5
トラッキング・ストック ……… 86
取締役
　──の員数 ………………… 188
　──の解任 ………………… 191
　──の監視義務 …………… 198
　──の業務執行権 ………… 194
　──の欠員 ………………… 192
　──の資格 ………………… 186
　──の従業員引抜きと責任 … 217
　──の職務執行停止 ……… 193
　──の職務代行者 ………… 193
　──の選任 ………………… 188
　──の代表権 ……………… 195
　──の任期 ………………… 190
　──の報酬 ………………… 225
取締役・監査役の種類選任株式 … 92
取締役会
　──の権限 ………………… 195
　──の議事録 ……………… 200
　──の決議 ………………… 201
　　　──の瑕疵 …………… 206
　　　──の省略 …………… 203
　──の招集 ………………… 199
取締役会設置会社 …………… 47

〈な〉

名板貸し …………………… 21
内部統制システム …………… 196

〈に〉

任意清算 …………………… 466
任意積立金 ………………… 389

〈の〉

のれん …………………………… 412

〈は〉

買収防衛策 ……………………… 367
配当政策 ………………………… 389
発行可能株式総数 ………………… 58
パーチェス方式 ………………… 412
払込期間 ………………………… 300
払込期日 ………………………… 300
払込金額 ………………………… 299
払込金保管証明 …………………… 64
払込取扱金融機関 ………………… 64

〈ひ〉

非公開会社 ………………………… 48
引当金 …………………………… 371
非参加的優先株式 ………………… 86
1株当たり純資産額 …………… 117
1株1議決権の原則 …………… 165
表見支配人 ………………………… 25
表見代表取締役 ………………… 211
非累積的優先株式 ………………… 86

〈ふ〉

負　債 …………………………… 370
不実登記 …………………………… 39
不正の目的による商号の使用 …… 20
附属明細書 ……………………… 368
普通決議 ………………………… 175
ブック・ビルディング方式 …… 297
物的会社 …………………………… 4
ブラック＝ショールズ・モデル … 324
振替機関等 ……………………… 110
振替口座簿 ……………………… 110
振替社債 ………………………… 343

プーリング方式 ………………… 413
分配可能額 ……………………… 393

〈へ〉

閉鎖会社（非公開会社） ………… 46
変態設立事項 ……………………… 58

〈ほ〉

報酬委員会 ……………………… 253
法人格の形骸化 …………………… 11
法人格の濫用 ……………………… 10
法人格否認の法理 ………………… 9
補欠監査役 ……………………… 238
補欠取締役 ……………………… 188
募集株式
　——の募集事項 ……………… 298
　　　——の通知・公告 ……… 294
　——の不公正発行 …………… 305
　　　——の責任 ……………… 316
　——の有利発行 ……………… 296
　——の割当て ………………… 300
募集株式発行
　——の不存在 ………………… 313
募集株式発行無効の訴え ……… 308
　　　——と無効原因 ………… 308
募集社債
　——の募集事項 ……………… 339
　——の割当て ………………… 340
募集新株予約権
　——の募集事項 ……………… 324
　——の割当て ………………… 325
募集設立 ………………………… 54
補助参加 ………………………… 283
発起設立 ………………………… 54
発起人 …………………………… 55
発起人組合 ……………………… 55

〈み〉

見せ金 …………………………… 65

〈む〉

無限責任社員 …………………… 455

〈め〉

名目的取締役 …………………… 272
　　　──の責任 ………………… 272

〈も〉

申込証拠金 ……………………… 303
持株会社 ………………………… 433
持　分 …………………………… 457
　　　──の譲渡 ………………… 458
持分会社 ……………………… 3, 455

〈や〉

役　員 …………………………… 154
役員等 ……………………… 154, 268
　　　──の会社に対する損害賠償責任
　　　　……………………………… 257
　　　──の責任の免除 …………… 264
　　　──の第三者に対する損害賠償責任
　　　　……………………………… 268

〈ゆ〉

有価証券届出書 …………… 295, 341
有価証券報告書 ………………… 295
有限責任社員 ……………… 468, 471

〈り〉

有限責任事業組合 ………………… 6
優先株式 ………………………… 85

〈り〉

利益供与の禁止 ………………… 171
利益準備金 ……………………… 381
利益剰余金 ……………………… 380
利益相反取引 …………………… 220
　　　──の責任 ………………… 263
利　札 …………………………… 344
リスク管理体制 ………………… 260
略式質 …………………………… 124
流動資産 ………………………… 368
流動負債 ………………………… 371
臨時計算書類 …………………… 378
臨時総会 ………………………… 159

〈る〉

累積的優先株式 ………………… 86
累積投票 ………………………… 188

〈れ〉

劣後株式 ………………………… 85
連結計算書類 …………………… 379

〈ろ〉

労務出資 ………………………… 456

〈わ〉

割当自由の原則 ………………… 63
割当ての通知 …………………… 300

判例索引

〈大審院〉

大判明治 41・10・12 民録 14 輯 999 頁 ……………………………… 36
大判大正元・12・25 民録 18 輯 1078 頁 ……………………………… 15
大判大正 2・2・5 民録 19 輯 27 頁 …………………………………… 55
大判大正 2・6・28 民録 19 輯 530 頁 ………………………………… 440
大判大正 5・3・17 民録 22 輯 364 頁 ………………………………… 449
大判大正 6・9・26 民録 23 輯 1498 頁 ……………………………… 422
大決大正 7・12・16 民録 24 輯 2326 頁 ……………………………… 480
大判大正 9・2・20 民録 26 輯 184 頁 ………………………………… 221
大判大正 13・3・22 民集 3 巻 185 頁 ………………………………… 457
大判大正 15・3・25 民集 5 巻 206 頁 ………………………………… 72
大判昭和 2・2・10 民集 6 巻 20 頁 …………………………………… 72
大判昭和 2・7・4 民集 6 巻 428 頁 …………………………………… 60
大判昭和 3・11・28 民集 7 巻 1008 頁 ……………………………… 345
大判昭和 6・12・17 新聞 3364 号 17 頁 ……………………………… 15
大判昭和 7・4・30 民集 11 巻 706 頁 ………………………………… 386
大判昭和 10・2・1 民集 14 巻 75 頁 ………………………………… 386
大判昭和 10・11・5 新聞 3913 号 8 頁 ……………………………… 104
大判昭和 12・1・17 新聞 4149 号 18 頁 ……………………………… 221
大判昭和 12・4・22 民集 16 巻 487 頁 ……………………………… 422
大判昭和 13・2・7 民集 17 巻 50 頁 ………………………………… 15
大判昭和 13・9・28 民集 17 巻 1895 頁 ……………………………… 221
大決昭和 13・12・13 民集 17 巻 2318 頁 …………………………… 460
大判昭和 14・4・19 民集 18 巻 472 頁 ……………………………… 72
大判昭和 15・3・12 新聞 4556 号 7 頁 ……………………………… 28
大判昭和 15・3・30 民集 19 巻 639 頁 ……………………………… 72
大判昭和 16・6・7 判決全集 8 輯 21 号 9 頁 ………………………… 71
大判昭和 17・9・8 新聞 4799 号 10 頁 ……………………………… 360

〈最高裁判所〉

最判昭和 24・6・4 民集 3 巻 7 号 235 頁 …………………………… 217
最判昭和 27・2・15 民集 6 巻 2 号 77 頁 …………………………… 15
最判昭和 28・12・3 民集 7 巻 12 号 1299 頁 ……………………… 59

最判昭和 29・6・22 民集 8 巻 6 号 1170 頁	26
最判昭和 29・10・7 民集 8 巻 10 号 1795 頁	34
最判昭和 29・10・15 民集 8 巻 10 号 1898 頁	36
最判昭和 30・9・9 民集 9 巻 10 号 1247 頁	21, 22
最判昭和 30・10・20 民集 9 巻 11 号 1657 頁	104
最判昭和 31・6・29 民集 10 巻 6 号 774 頁	200
最判昭和 31・10・5 裁判集民 23 号 409 頁	227
最判昭和 31・11・15 民集 10 巻 11 号 1423 頁	179
最判昭和 32・3・5 民集 11 巻 3 号 395 頁	24
最判昭和 33・2・21 民集 12 巻 2 号 282 頁	21
最判昭和 33・5・20 民集 12 巻 7 号 1042 頁	27
最判昭和 33・5・20 民集 12 巻 7 号 1077 頁	465
最判昭和 33・5・20 民集 12 巻 7 号 1086 頁	462
最判昭和 33・10・3 民集 12 巻 14 号 3053 頁	185
最判昭和 33・10・24 民集 12 巻 14 号 3194 頁	101
最判昭和 33・10・24 民集 12 巻 14 号 3228 頁	60
最判昭和 35・1・12 民集 14 巻 1 号 1 頁	100
最判昭和 35・3・15 判時 218 号 28 頁	179
最判昭和 35・9・15 民集 14 巻 11 号 2146 頁	105
最判昭和 35・10・14 民集 14 巻 12 号 2499 頁	212
最判昭和 35・12・9 民集 14 巻 13 号 2994 頁	56
最判昭和 36・3・31 民集 15 巻 3 号 645 頁	308
最判昭和 36・10・13 民集 15 巻 9 号 2320 頁	34
最判昭和 36・12・14 民集 15 巻 11 号 2813 頁	449
最判昭和 37・3・2 民集 16 巻 3 号 423 頁	64
最判昭和 37・3・8 民集 16 巻 3 号 473 頁	299
最判昭和 37・5・1 民集 16 巻 5 号 1031 頁	26
最判昭和 38・3・1 民集 17 巻 2 号 280 頁	33
最判昭和 38・8・8 民集 17 巻 6 号 823 頁	185
最判昭和 38・9・5 民集 17 巻 8 号 909 頁	210
最判昭和 38・12・6 民集 17 巻 12 号 1633 頁	65
最判昭和 38・12・6 民集 17 巻 12 号 1664 頁	221
最判昭和 39・1・28 民集 18 巻 1 号 136 頁	14
最判昭和 39・1・28 民集 18 巻 1 号 180 頁	221
最判昭和 39・3・10 民集 18 巻 3 号 458 頁	26
最判昭和 39・12・11 民集 18 巻 10 号 2143 頁	228, 229
最判昭和 40・3・18 判時 413 号 75 頁	137

最判昭和 40・4・9 民集 19 巻 3 号 632 頁	212
最大判昭和 40・9・22 民集 19 巻 6 号 1600 頁	406
最判昭和 40・9・22 民集 19 巻 6 号 1656 頁	208
最判昭和 40・10・8 民集 19 巻 7 号 1745 頁	309
最判昭和 40・11・11 民集 19 巻 8 号 1953 頁	460
最判昭和 40・11・16 民集 19 巻 8 号 1970 頁	147
最判昭和 41・1・27 民集 20 巻 1 号 111 頁	22
最大判昭和 41・2・23 民集 20 巻 2 号 302 頁	407
最判昭和 41・3・18 金判 1 号 17 頁	33
最判昭和 41・6・21 民集 20 巻 5 号 1084 頁	100
最判昭和 41・7・28 民集 20 巻 6 号 1251 頁	104
最判昭和 41・8・26 民集 20 巻 6 号 1289 頁	201
最判昭和 41・11・10 民集 20 巻 9 号 1771 頁	212
最判昭和 41・12・20 民集 20 巻 10 号 2160 頁	207
最判昭和 41・12・23 民集 20 巻 10 号 2227 頁	69
最判昭和 42・2・17 判時 481 号 124 頁	387
最判昭和 42・3・14 民集 21 巻 2 号 378 頁	179
最判昭和 42・4・28 民集 21 巻 3 号 796 頁	212
最判昭和 42・6・6 判時 487 号 56 頁	22
最判昭和 42・7・25 民集 21 巻 6 号 1669 頁	177
最判昭和 42・9・26 民集 21 巻 7 号 1870 頁	56
最判昭和 42・9・28 民集 21 巻 7 号 1970 頁	178, 180
最判昭和 42・12・15 判時 505 号 61 頁	443
最判昭和 43・6・13 民集 22 巻 6 号 1171 頁	22
最判昭和 43・9・3 金判 129 号 7 頁	226
最判昭和 43・9・5 民集 22 巻 9 号 1846 頁	134
最判昭和 43・11・1 民集 22 巻 12 号 2402 頁	37, 166
最大判昭和 43・12・25 民集 22 巻 13 号 3511 頁	223, 224
最判昭和 44・2・27 民集 23 巻 2 号 511 頁	10
最判昭和 44・3・28 民集 23 巻 3 号 645 頁	202
最判昭和 44・10・28 判時 577 号 92 頁	228, 229
最大判昭和 44・11・26 民集 23 巻 11 号 2150 頁	269, 270, 272
最判昭和 44・11・27 民集 23 巻 11 号 2301 頁	212
最判昭和 44・12・2 民集 23 巻 12 号 2396 頁	206
最判昭和 44・12・11 民集 23 巻 12 号 2447 頁	461
最判昭和 45・4・2 民集 24 巻 4 号 223 頁	182
最判昭和 45・4・23 民集 24 巻 4 号 364 頁	223

判例索引

最大判昭和 45・6・24 民集 24 巻 6 号 625 頁 …………………… 16, 17, 213
最大判昭和 45・7・15 民集 24 巻 7 号 804 頁 …………………… 80, 181
最判昭和 45・7・16 民集 24 巻 7 号 1061 頁 …………………… 271
最判昭和 45・8・20 民集 24 巻 9 号 1305 頁 …………………… 222
最判昭和 45・8・20 判時 607 号 79 頁 …………………… 185
最判昭和 45・11・12 民集 24 巻 12 号 1901 頁 …………………… 302
最判昭和 45・11・24 民集 24 巻 12 号 1963 頁 …………………… 95
最判昭和 46・3・18 民集 25 巻 2 号 183 頁 …………………… 178
最判昭和 46・4・9 判時 635 号 149 頁 …………………… 182, 407
最判昭和 46・6・24 民集 25 巻 4 号 596 頁 …………………… 162
最判昭和 46・6・29 民集 25 巻 4 号 711 頁 …………………… 402
最判昭和 46・7・16 判時 641 号 97 頁 …………………… 309
最大判昭和 46・10・13 民集 25 巻 7 号 900 頁 …………………… 222, 224
最判昭和 47・3・2 民集 26 巻 2 号 183 頁 …………………… 33
最判昭和 47・3・9 判時 663 号 88 頁 …………………… 12
最判昭和 47・6・15 民集 26 巻 5 号 984 頁 …………………… 39, 274
最判昭和 47・10・31 判時 702 号 102 頁 …………………… 269
最大判昭和 47・11・8 民集 26 巻 9 号 1489 頁 …………………… 101
最判昭和 48・5・22 民集 27 巻 5 号 655 頁 …………………… 198, 271, 272
最判昭和 48・6・15 民集 27 巻 6 号 700 頁 …………………… 119, 121
最判昭和 48・10・26 民集 27 巻 9 号 1240 頁 …………………… 10
最判昭和 48・11・26 判時 722 号 94 頁 …………………… 229
最判昭和 48・12・11 民集 27 巻 11 号 1529 頁 …………………… 224
最判昭和 49・3・22 民集 28 巻 2 号 368 頁 …………………… 37, 38
最判昭和 49・9・26 民集 28 巻 6 号 1306 頁 …………………… 197, 222
最判昭和 49・12・17 民集 28 巻 10 号 2059 頁 …………………… 276
最判昭和 49・12・20 判時 768 号 101 頁 …………………… 459
最判昭和 50・4・8 民集 29 巻 4 号 350 頁 …………………… 297, 314
最判昭和 50・6・27 民集 29 巻 6 号 879 頁 …………………… 194
最判昭和 51・3・23 金判 503 号 14 頁 …………………… 261
最判昭和 51・6・3 金法 801 号 29 頁 …………………… 269
最判昭和 51・11・26 判時 839 号 111 頁 …………………… 210
最判昭和 51・12・24 民集 30 巻 11 号 1076 頁 …………………… 167, 180
最判昭和 52・10・14 民集 31 巻 6 号 825 頁 …………………… 212
最判昭和 52・11・8 民集 31 巻 6 号 847 頁 …………………… 149
最判昭和 52・12・23 民集 31 巻 7 号 1570 頁 …………………… 23
最判昭和 53・4・14 民集 32 巻 3 号 601 頁 …………………… 109

最判昭和 53・7・10 民集 32 巻 5 号 888 頁 ……………………………………186
最判昭和 53・9・14 判時 906 号 88 頁 ……………………………………14
最判昭和 54・5・1 判時 931 号 112 頁 ……………………………………24
最判昭和 54・11・16 民集 33 巻 7 号 709 頁 ……………………………180
最判昭和 55・3・18 判時 971 号 101 頁 ……………………………271, 272
最判昭和 55・6・16 判時 978 号 112 頁 ……………………………………183
最判昭和 55・9・11 民集 34 巻 5 号 717 頁 ……………………………40, 274
最判昭和 56・4・24 判時 1001 号 110 頁 …………………………………212
最判昭和 56・5・11 判時 1009 号 124 頁 …………………………………229
最判昭和 57・1・21 判時 1037 号 129 頁 …………………………………191
最判昭和 58・1・25 判時 1072 号 144 頁 …………………………………23
最判昭和 58・2・22 判時 1076 号 140 頁 ………………………………229, 230
最判昭和 58・4・7 民集 37 巻 3 号 256 頁 ………………………………224
最判昭和 58・4・7 判時 1078 号 137 頁 …………………………………462
最判昭和 58・6・7 民集 37 巻 5 号 517 頁 ………………………………184
最判昭和 59・3・29 判時 1135 号 125 頁 ……………………………24, 26, 27
最判昭和 59・10・4 判時 1143 号 143 頁 …………………………………276
最判昭和 60・3・7 民集 39 巻 2 号 107 頁 ………………………………148
最判昭和 60・3・26 判時 1159 号 150 頁 …………………………………226
最判昭和 60・12・20 民集 39 巻 8 号 1869 頁 ……………………………163
最判昭和 61・2・18 民集 40 巻 1 号 32 頁 ………………………………237
最判昭和 61・3・13 民集 40 巻 2 号 229 頁 ………………………………465
最判昭和 61・9・11 判時 1215 号 125 頁 …………………………………59
最判昭和 61・9・25 金法 1140 号 23 頁 ……………………………………174
最判昭和 62・1・22 判時 1223 号 136 頁 …………………………………457
最判昭和 62・4・16 判時 1248 号 127 頁 ………………………………274, 275
最判昭和 63・1・26 民集 42 巻 1 号 1 頁 …………………………………283
最判昭和 63・1・26 金法 1196 号 26 頁 …………………………………274, 275
最判昭和 63・3・15 判時 1273 号 124 頁 ………………………………119, 120
最判平成元・9・19 判時 1354 号 149 頁 …………………………………237
最判平成元・9・21 判時 1334 号 223 頁 …………………………………276
最判平成 2・2・22 裁判集民 159 号 169 頁 ……………………………24, 28
最判平成 2・4・17 民集 44 巻 3 号 526 頁 ………………………………186, 206
最判平成 2・4・17 判時 1380 号 136 頁 …………………………………97
最判平成 2・11・8 金法 863 号 20 頁 ………………………………………361
最決平成 2・12・4 民集 44 巻 9 号 1165 頁 ……………………………77, 107
最判平成 3・2・19 判時 1389 号 140 頁 …………………………………77, 107

最決平成 3・2・28 刑集 45 巻 2 号 77 頁 …………………………………………66
最判平成 4・1・24 民集 46 巻 1 号 28 頁 ………………………………………458
最判平成 4・10・29 民集 46 巻 7 号 2580 頁 …………………………………182
最判平成 4・12・18 民集 46 巻 9 号 3006 頁 …………………………………228
最判平成 5・3・30 民集 47 巻 4 号 3439 頁 ……………………………120, 208
最判平成 5・7・15 判時 1519 号 116 頁 …………………………………………134
最判平成 5・9・9 民集 47 巻 7 号 4814 頁 ………………………………………138
最判平成 5・9・9 判時 1477 号 140 頁 …………………………………………183
最判平成 5・10・5 資料版商事 116 号 197 頁 ………………………………423
最判平成 5・12・16 民集 47 巻 10 号 5423 頁 …………………………310, 313
最判平成 6・1・20 民集 48 巻 1 号 1 頁 …………………………………………196
最判平成 6・7・14 判時 1512 号 178 頁 ………………………………308, 311
最判平成 6・7・18 裁判集民 172 号 967 頁 …………………………311, 313
最判平成 7・3・9 判時 1529 号 153 頁 ……………………………………178, 183
最判平成 7・4・25 裁判集民 175 号 91 頁 ……………………………………121
最判平成 7・11・30 民集 49 巻 9 号 2972 頁 ……………………………………22
最判平成 8・1・23 資料版商事 143 号 158 頁 ………………………………424
最判平成 8・3・19 民集 50 巻 3 号 615 頁 ………………………………………17
最判平成 8・11・12 判時 1598 号 152 頁 ………………………………………173
最判平成 9・1・28 民集 51 巻 1 号 71 頁 …………………………305, 309, 311
最判平成 9・1・28 判時 1599 号 139 頁 …………………………………………108
最判平成 9・3・27 民集 51 巻 3 号 1628 頁 ……………………………………120
最判平成 9・9・9 判時 1618 号 138 頁 …………………………………………180
最判平成 10・7・17 判時 1653 号 143 頁 …………………………………305, 309
最判平成 10・11・26 金判 1066 号 18 頁 ………………………………………189
最判平成 11・2・23 民集 53 巻 2 号 193 頁 ……………………………………460
最判平成 11・3・25 民集 53 巻 3 号 580 頁 ……………………………………186
最判平成 11・12・14 判時 1699 号 156 頁 ……………………………………108
最判平成 12・7・7 民集 54 巻 6 号 1767 頁 ……………………257, 258, 261
最判平成 12・10・20 民集 54 巻 8 号 2619 頁 …………………………………263
最決平成 12・12・14 民集 54 巻 9 号 2709 頁 …………………………………285
最決平成 13・1・30 民集 55 巻 1 号 30 頁 ……………………………………284
最判平成 13・12・18 判時 1773 号 13 頁 ………………………………………337
最判平成 14・1・22 判時 1777 号 151 頁 ………………………………………284
最判平成 15・2・21 金判 1165 号 13 頁 ………………………………………337
最判平成 15・2・21 金判 1180 号 29 頁 ………………………………………225
最決平成 15・2・27 民集 57 巻 2 号 202 頁 ……………………………………118

最判平成 15・3・27 民集 57 巻 3 号 312 頁 ……………………………314
最判平成 16・2・20 民集 58 巻 2 号 367 頁 ……………………………33
最判平成 16・7・1 民集 58 巻 5 号 1214 頁 …………………………361, 362
最決平成 16・8・30 民集 58 巻 6 号 1763 頁 …………………………404
最判平成 16・10・4 民集 58 巻 7 号 1771 頁 …………………………449
最判平成 17・2・15 判時 1890 号 143 頁 ………………………………225
最判平成 17・7・15 金判 1229 号 42 頁 ………………………………10, 14

〈高等裁判所〉

東京高決昭和 24・10・31 高民 2 巻 2 号 245 頁 ………………………157
名古屋高金沢支判昭和 29・11・22 下民 5 巻 11 号 1902 頁 …………227
大阪高判昭和 30・2・24 下民 6 巻 2 号 333 頁 ………………………179
東京高決昭和 40・4・27 下民 16 巻 4 号 770 頁 ……………………289
大阪高判昭和 41・8・8 下民 17 巻 7・8 号 647 頁 …………………167
大阪高判昭和 42・9・26 高民 20 巻 4 号 411 頁 ……………………230
大阪高判昭和 44・7・9 金法 560 号 29 頁 ……………………………269
東京高判昭和 48・1・17 高民 26 巻 1 号 1 頁 ………………………303
東京高判昭和 48・7・6 判時 713 号 122 頁 …………………………207
東京高判昭和 48・7・27 判時 715 号 100 頁 …………………………297
大阪高判昭和 52・3・30 下民 28 巻 1〜4 号 327 頁 …………………38
東京高判昭和 53・3・3 判時 890 号 112 頁 …………………………12
仙台高秋田支決昭和 54・1・12 判タ 387 号 139 頁 …………………289
東京高決昭和 54・2・15 下民 30 巻 1〜4 号 24 頁 …………………360
大阪高判昭和 54・9・27 判時 945 号 23 頁 …………………………179
名古屋高決昭和 54・10・4 判時 949 号 121 頁 ………………………117
大阪高判昭和 54・10・30 高民 32 巻 2 号 214 頁 ……………………278
名古屋高判昭和 55・5・20 判時 975 号 110 頁 ………………………461
大阪高判昭和 55・10・28 判タ 440 号 146 頁 …………………………274
大阪高判昭和 56・1・30 下民 32 巻 1〜4 号 17 頁 …………………191
大阪高判昭和 56・2・27 判時 1015 号 121 頁 …………………………12
東京高判昭和 56・3・30 高民 34 巻 1 号 11 頁 ………………………125
東京高判昭和 56・9・28 判時 1021 号 131 頁 …………………………273
大阪高判昭和 57・2・25 高民 35 巻 1 号 7 頁 ………………………101
東京高判昭和 57・4・13 下民 32 巻 5〜8 号 813 頁 …………………270
東京高判昭和 58・3・29 判時 1079 号 92 頁 …………………………269
東京高判昭和 58・3・30 判時 1080 号 142 頁 …………………………275
名古屋高判昭和 58・7・1 判時 1096 号 134 頁 ………………………276

大阪高決昭和58・10・27 高民36巻3号250頁 …………………………………………170
東京高決昭和59・10・30 判時1136号141頁 …………………………………………117
東京高判昭和59・10・31 判タ548号271頁 ……………………………………………270
大阪高決昭和60・4・16 判タ561号159頁 ……………………………………………170
東京高判昭和60・4・30 判時1154号145頁 ………………………………………269,273
東京高判昭和61・2・19 判時1207号120頁 …………………………………………174
東京高判昭和61・6・26 判時1200号154頁 …………………………………………237
大阪高判昭和61・10・24 金法1158号33頁 ……………………………………………237
仙台高判昭和63・5・26 判時1286号143頁 ……………………………………………273
東京高判昭和63・5・31 判時1279号146頁 ……………………………………………193
大阪高決平成元・3・28 判時1324号140頁 ……………………………………………117
大阪高判平成元・4・27 判時1332号130頁 ……………………………………………119
東京高決平成元・5・23 判時1318号125頁 ……………………………………………117
東京高判平成元・7・3 金判826号3頁 …………………………………………………282
東京高判平成元・10・26 金判835号23頁 ……………………………………………217
大阪高判平成元・12・21 判時1352号143頁 ………………………………………177,231
東京高判平成2・1・31 資料版商事77号193頁 ………………………………………423
大阪高判平成2・3・30 金判877号16頁 ………………………………………………174
大阪高判平成2・7・18 判時1378号113頁 ……………………………………………215
名古屋高判平成3・5・30 判タ770号242頁 …………………………………………121
東京高判平成3・7・17 資料版商事102号149頁 ……………………………………203
東京高判平成3・10・31 金判899号8頁 ………………………………………………441
東京高判平成6・2・24 金判956号20頁 ………………………………………………308
東京高決平成7・2・20 判タ895号252頁 ……………………………………………282
名古屋高決平成7・3・8 判時1531号134頁 …………………………………………283
東京高判平成7・6・14 資料版商事143号161頁 ……………………………………424
東京高判平成7・9・26 判時1549号11頁 …………………………………………214,257
東京高判平成7・9・28 判時1552号128頁 ……………………………………………260
高松高判平成8・1・29 判タ922号281頁 ……………………………………………441
東京高判平成8・12・11 金判1105号23頁 ……………………………………………282
大阪高決平成9・11・18 判時1628号133頁 …………………………………………283
大阪高判平成10・5・29 判時1686号117頁 …………………………………………219
東京高判平成11・3・25 判時1686号33頁 ……………………………………………288
大阪高判平成11・6・17 判時1717号144頁 …………………………………………315
名古屋高判平成12・1・19 金判1087号18頁 …………………………………………199
東京高判平成12・2・23 金判1091号40頁 ……………………………………………441
東京高判平成12・5・30 判時1750号169頁 …………………………………………169

大阪高判平成 12・7・28 金判 1113 号 35 頁 …………………………… 13
東京高判平成 12・8・7 判タ 1042 号 234 頁 …………………………… 308
大阪高判平成 14・4・11 判タ 1120 号 115 頁 …………………………… 17
東京高判平成 15・1・30 判時 1824 号 127 頁 …………………………… 314
東京高判平成 15・7・24 判時 1858 号 154 頁 …………………………… 280
大阪高判平成 16・5・25 判時 1863 号 115 頁 …………………………… 357
東京高判平成 16・6・24 判時 1875 号 139 頁 …………………………… 217
東京高決平成 16・8・4 金判 1201 号 4 頁 ……………………………… 306
東京高判平成 17・1・18 金判 1209 号 10 頁 …………………………… 271
東京高決平成 17・3・23 判時 1899 号 56 頁 ………………………… 307, 334
名古屋高金沢支判平成 18・1・11 資料版商事 262 号 295 頁 ………… 18

〈地方裁判所〉

東京地判大正 10・8・20 新聞 1917 号 21 頁 …………………………… 465
大阪地判昭和 7・12・20 新聞 3509 号 9 頁 …………………………… 459
神戸地判昭和 8・12・11 新聞 3659 号 18 頁 …………………………… 465
大阪地判昭和 28・6・29 下民 4 巻 6 号 945 頁 ………………………… 227
大阪地判昭和 35・1・22 下民 11 巻 1 号 85 頁 ………………………… 441
東京地判昭和 39・10・12 下民 15 巻 10 号 2432 頁 …………………… 279
京都地判昭和 44・1・16 判タ 232 号 164 頁 …………………………… 230
大阪地判昭和 44・3・26 下民 20 巻 3・4 号 146 頁 …………………… 230
仙台地判昭和 45・3・26 判時 588 号 38 頁 ……………………………… 12
大阪地判昭和 45・10・21 判時 628 号 80 頁 …………………………… 101
大阪地判昭和 46・3・29 判時 645 号 102 頁 …………………………… 231
名古屋地判昭和 46・4・30 下民 22 巻 3・4 号 549 頁 ………………… 187
大阪地判昭和 47・3・8 判時 666 号 87 頁 ……………………………… 12
大阪地堺支判昭和 48・11・29 判時 731 号 85 頁 ……………………… 306
徳島地判昭和 50・7・23 労民 26 巻 4 号 85 頁 ………………………… 11
札幌地判昭和 51・7・30 判時 840 号 111 頁 …………………………… 272
東京地判昭和 53・3・16 下民 32 巻 5〜8 号 511 頁 …………………… 273
札幌地決昭和 54・5・8 判タ 397 号 145 頁 …………………………… 261
名古屋地判昭和 54・5・14 判時 940 号 82 頁 …………………………… 12
神戸地判昭和 54・7・27 判時 1013 号 125 頁 ………………………… 11, 192
神戸地判昭和 54・9・21 判時 955 号 118 頁 …………………………… 11
大阪地判昭和 55・3・28 判時 963 号 96 頁 …………………………… 272
高松地判昭和 55・4・24 判タ 414 号 53 頁 …………………………… 206
東京地判昭和 56・3・26 判時 1015 号 27 頁 …………………………… 215

東京地判昭和 56・6・12 判時 1023 号 116 頁	315
東京地判昭和 56・10・30 下民 32 巻 5〜8 号 807 頁	274
東京地判昭和 57・2・24 判タ 474 号 138 頁	221
大阪地判昭和 57・5・12 判時 1058 号 122 頁	441
大阪地判昭和 57・9・24 金判 665 号 49 頁	273
東京地判昭和 57・9・30 判タ 486 号 168 頁	270
東京地判昭和 57・12・23 金判 683 号 43 頁	192
東京地決昭和 58・2・10 判時 1068 号 110 頁	419
東京地決昭和 58・10・11 下民 34 巻 9〜12 号 968 頁	419
大阪地判昭和 59・5・24 判時 1146 号 144 頁	270
大阪地判昭和 59・8・17 判タ 541 号 242 頁	273
山形地酒田支判昭和 60・1・31 判時 1158 号 235 頁	465
福井地判昭和 60・3・29 判タ 559 号 275 頁	171
大阪地判昭和 60・8・28 判時 1184 号 141 頁	273
東京地決昭和 60・11・21 判時 1174 号 144 頁	419
鹿児島地判昭和 62・7・29 判時 1259 号 122 頁	186
大阪地決昭和 62・11・18 判時 1290 号 144 頁	297, 306
東京地判昭和 63・1・28 判時 1263 号 3 頁	174, 178
大阪地判昭和 63・3・30 判時 1313 号 151 頁	177
大阪地判昭和 63・11・30 判時 1316 号 139 頁	190
東京地決平成元・6・22 判時 1315 号 3 頁	361
東京地判平成元・7・18 判時 1349 号 148 頁	441
東京地決平成元・7・25 判時 1317 号 28 頁	298, 306
東京地決平成元・9・5 判時 1323 号 48 頁	306
東京地判平成元・11・13 金判 849 号 23 頁	210
高知地判平成 2・1・23 金判 844 号 22 頁	193, 219
東京地判平成 2・4・20 判時 1350 号 138 頁	228
京都地判平成 2・6・7 判時 1367 号 104 頁	232, 319
東京地判平成 2・9・3 判時 1376 号 110 頁	184, 275
東京地判平成 2・9・28 判時 1386 号 141 頁	262
東京地決平成 2・12・27 判時 1377 号 30 頁	288
長崎地判平成 3・2・19 判時 1393 号 138 頁	281
東京地判平成 3・2・25 判時 1399 号 69 頁	218
東京地判平成 3・2・27 判時 1398 号 119 頁	269
東京地判平成 3・3・8 判タ 766 号 265 頁	230
東京地判平成 3・3・19 判時 1381 号 116 頁	260
名古屋地判平成 3・4・12 判時 1408 号 119 頁	273

東京地判平成 3・4・18 判時 1395 号 144 頁 ……………………………………282
横浜地判平成 3・4・19 判時 1397 号 114 頁 ……………………………………361
京都地判平成 4・2・5 判時 1436 号 115 頁 ………………………………184, 275
京都地判平成 4・2・27 判時 1429 号 133 頁 ……………………………………231
東京地判平成 4・6・29 判タ 815 号 211 頁 ……………………………………270
京都地判平成 4・8・5 判時 1440 号 129 頁 ………………………………316, 318
東京地判平成 4・9・1 判時 1463 号 154 頁 ……………………………………315
東京地決平成 5・10・4 金判 929 号 11 頁 ………………………………………218
大阪地判平成 5・10・28 交民 26 巻 5 号 1323 頁 …………………………228, 318
京都地判平成 5・11・26 判時 1476 号 3 頁 ………………………………………11
名古屋地決平成 6・1・26 判時 1492 号 139 頁 …………………………………282
東京地決平成 6・7・22 判時 1504 号 121 頁 ………………………………282, 283
東京地判平成 6・8・30 判時 1509 号 76 頁 ………………………………228, 318
東京地判平成 6・12・20 判タ 893 号 260 頁 …………………………232, 261, 319
前橋地判平成 7・3・14 判時 1532 号 135 頁 ……………………………………217
東京地判平成 7・4・27 判時 1541 号 130 頁 ……………………………………461
東京地判平成 7・9・7 判タ 918 号 233 頁 …………………………………………10
東京地判平成 7・9・20 判時 1572 号 131 頁 ……………………………………203
東京地決平成 7・10・16 判時 1556 号 83 頁 ……………………………………218
東京地判平成 7・12・27 判時 1560 号 140 頁 …………………………………171
福岡地判平成 8・1・30 判タ 944 号 247 頁 ……………………………………262
東京地判平成 8・6・20 判時 1572 号 27 頁 …………………………259, 260, 262
東京地判平成 8・6・20 判時 1578 号 131 頁 ………………………………271, 278
千葉地判平成 8・8・28 判時 1591 号 113 頁 ………………………………317, 318
大阪地判平成 8・12・25 判時 1868 号 132 頁 …………………………………217
那覇地判平成 9・3・25 判時 1617 号 131 頁 ……………………………………209
東京地判平成 9・3・17 判時 1605 号 141 頁 ………………………………196, 209
大阪地判平成 9・4・30 判時 1608 号 144 頁 ……………………………………108
東京地判平成 9・10・13 判時 1654 号 137 頁 …………………………………460
大阪地判平成 10・3・18 判時 1658 号 180 頁 …………………………………173
東京地判平成 10・5・14 判時 1650 号 145 頁 …………………………………259
福岡地判平成 10・5・18 判時 1659 号 101 頁 …………………………………232
東京地判平成 10・5・25 判時 1660 号 80 頁 ……………………………………283
東京地判平成 10・6・11 資料版商事 173 号 192 頁 ……………………………306
横浜地判平成 10・7・31 判タ 1014 号 253 頁 …………………………………262
東京地判平成 10・9・24 判時 1665 号 119 頁 …………………………………317
東京地判平成 10・10・30 判時 1690 号 153 頁 ……………………………………31

東京地判平成 11・2・22 判時 1685 号 121 頁 …………………………217
大阪地判平成 11・3・24 判時 1741 号 150 頁 …………………………361
京都地判平成 11・4・15 金判 1068 号 3 頁 ……………………………10, 13
東京地判平成 11・9・9 金判 1094 号 49 頁 ……………………………232
大阪地判平成 11・10・27 判タ 1041 号 79 頁 …………………………66
神戸地尼崎支判平成 12・3・28 判タ 1028 号 288 頁 …………………167
奈良地判平成 12・3・29 判タ 1029 号 299 頁 …………………………174, 178
大阪地判平成 12・6・21 判時 1742 号 141 頁 …………………………279
大阪地判平成 12・9・20 判時 1721 号 3 頁 ……………………………258, 261
東京地決平成 12・12・8 金判 1111 号 40 頁 …………………………264
東京地判平成 13・1・18 判タ 1073 号 194 頁 …………………………101
東京地判平成 13・3・29 判時 1748 号 171 頁 …………………………280
東京地判平成 13・3・29 判時 1750 号 40 頁 …………………………280, 282
大阪地判平成 13・7・18 金判 1145 号 36 頁 …………………………17
大阪地判平成 14・1・30 判タ 1108 号 248 頁 …………………………222
大阪地判平成 14・3・13 判時 1792 号 137 頁 …………………………259
宮崎地判平成 14・4・25 金判 1159 号 43 頁 …………………………167
東京地判平成 14・7・18 判時 1794 号 131 頁 …………………………258
東京地判平成 15・2・6 判時 1812 号 143 頁 …………………………280
福井地判平成 15・2・12 判時 1814 号 151 頁 …………………………18
大阪地判平成 15・3・5 判時 1833 号 146 頁 …………………………135
京都地判平成 15・6・25 金判 1190 号 44 頁 …………………………232
札幌地判平成 15・9・16 判時 1842 号 130 頁 …………………………258
福岡地判平成 16・3・25 金判 1192 号 25 頁 …………………………60
東京地判平成 16・3・25 判時 1851 号 21 頁 …………………………259
東京地判平成 16・5・13 金判 1198 号 18 頁 …………………………174
東京地決平成 16・6・1 判時 1873 号 159 頁 …………………………298
東京地判平成 16・9・16 判時 1906 号 164 頁 …………………………101
東京地判平成 16・9・28 判時 1886 号 111 頁 …………………………258
名古屋地判平成 16・10・29 判時 1881 号 122 頁 ……………………433
大阪地判平成 16・12・22 判時 1892 号 108 頁 ………………………262
東京地決平成 17・3・11 判タ 1173 号 143 頁 …………………………297
東京地判平成 17・5・19 判時 1900 号 3 頁 ……………………………357
東京地決平成 17・6・1 金判 1218 号 8 頁 ……………………………335
東京地決平成 17・7・29 判時 1909 号 87 頁 …………………………143

■著者紹介

青 竹 正 一（あおたけ・しょういち）

1967 年　北海道大学法学部卒業
　　　　　小樽商科大学教授，千葉大学法経学部教授を経て
現　　在　大阪大学大学院高等司法研究科（法科大学院）教授
　　　　　法学博士（名古屋大学）

■主著

小規模閉鎖会社の法規整（文眞堂，1979）
続小規模閉鎖会社の法規整（文眞堂，1988）
現代会社法の課題と展開（中央経済社，1995）
閉鎖会社紛争の新展開（信山社，2001）
特別講義商法総則・商行為法総則（成文堂，2005）

新会社法　　　　　　　　　　　　　　〈法律学の森〉

2006（平成18）年4月5日　第1版第1刷発行

著　者　青　竹　正　一
発行者　今　井　　　貴
　　　　渡　辺　左　近
発行所　信山社出版株式会社
　　　　〒113-0033　東京都文京区本郷 6-2-9-102
　　　　　　　電　話　03(3818)1019
　　　　　　　FAX　03(3818)0344

Printed in Japan

©青竹正一，2006．印刷・製本／暁印刷・大三製本
ISBN4-7972-2454-1 C3332

『法律学の森』刊行にあたって

一八八〇年（明治一三年）、西欧列強との不平等条約改正の条件とされた西欧法体制の継受の第一弾として旧刑法・治罪法が制定されて以来、わが国の法律学は一世紀以上の歴史を重ねました。この間、明治期・大正期・第二次大戦後の法体制の変革期を越えたわが国の法律学は、高度経済成長期を迎えて急速にその内容を成熟させるにいたりました。この結果、わが国の法律学は、世界的にみても高度かつ独自の法文化の伝統を形成するにいたり、法律家の国際交流も学術レベル・実務レベルの全般にわたって盛んに行われ、世界各国の法文化と日本法文化の「接触」も深まりつつあります。

さらに近年は、法律学の対象の一層の高度化・複合化・国際化の進展にともない、法律学と法学者に対するニーズが大きく変化して、分極化・専門化と横断化は加速度的に進んでいます。このため、従来の法律学の読み替え、再構成の試みが新しい世代により推し進められているところです。

まもなく二一世紀です。

そこで、私どもは、世界史的な変動のなかで新たな展開を試みつつある法学者の自由な発想と方法論の開発を支援し励まして多くの独創的な法律学の誕生を促し、もって変化の著しい時代への対応を可能ならしめることを希って、本叢書の刊行をいたしました。自由で開放的かつ奥深い「法律学の森」が、研究者の協力と読者の支持によって健やかに成長を遂げて形成されることを念じて、刊行を進めてまいります。

一九九四年三月

『法律学の森』企画委員
信山社

●ブリッジブックシリーズ●

横田耕一・高見勝利 編　ブリッジブック憲法　本体二、〇〇〇円

山野目章夫 編　ブリッジブック先端民法入門〔第2版〕　本体二、〇〇〇円

永井和之 編　ブリッジブック商法　本体二、一〇〇円

植木俊哉 編　ブリッジブック国際法　本体二、〇〇〇円

小島武司 編　ブリッジブック裁判法　本体二、一〇〇円

土田道夫・高橋則夫・後藤巻則 編　ブリッジブック先端法学入門　本体二、一〇〇円

長谷川晃・角田猛之 編　ブリッジブック法哲学　本体二、〇〇〇円

井上治典 編　ブリッジブック民事訴訟法　本体二、一〇〇円

●法律学の森シリーズ●

潮見佳男著	債権総論［第2版］I	本体四、八〇〇円
潮見佳男著	債権総論［第3版］II	本体四、八〇〇円
潮見佳男著	契約各論I	本体四、二〇〇円
潮見佳男著	契約各論II（続刊）	
藤原正則著	不法行為法	本体四、七〇〇円
潮見佳男著	不当利得法	本体四、五〇〇円
青竹正一著	新会社法	本体三、八〇〇円
小宮文人著	イギリス労働法	本体三、八〇〇円